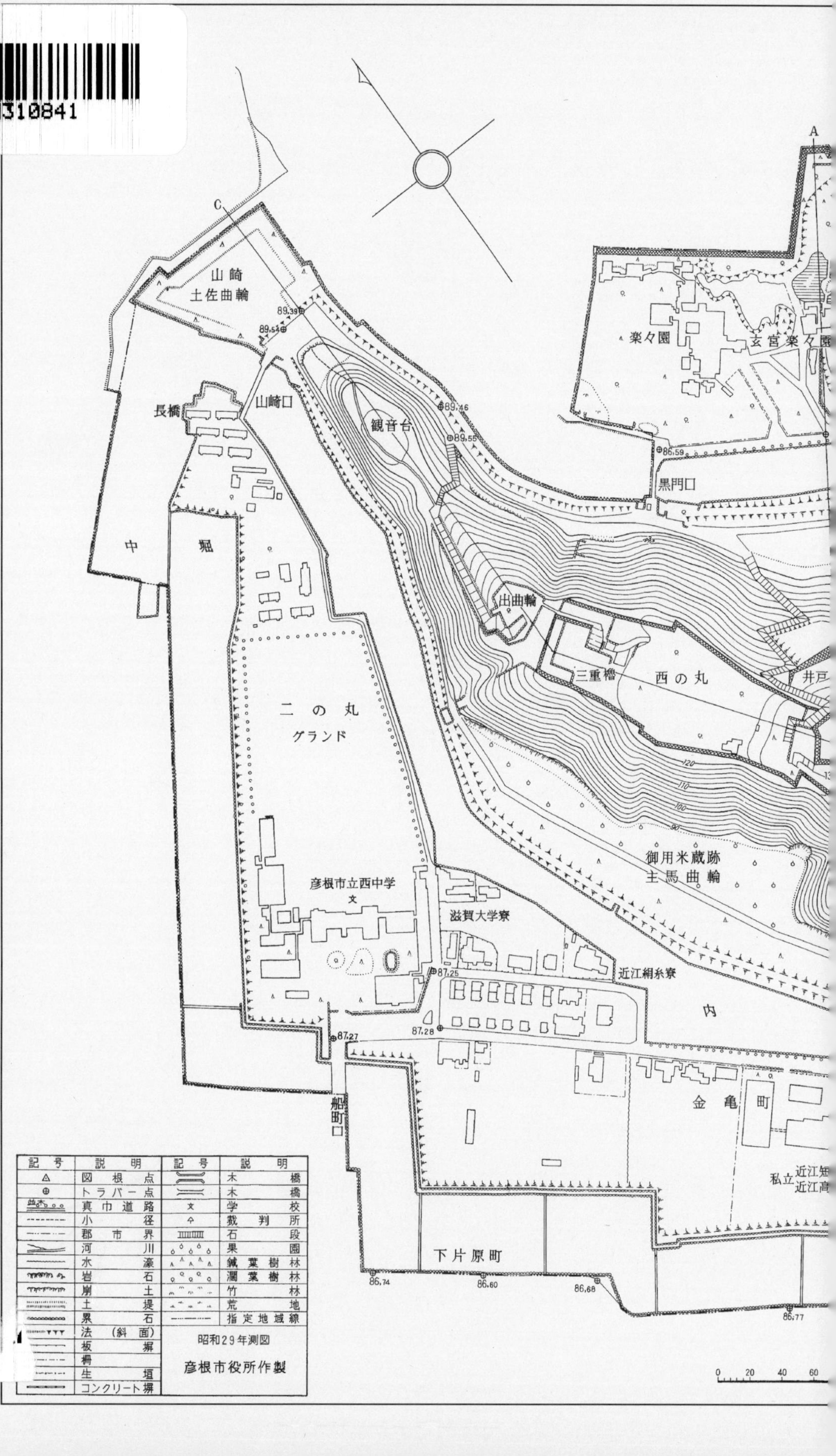

昭和29年に測量された彦根市役所作製の図版である。彦根城跡図で、「御用米蔵跡・主馬曲輪」と「近江絹糸寮」との間にある「埋門跡」、その北方土塁線上にある「出桝形」を記載しないものを見かけるが、これはいずれも表示してある。また、「観音台」も「出曲輪」とは別にしているから、『井伊年譜』または井伊家所蔵城絵図に従ったものと考えられる。

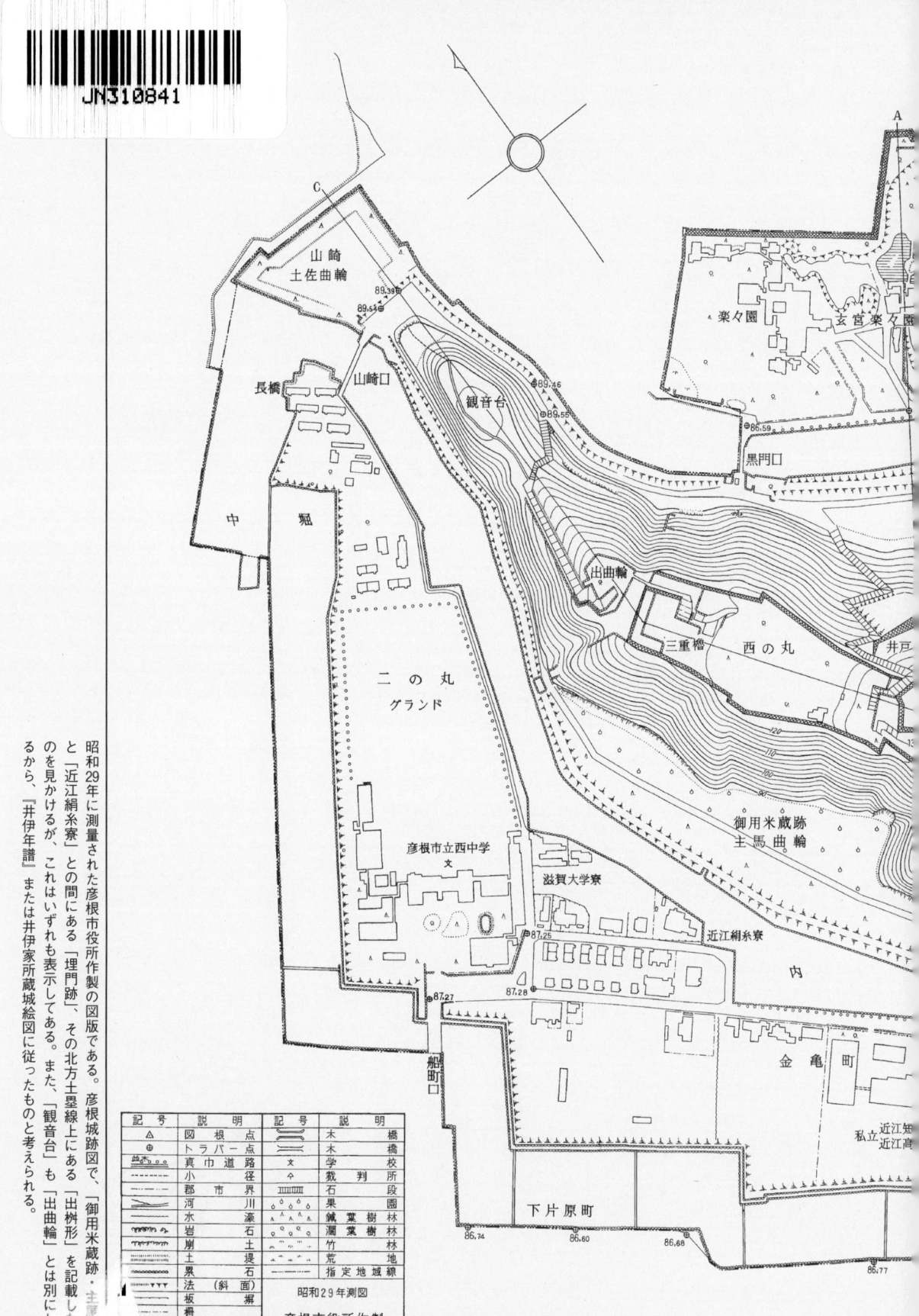

彦根城の諸研究

海津榮太郎著作集

海津榮太郎著作集の刊行に寄せて

発起人代表　中　井　均

敬愛する海津榮太郎さんが亡くなられたのは平成十八年七月十二日のことでした。もう五年になりますが、改めて海津さんは私たちにとってかけがえのない存在であったことを痛感します。

海津さんは大正十二年に滋賀県彦根市にお生まれになり、官立彦根高等商業学校卒業後は会社員として大阪で勤められておられました。そのお仕事とは別に「お城」に大変興味を持たれ、関西城郭研究会に所属し、そこで数多くの論考を機関誌『城』に発表されてこられました。

さて、昭和四〇年代の城郭研究は海津さんのように本業は別にお持ちの日曜学者ばかりでした。私は小学生の頃より城に魅せられ、高校生のときに日本城郭近畿学生研究会に入会しました。当時、ガッケンと呼ばれていた会で、昭和四十九年に近江大溝城跡の見学会があり、参加したところ白髪の凛とした中年の男性がおられました。それが海津さんとの出会いでした。ガッケンには学生だけではなく、賛助会員制度があり、海津さんはその賛助会員だったのです。この大溝城の見学会では東京の中世城郭研究会の皆さんも参加されており、関東と関西の当時の若手研究者の出会いとなった見学会となりました。

その後もガッケンの見学会に海津さんは学生よりも出席率が高く、私は常に海津さんのお話を聞くことができました。小学校以来、多くの日曜学者に育てていただいたのですが、海津さんほど博学な先生はおられませんでした。若造の質問にも真摯に対応してくださり、常に的確で、納得のいく答えが返ってくるので、たちまちその魅力に惹かれてしまいました。それ以来、私は海津さんを師匠と仰ぎ、いつもその後を追いかけていくこととなりました。

海津さんが論考を発表されていたのが関西城郭研究会の機関誌『城』です。昭和三～四〇年代には全国でいくつかの城郭研究会が発足し、それぞれが機関誌を発刊していましたが、その大半は郡志などを写したものや、城主の事跡を記したものでした。そうしたなかで海津さんがお書きになった『城』は文献の孫引きではなく、原本に忠実にあたられており、城跡の縄張りは自らの足で調査されたものを発表されました。当然といえば当然なのですが、当時の城郭研究では画期的なことであり、海津さん執筆の『城』の発刊が楽しみでなりませんでした。

一昨年の末頃、髙田徹君を通して、森山英一さんが海津さんの遺稿集を刊行したい希望をお持ちであることをうかがいました。そこで近江の地方史や郷土に関わる書籍を多く刊行しておられるサンライズ出版を三人でお訪ねし、ご相談したところ、快く遺稿集の刊行を引き受けていただけることとなりました。その編集にあたっては森山さんがまさに寝食を惜しんでおこなわれ、校正は髙田君とサンライズ出版の岩根治美さんが、これまたご多忙のなかおこなってくださいました。これも海津さんの人柄に惚れ込んだからこそできたのでしょう。

その編集にあたっては数多い海津さんの著作のなかから、特にご出身でもあり、さらに多くを発表されている彦根城についてまとめることとしました。著作の大半が同人誌や郷土誌であるため、今となってはほとんど目にすることのできないものばかりであり、遺稿集刊行の学術的意義は計り知れません。さらに発表後数十年が経過したものばかりでありますが、今読んでも新鮮な内容のものばかりです。要するに今回の遺稿集の刊行は海津さんを偲ぶだけではなく、希少な論文をまとめた研究論文集でもあるのです。

私は、自分で勝手に海津さんの弟子と称しています。海津さんにとってははなはだ迷惑な話ではあるでしょうが、こうした自称海津さんの弟子は結構おられるのです。海津さんには及びもしませんが、そうした自称の弟子たちが海津城郭史学を受け継いでいく所存です。ぜひ天国より見守っていてください。

合掌

目次

解説

彦根城の諸研究

第一章　彦根城をめぐる疑問

はじめに

かなり旧聞に属するが、有名作家の手になる小説『花の生涯』が豪華な顔ぶれによってNHKテレビで放送されたうえ名神高速道路が開通したので、春秋の行楽季節になると琵琶湖岸の彦根へはかつてない観光の人波がおしよせるようになった。

それ以来、古い城下町のせまい道路が拡げられたり、つけかえられたりして自動車の洪水をさばく信号灯がつけられ、町なみも次第に新しいよそおいとなって目ぬき通り商店街の名は「川原町」から「銀座」とかえられた。さらに旧市街周辺部の竹藪や雑木林が開かれて新興住宅地となる一方その外側にあった工場は拡張され、また誘致新設などによって付近の山容野相に至るまで一変し、とにかく幾年か前世間から忘れられていた頃のことを思えば急速な近代都市化によってその様相全く隔世の感にたえぬほど変貌してしまったのである。

しかし、井伊直弼が青年時代わずか三百俵の捨扶持をもって世捨人の如くに鳴りをひそめ平士にかわらぬ生活を余儀なくされていた当時の住居埋木舎《うもれぎのや》は中堀に面する三の丸の一画にその旧態をとどめ、いまなお往年の面影を失っていない。

桜田門事件ののち反直弼派の追及をかわすため、大老執政期間中の機密文書を廃棄するという藩要路者の主張を黙殺してひそかに保存し、後世のために重要な資料を隠滅から護ったのは他でもないこの埋木舎現当主の祖先にあたる大久保小膳という武士（註1）であった。

ただしこれらの文書をはじめとし、旧藩士のうち心ある少数の人たちによって収集保管された厖大な幕末史資料の大部分は、そのなかに既成の歴史をくつがえすような記録が含まれていたため、明治維新後といえども藩閥政府をはばかって長く公表されなかったのである。もしも、これをはやくに漏らしていたならば会津藩史料の如く当時の政府要人にとり好ましからざる内容の記録として、おそらく没収棄却（註2）されていたに相違いない。このようにして一方的な見解のみによって作られた往年の歴史が如何にかたよったものであるか、この一事をもってしてまさに思い半ばにすぐるものがあるといってよいであろう。

　ところで、この埋木舎へ村山たかなる女性が出入したということは元より潤色にすぎないとみられているが、今ここでその史実とフィクションの相違を云々しようというのではない。しかしこのドラマが大老井伊直弼に対する往年のイメージを大きく変え、そして彦根城に対する関心を深めた事はまず疑う余地がないといってよかろう。歴史上の人物や事件に関する世評がその道の研究よりもむしろテレビやラジオの人気番組によって左右され、ひとつのブームを造って行くとは、思えば何ともおそろしいことと言わなければなるまい。

　ところで太平洋戦争末期、米軍の爆撃によって幾多名城の天守が灰燼に帰したため、いまはかえらぬ偉観をただ古い写真によってしのぶのみ――といささか感傷的になったのも実は束の間にすぎなかった。次第に世がおちつくとともに続々と鉄骨鉄筋コンクリート製で外観だけはほぼ元通りに再現されたところが多く、それを機会に観光客が集まってくるのをみた城址をもつ他の都市では、城といえばどうしても天守がなければならないと思ってか資料もないまま原形のわからぬ幻の天守を建造することとなっただけにとどまらず、甚だしきは全く城のなかった処にすら一見それらしき建物を造るに至り、いまや城郭がまたとない地方観光資源のひとつとして重要視されるまでになってきたのである。近年このようにして造られた天守や櫓の数は、ことによるとかつて戦国争乱の一時期に群雄が造りあげた城の数を遙かに凌駕するほどとなっているのではないかとも思えるほどで、この点に関するかぎり、世はまさに「昭和戦国」の観を呈するが如き状態となった。これらのなかにあって内容外観ともに厳として往年の風格を伝え貴重な遺構となっている実物現存の天守は全国にただの十二基、彦根城またその内であること改めて言うまでもなかろう。

　一方戦後十数年にしてようやく敗戦の混溟から脱するとともに、それ以降澎湃《ほうはい》として起ってきた歴史ブームは各地城郭の再建と相まって城郭関係書類の出版を活発ならしめた。まず近世城郭の天守を遺存しているところからとりあげられて次第に他へ及び櫓の一棟ものこって居ればなおさら、似て非なる新興再建のそれさえ英姿？を写真で紹介され名城の仲間入りする程となったのである。ましてホンモノの天守をのこし、他に数棟の櫓を従えた彦根城が例外となるはずはない。すくなくとも本の標題に古城・城郭・名城との文字があればその書中いずれかの頁に「彦根城」の記事がでて来ないことはないと言ってよいくらいとなった。

　よって既にとりあげられた問題と、一般市販書物の記載事項との隙間をぬいながら、表裏左右多少角度を変えつつ記事を進めて行く方法としたことを、本文へかかる前にあらかじめご諒恕を得ておきたい。

一　築城について—着工・完成時期はいつか？

さて彦根城構築着工の時期は『井伊年譜』による慶長八年七月と『寛永諸家系図伝』その他による九年八月との二説がある。旧記では後者の説を載せるものが多いにかかわらず一般に前者の説をとっているのは旧藩士中村不能斎（註3）の『彦根山由来記』において井伊直孝が藩士犬塚三十郎へあてた書状に「其地御普請ニ、万端御苦労」と書かれているのを根拠とし、八年七月説を採用していることにあると思われる。しかし同書に収録された書状には八月二十日とあるのみで年号干支の記載がない。もっともその著者は文中にある「勘解由成敗」との記事からこれを慶長八年と考証したのかも知れないが、その経緯は説明（補註1）されていないし、また慶長十年従五位下に叙し掃部助に任ぜられた直孝がそれに先だつ二年前の慶長八年の書状ですでに「掃部佐」と書いているということに多少の疑問がのこるのである。ただし不能斎はこれを兄直継が任官前において右近と称した例と同じであろうと註釈されてはいるが——

そして諸書にあらわれたこの出発点における年月の食い違いは、その後のことにも多少の影響を及ぼしていく。すなわち、『井伊年譜』に「今年（慶長八年）御城出来翌九年甲辰御移徒の由」とあるのをみれば七月着工にして早くも十二月に完成したのかの如き感をうけるが『彦根山由来記』では「鐘の丸」だけが完成したものとしている。しかしその典拠はわからない。当時大坂との間に不穏の空気があり、如何に緊急工事で七カ国十二大名（註4）の助役による天下普請であったとはいえ、現在にのこる内堀以内の城郭が僅々五ヶ月にして完成し居住さえ可能となっていたとするこの『井伊年譜』の記事にはやはり疑問をいだかしめずにはおかないであろう。つまり慶長八年七月着工にしても鐘の丸のみ年内完成しそこだけ居住可能であったとは考えられるが、一方、同九年八月着工とすれば天守建設が同十一年（註5）と確認されているので、それまでの工期はすべて一年短縮して考えなければならないこととなってしまうのである。

そこで問題は、城郭構築の着工完成とはいつをもってその時期とするのかということである。伊藤ていじ氏著『城—智恵と工夫の足跡—』（註6）一〇八頁に引用されている『鈐録《けんろく》』によれば、築城のはじめは土木工事の掘りかえしを開始するときの鍬初《くわはじめ》の儀式にあることがわかる。しかし彦根城に関する記録中その時点を明確に記録したものはない。しかしてむずかしいのは完成時期の判定である。これは城戸久氏が『城と要塞』（註7）二二一頁のなかで

> 曲輪が完成すれば築城目的の大半は達せされたと見做して少しも差し支へがない。又、当時としては事実このやうに考えることが普通であったやうである。されば家康や秀吉が諸侯に与へた書状などに、天守はおろか石塁なども完成していない筈であるのによく「本丸早々出来喜思召候」などの文句が見出される。かかる訳であるから、この文面よりして城全般が完成した如く考へれば非常な誤りに陥ることになる。

と述べておられることを参考にすれば、慶長九年全域いまだ櫓

彦根城郭、城下建設年表（『彦根市史』上冊三七〇頁による）

慶長　八年（一六〇三）	築城着工
同　九年（一六〇四）	鐘の丸成る。町屋本町より割始む
同　十一年（一六〇六）	本丸天守成る。足軽中藪組屋敷設置
元和　三年（一六一七）	増足軽により川原町裏に八組（善利組）設置
同　八年（一六二二）	城廻、石垣高塀諸門過半出来。松原口門外橋出来、城郭及士民邸宅略成る
寛永　六年（一六二九）	増足軽による切通上下組、大雲寺組設置
同　十三年（一六三六）	江戸町出来
同　十八年（一六四一）	善利新町新立
同　十九年（一六四二）	西中島埋立て士分邸とす
正保　元年（一六四四）	善利中町、大橋町、岡町、沼波町新立
慶安　三年（一六五〇）	惣構、土居破損、天守多聞櫓、本丸角の矢倉
明暦　元年（一六五五）	石垣破損
寛文年間（一六六一～七二）	三の丸石垣出来
元文年間（一七三六～四〇）	二の郭三の郭
明和　九年（一七七二）	二の郭石垣修覆
寛政　四年（一七九二）	本丸石垣各所修理
同　八年（一七九六）	天守屋根修覆
文政　五年（一八二二）	本丸石垣各所修理
天保十二年（一八四一）	天守補修
嘉永　六年（一八五三）	西の丸三重櫓修覆
同　七年（一八五四）	天秤櫓修復

等ができていなくとも曲輪をめぐる塁堀の仕上りをもって十分戦闘可能と考え彦根城は完成したものと考えていた、としてよいであろう。

　要するに、このときはいまだ城内に居住することが可能であったかどうかはわからないのである。それは天守が完成した後の慶長十三年、筒井定次改易に際し伊賀上野の受城使となった井伊直継を『当代記』でいまだ佐和山城主としていること（註8）でも推定しえよう。しかるに『井伊年譜』成立の時期が遙か後世であることから、その間にいつしか誤伝を生じ『家忠日記』にいう家康の佐和山城宿泊（慶長十年と十一年の二回）を後年の彦根城宿泊と混同して、逆に慶長八年末曲輪完了を居住区まで完成していたものと誤って推定し翌年春入城として右日記の年次と符節を合わしたのではなかろうか。それをある程度矛盾のないように鐘の丸のみ完成としたのがすなわち『彦根山由来記』の記事とすれば、ここでやっと年月と工程上の疑問が一部解けてくるようにも思えるのである。

　一方、曲輪縄張が完了したとて右城戸説の通り土工建築のすべてが終了したことにはならない。それの証拠は助役大名の一人であった本多忠勝が、彦根藩士宇津木勝三郎へ与えた慶長十年六月の書状（註9）で助役がただ人夫供給だけでなく大名自身工事現場を見廻ったことの証明になると共にその後引続き施工されていた事も知れるし、同年七月徳川秀忠が人を派して工事の苦労を見舞った点（註10）などもその証明となるであろう。さらに天守の材木にあった慶長十一年の墨書銘（註11）はまさに動かぬ証拠であり、翌十二年もなお工事の続行がなされていたことが本多忠勝の書状（註12）によって窺えるので、この間に問題はまず無いと言ってよい。

二　助役工事をめぐる疑問

問題は七ヶ国十二大名の助役工事である。ところで助役が築城工事の労務提供を目的としたほか、外様大名の財力を消耗させて徳川幕府に対し反抗できないように去勢することをかねたものであったということは、すでに常識となっていてひとまず異存のないところではあろうが、なかには幾分ほかの要素が含まれているのではないかと思えるふしがないでもない。

関ヶ原合戦直後、徳川家康はいまだ健在の大坂城と豊臣恩顧の西国大名に対する防禦要塞をかねた前進基地として譜代腹心の将校や信頼するに足る表大名を配置する城郭をかためようとして各地のそれを強化するとともに新城建築をも計画した。

そして、それら大名の助役勤務の状況を別表のように整理してみれば彼らが如何に酷使されたかは一目にして歴然とする。猛将福島正則でさえしみじみとその負担の重さを嘆いた話は名高い（註12）。ただこの助役も慶長十一年の駿府城についで篠山・名古屋とならべ、さらに後年の大坂城大修築工事までを通してみると、たしかに外様諸侯に対する抑圧政策ということがはっきりしてくるが、彦根城構築のころではそこまでのことはなく、むしろその趣きを異にしていたのではないかと考えられないこともないのである。

それは彦根への手伝いを命ぜられた十二大名中本多忠勝をはじめとする譜代大名に家康の第二子結城秀康など家門を加えた七名を除けば外様大名は筒井定次以下五名だけとなってしまう点に他の天下普請の助役と異なった一面があるので、裕福な大名の財力云々ということが後年のそれほどには大きく考慮のうちに入っていなかったとしなければなるまい。そのうえ家門・譜代の諸侯を多く派遣したことは、それだけここを重視していたことの証明ともなるであろう。

そして外様五名のうち京極高次が若狭小浜へ移るまえ近江大津の城主であったということはその遺構を移設――もっとも大津城天守が彦根へ移されたとの伝承はいまだ完全に立証されていないが――するため何かにつけ便利であったからであろうとの推定もできないことはない。特に飛騨高山城主金森可重は必ずしも財政ゆたかであったわけではないらしい（註13）。それにもかかわらず彼がかり出されたのは、近江野洲郡出身という地元縁故としての関係だけでなく名古屋築城の助役にもみられる通り飛騨の木材資源を徴発するのに便利ということが最大の原因であったとみてまず見当ちがいでないとも言えよう。

一方、状況によっては、いつ反旗をひるがえすかも知れない外様大名を、たとい去勢をあわせ考えたとしても、築城工事に従わせることは、その城の機密保持の上にかなり問題があったといわなければなるまい。なるほど徳川政権下二百数十年の間、末期の西南諸藩を除いては一人の反する者とてなかった。しかしそれは結果においてのことであって、少なくとも幕藩体制草創期にはかなり神経を使っていたに違いないこと、その領邑配置の点でも充分察しられるのであろう。ことと次第によっ

主要築城工事助役大名一覧表

彦根（慶長八年）	駿府（慶長十二年）	篠山（慶長十四年）	名古屋（慶長十五年）	大坂（元和六―寛永七）
奉行 山城 忠久	奉行 三枝 昌吉	奉行 藤堂 高虎	奉行 牧 長勝	助役 前田 利常
佐久間政実	山本 正成	目付 松平 重勝	滝川 忠征	松平 忠直
犬塚平右衛門	滝川 忠征	玉虫 繁茂	佐久間政実	加藤 忠広
助役 筒井 定次	佐久間政実	助役 松平 康重	山城 忠久	黒田 長政
本多 忠勝	山城 忠久	有馬 豊氏	村田権右衛門	細川 忠興
富田 信高	助役 黒田 長政	織田 信包	助役 黒田 長政	毛利 秀就
松平 忠匡	鍋島 勝茂	谷 衛友	細川 忠興	鍋島 勝茂
一柳 直盛	筒井 定次	別所 吉治	田中 吉政	藤堂 高虎
松平 忠吉		京極 高知	毛利 孝政	田中 吉政
平岩 親吉		池田 輝政	竹中 重利	池田 輝政
石川 康通		森 忠政	稲葉 則通	池田 忠雄
奥平 信昌		池田 忠継	木下 延俊	蜂須賀忠英
金森 可重		戸川 達安	鍋島 勝茂	堀尾 忠晴
京極 高次		木下 家定	寺沢 広忠	有馬 豊氏
結城 秀康		小堀 政一	加藤 清正	山内 忠義
		福島 正則	加藤 嘉明	加藤 嘉明
		毛利 秀就	蜂須賀至鎮	森 忠政
		浅野 幸長	山内 康豊	生駒 正俊
		蜂須賀至鎮	生駒 正俊	寺沢 広高
		生駒 一正	毛利 秀就	立花 宗茂
		生駒 正俊	前田 利光	伊達 秀宗
		山内 忠義	金森 可重	京極 忠高
		藤堂 高吉	池田 輝政	京極 高知
		加藤 嘉明	福島 正則	
		富田 信高	浅野 幸長	
		脇坂 安治		

ては有力な外様に助役させるなど実に危険な話である。しかもその工事は主として城郭構築上もっとも重要な堀と石塁や土塁にあったから当然何らかの秘密漏洩防止手段を構じなければならなかったに相違ない。この必要がすなわち、工事受持区分を小さく分けた割普請となって全貌を知らしめないという方法となって行ったのではなかろうか。

彦根での助役大名が分担した部分の具体的に判明しているのは天守台が尾張、鐘の丸廊下橋付近が越前の石工で、西丸出郭は助役大名か直接召抱えたか不明ながら穴太の石工であったということくらいにすぎず、他城の如く詳細にはわかっていない。後年の大坂や名古屋そのほか天下普請によって構築された城については丁場割という各工区の細分寸断を諸大名統御の一策であったと説明されている場合が多い。それは受持区域をわざと錯綜させて大名間に争いをおこさせ、何かと外様をいじめる口実にしたのであるとも言われている。あるいはそうであったかも知れないが実際はどうかわからない。また仮に混乱したなら少なからず工期も長びくこととなるであろうから、城を築く第一目的にプラスする政策とは思えない。大坂城の場合は徳川政権がよりかたまりつつあった時ゆえ、さほど工事を急がなくともよかったであろうが、彦根のとき天下の形勢は一日も早く築城完成を必要としていた。家康をはじめ幕閣首脳の連中がなぜか老獪狡猾と見られたため右のような推定となったのであろう。だが後年における助役全般を通してみた工区分担は城郭主要部の構想全貌を一種の仮想敵たる外様大名に知らしめないため機密保持の一手段として採用されたものであったと考えてはどうかと、ここにあえて一異見を呈示する次第である。

三　石垣に刻印符号が見あたらないのはなぜか？

助役工事について今ひとつの問題点は、彦根城の石垣にそれら工事をうけもたされた大名の刻印符号が見あたらないということである。もとより石材に刻印符号があるからといってその城が助役工事によって築かれたということにはならない。しかし、慶長十二年の駿府城、同十四年の篠山城、さらに翌年の名古屋城とか元和寛永年間の徳川修築にかかる大坂城など、いわゆる天下普請によって構えられた城はほとんど例外なしといってよいほど石に家紋・略紋またはその他の印や文字数字のたぐいがきざまれているのである。また助役工事の城でなくとも運搬や工事の目印としてか種々の符号が彫りこまれている例もまた決して珍しいことでないにかかわらず、彦根城にはそれがない。

もっとも彦根城にそれらの印が絶対にないといいきってしまうことは慎むべきであろう。何となれば、いままでのところただ目につかなかっただけで他城のようにさらに綿密な調査をすればあるいはそれを見出すことができるかも知れないからである。しかしいまのところではいまだ発見されたと聞いていないし、伝承にもそれらしき話がないので、ひとまず符号はないという前提のもとに検討をすることとしたい。

そこで考えられることは、彦根の場合それを必要としなかったのではないか。というのは石垣構築分担場所の境界がさほど入りくまず、わざわざそれを明確にしなければならない程ではなかったからとも考えられるためである。これは第一期工事つまり各大名の助役によってできたのが内堀でかこまれた丘陵上の本丸と鐘の丸を主とする部分にとどまっていたらしく、それすら『淡海落穂集』直孝築城の条に「是迄此城は掻上げの類にて大概の御かこひなどは土手斗りに有」とあることによっていまだ石塁は少なく、多くは土塁であったとされていることをよりどころとしての推定である。しかし石切場（『井伊年譜』の記事のみに頼れば、石材は他の廃城から運ばれたものだけにとどまり、山野から新たに切り出したとは考えられないが）または他の廃城からの運搬に際してはやはり目印が必要であったかも知れない。とすればその場合は安土城や大坂城その他に偶然のこった墨書のような符号であったと推定され、それ故にこそ風雨にたたかれて早くに消滅し今日に残っていないのであると考えることも一応できるのではなかろうか。

次に考えられるのは石積工事に際してもやはり目印を必要としたのであるが、それも墨で書き入れたために消えてしまったのではないかということである。そして風雨による墨書符号の消滅が運搬や工事中における混乱を招いたため、彦根城を最後としてのち次第に刻印符号を採用するに至ったとすることは如何なものだろうか。もとより、これには幾分こじつけのきらいなしとしないが、二条城の石垣には慶長七年創築の部分に符号なく寛永増築部分にのみ刻印をのこすことと（補註2）、大阪地下鉄工事で発見された「にし大谷善四郎」の墨書銘（補註3）や墨のあとをのこす刻印などがその経過を示していることとなるともいえよう。しかしこの見方は当の彦根城においてさえ必ずしも通用せず、いまのところまだ重大な欠陥を含んだままであることを白状しておかなければならない。それは手伝普請ではないが元和以後の第二期工事によってなされた部分の石垣からも、刻印符号がただの一個すら発見されていないからである。

第三に、これは助役工事と直結する問題ではなく主眼が刻印符号から付近廃城の資材転用へと移り建築物もからむこととなってくるのでその検討は別項へゆずり、ここでは簡単に済ますこととしておこう。通常『井伊年譜』によれば「惣て石垣の石櫓門等迄、佐和山大津長浜安土の古城より来る」とある。はたしてしからば、佐和山・大津・長浜の諸城に使われていた石材にはいまだ刻印符号がなかったこととなるし、今後もし彦根でそれが発見されても再用前からうたれていたものか、再用時あるいは再用後のものかを決定づけるのにかなりの困難を伴うこととなるであろう。佐和山・大津（膳所とは別）には全く残石をとどめず長浜も豊公園《ほうこうえん》中の石にそれと推定できるものはわずかのみで、そこにおける符号の在否を断定できるほどの残石はない。しかしてここに大きな問題となるのは安土城である。墨書銘に続いて藤井重夫氏により数種の刻印が発見されている（註14）ので、そこから彦根へ移された石材中のいずれかに同様の印が見出されなければならないことになる。逆にいうなら、彦根城の現存塁壁中に安土城のそれに類する印が検出できれば、その再用を示す確証とすることができる。というのは、安土には本丸付近をはじめとし、そのほかにもかなりの石塁がのこり、現状をみるとはたして旧記通りに他へ再用されたかどうかわからないからである。

四　天守・櫓の移築伝承をめぐる疑問

かつて旧記や伝承により、他城から移築され、もしくは旧寺建造物の転用されたものといわれている城内の櫓はまず現存している天守（大津城）、西の丸三重櫓（小谷城）、天秤櫓（長浜城）、本丸櫓門（別名太鼓櫓、旧彦根寺）と明治初年に取り壊されて今はないがその直前に撮影された写真によってどうにか面影を知ることのできる山崎郭三重櫓（長浜城）である。

これらを彦根城の旧郭配置平面図上にみると、ほぼ独立かそれに近い三辺をやや高い石垣でかこまれた台上におかれているのは天守と天秤櫓である。そして西の丸と山崎郭の三重櫓はいずれも直角二辺のみが石垣の天端にのり、他の面は内側の平地へ向けるように建てられており、本丸櫓門の一部は前者に、一部は後者に近い建て方となっているので、木造建造物の基礎に接する部分を見れば状況によりそれぞれいくらかの異同をみとめることができるのである。

このことはつまり、櫓の建設、特に移築時のことを考えるうえに多少の関連があるとして注意しなければならないところであろう。すなわち、ある程度の高さに及ぶ石垣を築きあげるとき、拙稿において同城の天守台について触れておいた（註15）通り、前もってその空間に天端でかこむ予定平面を正確に計画することができない（註16）から既設建造物を移動転用するに

写真１　彦根城天守西北面・附櫓・多聞櫓

際してその基礎部分の周辺を寸分違わぬように石垣の上へ載せることは――新たな台に合わせて多少縮めることはできても、拡張することはむずかしいと思わるので――まず不可能といわなければならない。まして通常建造物の寸法に採用されるように、正しく一定尺の整数倍とすることもまた、とてもできない相談である。したがって西の丸三重櫓（これは移建されたものでなく新設とする説もあるのでここでは触れず後述することとしておきたい）と山崎郭三重櫓が比較的石垣に制約されることの少ない位置において、やや楽な建て方とされていることはこれら二つの櫓がもと移築されたものであったとするひとつの証拠になるのではなかろうか。これは反面、三方高石垣となっている上に建てられていた本丸東北隅の二層月見櫓（着見櫓・現存せず）に移建の言伝えがないことをもってその傍証とすることもできるであろう。

とすれば問題は右の前者に該当するもののうちまず天守の木造部分と石垣との関係である。この建物が大津城から移されたとする説は『井伊年譜』以来のもので、昭和十一年（一九三六）城戸久氏の実測調査（註17）に際して内部初層構架部分の材木に切り込みの痕跡があったことによってまず古材利用の点が確認され、移建説がほぼ肯定されるとともに「深草作人菊田喜兵衛」の銘入り丸瓦を見い出されたことによって大津・深草の地理的関係から大津城天守移建を立証するものとされた。しかりとすれば右の独立台上への移設がむずかしいのではないかとする見方は否定されなければならない。しかし、昭和三十一年（一九五六）から三十五年にかけて行われた解体修理時の調査による用材の番付符号発見に基いて作成された復元図（註18）によれば現天守の姿とはかなり異なる構造でしかも初層平面は現在のものより狭かったようであり、まさに「棟梁濱野喜兵衛恰好仕直し」との『井伊年譜』記載の通りに、高さを縮め広さを大きくするほか外観内容に至るまでかなりの改変が行われたとみられるのであるから、天守建物基礎平面は必ずしも旧建造物のままでなかったと推定され、ここの新しい石垣天端の長さにあわせ（なお裾に覆板を必要とする狂いはあるが）必ずしも移建直前の寸法に制約されることなく自由に建てられたものとすることにより解決することができるであろう。

したがってこれを移建とはみなさず、ただ古材の利用にとどまるのみとする見方（註19）のあることは、その古材が天守本体だけでなく、附櫓にまで及んでおり、また推定復元図の姿と現状との間に階層も違うほどの大きな差があるからであろう。しかしてその古材が伝承の通りに大津城のものであったとする積極的な証明となるものは何ら確認されていない。よって今では城戸久氏発見の銘入り丸瓦がもと大津城の遺構と推定しうる唯一の根拠となるもの（瓦の転用については別項参照）であるが、『彦根市史』にもある通り『井伊年譜』で大津城の天守を「終に落不申目出度殿守の由」としていることが関ヶ原戦役時の史実と食い違っている点を指摘し、これに疑問をはさむむきのあること（補註4）を付記しておこう。

なお、この理由以外に、彦根城の構築にかかるまえ、すなわち慶長六年においてすでにすぐ近くの膳所城が、京極高次のあとを受けた当時の大津城主戸田左門一西《かずあき》（尼崎・大垣城主戸田氏鉄の父）によって構築されているのにかかわらず、そこへ転用されることなく遙かに遠い彦根へなぜ移設されたかという不審のあることも、大津城天守移建を疑わしめる理由になっていると指摘しておきたい（註20）。

五　天秤櫓の謎

その基礎部分の三辺までを制約される移設建物としてのこる問題の櫓はいわゆる天秤櫓である。これには天守同様解体修理時の調査によって木材からその証となる痕跡が見いだされているので移建について議論の余地は全くないといってよいであろう。しかし、これが『井伊年譜』の記載通り間違いなく長浜城から移設されたという「鐘の丸廊下橋多聞櫓」であるかどうかとなると実は少々の疑問なしとしないのである。

まず『彦根市史』に引用された『井伊年譜』（補註5）の原本は井伊家所蔵にかかるもので、この櫓が長浜から移されたという記事をはじめ、その大部分は大阪府立中之島図書館にも所蔵されている写本所載の文言と何らかわるところはない。しかるに筆者の所有する写本『井伊家年譜附考』（補註6）には

鐘之丸廊下橋多聞櫓ハ長浜ノ大手ノ門也ト云ハ誤也

と傍点を付した通りの五字がつけ加えられ全く他書にはない書き方となっているのである。思うにこれはそのあとへ「長浜は内藤紀伊守居城ニテ直孝公御代ニ拝領也」と書き続けている通り、筆写した人がたまたまこの櫓の項に至ったとき、長浜の廃城が彦根の第一期築城工事のあとであったことに気づき、慶長

写真２　天秤櫓門と廊下橋

九年春（又は翌年）完成の彦根城鐘の丸（後掲の如く現場は鐘の丸でない）へ長浜城の建物が移設されているはずはないと考えてこのように書き改めたのかも知れない。

そして写本なるが故にその執筆した人の考証によって、このような書きかえが行われたのであろうが、問題の櫓を「天秤櫓」と表示した旧記は筆者寡聞にしていまだその存在を知らない。つまり「鐘の丸廊下橋多聞櫓」とするのが古来の書き方であるところから、いまのいわゆる天秤櫓をこれに該当させてよいかとの疑問もでてくる。鐘の丸は廊下橋のかかる空堀をへだてた南側を指すもので、現在天秤櫓のある一画は古図をみても鐘の丸とは書いていないのである。したがってこれは鐘の丸廊下橋に続く多聞櫓との意味に解すべきであろう。また『井伊家年譜附考』ではこれを長浜城のそれでないとしている関係上、他の項たとえば石材についても長浜からの転用を認めず、さらに安土にも現にかなりの石垣をのこしているためか同城からの再用に全く触れていない。ただ大津城の旧材を使用したとしているのみで、佐和山城さえその対象としていないことは理解に苦しむところであり、とにかく問題を含んだ写本ではある（補註7）。

しかし長浜城は、山内一豊が掛川城へ移された天正十八年（一五八〇）から内藤氏が入城した慶長十年（一六〇五）までの間の様子が明らかでないから（註21）、この間、つまり内藤氏の入部前に移築されたとすることもあるいは可能といえよう。だが、その場合はこの建物をはじめ他の櫓（本丸太鼓櫓門および現存はしないが大手口の櫓（註22）など）の屋根瓦に内藤家の紋が使われていることの矛盾を説明することができない。

そのため、これを第二期工事またはそれ以後の工事によるものではないかとの推定もしえようが、それではこの櫓建設以前のことが如何なる構造となっていたかを明確にすることができない。しかし『彦根山由来記』の末尾に付録として掲載されている「御城中御矢櫓大サ并瓦塀間数御殿御建物大サ覚書」によれば、いわゆる天秤櫓と見なされる位置にある建物としては

一鐘之丸廊下橋、二間ニ八間
一同所北輪瓦塀　五十五間
　同所之内ニ、三間ニ十間多聞櫓有、

となっているだけで、これと瓦塀以外に建造物があるようには書いていないから「三間ニ十間」の多聞櫓を一応いわゆる問題の天秤櫓としなければならない。現状の背面折曲り状の取付多

聞部分を除く正面のみでもその長さは約二十間ほどになるのであるから、覚書の櫓は現存する天秤櫓とは思えないのである。しかし「三間二十間」が「三間二二十間」の誤写であったとすれば了解はできるが、現状通りの構造を記録するならば、他の例から考えて「二階御櫓二ツ梁三間、同所ニ取付多聞三間二十四間、同所北之取付多聞各三間二六間」と表現されなければならないはずである。しからば現状の天秤櫓が建てられる前にやはり三間に十間の小さい多聞櫓があったとすべきなのであろうか。この櫓の石垣が左右その積み方の違っていることをもって単に修理の結果というだけにとどまらず、創築時の状況をも物語るものとするならば、問題はかなり面白い方向に展開するはずである。ただ建造物の明細をしるした覚書が同書の註記通りに記録年代不明のため、確たる資料として採用しえないことが何よりも惜しい(補註8)。

六　山崎郭と西の丸の三重櫓移築伝承の疑問

『井伊年譜』で長浜城から移されたとしている建物は右の天秤櫓のほかに現存はしないが山崎郭の三重櫓がある。そしてこれを同城の天守であったとする『井伊年譜』の説に対しては既にその初層平面の天守らしからざる点が指摘(註23)されている通り当然否定的な見方によらざるをえないであろう。そのうえ明治初年撮影の写真(補註9)についてみても、各層逓減に問題があるほか総塗籠の姿が気にかかり――これは後年の修理による外装の変更ということも考えられるが――かなりの問題点をもつ櫓として注意しなければならないのである。

すなわちこの建物を豊臣(羽柴)秀吉が天正年間に創築したものとするならば当時の傾向として天守は望楼式でなければならず、またいまだ多く板張でもあったと考えられるから――城戸久氏が大和高取城天守について検討(註24)しておられる通り――写真にみる姿ではその建設年代をかなり引下げて来なければならないこととなる。しかしてなお長浜城と関連をもたせるとするならば、旧観そのままで移設されたのではなく、古材を利用して新たに建てたものとするのが一応妥当なところであろう。

このようにみると、西の丸三重櫓においても酷似した問題があり共通する点また少なしとしないので、二者をあわせてここに一考察をこころみておくこととしたい。すなわち、西の丸三重櫓をもと小谷城の天守であったとするのは『彦根山由来記』の追記に書かれている通り旧記にもとずく著者中村不能斎の記憶によるものである。かつて中川泉三氏の稿本『彦根町史』(補註10)では「小谷城は秀吉の時長浜城に移せしかばこのとき小谷山にある筈なし移城ならんには佐和山城にもや」と考証されたが、反面小谷→長浜→彦根との別の経路も考えられないこともない。しかしこの櫓は山崎郭三重櫓と同じく外観層塔式総塗籠であって、天正あるいはそれ以前の初期天守の型式といわれる望楼式でない点をやはり疑問としなければなるまい。たとえば、かなりの改変によってほとんど原形をのこしていないと見られる本丸天守でさえ、なお初層外面を腰羽目板張りとして初期天守の様式をとどめているにかかわらず、山崎郭、西の丸の各三重櫓ともその片鱗さえのこしていないことは、もはや単なる改造程度にとどまらず全く別の建物ではないかと考えざるをえないこととなるのである。

　山崎郭三重櫓については明治初年に取り壊されてしまったうえ構造に関する資料をのこしていないので、内部構架を検討することはできないため、その面からの追及はできないが、西の丸三重櫓はすでに昭和十六年（一九四一）発行の彰国社『日本建築』城郭編第一「彦根城」において田邊泰氏が小谷城移築を疑い構造手法新しく小谷天守の移建と考えられない旨の記述をされた。これはそれに先だつ昭和十三年（一九三八）四月『建築学会論文集』第九号に発表された土屋純一・城戸久両氏の「近江彦根城天守建築考」の付論に初層二層を貫く主柱のあることや層高高く軒出の少ない点を指摘して様式が新しく築城時の移築と考えられないとした結論と同じであり、ひいては『彦根山由来記』で「西城三層楼は新に之を造立す」とした本文を建築学の面から検討し肯定したものといえるであろう。しかしてその『彦根山由来記』の追記にこれを小谷城の天守といい伝えた説もあると記載するに当って典拠となるべき記録は不能斎も失念したとしているため移建説についてこれ以上考究する資料を求めることはできないのである。結局は建築学上の調査によって結論が出されている通り西の丸三重櫓を彦根城構築時期以前に建てられていた他城の櫓とする伝承は否定されなければなるまい。

写真３　彦根城西の丸三重櫓

　かくして西の丸三重櫓も山崎郭三重櫓もともに移建説がほとんど認められないとなれば、建物の二辺のみ石垣の上に乗せ他を内側の平地上におくことができる位置に建てられた櫓に関する移築説は肯定されるであろうとする前述の考え方はこの段階において成り立たなくなっている。

　ところが現状では居住できるような構造となっていないにかかわらず、『井伊年譜』によると木俣土佐が一ヶ月の内二十日ずつ「相詰候」とあり、井伊直孝の嫡子直滋もここへ入っていて内藤五郎右衛門を呼んだとしているから、少なくとも万治年間（一六五八—六一）を境としてそれ以前と以後の建物は全く変わったのではないか、つまり当初はいずれかの廃城から移築された住宅様式をのこす古い建物であったが、移築だけに早く腐朽し、のち全く別に再築されたのが現存している西の丸三重櫓ではないかとする見方もできるであろう。山崎郭三重櫓については、ここまでの推定ができるほどの根拠はないが、やはり同じような経緯によるものであったとすれば、平面図をみてなした推定と学術的調査による結論との食い違いもある程度解消するといえるのでなかろうか。

七　本丸太鼓門の出自―佐和山城からの移築か―

本丸太鼓櫓門が旧彦根寺の門であったとする説は『彦根山由来記』にのみ見るところで『井伊年譜』その他の旧記にはかかる記録がない。しかして門柱等に切り縮めた痕跡が見いだされたことから原形の推定復元が可能となって検討された結果、この構築用材を平安時代における寺院の門であったと見ることはできないとし、いずれかの廃城から移築されたものではないかとする土屋純一・城戸久両氏の表面調査以来なされてきた推定は今回の解体修理に際してまさにその通りである事が確認されたのである。ただし、いずれの城から移されたのか、これを具体的に証明する資料は発見されなかった。

それでも推定復元の原形を検討すれば、元は山間の狭隘部におかれていた門であったらしいことが想定され、当時近傍の山城でこれに該当するものとしては佐和山城をおいて他になかったため、一応そのうちいずれかの谷間に架せられていた城門の用材が利用されたものと考えられるに至ったのである（補註11）。

ところで、これに関しておこる問題は屋根瓦の一部に天秤櫓同様内藤氏の紋瓦が使われていることである（補註12）。しかるにこの櫓門を長浜城から移したとする説がない。ということはまず記録伝承がなかったからであろう。それは元の建造物を構造上からみて山城の城門であったと推定するに至ったことが近年の調査結果によるものであるとしても、往昔はそのことがわかりきっていたので曖昧な伝承を生じなかったからであるともいえるであろうし、さらに逆をいえば瓦の紋章のみをもってしてはその櫓全体の移設の証となしえないということだからでもあろう。もっとも修理報告書では長浜も一応その候補とされてはいるが太鼓櫓門を山城の遺構とみるかぎりでは、長浜城が山城でなく湖畔の平城であったから当然除外すべきであるといわなければならない。

この瓦に類する例は他にもあった。実は天秤櫓東の附属多聞の北西隅に昭和第二次の修理前まで葵紋の瓦が使われていたのである。これは恐らく東福門院用に建てた鐘の丸御守殿を（註25）明治初年大津聯隊へ移設（註26）したとき、その瓦の一枚を天秤櫓の鬼板としたものに相違ない（補註13）。つまりそこに葵紋の瓦があるからといって天秤櫓を徳川氏ゆかりの建物とはいえないと同様、太鼓櫓に下り藤の紋瓦がある故をもって長浜城からの移建であるともいえないのは当然で、前述の中村不能斎の記憶による大手口櫓の瓦また同様であるといわなければならない。従って話は元へ戻るようであるが天秤櫓にもある内藤家紋では長浜城門説への絶対的な足がかりとはなしえないということを改めて繰りかえしておきたいのである。

次の問題は佐和山城からの移転と推定された点である。今ま

写真４　彦根城太鼓櫓門見上げ

で現存のものを含め個々の櫓のうちに佐和山城から彦根城内へ移されたといわれるものはなかった——ただ例外としては宗安寺の表門があるのみ（補註14）——これはおそらく関ヶ原戦役直後城内の主要建造物がかなり損壊あるいは焼失してしまっていたからに違いない。

　しかし旧封地から入城してしばらくの間、彦根城が入居可能となるまでは佐和山城内に住んでいたのであるから建造物が完全に全滅してしまったとは思えないだけでなく、塀や門等は遺存していたとしても決して不思議とはいえまい。あって当然のはずである。しかるに石塁用の石材以外に彦根城へ再用されたといわれる櫓のことが具体的に伝わっていないのはやはり独立の構造物としてそのままでは実際に使われなかったからではなかろうか。

　では何ゆえ、独立構造物が佐和山から彦根へ再用されなかったのか。これについては『彦根市史』に佐和山城を棄却して新たに彦根城を構築した理由として推定されている考え方をそのままあてはめてもよいであろう（補註15）。すなわちそれは旧領主石田色の一掃ということに原因があったということである。旧城破却が領民の旧領主に対する思慕を完全にたちきることを目的のひとつとしてなされたのであれば新城構築に際してかかる配慮をしたこともまた当然と考えてよいであろう。ところでそれが事実であったとすれば太鼓櫓門に転用説のでてくることに多少の矛盾も感じられようか、天守に見られ、また他の櫓にもある通り、そのまま古い姿を伝える移設ではなく、今回の修理工事に際して作成された前身建物の復元推定図（『重要文化財彦根城天秤櫓・太鼓門及続櫓修理工事報告書』一七頁）でわかるように、櫓部分ではない門扉付近だけに単なる古材が利用されただけであったとすれば、さほど問題にしなくともよいことであろう。しかし櫓部分の用材は今回の調査により立藩中の修理によってほとんど新材になっていることがわかったのであるから、佐和山城から再用された古材を、下層の門扉がかかる部分のみにとどまるものであった、と断定してよいかどうかはなお検討を要する点であるが資料を存しない今日では何とも致し方のないことと言わなければならない。

　その佐和山城は彦根築城とともに完全といってよい程に破壊され尽したため、今日では残石の一個さえとどめないまでに変貌し、現地を踏破してもここがかつて城郭であったとは思えぬ

図１　推定佐和山落城絵物語の図（部分）上田道三・画
『彦根郷土史研究』10号より転載

図２　西明寺絵馬（部分）西明寺蔵

状態となっているだけでなく、その文献資料も新領主井伊氏によって没収棄却されたためにか確実と見なされるものはのこっていない。もちろんわずかに遺存する旧記（後年に至り昔話の聞書として記録されたもの（註27）と、これをもととしてある程度まで追及した書物（註28）もあるにはある。これらは一地方における研究資料として貴重なものであるが、しかし何分乏しい文献と、破壊されてしまった遺跡を素材として、ここに往年の偉観を想定することはまず不可能といわねばなるまい。

ところが近年、彦根に程近い湖東三山のひとつである西明寺（天台の名刹）から、佐和山城の天守を画いたと思われる絵馬が発見されたのである。このことは昭和四十年（一九六五）一月発行人物往来社の『物語藩史』第四巻彦根藩二四一頁に当時の彦根市立図書館長西田集平氏によって紹介され、同年四月の『彦根郷土史研究』（彦根史談会発行）第十号に発見者である日本画家上田道三氏の執筆でかなり詳細な報告がなされた（補註16）。

その絵馬は従来「源平合戦図」と双幅をなすものとして伝えられていたようであるが、考証によると『彦根郷土史研究』に掲載された挿入絵図のように上田画伯によって註記された順序を追えば確かに佐和山落城当時の情景を彷彿せしめるものもあり、特に天守と推定される櫓や城門・塀などはとても源平時代のしろものではない。さらに四番目「太鼓門の戦」と註記された一画の門扉部分の状況が現存彦根城の太鼓櫓門に酷似している点は偶然にしろ移設を思わせるに十分といわざるを得ないほどである——ただし彦根城太鼓櫓門名称の起源（註29）は別にあるからこれをそのままとすることの速断は慎むべきであろうが——

さらに天守が五層であることは旧記に一致するほか、短期間の築城工事であったことから未完成の姿で開戦落城したと推定される点がそのまま画かれているため、この絵はかなり信頼度が高いと考えられるということである。特に二層以外の唐破風の棟はいまだ瓦が載せられておらず、これが未完成をしめすものといわれ、二層の千鳥破風の棟のみ棟瓦と鬼板が完備しているように見えるところから堀尾吉晴時代の三層天守を石田時代に入ってから五層に大改造していた過渡期の姿を示したものではないかとも考えられるに至った。

さらに同誌での考察文によれば、多賀大社にも所蔵されている古絵図中に佐和山城天守の姿が画かれているということである。もっともそれは余りに簡単な略図で資料的価値は高くないとのことであるが、高さ三層であるから堀尾時代の姿と推定され、また二層目までの切妻千鳥と唐破風が同一であるところから西明寺絵馬の五層へ改造されていった経過を示す傍証になるとされている。

これを事実とすればこの西明寺一枚の絵馬はまさに日本築城史上きわめて貴重な資料といわざるをえないこととなる。ただ問題はこれの作画奉納された時期が元禄十五年（一七〇二）で佐和山落城の慶長五年から百年余りも経過していたと言うことにある。

したがって観点をかえればかなりの不審もまた免れえない。すなわち当時の城郭建造物として天守が総塗籠の層塔式で逓減率がかくも僅少であったかどうかという極めて素朴な疑問である。当然望楼式で全部とは言えないまでも板張りの様式をとどめ最上層に勾欄をつけるのが一般的であった時代ゆえ筆者はここに別の意見を出しておきたいのである。

さりながら、これを「佐和山落城の図」でないと全面的に否定しさろうというのではなく天守の外観が少なくとも忠実な描写ばかりとは思えないとする、ごく一部分の修正案にすぎない。つまりさきにもあげた落城と作画奉納との時点に約百年ものへだたりがあるため、たとい存在当時の詳細な外観がいい伝えられていたか、あるいは見取図が密かに伝存されていたとしても、画家の手によってそれが再現されようとしたとき、江戸時代になってから構築された他城の天守の姿にまどわされ、かなりの部分まで作画当時の時代の好みを反映させたのではないかと言うことである。

他の例でいうならば、井伊家をはじめ関係各家に伝わっている始祖井伊共保の画像にみる如く、そこに装着された甲冑の形式は平安時代のそれにあらず、江戸時代の様式による姿となっていることによってその一班は知れるとも言えるであろう。

いずれにせよ一応問題も多いことであるが、本稿に転載した写しの原図を基として発見者上田画伯の筆によりさらに推定再現された画が元彦根市立図書館長北野源治氏著『石田三成と佐和山城址』の表紙絵となって発行市販されていることを紹介しておこう。

八　犬走りをめぐる疑問

視野をいささか違う方向へとばして道草を食ったが、元へ戻して再び郭内に焦点をあわせることとしたい。さて、内堀を一

写真５　表門から大手門に至る石垣

周すると、その塁壁が三種類でもって構成されていることがわかるであろう。当初は一重構えの「かきあげ」にすぎなかった（註30）というから、山崎郭にみる全面的石塁とその他の腰巻き並びに一部鉢巻きの塁壁は後世の手になるものかも知れない。『彦根市史』で整理された彦根城郭建設補修に関する年表によってもこの部分がいつ頃の工事に属するものであったかとの確かな年次を知ることはできない。

ところで問題は、地元で「犬走り」と称している藩主居館の表門桝形から大手門桝形に至る間の特殊な構築方法である。これはまず水際を石垣とし、その上を土塁としてさらに石垣を積み上げる方法で、一般的な呼び方による「腰巻き」と「鉢巻き」とを併用したものであるが、実はかかる工法は江戸城と彦根城以外にないという珍しい積み方とされている。そのためか、彦根では古来次のような話が伝えられてきた。

彦根藩は譜代筆頭という特別の家格ゆえ元来大名の城には許されなかった（かどうかはわからないが）かかる構築方法を何とかして採用したく思い幕府の許可を得るべく江戸へその使者をたてると共に秘かに工事を開始した。使者には出来るだけ旅程を急がぬようにといい含め工事は夜を日についだ。幕府における回答は当然「不可」ただし使者が彦根へ帰着したときは既に大手から居館表口まででき上っていたので、その分はかまわずとして黙認されたという。

もとよりこれを立証する資料はない。江戸城と彦根城だけと片づけてしまうことにもいささか問題ありとしなければならないと思うのである（補註17）。伊藤ていじ氏はその著書『城――

智恵と工夫の足跡――』で「土居の上端または下端のみに石垣を使用している場合がある。（略）両者が併用されている場合もある。いずれも江戸城や彦根城の中にその例をみることができる」としてやはり両城のみと進んでは断定しておられない。

そしてこの工法は城戸久氏の見解によれば「工期と工費を節約するための手伝いにすぎない」（註31）とされている。つまり堀を掘って積み上げた石垣を予定水面上一・二m程度でとめてその上に掘った土を使って土塁とし、その後方上部へさらに石垣を積めば工費が安くてすみ工事もはかどるとのことで、理由はこれにつきるという。

たしかに納得できる見解ではある。しかりしかしてこれに相違ないとすれば、かかる有利な方法がなぜ江戸・彦根以外の数多い各地城郭に、さらに多く使われなかったかとの疑問はどのようにして解けばよいのであろうか。そしてまた彦根城においても、この大手口から居館表口までの間だけにとどめずなぜ全面的に使用しなかったのか、用材収集に悩む石垣用の石材など、大いに節約しうるにかかわらず、特に山崎郭の一画を完全な高石垣としているのはなぜか。結局これは、その他の部分を腰巻きにとどめて上端を土塁のままとしている点とともに、攻撃されたときに敵側へ足がかりを与えて不利となる余地をのこす構築法であることに気づいたため、この部分だけにとどめたとみるよりほかに説明のしようがないようになってくるのである（補註18）。

そして一方、早川弥惣左衛門が城内第一の出来と豪語した鐘の丸下方へ右のように不利な点があるにもかかわらず、かかる構造（補註19）のままとしたことの弱点を覆い、逆に権威づけるためのまことしやかな伝承を生じたのであるとしてはどんなものであろうか。筆者の軽率な判断として批判されることを承知のうえで一応このように考えてもみた次第ではあるが。

ただかかる構築方法を地元では「犬走り」と呼称してきたが、城郭用語としてはやはり問題があるのではなかろうか。犬走りと石垣下の水面上に一段つけたもので、彦根城では内堀ならば大手の一部と中堀の各所にみられ、さして珍しいものではない。当所に限ってのみ腰巻き鉢巻きによって構成された塁壁をなぜかく呼びならわしたか、詳しくはわからないが、このままでは誤認させるおそれがあるので注意しなければならないであろう。

しかして一般にいう「犬走り」については、彦根城の場合これを基準として水面の高低を調査していけば、中堀の水は決して全面的に琵琶湖の水をとり入れたものでなく、かなりの部分（佐和口土橋と船町口土橋との間）はその水源を湧水に頼っていることが判明するとともに、両土橋にあけた暗渠から溢水を流している個所の落差も「犬走り」との関係を見ることによって構築当初からのものであったと知れるのである（註32）。

九　井戸と用水

鐘の丸を城内第一の出来と早川弥惣左衛門がかねがね豪語したと伝えている防禦の堅固さを事実とすれば、それは廊下橋下の空堀を利用して侵入者をあざむく一種の迷路としたところにあるとする城戸説（註33）はもっともなことで、前掲のいわゆる「犬走り」にあるとする伝承にもとづく推定は現場の状況からすればたしかに了解しがたい見方といわなければならない。

さらに城内高所としてはただ一個、鐘の丸だけに地下水層へとどいていた井戸のあることも、防禦力最高とした理由のいくつかのうちのひとつとして見のがすべきではなかろう。実は、ここを除けば雨水をためおく程度のくぼみこそあるとはいえ城郭古図を見ても本格的な井戸は見あたらない。この井戸については現在水が渇れているため立札に「空井戸ゆえ抜け穴と考えられる」むねの説明がなされているが（補註20）、これは全くの誤りと断定しても過言ではないと言えよう。なぜなら『彦根山由来記』に「此は築城の時鑿ちしものにて最も深し平常は封鎖して使用を許さず虫干の時に限りこれを使用して飲料に供す編者も飲み試みしが清冽にして甚佳なり」と書かれていることによって知れるからである。このように明治年間にはいまだ渇れていなかったことが記録されているにかかわらずなぜ立札のような説明がなされているのか理解しえないところである。

ところで鐘の丸が戦時最悪の場合には本丸と空堀をへだてて全く孤立する関係となるおそれのある位置となっているため、そのときには本丸と西の丸における用水確保を困難とする危惧がなかったか、この城には戦闘の経験がないから、実戦の場合にはどうなるか何ともいえないが、少なくとも現状からみれば鐘の丸以外の稜線上に配置された各郭における用水の供給については必ずしも万全と言える備えとなっていない。これを名古屋城に見れば天守内部に井戸があり、また姫路城もすぐ近くに井戸郭があってその面の準備にはかなりの配慮がなされていることがわかるのである。また近くは佐和山城も本丸下に千貫の井戸（これは山中の水脈による出水と思われ、いわゆる地下水まで達した井戸ではないが）あり、いまなお若干の水をたたえているほどで石田三成が千貫にも代えがたいとしたほどのものであった。また糧道をたたれながらも長期間飢餓に耐えて日本戦史にその比をみないといわれた凄惨な三木籠城戦も「かんかん井戸」があってこそ、あそこまでもちこたえられたとみてまず違いはなかったはずである。

このように見てくると、彦根城の本丸・西の丸ともうひとつ空堀によってへだてられた人質郭にはそれだけの持久力を欠く一面があったとみなければなるまい。あるいは鐘の丸さえ確保しておけば本丸・西の丸の維持が容易と考えたのか、またはいわゆる本丸を偽装として実質的には鐘の丸をそれとする作戦がたてられていたのかも知れない。実戦の経験がなかったため、これに関してはただ机上の空論に終るのみゆえこの程度にして山麓部分の用水を眺めてみるとしよう。

ここには米蔵跡に、彦根寺当時からのものといわれる井戸をのこしているが、それ程古いかどうかはわからない。しかして低地の場合ここは伏流水が豊富であるから、井戸を掘ることも容易であり、さほど問題はなかったと思われるが、この郭内はもと山丘であったところが多く、そこを切り下げて平地としたようであるから、案外岩盤にさえぎられて湧水層を求めることが困難であったかも知れない。あるいは元あった井戸が廃藩後使用の必要がなくなって埋め戻されたのであれば話は別であるが、とにかく井戸の少ない城址であるとの感が深い。

そこで、近時確認された水道をとりあげなければならない。実はこの城内まで、地下に樋を埋設して用水の送られていたことがわかったのである。とすれば、この付近はやはり地質上、井戸を掘削できる地盤ではなかったのであろうか。もっとも周囲をとりまく堀に満々と水をたたえながら、どうして用水に苦労し水道をひいたのかと多少の不思議も感じられよう。ことによると、その必要とする位置での井戸が掘れなかったことに起因していたからではないかとも考えられるし、天候によって地下水位に影響をうける井戸により、川水を引いて常に一定流量の確保を得ようとしたことにその理由があったのかも知れない。

一方、城内樹木が洞見を遮断（註34）するほか兵器糧秣薬用等をも考慮して配置されていたものであったということについては彦根史談会清瀬徳氏により詳しく調査された（註35）。それによると「くまのみずき」は切り口から水がしたたりでる蓄水木であるというから、これが城内各所に植えられていることはやはり少ない水の備えに幾分の不安を感じていたゆえになされたものであったともいえるであろう。

十　狭間をめぐる疑問―なぜ石落しがないのか？

ついで天守をはじめ各櫓の外観をみると、銃眼をいわゆる隠《かくし》狭間《ざま》として、外側からはそれがあるとは見えないように壁でもって塗りこめているものと、そうでないものとの二種類が採用されていることに気づくであろう。ところが如何なる理由によるものか天守・太鼓櫓門・天秤櫓など第一期工事によって構築されたと伝えられる（天秤櫓については前掲の通り第一期工事と断定することは多少問題もあるが）建造物は隠狭間となり、佐和口多聞のように第二期工事以後に構築された櫓は普通の狭間となっているのである。したがって、この点を追及して行けば逆に西の丸三重櫓の確かな建築時期――第一期・第二期工事そのいずれに属するかということの――を知る手がかりとすることができるともいえるのではなかろうか。佐和口多聞の一部と西の丸三重櫓が一時修理前は隠狭間になっていたのを解体時の調査により通常の明狭間とされたのであるから、これは過去の小修理で塗りこめられたものであったとみるべきだろう――佐和口多聞はやや古い写真で狭間が写っていることによりそれが認められるから――

たとえば天守本体をはじめ附櫓はともに隠狭間となっているにかかわらず、附属多聞の北側のそれは明狭間である。しかしてここは調査によって天守ならびに附櫓と同時の建築にもなるものでなく、部材の寸法工法などからみて少なくとも第二期工事により建てられたものと判明したから、右の推定はなおさら可能性を増してくることになるともいえよう。しかし、なぜ第一期と第二期において狭間のつけ方に差を生じたか、筆者にはこれを解明するだけの資料もなく、まして検討するが如き方法も直ちには思いうかばない。これが仮りに第一期工事による櫓が普通の狭間となり、第二期工事のそれが隠狭間となっておれば、大坂両陣の経験から生れた智恵で後世になるほど敵を欺く工法がなされるようになったのではなかったかとして、それらしき理由を考えることもできるであろうが、豊臣滅亡後戦乱のおそれが以前より少なくなってから一見厳重とみなされる方法にしたことは何とも不思議といわなければならないであろう。

しかし佐和口多聞の狭間は堀の水面に向けられており、また直下の道路も死角となって必ずしも実戦的とはなっていないので、これはただ白壁の単調さを救うためにした技巧にすぎないのではないかと思うほど佐和口の銃眼は外に向かって威力を発揮しうるとは考えられず、むしろ天守におけるような隠狭間の配置こそ遙かにまさるものというべきであろう。それは東西と南北にある大入母屋および千鳥破風となっている部分の小部屋を巧妙に利用し、それぞれ一画をなしてここに射手をひそませる特火点として、その銃眼の照準点を天守下方周辺に正しく合わせられるようにつけているからである。

そして附櫓と多聞櫓と接する壁にさえ、附櫓の内側から多聞櫓内部をねらってこの隠狭間がつけられているということは――このことは仮りに多聞櫓が後年追加付設されたものであったため附櫓の銃眼をそのままとしたものにすぎなかったにせよ、これをつぶさずさらに一層防備を厳重にしたものとして――まさに姫路城天守三階四隅にみる武者隠しとその軌を一にするといってよいのではないだろうか。

彦根城で不審に思わせるのは天守をはじめ、どの櫓にもいわゆる石落しがないことである。同時期に構築された他の諸城と比較すれば、あるいは異例に属するといってもよいであろう。その理由が那辺にあるかはわからないが、天守についてはは右のように破風内部から俯射しうる装置としたことが、石落しとほぼ同様の効力を有するものとしてあえて付設しなかったのであるともいえるのではないか。しかし、直下の石垣斜面はやはり銃眼からのみでは防ぐことができない。そのために石落しをとりつけるのであるから、これのないことについては泰平のきざしを示すとの見解もあるが、慶長十一年ではいまだその時期にあらず、したがってなお検討を要する問題と言わなければならない。

また天秤櫓については、ここに架せられた橋にもとは覆いがあった――ゆえに廊下橋との名称がつけられた――ということであるから、案外その部分に下の通路をかねた空堀をねらう装置が施されていたのかも知れない。何となれば天秤櫓の窓や隠狭間からではやはり通路が死角に入って下方を完全に俯射することができないからである。また維新前の古図によると、橋の東方に櫓が構えられていたようでもあるので、案外そこが侵入者をねらう重要な拠点になっていたとも考えられよう。でなければ、城戸説にいう一見迷路の如きこの場所の設計が、真の効果を発揮できるとは思えないからである。

十一　『井伊年譜』の疑問点

彦根城に関する研究もしくは解説書というべき書物は、右にしばしば引用してきた中村不能斎の『彦根山由来記』をもって嚆矢とする。もっとも同書諸言によればこれよりさき二、三の雑誌に掲載されたことになっているがそれらは主として彦根という地名の起源に関するものと思われるので、近世城郭としての彦根城にまでその記事が及んでいなかったとみるべきであろう。とまれこの『彦根山由来記』は明治三十五年（一九〇二）に脱稿し翌年追記を施したまま翁が同三十九年七十三歳をもって没したため遺稿となっていたのを明治四十三年嫡孫中村勝麻呂氏によって上梓されたのである。

そして近年数多く出版された城郭関係図書中の彦根城に関する項目は主として藩士功刀君章《くのぎきみあき》によって編集された『井伊年譜』を軸とし、関連する旧記を参考に右の『彦根山由来記』に準拠して作成された通史的な解説と城戸久氏等の調査報告を概ね源流として適宜組みかえられながら紹介されてきた。しかし、『井伊年譜』の原点は如何なるものであったか、いまだ詳細は明らかにされていない。その成立年代が享保年間であるから築城時期よりかなりの年数を経過していたにかかわらず、たまたま天守構築を慶長十一年と記録してあった点が昭和の解体修理によって角棟の墨書銘と一致したことからその面における信憑性が高く評価されることとなったのである。問題は大津城天守を落城しなかった目出たい建物としたところに史実との食い違いがあり、築城着工時代が他書と一年近い開きをみせているところは若干の疑問を感じさせるが、その他城郭関係の部分は簡単な記事ながらだいたい信じてよいものといわれている（補註21）。

ただし、彼が彦根藩に禄をはさむ家臣であったが故にか、その発祥地井伊谷《いいのや》における始祖共保出生の伝説を史実の如く取り扱ったことによってその資料価値をおとしたことはまことに惜しい。すなわちそれは共保を故あってなされた貴人の捨て児であったとする異本の説に対して反駁し、

　児を井辺へ捨るの説甚穿鑿之論也古之人神異有事往々史伝に見へたり不可怪

と荒唐無稽にして奇怪なる井中化現伝説を信じさせようとしたことである。ただ前記の如く天守の墨書銘によってそのあたりの記述をかなり確実な資料によってなしていたことが立証されたことは著者の名誉のためにもまことに幸いであったとしなければならないであろう。

一方、『彦根山由来記』の著者中村不能斎は旧記を丹念に調査したことがしのばれ、その考証たしかに正鵠を得たものが多い。たとえば築城費用は『年代記』によれば慶長九年の条に「二百八十九貫四百三十一匁八分」とあるから、これのみによれば第一期工事すなわち天下普請の公費と思い、これを七カ国十二大名で分担したかの如き錯覚をおこさせるであろう。しかして『井伊年譜』では全城ほぼ工事を終えたと推定されている元和八年の条に「二百八十八貫四百三十一匁八分」とあるためここでは第一期・第二期を通じての総工費と誤認せしめる危惧を生じてくる。もっとも右の引用において前者・後者に一貫の違いがあるほか『彦根市史』上冊三七二頁への引用文にはただ八八貫四三一匁八分となっていて数字の「二」と片仮名の「ニ」の誤写または誤植が明らかと思われるほか、大阪府立中之島図書館所蔵の『井伊年譜』と筆者所有の『井伊家年譜附考』にはこの記載がない。これは原典に後補改訂されたものか、転写中に削除されたかその間の事情はわからないが、不能斎によって考証された一文は大いに参考となると思われるので左にそれを

抽出掲載しておきたい。

築城費は銀二百八十九貫四百三十一匁八分、渡し方、金奉行藤田平右衛門、高橋長十郎（慶長五年以下井伊家諸旧記に拠る、中に就て古文書四通は、各々本書に就て一字を違えず、但し草書を楷書に改むるのみ）

今按此費額は、直孝の時再役の費額なり、其故は藤田平右衛門、高橋長十郎は（高橋家譜には長四郎とあり）並に直孝分家中に仕えて、直孝本宗を嗣ぐに至りて藩士に成りしものなり、然れば此費額は再役のみのものたる断じて知るべし、但し初度の費額は記載なければ知りがたし、七国十二大名の助役は各自の負担は無論なり

明快な解釈である。翁は執筆に際して常にその典拠は確実なものによるべきことを強調した。したがって『彦根山由来記』にかかげられた条項についてはかなり厳密な考証がなされた結果のものに相違ない。そこで再び想起されるのは他の項目、すなわち慶長八年着工説と天守をはじめとする各櫓の移築説に対しても何ゆえ右のような考証過程を本文中においてなされなかったかという事に対するはがゆさである。脱稿前の翁の手になる記録中には恐らく廃藩後世に出されなかった貴重な資料が埋もれたままとなっているのではなかろうか。

十二　その他の問題点

稿のおわりに近づき改めてふりかえると、当初予定した項目でいまだそれに行きあたらないもの三件、すなわち、この城でも見のがせない石仏石塔等の転用材と城内の間道、それに足軽居住区の配置である。

まず石塔類の転用材についてみれば、彦根には郡山とか福知山、あるいは和歌山の城で目についたようなおびただしい石仏石塔の転用は見られない。これは石垣を築くにあたってその用材を付近の廃城から比較的容易に調達できたからであろうが、一方中川泉三氏の稿本『彦根町史』によれば、築城前の彦根山または付近に散在していた石室石棺などの古墳用材を取崩し破壊のうえ石垣の裏ごめに使用し、また近在にあった廃寺などの石仏石塔類をも多くそのようにして使ったということである。このことは近時大手桝形石垣の一部崩落により、そこから宝篋印塔礎石と五輪塔用材のあらわれたことで完全に立証された。

もっとも、このことは塁壁の表面にそれらの転用材が出ていなかったとしても大坂城山里郭の例（補註22）があるほか、かなり掠取転用したとの伝承を聞くにかかわらず表面に見るそれが極めて少ない高取城の例などから類推して裏込めへの使用は一応考えられるところであった。石塔類のこのような使い方——表面へ出さずに裏込とすること——は石積み技術上の必要によるものか、住民感情を考慮した結果であるか速断はできないが、他城の例を参考とすればあるいは後者の理由によると見る方が適当かも知れない。ただ彦根では塁壁の表面に見えるのが天守裏、西の丸から下り坂道へかかる個所に格狭間入りの宝篋印塔台石一個と、同じ西の丸の三重櫓に近い場所に使うべくして使わなかったのではないかと見られる素面の塔礎石一個を確認しうるにすぎない点から推しはかってのことである。それと

伝承によれば本丸月見櫓台の石垣に石仏が一個積みこまれていると言われるが、筆者はまだそれを確認していない。

そして西の丸広場におかれた未使用の塔礎石一個を別にすれば、あとの二例（月見櫓台の石地蔵は仮りとして）の配置場所はいずれも東北、つまり鬼門の方角――宝篋印塔は西の丸の、石地蔵は本丸の――になっているところから、これは篠山・明石・津など各城の例に徴し、やはり魔除けとでもいうような俗信にもとづくものと考えるべきであろう。

ついで城につきものの抜け穴に関する伝説も彦根城においては鐘の丸の井戸に見る如く確実な根拠あるものは見あたらず、他に強いてそれに類する間道らしきものを求めるとするならば、天秤櫓東石垣下から太鼓櫓門裏の石垣下へつながる小径とか、山上石垣周辺部の歩行可能な斜面などをそれと見なしうる程度であろう。すなわち、はじめのそれは廊下橋を切り落とすか、そこが通れないときの連絡通路としての格好のものであり、近年、天秤櫓または廊下橋の工事に際し随時ここから一般観光客を通したことでも知れるであろう。

しかし、これは城内での通路であって城外との連絡路ではない。仮りに城外への抜け穴が作られていたとしても、かかる機密事項がたやすく巷間にもれるようなことはなかったであろう。したがって、間道なり抜け穴の具体例が確認されるまでは、この問題に関し進んで肯定も否定もなすべきではあるまい。

最後の城下居住区については二の丸に重臣をおき、三の丸に中堅士官と町家をおいたためか、その外郭を区切る堀を称して惣堀とも記録しているが、問題はさらにその外側へおいた足軽屋敷のことである。彦根は他藩に比し特に足軽階級を厚遇した。たとえば一戸あたり平均六・七十坪の敷地に土蔵つき家屋を与えたということは恐らく他に例多しとはいえないであろう。ただ外堀の外へおいたことが危険に直接さらされるとして、その身分階級上の差別とみるむきもないことはないが、近世の足軽といえば集団密集戦闘における軍の主力であったから、この見方はそのまま受け入れることができない。それだけでなく、南方につけかえられた芹川が、二重の外堀となって、これら歩卒の居住区を保護するに充分であったと見るべきであろう。このことはたまたま郡山城の構築整備に際して増田長盛により流路を変更された佐保川によって守られていた外堀外の足軽居住区配置とよく似ており、そのような意味では他城にもまた同様な類例があるかも知れない（補註23）。

むすび

さて、城といえばなんとなく栄枯盛衰とか興亡流転という字句を連想しがちである。これは名曲「荒城の月」をはじめとする哀調をおびた歌曲による影響であろうが、古来幾たびか戦場となってしかも今になおその面影をとどめているというところはほんのわずかにすぎない。

なぜなら、激しい攻防戦の行われた戦国時代の城の大部分は、兵器戦術の変化によって存在価値をうしなうか新領主の権威確立のためにほとんど廃棄されて、いまでは遺構の片鱗すらとどめない状態とまでなってしまったからである。

また近世に入ってからも戦略上ひきつづき必要であった地点の城郭は全面的に改築された。そして、明治維新に際し戦場となった城も奥羽越同盟軍に加わった藩の一部とその他若干の範囲にとどまり、それすらもまた明治初年の廃城令によってとりつぶされてしまったのである。とすれば、有為転変の歴史を刻み「矢弾のあとのここかしこ」とその痕跡を天守と大手門にとどめ、哀音惻々たる歌曲に素材を提供して現存する「古城」とは果してどこであろうか。塁壁の一部に弾痕をとどめるところはある。しかしそれはまず例外といわなければならないほどに極めてわずかで、城のすべてが古戦場ではない。

彦根城は徳川時代初期に構築されたものであるから、ここにも砲声に明け矢音に暮れた戦争の歴史はない。つまり一本の矢も放たず一発の砲弾をうちこまれることもなく泰平無事に経過してきた城の一つなのである。したがって、むやみに悲壮な気持ちになって眺めなくともよいのであるが、大老直弼の桜田門遭難事件以後、この城をとりまく諸情勢は藩の浮沈にかかる大事件としての難問題が続発した。

しかして後、彦根藩に対する幕府の掌をかえすような態度が原因で藩論をして反幕に向かわしめ、さらに文久二年（一八六二）の十万石減封命令が離反に一層拍車をかけ慶応四年（一八六八）に至り遂に〝やいば〟を逆さにして兵二個大隊を東征に従軍させることとなった。この彦根藩の討幕軍参加は左幕各藩にかなり大きなショックを与えたものであったらしい。そのころ江戸市中落書に「彦根尾州は畜生武士」と書かれたそうで、真意が世にいれられず、安政以来対立の立場にあった西南諸藩と同調したことが、譜代筆頭の家格なるが故にかかる非難冷笑をあびせられることとなったのであろう。

このような幕末維新の時期における複雑な事情は、その後も永く尾を引いて小説『花の生涯』で見直されるまで、世間からはほとんどかえりみられなかった。しかし今にして思えば静かな城址であった頃がむしろ懐かしい。春秋行楽期、喧騒の城内にはもはや詩情もなければ、まして懐古断腸などの感慨もない。城郭研究のために歩を運ぶとすればやはり人ッ気の少ない時期を選ぶべきであろう。

註記

1 『彦根郷土史研究』第二号矢部寛一著「小膳先輩の熱意に守られて今日ある井伊藩関係資料」による。
2 前掲1に同じ。
3 中村不能斎については、主要参考文献の解説を参照。
4 挿入別表「主要城郭助役大名一覧表」参照。
5 彦根市役所発行『国宝彦根城天守修理工事略記』による。
6 『城―智恵と工夫の足跡』（読売新聞社発行）
7 『城と要塞』（朝日新聞社発行・朝日新選書九）
8 日本城郭協会近畿支部研究会発行　福井健二著『伊賀上野城』による。
9 『彦根山由来記』による。
10 前掲9に同じ。
11 前掲5に同じ。
12 朝日新聞社発行『名古屋城物語』による。

13 前掲12に同じ。
14 関西城郭研究会機関誌『城』第四二号　富原道晴著「安土城考―築城―」参照。
15 関西城郭研究会機関誌『城』第五九号「大和郡山城―主として転用材の検討」
16 前掲6に同じ。
17 『建築学会論文集』第九号土屋純一・城戸久共著「近江彦根城天守建築考」による。
18 『彦根市史』掲載「彦根城修理工事事務所」作成にかかる図面。
19 前掲5に同じ。
20 前掲5に同じ。
21 関西城郭研究会機関誌『城』第三三号中島至著「彦根城私考」および第五八号同著「近江長浜城」参照。
22 前掲9に同じ。
23 前掲関西城郭研究会機関誌『城』第五八号参照。
24 『大和志』第六巻第五号所載　城戸久著「高取城天守建築に関する疑」参照。
25 前掲9に同じ。
26 「京都新聞」昭和三十四年七月四日「城―彦根城」
27 彦根市立図書館蔵写本『古城御山往昔咄聞集書』
28 彦根市立図書館発行　北野源治著『石田三成と佐和山城址』
29 前掲9に同じ。
30 『井伊年譜』による。
31 前掲26に同じ。
32 関西城郭研究会機関誌『城』第四三号一九頁参照。
33 前掲7に同じ
34 前掲9に同じ。
35 『彦根郷土史研究』第八号清瀬徳著「城山の植物について」

補記

本稿は関西城郭研究会機関誌『城』第六三号に掲載された「近江彦根城」を改題したものである。昭和四十四年（一九六九）十二月に行われた同研究会による彦根城見学例会の解説として執筆されたもので、彦根城の特色と疑問点がおおむね網羅されており、著者の彦根城研究の序文ともいうべきものである。なお、本来の文章には項目がなかったので、読者の便を考慮して項目を付けた。

補註

1 「勘解由成敗」については、第二章一節、第三章三節4を各参照。
2 著者自身が二条城の石垣を実地に調査した結果によるものと思われる。なお、澤島英太郎・吉永義信『二条城』（建築新書・相模書房刊）二九頁にも同城の二の丸外周の石垣と本丸外周の石垣の積み方が明らかに相違していることを指摘している。
3 著者が大坂城に関係する記事を集めたスクラップブックに貼られている昭和四十二年（一九六七）三月二十二日付の読売新聞記事は、地下鉄四号線工事の際に森之宮駅西方の地下から発見された花崗岩の大石の横面に「にし大谷善四郎」の文字と三角のマークが墨書されており、大阪城天守閣主任岡本良一氏により豊臣秀吉による第一次大坂城築城の際の石垣石であると推定されたことを報道している。なお、この墨書については岡本良一『大坂城』（岩波新書）一五四頁に記述されている。
4 『彦根市史』上冊三八二頁
5 『井伊年譜』は、彦根藩士功刀公章が編輯したとされるもので、著者によると〈通常十巻十冊で、遠江国引佐《いなさ》郡の井伊谷《いいのや》において、寛弘七庚戌《かのえいぬ》年（一〇一〇）の元旦に始祖共保が井戸から化現したという伝説をもって始まる。生誕以後七二〇年、干支が六〇回目になる享保十五年（一七三〇）の二月朔日、七代目の藩主直惟《なおのぶ》の名により、井戸の畔に建てた碑文を第十巻の最終記事にして終わる〉（「彦根城の再検討」『近江佐和山城・彦根城』城郭談話会編　サンライズ出版　一八三頁）と記している。なお、『井伊年譜』は井伊家所蔵本のほか、彦根市立図書館（二種）、大阪府立中之島図書館、京都大学図書館、西尾市立図書館岩瀬文庫、学習院大学図書館、国立国会図書館、東京大学史料編纂所に所蔵され、著者は終生その閲覧謄写に努めその記録の比較検討に当たった。その苦労の一端は第六章四節に記されている。

6

著者が『井伊家年譜附考』を入手した経緯については第六章四節参照。著者は後に遺稿となった前掲「彦根城の再検討」で、その内容について、最終記事を享保十五年とし、全十巻からなる『井伊年譜』とは異なる〈全十三巻で、編輯者を「本藩諸士編次」とし、起筆は「年譜」にほぼ同じ、最終記事を宝暦四年（一七五四）にする〉としている。著者は当初〈右十巻十冊の「年譜」を複数の藩士が校訂し、享保十五年以降も書き続けたものか、と思った。しかし、筆致と格調がかなり異なるので探索して行くと全十一巻の「年譜」写本が京都大学図書館にあり、最期の十一巻目が表紙を『井伊年譜』とし、中身の標題が『井伊年譜附考』で、編者は「本藩諸士編次」、起筆は碑文日付の翌日享保十五年二月二日で、記事は先掲の「年譜附考」より早い寛延二年（一七四九）に終わった写本を底本にしているものと推察できた。よって「年譜」は功刀公章が「年譜附考」の碑文日付までを改編したものと判った。とするならば「年譜古態本」の存在も考えられるが、それには未だ出会えていない〉と記し、同稿では当初のものを「年譜当初本」、改編したものを「年譜増補本」と仮称している。そして「年譜附考」を「年譜」へ改編した理由として、『彦根城調査書』（彦根市立図書館蔵）に元禄年間（一六八八—一七〇三）、第四代藩主直興のとき「将軍の寵臣某井伊氏ノ封地彦根領ヲ羨望スル者アリ、将軍、直興ヲ召シテ増禄轉封ノ内意ヲ諷示ス」と記しており（将軍とは徳川綱吉、寵臣は柳沢吉保である）、直興は築城伝承を記した『御覚書』を提出し、家康と直政・直孝との強い絆による彦根城守護の任務を述べて拒否したことから、〈「年譜」の編輯は次の藩主直惟が命じたとの見解があり、然りとするならば徳川と井伊の関係をさらに中外へ示すために始祖生誕七百二十年紀念にかこつけての着想であったと考えられよう〉としている（前掲『近江佐和山城・彦根城』一八三頁）。

7

著者は前掲「彦根城の再検討」において、説を一部改め〈移設建物について「年譜附考」は「惣〆當御城ノ石垣ノ石并櫓御門共大津之古城ヨリ参リシ由」とし、また「鐘之丸廊下橋多聞櫓ハ長浜ノ大手ノ門也ト云ハ誤也　長浜ハ内藤紀伊守居城ニテ直孝公御代ニ拝領也門柱ハ楠也ト云」と少々紛らわしい書き方をしている。しかし編輯者の真意は「内藤家による「長浜城」の遺構を慶長年間に移築した、というのは誤りで、それは元和年間の直孝時代に移したものという心算あったと考えられる。誤認の原因は「年譜附考」を始め「年譜」も、慶長年間の条へ元和年間の事項を区分せずに混合して羅列したからであろう〉（前掲『近江佐和山城・彦根城』二〇一頁）としている。

8

著者は前掲「彦根城の再検討」で、家康の第二子で幼くして秀吉の養子にされた越前宰相秀康が、徳川と豊臣との戦いになれば秀頼方に加担すると明言していたので、井伊氏が大坂に出兵すると背後から狙い撃ちされる位置にあった。家康はその対策として慶長十一年（一六〇六）に内藤家を長浜城へ入れて大修築を施させ、対越前の備えを固めて井伊家の背後を擁護し、北からする襲撃の恐れをなくしたが、翌十二年に秀康が死去し、元和元年（一六一五）の大坂夏の陣で豊臣氏を滅ぼしたので、北陸に対する備えが必要なくなった家康は、内藤家を西国に対する高槻へ移し、長浜城を廃城としたとしている（前掲『近江佐和山城・彦根城』一八六―一八七頁）。そして『重要文化財彦根城天秤櫓・太鼓門及続櫓修理工事報告書』が天秤櫓を慶長第一次造営にかかるものとし、その根拠として〈今回の修理工事中、現建物の規模に合致しない仕口痕跡を有する土台が混用されているのが発見され、他から移築したものであることを示していた。現在屋根の各棟端の鬼板には井伊家の定紋である橘や井桁の紋瓦にまじって上り藤の紋瓦が使用されているが、上り藤は内藤家の定紋であり、天秤櫓については、年譜のいう通り、長浜城大手門を移建したものとしてよいであろう〉とし、「門の建立年代についても、慶長八年から同十一年にかけて営まれたものと考えられる」（同報告書一―二頁）としていることを〈慶長八～九年（一六〇三～四）頃の彦根築城第一期工事に元和元年（一六一五）廃城の長浜城大手門を移築したと到底承服できない判断を示したものである〉と批判し、「年譜附考」のいうところを推測して〈①第一期工事で廊下橋を渡った所には大津城の遺材を移し、②第二期工事に長浜城の遺材で両翼に「二階櫓」増設した結果「上皿天秤」の形を連想させる形になったと思われる〉と推定している（前掲『近江佐和山城・彦根城』二〇一頁）。

9　山崎郭三重櫓の古写真については、第五章写真8、14参照。

10　『彦根町史』は旧彦根町が中川泉三を主任者として編纂し、昭和十四年（一九三九）十二月に中川から稿本が提出されたが、その直後中川氏が急逝したことに加え日中戦争や太平洋戦争により刊行ができないまま推移し、戦後、新たに『彦根市史』が編纂された。町史の稿本は彦根市立図書館に保管されていたので、著者海津氏は同稿本を市立図書館で閲覧し引用したのである。

11　前掲滋賀県教育委員会『重要文化財彦根城天秤櫓・太鼓門及続櫓修理工事報告書』五頁

12　前掲修理工事報告書二二頁。これに対し著者も本稿執筆当時はこの紋瓦が内藤氏の家紋のそれであることに疑念を持たなかったが、前掲「彦根城の再検討」ではこれを批判し、武鑑では内藤家の定紋は「下り藤」で、『彦根山由来記』にも「大手櫓楼の瓦に、下り藤丸、即ち内藤家の紋ありしを、編者確かに記憶す」と記載しているのを引用して、修理工事報告書の判断を批判し、同報告書に「隅板鬼板に明治二十五年の箆書発見」（四頁）とあることをもって〈現在の上り藤紋瓦は、右明治二十五年の修理で瓦師が間違えて作ったのを使用したと考えるより他はない〉（『近江佐和山城・彦根城』二〇二頁）としている。確かに内藤氏の家紋は「下り藤」で、上り藤ではないが、著者指摘の明治二十五年（一八九二）の修理工事の際に瓦師が藤紋の鬼板を作る必要性も認められないし、また明治時代に修理された記録がない太鼓門続櫓西北隅の鬼瓦にも「上り藤」の紋瓦が使用されていた事実（前掲報告書二二頁）を説明できない。今のところ、彦根城へ建物移築の伝承を持つ城の城主のうち内藤氏のほかに家紋に藤紋を持つ大名をいないので、この点はなお疑問というほかはない。これまで行われた長浜城の発掘調査においても家紋のある瓦は発見されていない（織豊期城郭研究会『織豊期城郭の瓦』九七―九八頁）。

13　前掲修理工事報告書には天秤櫓に葵紋の瓦が使用されていたとする記述はない。著者が根拠とするのは同報告書に「天明四年」（一七八四）の箆書のある隅棟鬼板（同書二頁）のことで、著者は同報告書二三頁図版五〇の「天明四年鬼板」の写真によりこれを葵紋の略紋であるとしている。また『彦根山由来記』には〈鐘郭即ち木櫛原《もっこくはら》に、御守殿と唱へ、葵章（葵章は、徳川氏の紋所なり）の建造物あり、（陸軍省所轄中、明治の初めに、大津の営所に移築して、今は無し）〉（同書四五頁）とあって鐘の丸にあった御守殿には葵紋が用いられていたことを記している。ここでいう葵紋は著者指摘のように瓦の紋であると一応は考えられるが、瓦とは明記されていないので、あるいは室内の装飾等に葵紋が使用されていた可能性もある。御守殿の建物は太平洋戦争後まで保存されていたが、著者によれば占領中に駐留軍の失火で焼失したといわれ、その瓦についても確認できない。著者は本稿では葵紋は明治初年に御守殿を大津の兵営に移設したときにその瓦の一枚を取って天秤櫓の鬼板としたと推定していたが、前掲「彦根城の再検討」では〈天明四年（一八七四）の御守殿修理にさいして余分につくり、のち一枚を「天秤櫓」に転用したとも考えられよう〉（前掲『近江佐和山城・彦根城』二〇三頁）としている。なお、「彦根山由来記追加」（前掲『彦根山由来記』四五頁以下）によると、鐘の丸の御守殿は元和六年（一六二〇）に将軍徳川秀忠の娘東福門院和子が入内のため京へ登る際、当初は中山道を利用し彦根城に宿泊する予定だったためにその宿所として新築したが、後に東海道を通ることに改められたため使用されないまま保存され、明治初年に旧陸軍の大津営所に移築された。その後の経緯については第四章二節3を参照。

14 宗安寺の表門が佐和山城の大手門であるという伝承についての史料的な根拠はないようである。また、構造面でも城門というよりむしろ寺院の門としての要素が濃いとされる（松岡利郎「宗安寺表門（赤門）の建築構成」（前掲『近江佐和山城・彦根城』一七八頁以下参照）。

15 前記『彦根市史』上冊三六五頁

16 上田道三「西明寺絵馬の一考察—佐和山落城絵物語の図と推定」

17 著者は、第三章七節3において他城にも同種の石垣の実例があることを紹介している。

18 著者は、第三章「彦根城の諸問題」で説を改め、土塁の強化ならびに保護や石垣用材の使用量を少なくする経済的構築法なども一つの見方であり、更に京橋口を突破して大手口と表門口に向かう敵に対して鐘の丸との二重砲火による横矢の効果が期待できることや堀を渡って土塁に上がった敵の登攀を阻めることなどを挙げている（第三章六節2、七節2）。

19 第三章六節に詳しい。なお、『彦根山由来記』には早川幸豊について〈早川弥惣左衛門は、武田信玄の従士、早川豊後守の子にして、豊後は、馬場美濃守信房の門人、美濃は山本勘介の門人なり、城取の法は、（城取とは、築城の俗言なり）山本勘介流と称して相伝す、弥惣左衛門は、城取の法に巧みなるが故に、家康弥惣左衛門に命ずるに、弥惣左衛門、末代迄の城郭、所詮自分の及ぶ所にあらず、と辞すれども、甲州城取の法、其方ならではとて、聴るされず、終に命を拝して縄張せり、故に総て此城は、信濃国川中島城の縄張に、酷だ似たりといふ、（中略）鐘郭縄張は、城中第一の出来にて、縦ひ京橋門より、敵何程押寄せ来るも、容易に破らせじ、天下無双の要害なり、と早川常々自負せりといふ〉（同書二四—二五頁）と記している。

20 この井戸について、本稿執筆当時には著者指摘のように抜け穴であるとの説明をした立て札が設置されていたようである。

21 『井伊年譜』の天守完成年代の記述について著者は研究の進展により説を改めている。第三章はしがきを参照。

22 著者旧蔵のスクラップブックに貼られている昭和三十九年（一九六四）十一月二十二日付の毎日新聞記事は、大坂城山里曲輪北側石垣の積み替え工事をした際に石垣中央部の表面から約二m奥の栗石の中から石地蔵や石塔が発見されたこと報道している。

23 著者海津氏の生家も栄町にあった旧彦根藩の足軽屋敷であった。

第二章　彦根築城着工慶長八年・九年説について

一　彦根築城着工慶長八年説について

彦根築城着工時期については、さきに若干触れた通り、それを慶長八年（一六〇三）とするもの、同九年とするものの二通りにわかれる。さらにそのいずれとも判断し難いものもあって、実は三通りとすべきであったかも知れない。よって、既往なされてきた諸説の典拠となる文献史料の関係条項を引用掲記し、その再検討の手はじめとして「慶長八年着工説」からとりあげて行くこととしたい。

彦根城の構築着工時期を慶長八年とするものには、

『井伊年譜』『井伊直政直孝略伝』

『近江輿地誌略』『彦根山由来記』

等がある。ところでそれらが編述された時点で早くは『寛永諸家系図伝』があり、のちには『寛政重修諸家譜』があって、いずれも彦根築城を慶長九年とするものであった。『寛永諸家系図伝』等その原典は各大名家から提出された史料、したがって彦根築城に関しては井伊家から出された史料そのものに慶長九年構築とか着工と書かれていたはずである。しかるに右の諸書がいずれも慶長八年をもって着工時期とするには、それ相当の理由があったものと思われるが、それら書中において慶長九年着工説に対する反論をあげていないので、その根拠については関連資料によって推測判断するよりほかはないのである。

まず慶長八年築城着工説をとる文献の代表とされる『井伊年譜』（『彦根市史』所収井伊家所蔵本と筆者所蔵伝写本）はその年の条に

秋七月有命築彦根城

とし、また写本によっては「秋七月築彦根城」（彦根市立図書館所蔵本）あるいは「秋七月築彦根」（大阪府立中之島図書館所蔵本）とあるように、いずれも、その字句は「築」とするのみで特に「着工」を意味する表示がないとはいうものの、同年の条末尾ちかくに「今年御城出来翌九年甲辰御移徒の由」とあるので、右の「築」は城郭施設の一部完成により居住可能となった工事の進捗状況を示すと考えられるから、当然「着工」の意味を含んでいるものとしてよいであろう。

一方、筆者所蔵写本では慶長八年の条末尾に右の記載がなく、項を改めて「九年甲辰春彦根城成直勝公移徒」とし、城郭施設一部完成の時期を他の写本と若干異なる記載として「春」を入れた点に微妙な食い違いをみせている。これは他の文献史料との関係において、別項で検討を必要とすることになるので念のため書きそえておきたい。

しかし『井伊年譜』の成立は築城時から約一二〇年余りを経た享保十五年（一七三〇）である。そのゆえにか、記載内容においていくつかの不審が感じられるので、その点からはじめることとしたい。たとえば、彦根築城の許可申請について

直継公御代彦根山ニ御取立有度旨、木俣土佐守勝駿府へ下リ段々御願申上ル処御許容有テ（筆者所蔵写本）

とあるが、『木俣土佐紀年自記』では慶長八年の条で「伏見にいたり言上」としている。当時における徳川家康の行動を『当代記』と『井伊年譜』から抽出すると

慶長七年十一月廿六日　江戸出発
同　年十二月廿五日　伏見着
同　八年十　月十八日　伏見発江戸下向

となっているから、『井伊年譜』にいう慶長八年七月彦根築城着工の前であれば徳川家康は伏見にいたはずである。木俣土佐守勝が駿府へ赴いたのは築城工事が一応完成したとされる慶長十一年、家康引退後のことで、『井伊年譜』はそれと混同したのかもしれない。

ついで『井伊年譜』が傍証の形で採録した「徳川秀忠書状」を検討してみよう。それは漢文体でもって掲載されているので新版『彦根山由来記』（補註1）を参照して読み下し文に書きかえると

彦根山普請の様子、聞き届けたく候いて、小澤瀬兵衛をさし上せ候。炎天の時分、苦労ともに候。いよいよ精を入るべく候段、肝要に候なり。
七月十五日　御直判
井伊右近大夫殿

となるが、この書状の問題点は文書成立年次の決定に必要とされる年号干支が記載されていないところにある。これは当時したためられた書状の一般的通例で、「七月十五日」（『彦根山由来記』所載文では七月十日とある）に書かれたことはわかっても、いずれの年のものであるかを知るにはその書面全体から推測するよりほか方法がない次第となる。もとより「普請の様子、聞き届けたく」とある文面から築城工事進捗中のものであると

して間違いはない。

書状は宛名を「井伊右近大夫」としているので、井伊直継が「正五位下右近大夫」に任ぜられた慶長八年二月から「兵部少輔」に転じた同十一年五月までの間における「七月」を求めると、慶長八年、九年、十年の三カ年にまたがることとなる。

なお、筆者所蔵写本では書状の宛名を「井伊万千代」としている。このばあいの「万千代」とは井伊直継の幼名であるが、彦根築城着工は直継の叙位任官後ゆえ幼名を宛名とすることはありえないはずとしなければならない。しかし当時、旧名による事例必ずしも絶無とはいえなかったかも知れないので、原典によらぬ限り断定はさけるべきであろう。

ところで「徳川秀忠書状」について、『井伊年譜』伝写本中彦根市立図書館所蔵本二種の内その一と、筆者所蔵写本には文面を掲載しているが、同図書館所蔵本その二と大阪府立中之島図書館所蔵本には

秀忠公より小澤瀬兵衛上使として直継公江御書被成下

とするのみにとどまり、書状文面を載せていない。しかしその年次に関しては四種の写本すべて「慶長八年」の条に入れているが、『井伊年譜』原典編述にさいし

○彦根築城着工を慶長八年七月と判断して秀忠書状を同年のものとしたのか

○秀忠書状を慶長八年のものと判断して彦根築城着工を同年同月としたのか

そのいずれなるかは定かとなしえない。

しかるに『寛政重修諸家譜』における井伊氏の項ならびに『徳川実紀』では上使小澤瀬兵衛差遣を慶長九年七月とし、『彦根山由来記』では同十年七月としているのである。右の直継叙位任官のみからする検討によれば、この書状成立時点は慶長八年から同十年に至る三カ年の内いずれかの七月となり、事実、右の通り『井伊年譜』、『寛政重修諸家譜』と『徳川実紀』、『彦根山由来記』のそれぞれにみられる通り、いずれの年にあてても格別支障は生じていない。しかし、それはつまり、秀忠書状をもってしては彦根築城着工時期判断の決め手にはできない、ということになってしまうのである。

しかして『寛政重修諸家譜』に載せられた小澤瀬兵衛忠重の系譜には

（慶長九年）七月十五日御使を奉はりてかの地におもむく

とあるので、それによるかぎり秀忠書状を慶長八年七月のものとする『井伊年譜』ならびに同十年のものとする『彦根山由来記』の見解は誤りとしなければなるまい。

ただし、右により『井伊年譜』と『彦根山由来記』の慶長八年着工説を否定することはできない。なぜなら秀忠書状が慶長九年七月のものであったとしても、工事は同八年に起され上使が翌年差遣されたとして何ら矛盾を生じないからである。よってそのほかの典拠として、『井伊年譜』に載せられている幕府派遣の普請奉行と助役の諸大名関連史料からの着工時期検討を

必要とする順序になるので、まず普請奉行から始めてみよう。
『井伊年譜』は「御普請石垣被仰付」として

山城宮内少輔忠久、佐久間河内守政實、犬塚平右衛門

の三名をあげている。一方、上使として差遣された小澤瀬兵衛には普請奉行宛の「徳川家康書状」も託されたのであるが、それは『井伊年譜』に収録されていない。ところが『大日本史料』第十二編之二掲載の同書状によると派遣奉行は五人とされているので、その書状文面を左に引いて検討してみよう。

彦根山普請之儀、入精之由尤候間、然間、差上小澤瀬兵衛(候脱カ)、
炎天之節、苦労之通、何へも懇に可申渡候也
七月十五日　(家康)御判
細野右近大夫殿
佐久間河内守殿
山城宮内殿
犬塚平右衛門殿
山本新五左衛門殿

すなわち通常三名とされている山城、佐久間、犬塚の外に細野右近大夫、山本新五左衛門の二名が加えられているのである。その五名について『寛政重修諸家譜』をみると、犬塚平右衛門忠次については「今の呈譜に忠重に作る」と註記し

二条および彦根城普請のとき、そのことにあづかる

としているので、彦根築城工事に参加したことは間違いないといえよう。しかし、ここにも年次の記録がないため、この面から確認する方法はない。

佐久間河内守政實は『寛政重修諸家譜』に収録されているが、その経歴中彦根築城工事参加のことにはまったく触れていない。また、山城宮内少輔忠久、細野右近大夫、山本新五左衛門の三名は『寛政重修諸家譜』に載せられていないので、その面からの追及は不可能といわざるをえないのである。

しかし細野右近大夫については前記『大日本史料』所収「鷺峰文集」に故壱岐守細野藤敦石誌として

慶長六年、○九年ノ誤ナラン有均命、改築江州彦根城時、伊三○藤敦
次男藤嘉、加監吏之列

を掲げている。慶長六年（一六〇一）とは、井伊直政が旧封地の高崎から佐和山城へ入った年である。そしてその年、磯山への移築を計画し徳川家康の許可は得ていた（『木俣土佐紀年自記』）。それをもって「有均命」とするならば別に誤りとはいえまい。しかし彦根山への変更に改めて、とすれば慶長六年は誤りとなるが、『大日本史料』は彦根築城着工時期について慶長九年説をとっているため、右の通り「九年ノ誤ナラン」と註記したのであろう。したがって、この石誌は幕府派遣奉行が通説

による三名ではなく、細野右近大夫も普請奉行として彦根築城工事に参加したことの証とはなっても、着工時期に対する証とはなしえないのである。

　ところが、通説から洩れているもう一人の山本新五左衛門については、同じ『大日本史料』に収録された「三河国額田郡土呂村浪人松平甚助所蔵文書」に犬塚平右衛門とともに記録されていて、しかも年次判断にかなりの根拠をあたえるので、それについての検討をしてみよう。

　この書状は、築城工事に参集する役夫すなわち工事関係者への扶持米として、七月朔日から支給する必要があるので、三河国の目代（代官）松平清蔵親家（宅）入道念誓（清）その他に対し、寅ノ年の余剰米を津屋（舟着場の問屋）へ届けること、また支給するときには普請奉行犬塚平右衛門と山本新五左衛門の裏判を要すること等を申し渡したものである。

　猶々、七月朔日より出申候間、其以前ニ無御油断、津屋
にて御届可有候
急度申入候、仍佐和山御普請衆、御ふちニ出申候間、寅ノ
年之残米、有次第、早早船ちん船にん（てカ）津屋迄可有御届候、
七月朔日より出申候間、其以前ニ参著候様ニ御油断有間敷
候、御ふち出申候時者、御普請奉行、犬塚平右衛門殿、山
本新五左衛門殿うら判ニ而可有御渡候、恐々謹言
　　六月六日　　板倉伊賀守
　　　　　　　　　　勝重　書判
　　　　　　日下部兵右衛門
　　　　　　　　　　定吉　書判
　　　　　　成瀬吉右衛門
　　　　　　　　　　一斎　書判
念清老○松平親宅念誓ト号ス八月三日の条ニ見ユ
東意老
菅沼伊賀殿
　　　人々御中

　右の書状で少し気になることは「佐和山御普請」としている点にある。築城工事が行われた現場はいうまでもなく彦根山である。佐和山城は逆に取りこわされることになっていた。しかるに佐和山普請としたのはどのような理由によるのか、一応考えてみる必要ありとしなければなるまい。

　実は、普請とは新規築城だけを指す用語ではなかった。たとえば「大坂冬ノ陣」直後の直孝書状（中村不能斎編著『井伊直政・直孝』七七頁）によると、大坂城外郭毀壊の工事を「城わり普請」としていることによって知れるのである。したがって、板倉伊賀守勝重から出された書状が佐和山の城郭施設のうち新城への再用可能とされる資材を取りはずすため、彦根山の整地工事に先だって佐和山城で作業が始められることを言ったのであれば、「佐和山御普請」として当然であったといえよう。

　また新城の築かれるところを『木俣土佐紀年自記』が「彦根村の金亀山」としているほか、「彦根御山絵図」によれば金亀山すなわち「彦根山」は「尾末山」「長尾山」と峰つづきとなっているため、前掲の徳川家康・秀忠書状にいう「彦根山普請」

と呼びならされるまで、しばらくの間「佐和山普請」との呼称が使われたのではなかったか、とも考えられるであろう。

ところでこの書面にも「六月六日」とあるのみで年号干支の記載がない。よって他の記載事項から探るにまず板倉伊賀守勝重の経歴をみることが必要となる。『寛政重修諸家譜』によると、板倉勝重は慶長六年九月二十八日京都所司代に就任し、従五位下伊賀守叙位任官が同八年二月十二日であるから、右の官姓名をよりどころにすると、書状のしたためられた六月六日の年次上限を「慶長八年」として問題はない。ついで名宛の一人「念清老」すなわち松平清蔵親宅念誓は『寛政重修諸家譜』に慶長九年八月三日死去とある。とすれば、この書状にいう六月六日の年次下限は「慶長九年」となるから、まさに彦根築城着工時期両説のいずれにもまたがる重要な史料となってくるのである。

ところで文中に「寅ノ年之残米」とある。慶長年間で寅年といえば七年と十九年である。松平清蔵親宅念誓の死亡が慶長九年八月三日であること、ならびに彦根築城助役普請の時期からみて慶長十九年の「寅」は当然該当しない。したがって右「寅ノ年之残米」とは、「慶長七年の残米」で、それを「七月朔日」から「佐和山御普請衆」に支給するため、当日までに届けるよう「六月六日」付でしたためたのであれば、これをもって「慶長八年」の書状と判断してよいことになる。このことはつまり、『井伊年譜』が収録していない史料によって『井伊年譜』の慶長八年着工説が証明されるという次第になるが、実は『徳川実紀』で右「六月六日」を慶長九年の条に入れ、『大日本史料』また「七月朔日」を慶長九年としているのである。それについては後ほど改めて触れることとし、今は順序として助役大名の検討へ移ってみよう。

彦根築城の工事に助役を下命されたのは通常七カ国十二大名とされている。それは『井伊年譜』と『彦根山由来記』に準拠するばあいであって、別途『大日本史料』によるとごく一部の大名以外は「未ダ明ナラズ」とあるが、反面『徳川実紀』では十五大名を掲載しているのである。このようにまず人数に相異があるほか、七カ国十二大名とする『井伊年譜』にも若干の問題なしとしない。すなわち同書写本四種のうち十二名の名を記しているのは彦根市立図書館所蔵本二種の内その一のみで、その二と大阪府立中之島図書館所蔵本ならびに筆者所蔵の伝写本には氏名の記載がなく、ただ

人夫は尾張、美濃、飛騨、越前、伊勢、伊賀、若狭七ヶ国へ被仰付

とのみしるしているにすぎない。よってここでは彦根市立図書館所蔵本その一に「七ヶ国ノ諸侯如左」としているので、それから左に引用することとする。

尾州清洲	松平薩摩守忠吉
勢州桑名	本多中務大輔忠勝
同　亀山	松平下総守清匡
同　津	富田信濃守信高

同　神戸　一柳監物直盛
尾州犬山　平岩主計頭親吉
濃州大垣　石川長門守康通
同　加納　奥平美作守信昌
飛州高山　金森出雲守可重
伊賀上野　筒井伊賀守定次
越前北之庄後改福井　結城中納言秀康卿
若狭小浜　京極若狭守忠次

　実は右の十二大名について松平忠吉、結城秀康は『徳川諸家系譜』を、他の十名は『寛政重修諸家譜』を調べても彦根築城普請参加のことが記録されていないのである。しかるに『寛政重修諸家譜』の巻頭条例によれば「仰によりて（中略）城廓の補修等をうけたまはりし類ひは、すべてこれをしるせり」としているにかかわらず、その記載がないのはどのような理由によるのか、確かめる方法が見あたらない。

　さらに問題として右十二名のうち松平忠吉が薩摩守になったのは慶長十一年（一六〇六）で当時はまだ下野守、そのほか、伊勢亀山の松平下総守清匡は慶長四年に忠明と改名しているし亀山五万石の城主となったのは慶長十五年（一六一〇）で、慶長八年頃は三河作手の領主で一万七千石だったのである。また、平岩主計頭親吉が尾張犬山十二万三千石の城主となったのは慶長十二年で、慶長八・九年当時は甲斐府中六万三千石の城主であった。さらに奥平美作守信昌は慶長六年美濃加納の城主となったが同七年致仕しているので彦根築城着工の時期には隠居の身分だったのである。逆に飛驒高山城主は当時金森長近で、長近の死亡により可重が遺領をついだのは慶長十二年であったとされている。なお、京極忠次が「高次」の誤記であることはいうまでもない、としてよいであろう。右により、慶長八年当時の亀山城主は三宅康貞、九年は関一政、犬山城主は小笠原吉次となるが、その系譜経歴において彦根城普請参加は明らかでない。反面さきの大名参加が慶長八・九年当時のものとすれば七ヶ国でなく三河と甲斐を加えて九カ国としなければならない。このように一見矛盾と食い違いが多々指摘される助役十二大名に関する問題については、その下命が築城着工時から慶長十五年頃にわたって段階的に行われたものであったかも知れないとの推定もなしうるが、とにかく何を典拠として『井伊年譜』、しかも彦根市立図書館所蔵本二種のうちその一にだけ載せられたものか、『大日本史料』では一部をのぞき助役大名の大部分を不明としている点などを併せ考えると、これは今後にのこされた要検討事項といわなければならない。

　なお、昭和三十五年（一九六〇）発行の『彦根市史』上冊が『井伊年譜』を引用するばあいに、（『井伊家年譜』・井伊家蔵）と註記したものがいわゆる『井伊年譜』の原典というべきものと思われる。しかし助役十二大名の氏名掲記にさいしてはその出典を示さず、『彦根山由来記』に載せられている通りの表示としている。このことは、年譜原典に助役大名の氏名が掲記されていないことを物語るものであろう。とすれば、彦根市立図書館所蔵本その一に記録された十二大名の氏名は、年譜伝写にさいし他の史料にもとづいて後に挿入されたものということになるのであろうか。
よって『井伊年譜』記載の書状とその他の事項から、慶長八年七月築城着工を裏づける確たる根拠は見いだせず、派遣奉行をさぐってたどりついた関係史料すなわちさきの「松平甚助所蔵文書」にしるされた「寅ノ年之残米」を鍵のひとつとみなすべきであろう。

冒頭で『井伊年譜』についであげた『井伊直政直孝略伝』（『大日本史料』所収）には

慶長八卯年、御築被遊候

として「七月」をしるしていないが、築城経緯に関する説明が『井伊年譜』にほとんどかわらないので、その検討は省略しておきたい。

また『近江輿地誌略』は享保十九年（一七三四）膳所藩の官撰による近江地方の地誌として権威あるものとされている。彦根築城に関しては

（慶長）八甲《（癸）》卯の年、台命を蒙り、城を金亀山に築く、彦根の城是なり

とし、これも「七月」を入れていないあたりに『井伊年譜』と若干差異あるものと考えられるが、その典拠必ずしも明らかでないため、今ここで云々することは差し控えざるをえない。

廃藩後、明治三十五年（一九〇二）に至ってまとめられた『彦根山由来記』には

（慶長）八年、三百零八年前土木の工を起す

としている。そして同書註記に「慶長五年以下、井伊家諸旧記に拠る」とあるので、井伊直孝、徳川秀忠、本多忠勝等から出された書状をはじめ、派遣奉行・助役大名その他築城関係事項について個々には触れていないが、その典拠はすべて井伊家所蔵史料にあったとしてよいであろう。

まず派遣された奉行については「山城宮内少輔忠久、佐久間河内守政實　犬塚平右衛門」の三名としていること、さきの『井伊年譜』とまったくかわらない。ところが助役諸大名について七カ国十二大名としている点は年譜同様であるが、その表記に若干の食い違いがみられるのである。すなわち、それは

伊賀上野	筒井伊賀守定次
伊勢桑名	本多中務少輔忠勝
同　津	富田信濃守信高
同　亀山	松平下総守忠匡
同　神辺《カンベ》	一柳監物直盛
尾張清須	松平薩摩守忠吉
同　犬山	平岩主計頭親吉

美濃大垣　石川長門守康通
同　加納　奥平美作守信昌
飛騨高山　金森出雲守可重
若狭小浜　京極若狭守高次
越前北之庄〔後改福井〕　結城中納言秀康

右のうち他の記録文書では「本多中務少輔忠勝」が「大輔」となり、「松平下総守忠匡」が「清匡」となっているが、『寛政重修諸家譜』によるかぎり本多忠勝について「少輔」、松平下総守について「忠匡」とは書かれていない。なお、そのほか一柳監物直盛の所在地が『井伊年譜』で神戸とある点をのぞき、他はいずれも『井伊年譜』の項で指摘した通りにつき、ここでは重複をさけて省略することとしたい。

ところで『彦根山由来記』は、慶長五年以降の史料については井伊家の諸旧記によったものと註記している。とすれば、十二大名の配列と一部氏名が「彦根市立図書館所蔵本二種の内その一」の『井伊年譜』と異なることは、それぞれ伝写時に採用した典拠がまた別の文書であったということになるのであろうか。しかしそれは観点をかえて追及すべきであり、築城着工年次に関しては一応かかわりが少ないので、ここではこれ以上触れぬこととしておこう。

『彦根山由来記』は本多忠勝の書状を二通収録している。一通は六月十日付で自ら巡視、一通は直継が兵部少輔となった慶長十一年五月以降の三月七日(『彦根山由来記』は十二年と判断)で、現場視察と普請続行の証となるが着工時期判断の根拠とならない。

一方、『彦根山由来記』は『井伊年譜』に掲載されていない八月二十日付「井伊直孝書状」を傍証としている。それは彦根築城着工時期を知るうえにかなりの内容をそなえているので、左に新版『彦根山由来記』の読み下し文を引用して検討することとしてみよう。

わざわざ啓述せしめ候。仍《よ》ってそれ以来は無音、本意を失い候。しからばその地御普請に、万端御苦労とも、推察せしめ候。随って勘解由成敗致すについて、右近様より御折檻なされ候。拙者若輩ゆえ、御意を伺わず候て、さしあたり迷惑せしめ候、この上の儀は、是非に及ばざる次第どもに候間、各々頼み入り存じ候条、然るべきよう、お取りなし候いて、右近様、御機嫌宥《なだ》められ候よう、なされ候いて給うべく候。委《くわ》しくは清兵衛申すべく候条、詳《つまびらか》にし能わず候。恐々謹言。

八月廿日　井伊掃部佐
　　　　　直孝　花押
犬塚三十郎殿
　　人々　御中

文中「その地御普請」とは『彦根山由来記』の指摘通り彦根築城工事を指すものとして間違いなかろう。ところがこの書状にも年号干支が記載されていないので、成立年次を解く手がかりとしては前例通り記載文面にたよるよりほかに方法がない次第となる。

　書状発信人直孝はその肩書を「掃部佐」としている。直孝の「従五位掃部助」叙位任官は慶長十年四月となっているので、直継の「右近大夫」在任中それが重なり合う期間で八月二十日を求めると慶長十年よりほかに該当する年がない。構築着工が慶長八年・九年のいずれであっても天守完成は慶長十一年と確認されているので、築城工事が慶長十年にも行われていたことは間違いない。よって直孝の肩書「掃部佐」で判断すればこの書状は慶長十年のものとなり、『彦根山由来記』がこれをもって慶長八年築城着工の傍証とする根拠がなくなってしまうのである。そこで『彦根山由来記』の著書は、この書状を慶長八年とするばあいに差し支える直孝の叙位任官の問題について、「時に直孝十四歳、未だ叙位任官せず既に掃部助（佐は書損とみるべし）と称す、兄直継も任官前右近と称す、蓋し其例ならん」との推定によって一応の解決をはかっている。

　直継が任官前に「右近」と称した例は直政死去のさい（慶長七年）における二月十六日付「幕吏連書」にあり、また直孝が任官前に「掃部」と称していた事例は『井伊年譜』所収慶長七年三月の家中分限帳に「五千石井伊掃部殿」とあるし、井伊直政の「兵部少輔」が正式に任官したものでなく終身自称であったという例等をみると、直継の「右近」、直孝の「掃部」ともに正式任官前の自称であったとして別に問題はないといえよう。しかし、任官前に「掃部佐」を自称したことが事実であったとしても、その称号による書状成立の年次を慶長八年となしうる根拠にならない。任官前年の慶長九年八月二十日としてもあえて不自然ではないからである。

　結局、この書状がしたためられた時点を知るには文中の「勘解由成敗」との関係をより所とするよりほかないであろう。しかし『彦根山由来記』はその点に全く触れていないし、いまのところ「勘解由成敗」そのものを示す史料もみあたらない。ただ『井伊年譜』慶長八年の条と、彦根市立図書館所蔵『直孝直澄公御一代記』ならびに『井家美談』（補註2）直孝公部に直孝十四歳で萩原図書を手討ちにしたとの記事があり、それが勘解由成敗に該当するのではないかと思われるので、その辺を少しさぐってみることとしよう。

　『井家美談』によると、直孝が萩原図書を手討ちにした理由として「公幼童の時、図書萬事悪敷あたり（中略）軽しめ奉るをもって」勘堪なりがたき次第によるとしている。『井伊年譜』文禄四年（一五九五）の条に、萩原図書はもと武田家に仕え、井伊直政が上州箕輪の城主であったとき領邑後閑村の名主を勤めていたものとあり、また慶長七年の家中分限帳に五百石としてその名がしるされているので、武田家滅亡ののち井伊直政の隷下に組み入れられた家臣団のなかの一人であったと思われる。

　直孝は幼時直政のもとにおかれず、その所在場所を時々かえられたが、十歳のころから萩原図書に預けられていた（補註3）。「勘解由」と「図書」が仮りに同一人であったとすれば、直孝書状による話の筋は運びやすい。なぜなら、手討ちによって直継の機嫌を損じたのはその理由が何であれ、養育者を殺害するという忘恩の挙にいでたためか、または当主直継から五千石の合力米を授けられていた直孝が、直継に直属する家臣を討ち果したことにあったゆえか、そのいずれにしても直継と直孝の間で気まずいこととなったので、そのとりなしを直孝から犬塚三十郎に依頼したのがこの書状であったということになるからである。

勘解由と萩原図書とが別人であったとすれば、家中分限帳にみえない勘解由は士分以外もしくは家中以外の人物としなければならず、そのばあい直継の機嫌を損じるほどの事件でありながら、『井伊年譜』、『井家美談』のいずれにも採録されていない点に疑問がのこる。

しかして直孝は天正十八年（一五九〇）生れであるから、十四歳を当時の慣習で数え年齢とするならば慶長八年（一六〇三）がその年にあたる（直孝はこの年上州から江戸に出て徳川秀忠に仕えた）。果してしからば、この書状成立年次は慶長八年となり、文中の「その地御普請」の字句によって慶長八年築城着工説に強い根拠を与えることとなるのである。

彦根築城着工時期を慶長八年とする諸文献史料の検討は以上をもって終りとし、一応のまとめとしてそれらを篩にかけてみよう。まず『井伊年譜』における「徳川秀忠書状」が示す「上使差遣」は『寛政重修諸家譜』の小澤系図によって慶長九年七月十五日と判断されるため、慶長八年着工を否定しないまでも、同年着工の根拠としては若干の弱みあるものといわざるをえない。しかし反面、慶長九年七月十五日の書状なればこそ築城着工はその前年すなわち慶長八年七月であった根拠になるともいえるのではなかろうか。理由は慶長九年七月朔日築城着工とするばあい、その月の十五日直ちに慰労の上使が差遣されたとしては少し早すぎるように感じられるからである。

ついで『井伊年譜』ならびに『彦根由来記』のいずれにも採録していない「徳川家康書状」に載せられた普請奉行に関係ふかい「三河国額田郡土呂村浪人松平甚助所蔵文書」の「寅ノ年之残米」を「慶長七年の残米」とすれば慶長八年着工の根拠となしうるが、もしも慶長七年収穫米で翌年の端境期に至って生じた余剰米をいうものであったとすれば一年ずれるため慶長八年着工説の根拠としては弱くなってしまうのである。さりながら、文中「七月朔日より出申候」とあるのみでその日付を築城着工日としてはいないから、さきの秀忠書状における推測判断と同じように工事が慶長八年から行われていて端境期に生じた「寅ノ年之残米」を慶長九年七月朔日から支給する旨同年六月六日示達した文書として差支えはないといってよいであろう。

助役の七カ国十二大名を築城着工時期判断の典拠とする場合における決定的な弱点は、そのいずれによるも各人の経歴（『徳川諸家系譜幕府祚胤伝』、『寛政重修諸家譜』）に彦根築城参加のことが記載されていないところにある。しかしそのうち本多忠勝については『彦根山由来記』所載の書簡によって普請参加のことが知れるし、十二大名以外では『徳川実紀』によって別に四大名の存在も判明しているが、いまこの項でそれに触れると話の筋が混乱するので別の項において云々することとしたい。

結局この段階においては、『彦根山由来記』に収録されている「井伊直孝書状」の「勘解由成敗」が『井伊年譜』および『井家美談』その他にいう「萩原図書手討」と同一事件であるとすれば、それによって彦根築城着工慶長八年説が成り立つであろうが、最終的な結論は慶長九年着工説の典拠ならびにその他の文献史料を検討したうえでの判断によることとしなければならない。

註

『井伊年譜』記載内容のうち彦根築城関係の事項については、関西城郭研究会機関誌『城』一〇二号に「彦根城旧記」として伝写本四種を比較対照する形で収録したのでそれを参照して頂きたい（補註4）。

『彦根山由来記』は、明治維新以後における彦根城研究の嚆矢をなすもので、当然明治以降における研究、解説書の軌跡に入れるべきであろうが、同書はその内容からみて古典の部類に属すべきものであると考え、あえて本項にあげることとした。

二　彦根築城着工慶長九年説について

彦根築城着工時期を慶長九年とする説の典拠とされるもののひとつに『慶長見聞録案紙』がある。これは慶長六年から同十六年に至る見聞の雑事を収載した記録で、彦根築城関係部分には

（慶長九年）七月朔日、江州佐和山城を、同州彦根江被移、御普請被仰付（前掲『大日本史料』から）

とある。これを文字通りに解釈すれば、慶長九年七月朔日は佐和山城を彦根へ移す普請の命令が出された日となり、構築着工の日とは読めないが、下命の日すなわち着工日との解釈によって慶長九年着工の典拠とされたものであろう。

また、天文、弘治、永禄年間のことを略記し、元亀元年（一五七〇）から慶長二十年（一六一五）正月にいたる四十六年間のことを記録したものに『当代記』がある。その慶長九年七月の条に

朔日より佐和山を彦山（根脱カ）へ被移普請あり

とし、佐和山から彦根山への移築工事が行われたことを示す「普請」との用語が使われているので、これは慶長九年説のうち築城着工年月日を明確に記載したもののひとつとして留意しておくべきであろう。しかして『当代記』ではこれにつづく五日の条に次の記事がある。

此日夕立甚、佐和山普請場へ雷落、随分之者伊勢衆三人、其外十人死、五三十も手負在之由也

あとの記録は築城工事そのものをいっているわけではないが、七月五日落雷事故のさい城普請が行われていたことの傍証

になるとだけはいえるであろう。ここでも「佐和山普請場」となっているが、それはさきの慶長八年着工説のなかで検討した「三河国額田郡土呂村浪人松平甚助所蔵文書」のばあいに同じと解釈しておきたい。ただし『当代記』においては彦根城天守が完成した慶長十一年よりのちに属する時期の事項すなわち

慶長十二年　「家中物云」
同　　年　「直継母関東下向」
同　十三年　「伊賀上野筒井氏改易」
同　十四年　「信濃中島移封」

の記事で直継を依然「佐和山城主」としている点に幾分不審が感じられるのである。

もっとも、書簡集『井伊直政、直孝』の編者中村不能斎は、元和元年（一六一五）の井伊直孝自筆書状について「彦根へ参着」とすべきところを「佐和山へ参着」とし、さらに自署「掃部頭」とすべきところを旧称「掃部助」としている点を指摘し「其拘ハラザル粗漏ノ甚シキ当時ノ状態ヲ知ルに足ル」としているので、右『当代記』の慶長十年代における佐和山云々はさして問題とすべきではないかも知れないが。

『当代記』を収録した『史籍雑纂』の緒言によると、「本書の記者は伊勢亀山城主松平忠明なりとの説あれども詳ならず」と解説している。松平忠明は『井伊年譜』と『彦根山由来記』によれば天下普請としての彦根築城助役大名の一人であった。

ただし、『井伊年譜』に忠明は改名前の「清匡」、『彦根山由来記』には「忠匡」と書かれていること、『徳川実紀』にいう助役大名のなかにはその名が見えないこと、『寛政重修諸家譜』の松平忠明の項に彦根築城工事参加の記載がないこと等いくつかの不審な事項が目につくし、『当代記』そのものの記載文についても井伊掃部を「伊井掃部」とし、直孝について右近大夫別腹弟とすべきところを「左近大輔別腹兄」とするなど表示にすっきりしない点の少なくないこと等を勘案すると、松平忠明が彦根築城の助役をしたのであれば、記載文面の不審個所少なからざる点から『当代記』の著者を彼とすることに疑いを生ずる反面、彼の著とすれば彦根築城参加のことに疑問ありとしなければならないのである。このことは即ち同書による構築着工時期の信憑性に影響を与えることとなりかねないが、着工年次を「慶長九年」とし、月日を「七月朔日」とするもの他に無しとしないので、ここでは疑問点を示すにとどめ、その断定はさけることとしておきたい。

江戸時代中期に編述された『淡海落穂集』には

慶長九年御城御普請御願被蒙仰則七月より御懸り

とある。これがもし、『寛永諸家系図伝』またはその典拠からとすれば「七月」ではなく「春」でなければならないし、『井伊年譜』またはその典拠からとすれば「慶長九年」ではなく「慶長八年」でなければならない。さりとて、『慶長見聞録案紙』や『当代記』を典拠としたのであれば「朔日」が抜けている点に疑問がのこる。結局『井伊年譜』と完全に一年の差を生じているあたりになお観点をかえるべきかと思われるが、今のところそれ

に応ずる史料がみあたらないのである。

彦根築城以前の古絵図になされた註記付箋を集めて書冊にしたものとされる「当御城下近辺絵図附札写全」のなかにある記事のうち築城関係事項を年代順におきかえて示すと

> 慶長六年の春直政公当国へ御入部、其の時は古城に残る御殿有り、其所に御座被遊候由、御家中の衆も古城の残り家に差置く。又直勝公御代惣引越しは慶長九年なり。
> 慶長九年御願被遊蒙御城御普請、御城下御開き同十一年御城御成就。

とある。この史料は彦根史談会で編集された『彦根旧記集成』第一号に収録されたもので、「後世幾人もの手によって図中記入され、又は付箋されたものを集めて書冊にした」と推定されている通り、「寛永十三年直滋公御入部隔年御在城也」あるいは「天寧寺。直中公建立。開祖賢光和尚（中略）文政十三年寅年七月九日寂す」とあるので、かなり長期にわたるものであったとみなければならない。そのことは築城関係記事についても右慶長六年のところへ「惣引越しは慶長九年なり」とし、また別に「慶長九年御願被遊（中略）同十一年御城御成就」としているので、慶長六年の項と、慶長九年の項は別人により別の時に別の典拠または伝承にもとづいて記入されたものということになるであろう。つまり註記付箋のなされた時期によって内容そのものの確度が左右されるであろうが、今それを確かめるすべはない（補註5）。

ただ井伊直政の佐和山入部を『井伊年譜』は慶長七年としているが、『徳川実紀』採録の『天元実記』に、徳川家康が佐和山城に宿泊した慶長六年十月、直政が「中門番所に出てまちむかへ奉る」とあるので、直政の佐和山入部はこの附札の「慶長六年」をとるべきであろう。

なお「当御城下近辺絵図附札写全」の「十一年御城御成就」は後掲の『木俣土佐紀年自記』にいう慶長九年着工、そして「十一年にして、城郭全美」に符合することとなるのである。

新井白石の編述にかかる『藩翰譜』は一見すると慶長九年着工説をとっているが如く

> （慶長）九年の春仰によりて彦根の城を築きて移る

としている。『藩翰譜』は井伊家の項で彦根築城に関してはこの記事のみにとどまり多くを語っていない。そのためこの文面をもって判断するとかなりの無理が生じるだけでなく、着工時期に関する見解もまた曖昧とならざるをえないのである。たとえば右について簡単な解釈をこころみると、築城命令をうけて起工し、その工事の竣工によって旧城佐和山から新城彦根へ移転したのが慶長九年「春」のうちに行われた、ということになるであろう。すなわち『藩翰譜』は彦根築城時期について慶長九年着工説を採用し、その工期がわずか三カ月以内であったとしているかの如くに感じられるのである。

いうまでもないことながら、太陰暦によると春とは一月から三月までの三カ月間である。いわゆる立春から立夏まで、太陽暦ならば二月四日ごろから五月六日ごろまでの季節にあたる(慶長九年一月一日は太陽暦に換算すると西暦一六〇四年一月三十一日となる)。つまり暦のうえで春とはいえ、彦根地方の太陽暦二月は厳冬とかわりがない。その厳冬に着工して約三カ月程度の短期間で新規構築の城郭が完成し、城として使用にたえるだけの状態となしうる土木工事が可能であったかどうか、という疑問がまず出てくる。しかし、『藩翰譜』の彦根築城記事に対して今までかかる点を指摘し問題としてきたことはなかったようであるから、それはそれとして理由があるものとしなければならないので、ひとまず次のように理解しておくこととしたい。

約三カ月間の短い工期内の完成に疑問をいだくのは、元和年間以降に整備され全域完成したのちにおける櫓や殿舎の姿を想定したところから生じたものである。しかし『淡海落穂集』に「是迄此城は掻上の類にて大概おかこひなどは土手斗りにて」としるされている。「是迄」とは井伊直継時代の第一期工事によって出来上がったところまでの部分を指す。そして『井伊年譜』によると、「惣構の堀土手櫓并御成御殿其外ノ屋作ハ大方直孝公御家督已後出来、直継公御代ニハ一重構計也」とあるので、築城当初の城塁と居住区は現在の内堀以内のうちでも簡単な構造であったことになるし、また佐和山からの移住にさいして使用された部分も城域中の極く一部分ゆえ、右にいう三カ月間を工期とする書き方に対し、あえて異をとなえる必要はない、とするのもひとつの見方といえよう。

ただし『井伊年譜』にいう「直継公御代ニハ一重構計也」にはいささか問題を含むものと思われるが、それは本項外のことにつき改めて別項で触れることとしたい。

『藩翰譜』の撰述は各大名家に関する記録文書類を収集して行われた。その成立が元禄十四年(一七〇一)であるから編纂資料とされたもののひとつに『寛永諸家系図伝』があったことはまず間違いないといってよいであろう。その井伊家の項には

> 同九年の春、台命にのたまはく、佐和山の城地よろしからさるあひた、これを彦根山にうつすへしとて、すなはち御人衆仰付られ、石壁を高く、隍塹を深くして、あらたに城を築き、かたしけなくも、直政か子孫すへおかせたまふ(前掲『大日本史料』から)

とあるので『藩翰譜』の「九年の春云々」はこれを典拠にしたと一応考えられるであろう。なぜなら、『寛永諸家系図伝』の文面から彦根築城に関する最少必要限度の字句を抽出して書きあらわしたばあい、その文章は『藩翰譜』のように簡潔な表現となるからである。

『寛永諸家系図伝』の成立は寛永二十年(一六四三)九月、彦根築城のころから数えて約三十数年後にあたる。そのなかの井伊系図は、「井伊系図の問題点」(第六章一節参照)で触れる岡本半介編集のそれが典拠であったと思われるが、その原典は知見の範囲にない。

また『大日本史料』所収の『井伊彦根家譜』に

九月ノ春、仰ニ依テ、彦根ノ城築カレテ移ル

とある。その成立時期の前後関係が明らかでないため、これが『藩翰譜』編述の典拠とされたか否かはわからないが、『井伊彦根家譜』の補記に「慶長八年癸卯（中略）鐘郭成テ慶長九年甲辰春移ル」としているから実は着工が慶長八年で、九年の春は移城時期であったということになるのである。しかして彦根築城に関与した他の大名家その他関係者の家系譜ならびに史料等も当然新井白石のもとに集められたはずゆえ、それらもまた参考にされたはずとしてよいであろう。そしてその史料中には彦根築城着工の時期を右のように慶長八年とするもの、九年とするものの双方があったので、撰述者として判断にいささか困難を感じたのではなかったか。かかる点を考慮に入れると『藩翰譜』の記事は、ことによると九年春三ヶ月以内の完工を意味しているわけでなく

九年の春、台命によって構築着工、そののち完成により移城

つまり「九年春着工」と解するか、または

九年の春、かねて命じられていた築城工事の完成により移城

すなわち「九年春移城」のいずれとも解釈できるような表現としているかの如くにさえ思えるのである。

特に九年の春移城したとの見解をとれば、着工はその前年であった、と言外に認めるようになって『藩翰譜』は慶長八年着工説をとるものともなるであろう。それをいずれとも明確に区分しなかったあたりに彦根築城着工時期判断の困難さがあるということになるのではなかろうか。結局、『藩翰譜』の記事は簡潔にすぎ、かえって意味が複雑化してしまったものといわなければなるまい。

しかしてそののち編述された『寛政重修諸家譜』には

九年佐和山の城地よりしからざるにより、同国彦根山にあらたに、城を築くべきむね台命をかうぶり（中略）功なるの後その城に移り住す

として「春」を採っていない。そして九年下命、そののち完工により移城としているのである。『寛政重修諸家譜』が『寛永諸家系図伝』のあとをついでつくられたものであることは其の巻頭条例で「おほよそ寛永の譜を祖述すべき本意なれば、寛永より上つかたはひたすらふるきにしたがひ」としていることによって知れるが、前掲の『寛永諸家系図伝』にしるされた「春」が『寛政重修諸家譜』では消されたのである。しかも巻頭条例は右のあと「今の呈譜つまびらかにして、しかも正しきものあれば、あながち旧章にのみしたがふことあたはず（中略）あらためつくれるものすくなからず」としている点から推察すれば、『寛永諸家系図伝』の「春」は間違いで、『寛政重修諸家譜』はそれを削除したということになるのであろうか。であれば「いまあらたむるものは、かならずそのゆへよしを註し」とあるにかかわらず、その註記のない点に少なからず不審が感じられる

のである。

彦根築城着工を慶長九年とするばあいの典拠で、成立年次が早いものに『木俣土佐紀年自記』がある。それについて原典写を得ているが漢文体であるため『大日本史料』に収録されている読み下し文と対比させて検討することとしたい。念のためいうなれば、両書を比較すると原典写で「我」と表示しているところが『大日本史料』では「守勝」に、また「上様」「両上様」が「家康公」と「秀忠公」にされている。実は原典写の「我」ならびに「上様」「両上様」とある部分に張り紙の痕跡がみられるので、木俣家から提供されて史料集へ収録するにさいし右の呼称を書きかえたものと思われるが、文意についての影響はないといってよいであろう（補註6）。

（原典写）

同年秋直政欲築江州礒山新城即以郭内郭外地積築城之法命干我
慶長七年壬寅二月朔日直政逝去矣其捐舘前召我干寝所遺命後事　就中西国大名願事被仰渡於我欲致言上我上伏見達上聞直継公相続家督之上我亦申上御禮干時
上様近召曰佐和山城為東西南北諸国之抑故大事思召土佐弥為大事全可守護天下大事在干茲之
　上意也我敬退矣
慶長八年癸卯我又至伏見言上曰直政既雖言上礒山築城不成其事然澤山城八町西南彦根村有山名金亀山此山二方湖水東南民屋平地相続而為諸事勝手之地築城干此天長地久勝干礒山乎即澤山礒山金亀山等絵図言上奉受
上意此段達干　上聞土佐守言上之趣山絵図表一々御尤思召之間応築城干金亀山也其上右近大夫若年病身旁当以此城存其方居城而守護之其時我謹御請申上
（中略）
慶長九年甲辰再奉新城絵図願為普請城郭絵図契　上意即令諸大名令出入歩令我經営彦根金亀山城我奉行之二年而城郭全美矣我下駿府并江府築城御禮申上御暇節
両上様　上意還彦根全可守護旨拝領御馬并御紋御服

（大日本史料）

慶長六年辛丑秋、直政、江州礒山新城を築んと欲す、即郭内郭外、地積築城の法、守勝に命す
同七年壬寅二月朔日、直政逝去、其捐舘前、守勝を寝所に召し、後事遺命、就中西国大名願事、守勝に被申渡、家康公江言上せんと欲す、守勝、伏見に上り上聞に達す、直継家督相続之上、守勝御禮申上、時に、家康公近く召して、佐和山の城、東西南北諸国の抑たり、故に大事に思めさる、土佐弥大事として、全く守護すへし、天下大事ここに有との上意也、守勝敬て退く
同八年癸卯、守勝又伏見にいたり、言上して曰く、直政既に言上するといへとも、礒山の築城其事不成、然して澤山の城、八町西南彦根村有り、山を金亀山となつく、此山二方湖水、東南民屋平地相続て諸事勝手の地たり、ここに築城するときは、天長地久、礒山に勝るへし、即澤山、礒山、金亀山等の絵図を以言上、上意を受奉りぬ、山ノ絵図の表、一々御尤思召の間、応に金亀山に城を築き、其上右近大夫若年病身、旁当二、此城を以其方居城と存、是を守護せよ、其時、守勝謹て御請申上、（中略）
同九年甲辰、再び新城の絵図を奉り、願済普請をなし、城郭絵図、上意に契、則諸大名に令せしめ、人数を出し、守勝経営す、彦根金亀山城、守勝奉行二年にして、城郭全美、守勝駿府に下、并江府、築城御禮申上、御暇之節、家康公、秀忠公上意、彦根に還全く守護すへしと、御馬并御紋御服拝領

しかして木俣土佐守勝は彦根市立図書館所蔵の『木俣家譜』に

菊千代、清三郎、清左衛門、土佐　弘治元年参河国岡崎ニ

生ル、永禄六年徳川家康ノ小姓ト為リ天正十一年家康ノ命ニ依リ井伊直政ニ属シ爾来直政ヲ輔ケテ殊功ヲ建テ遂ニ士大将一老ノ班ニ居ル、慶長十五年七月十一日京都ニ死ス、年五十六、号透玄院光徹

とある。ところで『木俣土佐紀年自記』は文章の構成具合をみると、後年に至り記憶をたどってまとめたか、あるいは日記、書状、覚え書等を典拠にし改めて書かれたものであったと思われるので、その点、即時性には欠けるが、事が築城という重大事であり、彼が家老職にあった経緯からみて信頼度の高いものというべきであろう。

しかも彼が五十六歳で死亡したのは慶長十五年で、それ以前にしたためられたものゆえ、築城時期との間に時間的隔たりが少なく、甚だしい記憶違いがあったとは思えない。さらにこの文書は当時の井伊氏当主を「直継」とし「直勝」とは書いていない。井伊直政の嫡子直継が直勝と改名したのは木俣土佐守勝死亡の慶長十五年（一六一〇）より五年あとの元和元年（一六一五）であるから当然のことであるし、それなりに『木俣土佐紀年自記』そのものの信憑性を高める根拠となしえよう。

なおこの記録によると、佐和山城は徳川家康から「東西南北諸国の抑」として重要な位置にあるため「大事」と心得て守護せよ、との上意があったとしるしている。にもかかわらず、そのまえに佐和山城を不適格として廃し、いったん磯山への移築を計画したのち再検討のうえ彦根（金亀）山へ移転することになったのである。一見するところ矛盾を感じないわけにいかないが、木俣土佐は筆記するにさいして「さわやま」を「佐和山」と「澤山」に使いわけていたのではなかったか。すなわち、この文面によると「佐和山城」とは中山道、北陸道の陸上交通と琵琶湖の水運を扼するこの地方一帯の地域をおさえる要衝のことで広義に意味し、「澤山城」と表示したものが後日廃城とされた石田三成の城すなわち狭義の佐和山城としているように思われるのである。

ところで、彦根山に新規築城することについての申請または許可ないし命令の出された年次について、慶長九年着工説をとるものは同年のこととしているが、『木俣土佐紀年自記』には慶長八年とあるので他の文献、史料のそれより一年早かったことになる。にもかかわらず慶長九年着工とすれば、何ゆえ約一年空白の期間がおかれたのかという問題がでてくるので、とりあえず、それを解決しておかなければなるまい。

まず慶長八年「澤山、磯山、金亀山等の絵図を以言上、上意を受奉《うけたまは》りぬ」とあるなかの絵図は新城の詳細な設計図ではなく、城をおき城下町を開くには金亀（彦根）山が地形上すぐれていることの説明を主とし、それについて徳川家康の意見を聞くことにあったと考えられる。しかして家康から彦根築城決定の許可をえたうえ本格的な設計にとりかかるとともに、築城予定地域内に存在した神社仏閣民家の立退き、山容地形道路の変更、付近廃城からの資材再用（それらが実際に着手されたか又は設計計画の段階にあったかは慶長八・九年着工説判断に大きく影響するところであるが）等諸準備のため約一年を要し、慶長九年に至って詳細な設計図の完成により新城郭主要部構築の鍬入

れがなされた、という次第になったのではないかと思われるのである。

なお『大日本史料』所収文では慶長九年「再び新城の絵図を奉り。願済普請をなし、城郭絵図、上意に契、則諸大名に令せしめ」としているが、原典写に「再奉新城絵図願為普請城郭絵図契上意即令諸大名」とあるので

　再び新城の絵図を奉り、願て普請をなすに城郭絵図上意に契《あい》、即諸大名に令して

と読むべきではなかろうか。

自記は「二年にして城郭全美」としている。城の完成とは塁堀をもってする曲輪出来上りの時か、櫓塀等建築物の竣工時点を指すのか、または城下町の整備完了時まで含めるのか等について、古記録の解釈上種々の問題なきにしもあらずと思われるが、彦根城に関する『木俣土佐紀年自記』の記録では一応天守の完成時を指しているのではないかと考えられるのである。そのばあい、昭和三十二年から同三十五年にかけて行われた天守解体修理のとき、隅木から

　慶長拾壱年午五月廿二日

　慶長拾壱年六月二日

の墨書銘が検出（『国宝彦根城天守・附櫓及び多聞櫓修理工事報告書』による）されて天守完成時期が確認されたので、逆算二年によって慶長九年着工と一致し、九年説に強い根拠を与えることとなるから、他の史料をも参考として若干の検討をこころみたい（補註7）。

実は慶長八年着工説の典拠とされる『井伊年譜』では『今年御城出来翌九年甲辰ニ御移徙』もしくは「九年甲辰春彦根城成直勝公移徙」とし、すでに新城として使用可能になったものと思わしめ、徳川家康と秀忠の上洛往還時における宿泊場所について

　慶長九年十二月　　神祖宿彦根城

　同　十年三月十四日　　秀忠公彦根城に御一泊ナリ

　同年八月（十二作九月）十六日　　神祖宿彦根城

　同十一年四月四日　　両御所彦根止宿

としているが、『家忠日記追加』は慶長九年家康上洛について旅程の記載がなく、その次から

　慶長十年三月十四日　　台徳院殿、佐和山ニ著御

　同年九月十六日　　大神君、佐和山ニ著御

　同十一年四月四日　　大神君、佐和山ニ著御

とし、彦根止宿とはせず「佐和山」としているのである。また、『当代記』も家康・秀忠の宿泊場所を彦根とせず『家忠日記』同様「佐和山止宿」としている（ただし『当代記』は前掲の通りかなり遅くまで直継を彦根城主とせず、佐和山城主とした点に若干の問題ありとしなければならないが）なお、『家忠日記追加』と『当代記』は慶長十六年（一六一一）の家康上洛時（三月十五日）と関東下向時（四月十九日）に至って「大神君、彦根ニ著御」と変化するのである。したがってこれらを参考にすると、井伊直継が彦根城へ移ったのは天守完成の慶長十一年後半以後のこ

としなければならないであろう。

もとより彦根城天守については居住の用に供されたという史料もなければ痕跡もない。しかし

御本丸御広間并御台所長局等ハ直継公御在城ノ時分ハ右ノ広間ニ座ス

と『井伊年譜』にあって、直継在城時の居住区を本丸内の広間であったとしている。そしてその本丸広間が天守と至近距離にあった点から考えると、そこが居住の用に供せされたのはやはり天守完成以後とするのが当然といわなければなるまい。しかるにその年譜において、天守完成つまり本丸整備以前であるにもかかわらず、その年の十二月から慶長十一年天守完成直前までの間における家康・秀忠上洛時の宿泊場所を彦根城とした記述に矛盾を感じないわけにいかないが、それは慶長九年をもって直継の移城時期としたことによるためであったからかも知れない。

一方、『彦根山由来記』は「是歳、鐘郭成りて、九年三百零七年前春、佐和山より、此に移る」とし、本丸広間を直継居住の場所としてはいないが、それはまず「鐘の丸」完成によってそこに住み、のち本丸完成によって移動したとする考えによったものとも解せられるであろう。ただし『彦根山由来記』は家康と秀忠の止宿について全く触れていないのでその面からの検討対象とはなしえない。

『井伊年譜』、『彦根山由来記』ともに慶長八年着工、同年内（一部）完成、翌九年移城としているが、天守完成が慶長十一年と確認された限りにおいて、それまでの所要工事期間が『木俣土佐紀年自記』によって二年とされているのであるから、その間における『家忠日記』と『当代記』の家康・秀忠宿泊場所を佐和山城とすることにより、慶長九年着工説またかなり強いものといえるであろう。

彦根築城着工時期を慶長九年とする諸文献史料を検討すると以上の通り、ひとしく慶長九年着工説とはいえ『慶長見聞録案紙』と『当代記』はそれを「七月朔日」とし『淡海落穂集』は「七月」とするのみで「朔日」を入れていない。また『寛永諸家系図伝』と『井伊彦根家譜』ならびに『藩翰譜』はそれを「春」とした。しかしその「春」は築城下命、着工、移城と三者三様それぞれに微妙な食い違いをみせている。そして「当御城下近辺絵図附札写全」、『寛政重修諸家譜』、『木俣土佐紀年自記』は単に慶長九年とするだけで「月」「日」はもとより「季節」にも触れていない。つまり、慶長九年着工説といっても、大別すれば「七月」と「春」と「九年中」とにわかれ、さらに細別しなければならないのである。

そのことはとにかく、慶長九年着工説の根本史料としては、内容からみて『木俣土佐紀年自記』をそれとすべきで、慶長八年着工説の傍証史料「井伊直孝書状」に対するものといえよう。それらを含めての総合判断は、両説の軌跡ともいうべき『徳川実紀』と、明治以降の研究および解説書に目を通したのちに触れることとしたい。

註

慶長九年着工説に関する引用史料文献の出典について、その一部は必要に応じて本文中に直註し、全体としての明示は他の項のものを併せいずれ折をみて列記する予定であるが、『木俣土佐紀年自記』の原典写は田村紘一氏が長岡京市在住の木俣晃夫氏から恵与された複本で、それを再複写させて貰い使用したものである。

なお諸史料文献を収録した『大日本史料』は、慶長九年七月一日の条に「幕府、伊勢、美濃、尾張等七ヶ国ノ大名ニ課シ、佐和山城主井伊直勝ヲ助ケテ、新タニ彦根城ヲ築カシム」とし、慶長八年をもって着工時期とする『井伊直政直孝略伝』を掲載したあと「○本書、及ビ井伊家譜等、八月トナスモノアレドモ、今、慶長見聞録案紙、当代記、木俣土佐紀年自記等ニ従フ」として慶長九年着工説をとっている。また、松平忠利（慶長八年）、古田重勝（同年）、遠藤慶隆（慶長九年）の系譜によって築城工事参加のことをあげ「○助役ヲ命ゼラレシ大名ノ名、此他ハ未ダ明ナラズ」としているが、それらについては次項の『徳川実紀』で併せ検討対象とするため本項では割愛した。

三　『徳川実紀』の記録

彦根城構築の経緯をしるした諸文献のうち新井白石の『藩翰譜』は、前掲のように簡潔な表現であるにもかかわらず、内容単純といえるものではなかった。しかし、同書編述にさいして使用されたのではないかと思われる個々の史料検討の都合上、とりあえず慶長九年着工説のなかに含めたのである。

一方、『徳川実紀』（『東照宮御実紀』）のなかの彦根築城に関する記事は、それぞれ典拠を示し、やや詳しく掲記されている。よって個々の史料にもとづいて関係の条項を抽出したうえ検討をすすめて行くには、八年、九年のいずれかに含めるより、むしろ切りはなす方が適当と考えられるので別項とした。それは『徳川実紀』が前掲の史料その他によって編述されているからであるが、実は着工移城についていえば典拠史料の面で如何かと思われる点があって截然とはなしえないからでもある。

また、明治以降なされてきた彦根城に関する研究・解説もしくは案内書等において、築城時期を主題としたものは知見のうちにないが、通常、慶長八年、九年のいずれかをとっているので、それを第二項に掲載して軌跡の一端に触れ、しかるのち「まとめ」の項を付して私見を述べることとした。

徳川家康から家治までの江戸幕府将軍に関する記録として、文化六年（一八〇九）に起稿され嘉永二年（一八四九）に完成した『徳川実紀』のうち『東照宮御実紀』の彦根築城関係記事

は、まず慶長八年二月の条に

　このほど井伊右近大夫直勝が家司木俣土佐守勝拝謁して。旧主直政磯山に城築かんと請置しかど。磯山はしかるべしとも思はれず。澤山城より西南彦根村の金亀山は。湖水を帯て其要害磯山に勝るべしと聞え上しに御気色にかなひ。さらばその金亀山に城築くべしと命ぜられ

と、彦根村の金亀山に新規築城することを申請したところ徳川家康の意にかない、上申通りに下命されたものとしている。ただし、そのころ井伊氏当主の名乗りは「直継」で、まだ「直勝」とは改名していなかったが、『徳川実紀』の編纂が幕末ゆえ後年の名をもってしるしたのであろう。

　しかして『徳川実紀』は右の典拠を『木俣土佐紀年自記』においている。文章そのものは『木俣土佐紀年自記』のままではないが文意に変りなく、特に佐和山を「澤山」とし、彦根山を「金亀山」としているあたりにもその点は首肯しうるものといえよう。ただし、『木俣土佐紀年自記』は家康からの認可を慶長八年とするにとどまり、月まではしるしていない。『徳川実紀』がそれを特に「二月」としているのは拠るべき史料があってのことと思われるが、文面でそれには触れていない。またこの段階においては、磯山への移築計画を取り止め彦根築城のことが決定された次第を述べるだけで、着工時期には触れていない。

　ところで『木俣土佐紀年自記』はさきにあげた通り、慶長九年着工、二年にして完成と明記した史料である。『徳川実紀』は、最初にその『木俣土佐紀年自記』を引用しているので、慶長九年着工説をとるかのように感じられるが、九年の条をまたずして他の史料にもとづき八年着工の記事を掲載しているのである。すなわち、慶長八年の条で月は不明ながら「是年」とし、「池田備中守長吉は伏見城の修築を奉はり」につづいて

　松平又八郎忠利。古田兵部少輔重勝。遠藤佐馬助慶隆は近江国彦根の城新築の事を奉はり

とし、「慶隆は美濃国加納の城をも築かしめられ。吉川蔵人広家は御許蒙りて周防国横山に城を築く」で結んでいるから、この記事は文脈上「松平、古田、遠藤は慶長八年彦根の城新築の事を奉はり築く」となるはずである。ただし八年着工説の典拠とされる『井伊年譜』ならびに『彦根山由来記』では、右三名の彦根築城助役参加に触れていない。よって念のため、三大名の家譜をひらいて『徳川実紀』にいう助役を確かめてみることとしよう。まず松平忠利について、『寛政重修諸家譜』には

　松平又八郎忠利　（慶長）八年近江国彦根城を築く

とあるほか前掲『大日本史料』所収の『松平島原家譜』にも

　慶長八年、彦根城ヲ築ク時、忠利　○当時三河西郡邑主
　役夫ヲ出シテ之ヲ助ク

とあって、彦根築城工事の助役に参加したこと、ならびにそれが慶長八年であったことを明記している。もっとも、「築く」とか「之ヲ助ク」としているので一見築城工事の完成を思わせる書き方であるが、これは他の史料でもみてきた通り「工事着工」との意味を含んでいるものと解すべきであろう。なお『大日本史料』所収家譜に「当時三河西郡邑主」とある註記ならびに八年説で触れた十二大名の当時における封邑等を併せみると、従来の役夫下命「七カ国」については別途再検討を必要としなければなるまい。

ついで古田重勝は『寛政重修諸家譜』に

古田兵部少輔重勝　（慶長）八年近江国佐和山城普請の事をうけたまはり、十年四月洛にのぼらせたまふのとき供奉し、十一年また本城石垣の普請をたすけつとむ。

とある。文中「佐和山城普請」とは「彦根城普請」のための旧城破却工事か、彦根築城工事そのものを指す、とのいずれかであろう。なお、慶長八年では助役下命のみを記しているが、これはさきの『徳川実紀』にいう「承り築く」との文脈によることとしたい。つまり同十一年に「また本城石垣の普請をたすけつとむ」としているから、八年の条で工事着手は当然のこととして記載を省略、「うけたまはり」にとどめたともいえるからである。これにより、古田兵部少輔重勝は二度にわたって助役を勤めたことになるが、慶長八年と同十一年との工事内容に違いがあったか否かは明らかでない。ただ慶長十一年では「石垣」となっているので、慶長八年のばあい別の工事内容とすれば、普請進捗状況を知るうえにも重要な典拠になるものといわなければならない（補註8）。

また、遠藤慶隆についても、『寛政重修諸家譜』に

遠藤左馬助慶隆　（慶長）八年八幡の居城を修理す。のち美濃国加納　近江国彦根両城の普請をつとむ。

とあって、（郡上）八幡城の修理は慶長八年と記載しているが、加納、彦根両城の工事開始時期は八幡城の「のち」とするだけであるから、必ずしも慶長八年中のこととは読みとれない。むしろ、『大日本史料』掲載の『別本遠藤家譜』に

慶隆様。○当時美濃八幡城主　慶長九年、江州佐和山城御普請、彦根長浜之城、御割被成候付、両城より石垣石引

としていて、（ここでは佐和山城と彦根城を逆にあつかっているので、それは誤りとして正さなければならないが）彦根築城を慶長九年としているのである。しかるに『徳川実紀』が遠藤慶隆の普請参加を松平忠利、古田重勝と一括して慶長八年の事項としたのは、それなりの理由があってのことであろう。すなわち慶隆の従五位下但馬守叙任が慶長九年六月二十二日であるため、左馬助を称していた時に助役を下命されたとすれば八年でもよいので、『寛政重修諸家譜』にいう八幡・加納の時期におなじとみて、その記事に準拠した結果かと考えられるからで

ある。それとも、『別本遠藤家譜』または同種の史料に目をおよぼさなかったからとも考えられ、その結果がかかる次第となったのかも知れない。

いずれにせよ以上によって松平忠利、古田重勝、遠藤慶隆の三大名が彦根築城の天下普請に参加したことは疑いのないところといえよう。そして『徳川実紀』が当初、慶長九年着工説の典拠とされる『木俣土佐紀年自記』から「築城認可」のことを引用しながらも、右三大名の助役参加を慶長八年の条へあげたのは、家譜によって築城着工時期をその年と判断したからであろう。

なお、『別本遠藤家譜』にいう「長浜之城御割被成」を慶長九年としている点については若干の検討を必要とする。それは、現存彦根城建造物のなかに内藤氏の紋瓦をみかけるが、これは内藤信成が慶長十一年（一六〇六）長浜城へ入って同城を修築し、元和元年（一六一五）に高槻へ転出して長浜が廃城とならなければ使えない資材だからである。ただし「慶長九年」は前城主山内一豊が長浜から掛川へ転封となった天正十八年（一五九〇）以後内藤信成が入部するまでの間にあたるので、あるいはその間同城石材を取ることが可能であったともいえよう。つまり、『別本遠藤家譜』に準拠したばあい、長浜城用材の彦根城への利用は前後二度にわたって行われたということになる（補注９）。

ついで『徳川実紀』は慶長九年六月六日の条に

近江国彦根に新城築かるるによって。役夫粮米運漕の事を板倉伊賀守勝重。日下部兵右衛門安好。成瀬吉右衛門正一連署して。菅沼伊賀守定重及び三河の代官松平清蔵親家入道念誓（一に親宅に作る）東意等に伝ふ。この構造奉行は犬塚平右衛門忠次。山下新五左衛門重成なり。

との記事を載せ、工事に必要な扶持米搬送の示達があったとした直後に

七月朔日井伊右近大夫直勝が近江国佐和山城を彦根にうつさる。

と移城が行われた旨を述べている。

まず六月六日の条については、その典拠を「古文書」とするのみで具体的な史料名を明示していないが、これは慶長八年着工説で触れた「三河国額田郡土呂村浪人松平甚助所蔵文書」による示達事項に相違ない。

ところで本稿はさきに板倉勝重の所司代就任と伊賀守叙任の年月日、松平親宅念誓の死亡年月日とにより、その中間になる慶長八年と九年をもととして「寅ノ年之残米」とは慶長七年で生じた残米をいうものと判断し、慶長八年着工説に強い根拠を与えるであろうとする一方、その残米を慶長八年（卯ノ年）の端境期に至って生じた余剰米をいうものとすれば、年次が一年ずれるかも知れないとして文書成立時期判断の断定をひかえた。『徳川実紀』がこれに関し、「残米」云々の字句なくして示達された年次を慶長九年としたのは、「松平甚助所蔵文書」以

外の史料によるものかどうか、その根拠は明らかでない。

しかして『徳川実紀』が「彦根に新城築かるる」日を文書にいう七月朔日と判断し、それを慶長九年としたのであれば、ここで慶長九年着工説に変更したこととなって前記三大名の八年助役下命普請参加に反するし、さりとて、その七月朔日に佐和山から彦根への移城が行われたとしているので、ますます論旨に混乱を来たすのである。

この混乱を整理するには「彦根に新城築かる」を六月六日以後とせず、昨慶長八年からなされていたものとするのがまずひとつの方法であろう。そして慶長九年七月朔日以後も工事が続けられていたとする根拠が必要である。それについては『彦根山由来記』に収録されている三月七日付三浦十左衛門宛本多忠勝書状が証明するといってよい。すなわち、直継を「兵部少殿」と呼び、また「其元御普請」とした字句等が典拠となる。御普請が彦根築城工事であることはいうまでもない。そして井伊直継が正五位下右近大夫から従四位下兵部少輔に加階遷任したのは慶長十一年五月十三日、本多忠勝の死亡が同十五年十月十八日であるから、その書状は慶長十二年ないし同十五年にいたる四年のうちの「三月七日」であったことになる。『彦根山由来記』はその書状を慶長十二年三月七日とした。慶長十二年とした典拠は必ずしも明らかでないが、天守の解体修理にさいし確認された角棟の墨書銘「慶長十一年五月廿二日」及び「六月二日」によって天守が完成したとされる慶長十一年よりのちにもなお築城工事が引き続き行われていたことは明らかといえよう。したがって、『徳川実紀』が粮米運漕示達の六月六日を慶長九年と判断し、直後の七月朔日に移城したとしていることは城域全部の完成による移城ではなく、一部分の移城をいうものとしたばあいにおいてのみ一応の辻褄があわせられる次第となる。かかる解釈をすることにより、『徳川実紀』は慶長九年説に変わったのではなく、やはり松平忠利、古田重勝、遠藤慶隆三大名の家譜による助役参加をもととして慶長八年説をとっているものとしてよいのであろう。

しかし、ひとしく慶長九年の移城とはしても、『井伊家年譜附考』と『彦根山由来記』は七月でなく「春」としているので『徳川実紀』との間に多少の違いをみせている点も気がかりであるが、『家忠日記』と『当代記』によると前掲の通り、『井伊年譜』に反して慶長十一年まで家康、秀忠の宿泊場所を彦根とせず佐和山としていることに問題を感じないわけにいかない。

それにもまして、『徳川実紀』における彦根新城への移転で疑問としなければならないのは「七月朔日（中略）近江国佐和山城を彦根にうつさる」からはじまる関係記事の引用典拠として

創業記　当代記　舜旧記　井伊略伝　木俣日記・貞享書上・寛永系図・家譜

をあげている点にある。すなわち『当代記』、『木俣土佐紀年自記』、『寛永諸家系図伝』、『寛政重修諸家譜』はさきに引用掲記した通り築城工事着工を慶長九年とするもので、特に『当代記』は「佐和山城を彦山《ママ》へ被移普請あり」としるし、七月朔日は築城工事が始められた日としているからである。しかるに『徳川実紀』は、「彦根にうつさる」でとどめ、「普請あり」との字句

を切りはなした。理由としては、その前に松平忠利以下三名の系譜を引いて慶長八年築城着工とした関係上、かかる次第とせざるをえなくなったのかも知れない。あるいはまた、慶長八年着工・同九年七月朔日移城を示す確かな史料が他にあったのではないか、とも考えられるであろうが、それならば「慶長九年着工」と明記する各種史料を「慶長九年七月朔日移城」の典拠としてあげること自体、当を欠くものといわなければなるまい。むしろ、それらの史料名をあげていなければ、七月朔日を移城の日として、一応話の筋が通った、とも言えるであろう。

そして『徳川実紀』は

　　これ直勝が父兵部少輔が遺意をもて、その臣木股（ママ）土佐守勝去年聞えあげしによりてなり。

としているが、築城の経緯を述べるにさいし木俣土佐云々を入れることは、「八年認可」「九年着工」の典拠となしえても「九年七月朔日移城」に対する典拠とはできないはずである。『徳川実紀』はそのあとに

　　この城は帝都警衛の要地たるにより、美濃、尾張、飛騨、越前、伊賀、伊勢、若狭七ヶ国の人数をして石垣を築かしめらる。

とした。このあたりは『井伊年譜』に近い書き方と思われるので、これも慶長八年着工説をとるならば前年の条、すなわち松平忠利、古田重勝、遠藤慶隆の三大名に助役を下命した時点で掲記して然るべきではなかったか、ともいうことになるであろう。

ついで『徳川実紀』は助役大名を十五名とし、その氏名を列記するにさいして全員を二団にわけた。まず第一団に

　　松平主殿頭忠利
　　遠藤但馬守慶隆
　　分部左京亮光信
　　古田兵部少輔重勝

の四名をあげている。うち松平・遠藤・古田については慶長八年の条へ掲記しているにかかわらず、ここで再びあげたのは、松平忠利が慶長九年六月二十二日従五位下主殿頭に叙任、遠藤慶隆も従五位下但馬守となったので、この年の条へ新しい肩書をもってしたのかも知れない。とすれば、古田重勝はこの部類へ入らないのである。あるいは、助役下命時期を慶長八年ゆえとしての一団とするならば分部光信がそれに該当しなくなる。すなわち、分部光信は『寛政重修諸家譜』に

　　（慶長六年）時に十一歳この年遺領を継、のち二條城、佐和山城、駿府城、大坂城等の普請のことをうけたまはりつとむ。九年六月二十二日従五位下左京亮に叙任す。

とされているからで、この時点における肩書によるかぎり左京亮叙任時期に準拠すれば、分部光信に対する助役下命は慶長九年であったということになるのである。であれば、この一団四

名とした理由は、『寛政重修諸家譜』に助役参加を明記したものとして区分したものともいえよう。それは、次の一団十一名については、さきに検討した通り、その『寛政重修諸家譜』に助役参加のことがまったく記載されていないからである。

越前宰相秀康卿
下野守忠吉朝臣
平岩主計頭親吉
石川長門守康通
奥平美作守信昌
本多中務大輔忠勝
富田信濃守知信
金森長近入道法印素玄
筒井伊賀守定次
一柳監物直盛
京極若狭守高次

一方、『井伊年譜』ならびに『彦根山由来記』にいう伊勢亀山の城主松平下総守忠明（『井伊年譜』では清匡、『彦根山由来記』では忠匡）が『徳川実紀』に記載されていない。これによっても松平忠明の彦根築城助役参加は疑わしいとする見方に根拠を与えるものを感じさせるであろう。しかし、松平忠明を除く十一名の助役参加を記載した『徳川実紀』がその典拠をいずれに求めたのか、明治に入ってから編集された『大日本史料』すら、松平忠利、古田重勝、遠藤慶隆をあげるのみにおわり、「助役ヲ命ゼラレシ大名ノ名、此他ハ未ダ明ナラズ」としているので、それら諸侯の系譜記録にもとづいて云々することは不可能といわざるをえない。よって、ここでは『井伊年譜』と『彦根山由来記』に記載のない四名が加えられ、松平忠明が助役十二大名のうちから外されて差引き十五大名とされたこと、ならびに次の点に触れておこう。

助役大名のうち富田信濃守知信は『寛政重修諸家譜』によると「慶長四年致仕し、十月二十八日卒」となっている。したがって助役参加は年譜と『彦根山由来記』にいうその子信高でなければならない。反面、『井伊年譜』と『彦根山由来記』にいう金森可重は慶長十二年襲封ゆえ、助役下命を慶長八〜九年とすれば『徳川実紀』の金森長近が正しいこととなる。

『徳川実紀』は、幕府は県の普請奉行について

山城宮内少輔忠久、佐久間河内守政實、犬塚平右衛門忠次

の三名にとどめた。さきには役夫粮米運漕示達に山本新五左衛門を掲記し、のちには徳川家康書状に言を及ぼしながら、山本と細野右近大夫を除外した理由は明らかでない。なお右のあとに

城中要害規画ことごとく面諭指授し給ふ所とぞ聞えし

とあるが、『井伊年譜』にいう早川弥惣左衛門縄張り指示については触れていない。さらに『徳川実紀』は七月五日の条に

此日大雨。近江国佐和山に雷震す。役夫死する者十三人。毀傷三十人に及べりとぞ

とし、その典拠を『当代記』においている。記載内容そのものは九年着工説で引用した文章との間にさして目立つ程の違いはない。それにつづいて七月十一日の条に

右大将殿より小澤瀬兵衛忠重を御使として。井伊右近大夫直勝に御書をたまはり。築城の労を慰せられ。其事にあづかりし諸有司にも御書を給ふ。

としている。右大将とは徳川秀忠である。小澤瀬兵衛を上使として差遣し、井伊直継（直勝）宛に秀忠書状が、また普請奉行宛に家康書状が託せられたことはさきに検討した通り『寛政重修諸家譜』小澤氏の項によると慶長九年七月十五日であった。それを慶長八年七月十五日とするのが『井伊年譜』、慶長九年七月十一日とするのが『徳川実紀』、さらに慶長十年七月十日とするのが『彦根山由来記』である。同じ文書に対し異なる年次、日付とすることかくの通り、それぞれ編述者の史料採択源の相違であろうか。

そもそも『徳川実紀』とくに『東照宮御実紀』編述の目的は徳川家康の事績顕彰にあった。したがって彦根築城経緯の記述は、家康に近侍した井伊直政と、嗣子直継（直勝）ならびに直孝の事歴を通してさらに一層強調するための附帯事項にすぎなかったとして間違いないであろう。よって『徳川実紀』における彦根築城関係記事は、その典拠が比較的多く収集されているにもかかわらず選択にさいし、さほどの配慮がなされないまま記述されたため、多少の矛盾を生ずることになったのではなかろうか。かかる次第により『徳川実紀』にいう

慶長九年七月朔日　佐和山城を彦根にうつさる

との記事は、その典拠史料からみて疑問ありとしなければならない。しかし、それをもって「慶長八年着工説」を否定し去ることはできないであろう。なぜなら、松平忠利、古田重勝等に対する慶長八年助役下命の事実がなお検討の余地を残しているからである。

彦根築城の経緯を知るうえに欠かせぬ典拠となる史料は、前面掲記した諸文書に本項の『徳川実紀』とその関連家譜を加えたあたりをもってほぼ主たるものとなしえよう。もちろんこのほかにも幾例かの史料なしとしないであろうが、今のところ右以外には探りえていない。

四　明治以降の刊行書にみる取扱い

本項では、明治以降数多く刊行されてきた彦根城に関する研究、解説ならびに案内書等が、この城の沿革経緯を記述するにさいし、築城着工時期をどのように取り扱っているか、主要なものを抽出するとともに知見範囲の文献を一覧の形に列記し、もって後掲の私見をだすための参考に資することとした。

明治三十四年（一九〇一）東京帝国大学発行の『大日本史料』

第十二編之二は、二項の末尾に註記した通り、『井伊直政直孝略伝』、『井伊家譜』等をあげて「八年トナスモノアレドモ、今、慶長見聞録案紙、当代記、木俣土佐紀年自記等ニ従フ」として慶長九年七月一日の条に

> 幕府、伊勢、美濃、尾張等七ヶ国ノ大名ニ課シ、佐和山城主井伊直勝ヲ助ケて、新タニ彦根城ヲ築カシム、

と明記し慶長九年着工説をとっている。同書に採録されている史料は本稿当初以来しばしば引用してきたが、これを改めて掲記すると

> 慶長見聞録案紙、当代記、木俣土佐紀年自記、寛永諸家系図伝、井伊直政直孝略伝、井伊彦根家譜、三河国額田郡土呂村浪人松平甚助所蔵文書、譜牒余録、松平島原家譜、寛政重修諸家譜、別本遠藤家譜、鷲峰文集、近江国輿地誌略、瑞石歴代雑記、淡海地誌、翁物語、主図合結記

の十七に上る。そのうちには年次の記載なきもの、慶長八年着工とするもの等も含まれているが前掲三書の史料的価値を認めた結果、『大日本史料』としては慶長九年着工説をとったのであろう。

それとほぼ同様の見解をとるものに昭和三十二年（一九五七）文化財保護委員会発行の『史跡名勝天然記念物調査報告』第一集がある。同書二一頁以下「彦根城跡」の項では『慶長見聞録案紙』、『当代記』、『木俣土佐紀年自記』、『寛永諸家系図伝』を典拠として慶長九年七月着工説をとり、「別に所伝があって御年譜享保年間功刀氏編によると、八年着工、その冬鐘の丸成り、翌九年春移ったという」として慶長八年着工説のあることを併記しているが、その見解は『大日本史料』にほとんど変わらぬものといってよい。

明治四十五年（一九一二）三省堂発行『歴史地理』近江号所収「彦根史話」の著者中村勝麻呂氏は、『彦根山由来記』の著者中村不能斎の嫡孫にあたり東京帝大卒の史料編纂官で『彦根山由来記』の校訂兼発行者であるが、右「彦根史話」で慶長八年に触れず、「直勝の代慶長九年に、彦根城を新築して佐和山より移り住み」とした。本書は標題を史話とし、随筆風に書かれているためか、『彦根山由来記』の八年説によらず九年を採った典拠までは明示していない。（補註10）

一方、昭和十一年（一九三六）八月の天守実測調査結果を詳細にわたって報告した名古屋高等工業学校土屋純一校長と同校城戸久氏（いずれも当時）による「近江彦根城天守建築考」（昭和十三年『建築学会論文集』第九号所載）は、『井伊年譜』によって慶長八年七月着工説をとるほか、『彦根山由来記』、『徳川実紀』によってそれを補足したうえ『淡海落穂集』の慶長九年七月着工との記事を誤りと断定した。しかして、六月六日付板倉伊賀守による役夫粮米運漕の示達を『徳川実紀』によって慶長九年とし、これをもって当時における工事の継続と「帝都警衛の要地であれば家康諸大名に命じて築城を手伝わしめ」た証としているが、右の『淡海落穂集』に対する見解に見られる通り慶長九年着工の史料には全く触れていない。しかし、昭和四十一年（一九六六）中央公論美術出版発行名古屋工業大学城戸久氏（当時）著の『彦根城』において、慶長八年七月着工とする点では前掲書に同じ見解をとりながらも、「別に所伝があって、慶長

九年七月ともいわれる」と併記し、必ずしも九年着工説を「誤り」とは断定しない態度に変わっている

また、昭和五十三年（一九七八）中央公論美術出版から発行された『日本建築史基礎資料集成』十四城郭1所載の平井聖・渡辺勝彦両氏共著による「彦根城天守」では、『徳川実紀』によって「慶長八年二月築城認可」、「同年松平忠利、古田重勝、遠藤慶隆に助役下命」、『井伊年譜』によって「慶長八年七月着工」と、記述をすすめるにさいし、典拠を明示して慶長八年七月着工説をとっている。しかして同書は彦根市立図書館所蔵『彦根旧事記』から「慶長九甲辰春台命日、佐和山不宜彦根山に城築き兵部少輔直勝に可移旨家康公上意」云々を引用しているが、その文書における主要参照部分を天守におき、書中にいう築城命令を慶長九年とする記事には触れていない。

『彦根市史』上冊は『井伊年譜』を典拠として慶長八年七月着工とするが、『彦根市史』執筆者のうち末松修氏は、清文堂出版発行の『国宝彦根城』において築城着工年次を九年に変え、幕府派遣奉行についても通説三名をとらず徳川家康書状にみる山本・細野の二名を加えて五名とし、明らかに市史と異なる見解を示している。しかし助役大名については七カ国十二大名（氏名記載なし）にとどめ『徳川実紀』の十五名をとっていない。したがって大名数は市史と同じ員数ゆえ、『彦根山由来記』または彦根市立図書館所蔵『井伊年譜』（もしくは同種の『井伊年譜』）のいずれかによったものであろう。

右のほか、やや例外に属するものをあげると、昭和十一年巧人社発行古川重春氏著『日本城郭考』が慶長八年「春」着工、昭和三十四年（一九五九）日本城郭協会発行の井上宗和氏編著『日本の城』および『新版・日本の城』で慶長八年の「夏」着工としているのがある。なお、昭和二十九年（一九五四）彦根観光協会発行宮田思洋氏による『彦根城とその付近』は慶長八年「八月」着工とし、そののち彦根市役所観光課から発行された昭和四十年（一九六五）同氏著の『国宝彦根城』もとよりこれを踏襲、そして同年人物往来社から発行された『物語藩史』第四巻「彦根藩」の項で著者西田集平氏同じく「八月」を採ったのに引きつづいて、また同年彦根市発行の北野源治氏著『史跡彦根城』、昭和四十八年（一九七三）彦根市観光課発行同氏著『彦根城』、昭和五十四年（一九七九）同氏著『彦根城ものがたり』、昭和五十六年（一九八一）小学館発行『近畿の城』（探訪ブックス〔城5〕でも昭和十八年（一九四三）同氏著『彦根城』の「七月」着工を翻し「八月」に変えている。これら知見範囲の史料にみあたらない慶長八年の「春」「夏」「八月」を着工時期とする説のなかには同じ著者が他の著書で通説を採りながらあえて変更されたのもあるから、それぞれ拠るべきところあって採用されたものと思われるが、いずれもその典拠は示されていない。

右にあげた一部の文献をふくめて彦根城を説くもの次掲の通り、その数決して少なしとしない。すなわち、いままでに採りえたもの、『大日本史料』のほか知見範囲において六七書に達する。それら各書が採る彦根築城「着工時期」を一覧掲記するにあたり、便宜上別項の参考にも供するため「前封地」「幕府

派遣奉行」「助役大名」「資材再用の付近廃城等」をも加えることとした。

①「前封地」関ヶ原戦後新封地として佐和山（彦根）を与えられた直前における井伊直政の封地を「箕輪」とするもの、「高崎」とするものの両様がある。

②「築城着工時期」

③「幕府派遣奉行」通常三名とするもの多く、一部五名を採っている。

④「助役大名」通常七カ国十二大名とするなかにも『彦根山由来記』と『井伊年譜』のいずれかによるものとに分かれるほか、一部『徳川実紀』の十五名をとるものが散見される。

⑤「資材再用の付近廃城等」については、『井伊年譜』、『彦根山由来記』によるもののほか若干追記しているものがある。

（左掲著者名敬称略）

一、「彦根史話」明治四五年　三省堂『歴史地理』臨時増刊・近江号所載　中村勝麻呂著
①高崎　②慶長九年　③奉行　—　④七ヶ国十二大名（氏名記載なし）⑤　—

二、『彦根城頭より俯瞰すれば』大正十四年　村下印刷所発行　勝井辰純著
①高崎　②慶長八年　③奉行三名　④七ヶ国十二大名（『彦根山由来記』に同じ）⑤安土・佐和山・長浜・大津その他

三、『滋賀県史』昭和三年　滋賀県発行
①高崎　②慶長八年七月　③奉行　—　④七ヶ国十二大名（氏名記載なし）⑤安土・佐和山・長浜・大津

四、『大百科事典』昭和七年平凡社発行
①高崎　②慶長八年　③奉行　—　④七ヶ国十二大名（氏名一部省略）⑤大津・長浜

五、『日本城郭考』昭和十一年　巧人社発行　古川重春著
①高崎　②慶長八春年　③奉行三名　④七ヶ国十二大名（『彦根山由来記』に同じ）⑤大津・安土・佐和山　長浜

六、『日本城郭史』昭和十一年　雄山閣発行　大類伸・鳥羽正雄共著
①　—　②慶長九年七月　同八年両説併記　③奉行　—　④助役　—　⑤　—

七、「近江彦根城天守建築考」昭和十三年『建築学会論文集』第九号所載　土屋純一・城戸久共著
①　—　②慶長八年七月　③奉行三名　④七ヶ国十二大名（『井伊年譜』に同じ）⑤佐和山・大津・長浜・安土（『井伊年譜』に同じ）

八、「古城有韻」昭和十五年毎日新聞所載
①　—　②慶長八年　③奉行三名　④七ヶ国十二大名（氏名記載なし）⑤　—

九、『彦根市民読本』昭和十五年　彦根市教育会発行
①　—　②慶長八年　③奉行　—　④七ヶ国十二大名（氏名記載なし　⑤大津・佐和山・安土・長浜

一〇、『日本建築』城郭編第一冊「彦根城」昭和十六年　彰国

社発行　田邊泰編
①箕輪　②慶長八年七月　③奉行三名　④九ヶ国十二大名（氏名記載なし）⑤佐和山・大津・長浜・安土

一一、『彦根の史蹟と景勝』　昭和十六年　彦根市立図書館発行　北野源治編
①高崎　②慶長八年　③奉行三名　④七ヶ国十二大名（『彦根山由来記』に同じ）⑤大津・安土・佐和山・長浜

一二、『彦根城』　昭和十八年　彦根市立図書館発行　北野源治編
①高崎　②慶長八年七月　③奉行三名　④七ヶ国十二大名（『彦根山由来記』に同じ）⑤大津・安土・佐和山・長浜

一三、『彦根城とその付近』　昭和二九年　彦根市観光協会発行　宮田思洋編著
①箕輪　②慶長八年八月　③奉行三名　④七ヶ国十二大名（『彦根山由来記』に同じ）⑤大津・安土・佐和山・長浜

一四、『史跡名勝天然記念物調査報告』第一集　昭和三二年　文化財保護委員会発行　（彦根城跡）黒板昌夫著
①高崎　②慶長九年七月（別八年七月）③奉行五名　④七ヶ国十二大名（『井伊年譜』に同じ）他に古田・遠藤・松平
⑤　—

一五、『重要文化財彦根城天秤櫓・太鼓門及続櫓修理工事報告書』　昭和三二年　滋賀県教育委員会
①　—　②慶長八年七月　③奉行　—　④助役大名（氏名記載なし）　・佐和山・大津・長浜・安土

一六、『日本の城』　昭和三四年　日本城郭協会発行　井上宗和編
①　—　②慶長八年夏　③奉行三名　④七ヶ国十二大名（氏名記載なし）⑤　—

一七、「城・彦根城」　昭和三四年　京都新聞所載
①箕輪（高崎）②慶長八年　③奉行　—　④助役大名（氏名記載なし）⑤大津・長浜・佐和山・安土

一八、『日本の名城』　昭和三四年　人物往来社発行　文化財調査会編
①箕輪（高崎）②慶長八年　③奉行　—　④七ヶ国十二大名（氏名記載なし）⑤大津・小谷・長浜・佐和山

一九、『新版・日本の城』　昭和三四年　日本城郭協会発行　井上宗和編
①　—　②慶長八年夏　③奉行三名　④七ヶ国十二大名（氏名記載なし）⑤　—

二〇、『彦根市史』上冊　昭和三五年　彦根市役所発行
①高崎　②慶長八年七月　③奉行三名　④七ヶ国十二大名（『彦根山由来記』に同じ）⑤大津・佐和山・長浜・（小谷）・安土（八幡・観音寺山）・敏満寺（多賀町）・布施寺（長浜市）

二一、『日本城郭全集』第六巻　昭和三五年　日本城郭協会発行　井上宗和編「彦根城」藤岡通夫著
①箕輪　②慶長八年　③奉行三名　④七ヶ国十二大名（氏名記載なし）⑤大津・安土・佐和山・長浜

二二、『国宝彦根城天守・附櫓及多聞櫓修理工事略記』　昭和三五年
①　—　②慶長八年七月（九年七月併記）③奉行　—　④助役大名　—　⑤　—

二三、『国宝彦根城天守・附櫓及び多聞櫓修理工事報告書』　昭

和三五年　滋賀県教育委員会
①　—　②慶長八年七月（九年七月併記）　③奉行三名　④七ヶ国（大名氏名記載なし）　⑤　—
二四、『日本の城』　昭和三六年　社会思想研究会出版部発行　井上宗和編
①箕輪　②慶長九年　③奉行三名　④七ヶ国十二大名（氏名記載なし）　⑤大津・小谷・長浜・佐和山
二五、『続・古城をめぐる』　昭和三六年　人物往来社発行　文化財調査会編
①　—　②慶長八年　③奉行　—　④七ヶ国十二大名（氏名記載なし）　⑤大津・小谷・長浜・佐和山
二六、『彦根城とその周辺』　昭和三七年　日本城郭協会発行
①高崎　②慶長九年七月（八年七月併記）　③奉行三名　④七ヶ国十二大名（『彦根山由来記』に同じ）古田・遠藤・松平を追記　⑤大津・安土・佐和山・長浜
二七、『城の歴史』　昭和三七年　雄山閣発行　鳥羽正雄著
①　—　②慶長九年　③奉行　—　④助役大名　⑤　—
二八、『日本の名城と城址』　昭和三八年　社会思想社発行　日本城郭協会編
①箕輪　②慶長九年　③奉行　—　④七ヶ国十二大名（氏名記載なし）　⑤大津・安土・佐和山
二九、『物語藩史』第四巻　昭和四〇年　人物往来社発行　（彦根藩）西田集平著
①　—　②慶長八年八月　③奉行三名　④七ヶ国十二大名（氏名記載なし）　⑤　—
三〇、『国宝・彦根城』　昭和四〇年　彦根観光協会発行　宮田思洋著
①箕輪　②慶長八年八月　③奉行三名　④七ヶ国十二大名（『彦根山由来記』に同じ）　⑤大津・安土・佐和山・長浜
三一、『史跡彦根城』　昭和四〇年　彦根市発行　北野源治著
①高崎　②慶長八年八月　③奉行三名　④七ヶ国十二大名（『彦根山由来記』に同じ）　⑤大津・安土・佐和山・長浜
三二、『国宝・彦根城』　清文堂出版発行　末松修著
①高崎　②慶長九年　③奉行五名　④七ヶ国十二大名（氏名記載なし）　⑤大津・安土・佐和山・長浜
三三、『彦根城』　昭和四一年　中央公論美術出版発行　城戸久著
①高崎　②慶長八年七月（九年七月併記）　③奉行三名　④七ヶ国十二大名（『彦根山由来記』に同じ）　⑤大津・安土・佐和山・長浜
三四、『日本城郭全集』8　昭和四二年人物往来社発行　（彦根城）中村至著
①箕輪　②慶長八年　③奉行　—　④七ヶ国十二大名（一説十五名併記）　⑤大津・佐和山・長浜
三五、『城郭画集成』　昭和四三年　城郭画集成世話人会発行　荻原一青画
①　—　②慶長八年　③奉行　—　④七ヶ国十二大名（氏名記載なし）　⑤　—
三六、『日本の名城一〇〇選』　昭和四四年　秋田書店発行　日本城郭資料館著
①箕輪　②慶長九年　③奉行三名　④七ヶ国十二大名（氏名

記載なし）⑤佐和山・安土・大津・小谷

三七、『日本城郭建築図集』　昭和四四年

①　―　②慶長八年　③奉行　―　④七ヶ国十二大名（氏名記載なし）⑤　―

三八、『城郭』　昭和四四年　日本城郭資料館出版会発行　日本城郭資料館編

①　―　②慶長九年　③奉行三名　④七ヶ国十二大名（氏名記載なし）⑤佐和山・長浜・安土・大津・小谷

三九、『地形図に歴史を読む』第二集　昭和四五年　大明堂発行　藤岡謙二郎編　矢守一彦著

①　―　②慶長八年　③奉行　―　④助役大名　―　⑤大津・長浜・佐和山

四〇、『日本城郭事典』　昭和四五年　秋田書店発行　大類伸監修

①　―　②慶長八~九年　③奉行　―　④七ヶ国十二大名（一説に十五名）⑤　―

四一、『日本の城』　昭和四五年　金園社発行　平井聖・河東義之共著

①　―　②慶長九年（移城）③奉行　―　④助役大名　―　⑤佐和山・大津・長浜・安土

四二、『日本の古城1』　昭和四五年　新人物往来社発行　藤崎定久著

①　高崎　②慶長八年　③奉行三名　④七ヶ国十二大名（氏名記載なし）⑤大津・小谷・長浜

四三、『日本城郭辞典』　昭和四六年　東京堂出版発行　鳥羽正雄著

①　―　②慶長九年　③奉行　山城・佐久間等　④七ヶ国十二大名（氏名記載なし）⑤　―

四四、『近江の城下町』　昭和四六年　桜楓社発行　助野勘太郎・小和田哲男共著

①　―　②慶長八年　③奉行三名　④七ヶ国十二大名（『彦根山由来記』に同じ）⑤佐和山・長浜・大津・安土

四五、『カラー・城と城下町』　昭和四六年　山と渓谷社発行　能坂利雄執筆

①高崎　②　―　③奉行　―　④七ヶ国十二大名（氏名記載なし）⑤大津・佐和山・安土・長浜

四六、『日本城郭図集成』　昭和四七年　清文堂出版発行　佐藤佐画

①　―　②慶長八年　③奉行一名　④七ヶ国十二大名（『彦根山由来記』に同じ）⑤佐保《（ママ）》山・大津・長浜・安土

四七、『城下町』　昭和四七年　学生社発行　矢守一彦著

①　―　②慶長八年　③奉行三名　④七ケ国十二大名（『彦根山由来記』に同じ）⑤　―

四八、『日本城下町一〇〇選』　昭和四七年　秋田書店発行　西ケ谷恭弘・後藤美恵子共著

①　―　②慶長八年　③奉行　―　④十二大名（氏名記載なし）⑤佐和山・長浜・大津・安土

四九、『日本都市史研究』　昭和四七年　日本放送出版協会発行　西川幸治著

①　―　②慶長八年　③奉行三名　④七ヶ国十二大名（氏名

記載なし）⑤長浜・安土・周辺の廃寺

五〇、『彦根城』　昭和四八年　彦根市役所観光課発行　北野源治著

①　―　②慶長八年八月　③奉行三名　④七ヶ国十二大名（『彦根山由来記』に同じ）⑤

五一、『彦根歴史散歩』　昭和五〇年　八光社発行　中村達夫著

①　―　②慶長八年　③奉行　―　④八ヶ国二八大名九旗本（氏名記載なし）⑤　―

五二、別冊『歴史と旅』「空から見た名城」　昭和五二年　秋田書店発行

①箕輪　②慶長九年　③奉行　―　④七ヶ国十二大名（氏名記載なし）⑤大津・小谷・佐和山・長浜

五三、『歴史と旅』第四巻第十号「彦根城と城下町」　昭和五二年　秋田書店発行　田中政三著

①　―　②慶長八年　③奉行三名　④七ヶ国十二大名（氏名記載なし）⑤佐和山・長浜

五四、探訪日本の城６『北陸道』　昭和五三年　小学館発行「彦根城」　陳舜臣著

①　―　②慶長八年　③奉行　―　④七ヶ国十二大名（氏名記載なし）⑤大津・小谷・佐和山・長浜・観音寺・八幡

五五、『日本建築史基礎資料集成』十四「城郭Ｉ」　中央公論美術出版発行　「彦根城天守」平井聖・渡辺勝彦共著

①　―　②慶長八年七月　③奉行三名　④七ヶ国十二大名（『井伊年譜』に同じ）⑤佐和山・大津・長浜・安土

五六、『近畿の市街古図』「彦根」　昭和五三年　鹿島出版発行

①高崎　②慶長八年　③奉行三名　④七ヶ国十二大名（氏名記載なし）⑤　―

五七、『彦根城ものがたり』　昭和五四年　北野源治著

①　―　②慶長八年八月　③奉行三名　④七ヶ国十二大名（『彦根山由来記』に同じ）⑤大津・安土・佐和山・長浜

五八、『城下町探訪』　昭和五四年　千人社発行　藤島亥治郎著

①高崎　②慶長八年　③奉行三名　④七ヶ国十二大名（氏名記載なし）⑤佐和山・膳所・長浜

五九、『歴史読本』第二四巻第九号「探訪・わが町の天守閣」　昭和五四年　新人物往来社発行

①　―　②慶長八年　③奉行三名　④七ヶ国十二大名（氏名記載なし）⑤佐和山・長浜・安土・大津・小谷

六〇、『ひこね』　昭和五四年　郷土資料刊行会発行　渡辺守順著

①　―　②慶長八年　③奉行三名　④七ヶ国十二大名（『彦根山由来記』に同じ）⑤長浜・安土その他廃寺

六一、『城と城下町』　昭和五四年　教育社発行　小和田哲男著

①　―　②慶長八年　③奉行　―　④七ヶ国十二大名（氏名記載なし）⑤　―

六二、『明治維新と日本の城』　昭和五四年　グリーンアロー出版社発行　井上宗和著

①　―　②慶長九年　③奉行　山城・佐久間等　④七ヶ国十二大名（氏名記載なし）⑤佐和山・観音寺山・安土

六三、『彦根昔ばなし』　昭和五五年　サンブライト出版発行　彦根市教育委員会編

① ― ②慶長八年七月　③奉行 ― ④七ヶ国十二大名
（氏名記載なし）　⑤小谷・長浜・安土・観音寺・八幡・大津・坂本・佐和山・岩倉

六四、『日本城郭大系』第十一巻　昭和五五年　新人物往来社発行
① ― ②慶長八年（九年併記）　③奉行 ― ④十二大名
（氏名記載なし）　⑤ ―

六五、『近畿の城』（探訪ブックス〔城５〕）　昭和五六年　小学館発行　「彦根城」北野源治著
①高崎　②慶長八年八月　③奉行三名　④七ヶ国十二大名
（氏名記載なし）　⑤大津・安土・佐和山・長浜

六六、『東浅井郡志』第三巻
①高崎　②慶長八年　③奉行 ― ④七ヶ国（大名記載なし）
⑤大津・長浜（小谷）

六七、『改訂近江国坂田郡志』第二巻
①高崎　②慶長八年　③奉行 ― ④七ヶ国十四大名（十二大名に古田・遠藤を追加）　⑤大津・安土・佐和山・長浜・布施寺

以上、『大日本史料』をのぞく諸文献六七書にいう築城着工時期をまとめると

慶長八年		三〇書
	春	一書
	夏	二書
	七月	十一書
	八月	七書
	計	（五一書）
慶長九年		十一書
	七月	三書
	計	（十四書）
慶長八～九年		一書
記載なきもの		一書
総　計		【六七書】

になる。右のうち、慶長八年もしくは同年七月、慶長九年もしくは同年七月着工とするものは、典拠明示の有無にかかわらず、さきの諸史料のいずれかにもとづくものとして間違いないであろう。

ただ、それらのなかに『寛永諸家系図伝』と『藩翰譜』にいう「慶長九年春」を引用したと思われるものはみあたらない。理由は、『寛永諸家系図伝』が今まで活字本として刊行されておらず、わずかに『大日本史料』が必要部分のみ収録していたにすぎなかったこと、『藩翰譜』はその記載内容からみて彦根築城経緯検討の典拠として利用度が低かったこと等によるものと思われる。

一方、一部にみられる慶長八年の「春」、「夏」、「八月」着工の典拠がいずれであるにせよ、数のうえにおいては慶長八年中の着工とするものが圧倒的多数を占める。しかしながら両説に対し、多数決をもって定めること元より妥当とはいえまい。なぜなら、右掲諸文献には同一著者により幾冊も書かれたものが

あるだけでなく、すでにみてきた通り、八年・九年の両説いずれも信ずべき内容をそなえた史料が存在しているからである。

五　まとめ

築城着工時期をさぐるため前回以来検討してきた諸文書については、その成立時点と作成者の立場如何によって史料的価値が云々されるであろうことはいうまでもない。しかし掲記した史料のすべてについて等級をつけ、軽重の差異をもってとやかくいうのも困難であったため特に触れず、一応参考程度に考慮することとしておいた。したがって、この項で結論をだすにさいしても、ほぼその通りとし、各史料の個別条項に応じ判断して行くこととしたい。

その成立時点の早さからすれば、一般的記録としての『慶長見聞録案紙』、『当代記』は当然上級史料の部類に属するものとしなければならない。ところが『当代記』にはその著者が伝えられる通り松平忠明であるか否か、さらにはその松平忠明が彦根築城の助役を下命されたか否か、の問題がある。つまり、こと彦根築城着工経緯に限っていうなれば『当代記』はそのあたりに若干の不安なしとしないのである。それらを考えると、時期もっとも早く、しかも衝に当った家老の手による『木俣土佐紀年自記』こそ、彦根築城関係記録の一等史料というべきであろう。

年号干支の記載がないため、その成立時点確定に論議は免れないであろうが、「井伊直孝書状」、「徳川秀忠書状」、「徳川家康書状」、「松平甚助書状文書」については、年次決定如何によって絶対的な典拠となることはいうまでもない。

また、編集にさいして慎重な調査がなされたであろう系図の類いも確度が高いものといえるはずである。しかるに確度が高いはずの系図において、諸家のそれを照合すると、すでに検討した通り意外と食い違いが生じている事実をどのように解すべきか、の問題がある。しかし、公論おおむね第三者にありとすれば、『寛政重修諸家譜』に収録された他家系図等を充分参考として結論への手引きとしなければなるまい。

記録のうえにおける食い違いを云々すると、「当御城下近辺絵図附札写全」の条項中にもその傾向なしとしない面がある。たとえば、「慶長九年御願被遊蒙御城御普請」と「直勝公御代物引越しは慶長九年なり」とが共存している点でこれは幾代にもわたり、幾人もの手によって書き込まれた結果生じた矛盾でもいうべきものであろうが、個々の記載記事については典拠として充分な内容を備えたものと言えよう。

しかして最も多く典拠として採用されている『井伊年譜』は、その成立時点が築城以来約一二〇年を経た享保十五年（一七三〇）であるところから、多少問題視されてきたように思われるのであるが、明治に入って編述された『彦根山由来記』が『井伊年譜』と同じ慶長八年着工説をとり、翌九年移城としてほぼその軌を一にしているので、いまでは「彦根築城慶長八年着工説」の原拠にされたとしても過言でないほどとなった。

ではあるが『井伊年譜』は、成立時点の問題以外に伝写本によっても個々の記載事項に些細ながら食い違いが目立ち、その原典に接しないかぎりとかく云々できない点が少なくない。たとえば、先年の天守解体修理で確認された「慶長十一年」の墨書きによって『井伊年譜』の信憑性を高めるに至ったのは周知の事実ながら、知見範囲四種の年譜写本で、その本文に「慶長十一年天守完成」とするものはなく、彦根市立図書館所蔵本二種のうち一種にのみ欄外註記しているにすぎないのである。しかし、これをもって『井伊年譜』の史料的価値を左右して等級づけするわけでない。これまた、個々の記載事項において、その内容軽視しえぬもの少なしとしないからである。

その他、『近江輿地誌略』、『藩翰譜』、『淡海落穂集』等は右掲の史料その他によって編述されたもの、『徳川実紀』に至ってそれらが集成されたものとみてよいであろう。

しかして明治以降刊行されてきた彦根城に関する研究・解説・案内書等は、それら数多くの史料のうちからいずれかを典拠として

○慶長八年着工とするもの
○慶長九年着工とするもの

との二つに割れた。数からみれば前掲六七書中、八年説をとるもの五一、その典拠を明示すると否とにかかわらず『井伊年譜』、『彦根山由来記』によったとして間違いなかろうし、九年説をとるもの十四、だいたいにおいて『慶長見聞録案紙』、『当代記』、『木俣土佐紀年自記』によったものと思われる。後者によるもののさらに『寛政重修諸家譜』井伊氏の項等を参照し、恐らく各文書に対する史料的価値を云々した結果であろうこと推定するに難くないところといってよい。

ところで佐和山城を廃し、彦根山に築城するに至った経緯については

○徳川家康の命令によるとするもの
○井伊家から願い許可されたとするもの

との二通りがあって、明治以降の解説・案内書またそれぞれに引用掲記していて必ずしも一様とはなっていない。その典拠のうち、前者に属するものとしては

井伊年譜・近江輿地誌略・慶長見聞録案紙・寛永諸家系図伝・藩翰譜・井伊彦根家譜・寛政重修諸家譜

等がある。しかし『井伊年譜』は『彦根市史』掲載のものと別の写本『井伊家年譜附考』とが「七月有命築彦根城」としているので右に掲げたが、本文は別写本とも「直継公御代彦根山ニ御取立アリ度旨」とあるところを採れば後者に属すべきものとなる。したがって『井伊年譜』は写本によって表示必ずしも一様とはいえないので止むをえず後者にも組み入れて、その一団を『井伊年譜』、『淡海落穂集』、「当御城下近辺絵図附札写全」、『木俣土佐紀年自記』としなければなるまい。なお、『彦根山由来記』には、「磯山を改めて彦根山とし、家康の旨を請ふ、即ち聴許して」とあるから『彦根山由来記』も当然後者とすべきであろう。

ところで後者にしても、『井伊年譜』本文には「彦根山ニ御取立アリ度旨」として直継の意志であったようにしているが、『彦根山由来記』では「諸老士、直政の遺意を承け相謀りて移築の方略を画し」とし、『井伊年譜』とは異なる見解を示している。つまり、彦根築城が当主直継の意志にでたものか、家臣

団幹部相談によるものであったか、そのあたりをも併せ整理をしておかなければならないのである。

佐和山城を廃城とした理由はさておき、他所に適地を求むべきであると判断した時点においては、琵琶湖畔の磯山が候補地とされ、『木俣土佐紀年自記』にいう通り既に徳川家康の許可をえていたのである。そして築城設計は木俣守勝が担当した。その過程において彼は多分磯山が新規城郭用地として必ずしも適当でないことに気付いていたのではなかったか。そこにたまたま直政死亡との事態が発生し、着工を見合せなければならないこととなった。そこで計画を練り直したのであろうが、『木俣土佐紀年自記』においては、彦根山への計画変更が誰の発意または意志であったかという点については直接触れていない。ではあるが文中「右近大夫若年病身」とある点をはじめとし、その前後における条項の表現から推して直継の発意云々とするには問題ありとしなければならない。結局、諸般の事情をもってすれば直政没後、木俣守勝を中心とする家臣団幹部相はかり、直継の名をもって守勝が家康へ申請、認可をうけたものと思われる。

もっとも『徳川実紀』においてそれを「二月」としている典拠がいずれにあったかは定かではない。しかし、磯山への移築を計画した井伊直政が死亡（慶長七年二月一日）してから計画を練り直し、一年の喪が明けたときと徳川家康の征夷大将軍補任慶長八年二月十二日とを併せ考えたうえ、徳川方が西国に対する万全の策を講ずるための諸種の手段を執りつつあったことを思えば、彦根築城認可の時点を二月とする『徳川実紀』の記事にあえて異をさしはさむ必要はないであろう。

ついで、松平忠利・古田重勝・遠藤慶隆に対する助役下命、普請参加をいう『徳川実紀』は典拠を註記していないが、先に検討した通り、『寛政重修諸家譜』又は各大名家々譜のいずれかによったものと思われるし、それゆえに『井伊年譜』、『彦根山由来記』以外における慶長八年着工説の根拠として重要なものといわなければならない。ところが「信ずべき『木俣土佐紀年自記』は慶長九年に至って着工とするのみで、同八年における施工面の動きにはまったく触れていない。その調整がこの問題における第一の関門となるのである。

実は『彦根旧記集成』第一号収録の「彦根古絵図」につけられた本絵図註によると

御城御普請の思召ありし故彦根山辺にても彦根村は御潰しありて場所御取上げあり、又所替仰付けられしもあり

とあるほか「当御城下近辺絵図附札写全」の

彦根御開き前に世利川を付替被仰付　　尾末山といふは彦根山の東端にて今の尾末町辺迄有り

をみると、村落の移転をはじめとし芹川の流路変更と、峰続きの尾末山取崩にかなりの月日と人手を必要としたことが知れよう。さきに慶長九年着工説検討の項で、『木俣土佐紀年自記』が慶長八年に認可をうけながら着工まで約一年空白の期間を生じさせていることについて

築城予定地域に存在した神社仏閣民家等の立退き、山容地形道路等の変更、付近廃城からの資材再利用準備のため

と推定したのは右によるもので、櫓を建てる前に石垣を築き、

石垣を築く前に堀を掘らなければならず、その用地確保と整備もまた重要であったことというまでもない。それに約一年を要し、人手をみたすため松平忠利その他に対し人夫提供の助役が下命された、とみるべきではなかろうか。それが『木俣土佐紀年自記』に記載されていないのは、築城の本格工事でなかったために省略されたものと推定するよりほかはないであろう。

さきに『徳川実紀』慶長九年の条にしるされた助役大名列記の検討にさいし、松平・古田・遠藤を再掲記したうえ分部左京亮光信を加えて四名一団とした理由に、それが家譜における助役参加明記にあたるのではないかとした。この点については、いま右で検討した通り、家譜明記のほか、準備工事に参加したことをもって一団としたのではないかとする一項も加えうるであろう。

右四大名の家譜に助役参加が明記されているにかかわらず、『井伊年譜』と『彦根山由来記』に記載されなかったことについて、その理由を本格工事でなかったからとすれば、古田重勝については「本城石垣」築城にさいし慶長十一年再役をつとめたとするのに、いわゆる助役大名列記から除外された点に問題が感じられるので、これは『井伊年譜』・『彦根山由来記』編述のさい収集史料から脱漏したことによるものとでもしなければなるまい（補註11）。

右準備工事にも助役がなされていたとするばあい、付随する問題に「役夫粮米運漕」の示達がある。『徳川実紀』と『大日本史料』はこの示達文書の日付「六月六日」、扶持米支給開始の日「七月朔日」をともに慶長九年としているが、本稿ではさきに「寅ノ年之残米」を基として慶長八年の文書と判断し、八年着工説に強い根拠を与えるものとした。もちろん慶長九年文書としても工事進捗状況からみて一応差支えはないことさきに検討した通りであり、その見解は「近江彦根城天守建築考」もとっているが、示達月日を慶長九年とする確実な史料ができないかぎり、寅年の残米はやはり慶長七年の収穫期で生じたもの、それを慶長八年七月朔日から支給すると解釈するのがまず自然ではないかと思われるのである。

右示達による粮米支給開始の日がつまり準備工事開始の日を示すものとすれば、『徳川実紀』が「是年」とし、『寛政重修諸家譜』また月日をしるさぬ松平忠利以下の助役参加が慶長八年七月朔日からであったとすべきではなかろうか。さらには『彦根山由来記』に載せられている『井伊直孝書状』によって「勘解由成敗」を『井家美談』と『井伊年譜』にいう「萩原図書手討」に同じ事件とするならば、直孝の数え年齢十四歳をもって慶長八年が証明されるし、「その他御普請」とした書状日付「八月廿日」と右七月朔日の関係また明らかといえるであろう。

それから準備工事開始から満一ヶ年の後『木俣土佐紀年自記』にいう慶長九年、また『当代記』、『慶長見聞録案紙』にいう慶長九年七月朔日に普請が開始された。その普請開始とは、内堀にかこまれた第一郭主要部の本格的築城工事着工としての「鍬入れ」が行われた時点を指すものであったと考えられるであろう。ところが、『井伊年譜』によると慶長九年、同年譜伝写本の一部と『彦根山由来記』には慶長九年の春、井伊直継が佐和山城から彦根城へ移ったとある。これは慶長八年着工説のもとにおける移城時期であるが、他方、九年着工説で触れた『藩翰譜』と『寛永諸家系図伝』にいう「九年春」も考えようによっては大日本史料所収の『井伊彦根家譜』補記同様移城時期をいっているように思われるし、『徳川実紀』には九年七月朔日移城の記事があるので、九年七月本格的な築城工事に着工したとの見解をとれば、ここで再び話が噛みあわなくなってしまうのである。

しかし、この問題は第一の関門においてすでに発生していた。すなわち慶長八年七月、築城用地確保と整備のため準備工事を始め、それに一年間の工期を要したとすれば、九年の春もしくは同年七月にはまだ移るべき新城がなかったはずだからである。よってこれを第一の関門につづく第二の関門としたばあいには、九年の春もしくは同年七月の移城は誤りとしなければならない。特に『徳川実紀』においては、さきに内容検討の項で触れた通り九年七月朔日の条に九年着工説の典拠とされる『慶長見聞録案紙』、『当代記』、『木俣土佐紀年自記』等を引用しながら「佐和山城を彦根にうつさる」とし「普請あり」を切りはなしたことを誤りの理由としてあげておきたい。

さらには『寛永諸家系図伝』、『藩翰譜』にいう「慶長九年春」が移城時期をいうものであったとすれば、その「春」を削除した『寛政重修諸家譜』がそれを衝いたものということになるであろう。

また『井伊年譜』の九年移城を誤りとする点は、さきの「家忠日記追加」と『当代記』にいう徳川家康・秀忠のいずれもが慶長十一年までは「佐和山城」に宿泊したとすることがよりどころとなる。これについては、『井伊年譜』を典拠として慶長八年着工説をとる『彦根市史』も、慶長九年以降徳川家康・秀忠が「彦根城」に宿泊したとする『井伊年譜』の記事に対し

年譜の成立期を考慮してこの記述には疑問がもたれるとして否定的な見解を示している点を参考としておこう。

以上により、彦根築城着工年次について

○慶長八年とするものは準備工事着手

○慶長九年とするものは本格工事着手

をあらわすものであった、と判断しておきたい。よって、これを本稿の結論とするが、なお補足する意味において、明治以降多くの刊行書が何ゆえ「慶長八年着工説」と「慶長九年着工説」の二つに割れたのか、についてその理由をあげておかなければならないであろう。

まず第一は、慶長八年築城着工説をとるばあいの典拠が彦根城主井伊氏の事歴を詳述した『井伊年譜』と、旧藩士の手で井伊家所蔵史料によって編述された『彦根山由来記』にあったため、ほとんど疑うことなくこれによった反面、慶長九年築城着工説をとるばあいは右両書の成立年次からみてこれをさけ、根本史料とされている『慶長見聞録案紙』、『当代記』、『木俣土佐紀年自記』のみを典拠としたところから生じたものである。

第二は両説とも、松平忠利・古田重勝等が慶長八年に助役を下命されたとする『寛政重修諸家譜』、『徳川実紀』の記事をほとんど無視同然としたため、双方歩みよる足がかりがえられなかったからであろうが、この点については『井伊年譜』、『彦根山由来記』だけでなく、『慶長見聞録案紙』、『当代記』、『木俣

土佐紀年自記』いずれも触れなかったことがなお一層両説乖離に拍車をかけることになったのかも知れない。

第三は、右第二による結果として両説をとるものとともに事前の準備工事(『彦根旧記集成』所収の絵図附札から推定される)をまったく無視したためというよりほかはない。

右により、慶長八年着工とするばあい他に九年着工説のあることに触れるもの少なく、また慶長九年着工とするばあい他に八年着工説のあることに触れるもの少ない状態となって今日に及んできたのである。しかし、慶長八年着工と、同九年着工のいずれをもって「正」とし、またいずれをもって「誤」とすべきではなく、むしろ両説に分ける、というか分かれるというところこそ「誤」としなければなるまい。なぜなら、掲記した史料の範囲において要点を抽出し、それを整理すればおのずと右の結論に達するからである。

付記

本稿に引用した諸史料文献は左記による。

○彦根市立図書館所蔵
写本『井伊年譜』二種
写本『直孝公真澄公御一代記』
写本『井家美談』
写本『木俣家譜』

昭和十三年『建築学会論文集』第九号所収「近江彦根城天守建築考」

昭和十六年彰国社刊『日本建築』城郭編第一冊「彦根城」

○滋賀県立(大津)図書館所蔵
『東浅井郡志』

『改訂近江国坂田郡志』

○池田文庫所蔵
大正六年栄進舎出版部刊『寛政重修諸家譜』
明治四十四年国書刊行会刊 史籍雑纂第二所収『当代記』

○奈良県立奈良図書館所蔵
昭和三十二年滋賀県教育委員会発行『重要文化財彦根城天秤櫓・太鼓門及続櫓修理工事報告書』
昭和三十五年滋賀県教育委員会発行『国宝彦根城天守・附櫓及び多聞櫓修理工事報告書』

○大阪府立中之島図書館所蔵
写本『井伊年譜』
写本『家忠日記追加』
明治三十四年東京帝国大学刊『大日本史料』第十二編之一 及二
昭和四年吉川弘文館刊 新訂増補国史大系第三八巻所収『徳川実紀』
復刻版『近江輿地誌略』

○右掲の他
複写本『木俣土佐紀年自記』は田村紘一氏所有本を再複写

○その他筆者所蔵
写本『井伊家年譜附考』

明治二十七年白石社刊『藩翰譜』

その他諸文献

なお、『寛永諸家系図伝』の活字本は、目下、続群書類従刊行会から刊行中であるが井伊氏系図所収部分未刊につき、『大日本史料』所収のものを使用した。

補記

本稿は関西城郭研究会機関誌『城』第一〇八号に掲載された「彦根築城着工慶長八年説について」、「彦根築城着工慶長九年説について」および『城』第一〇九号に掲載された「彦根築城着工慶長八年説・九年説について」を一括して掲載したものである。なお、掲載に当たっては各論考の標題を見出しとした。

補註

1　新版『彦根山由来記』は、明治百年と彦根城建造物の解体修理の完成を機に彦根市が著者中村不能斎の曾孫に当たるお茶の水女子大学教授中村直勝氏に依頼して現代語に翻訳し、更に彦根城の井伊家から彦根市への寄付と建造物の昭和大修理に関する資料を載録した「彦根山由来記再補」を追加して昭和四十四年（一九六九）に刊行したものである。

2　『井家美談』については、第六章一節　註4を参照。

3　井伊直孝（一五九〇―一六五九）は井伊直政の次男。母は印具氏の娘で直政の正室の侍女だったと伝えられる。正室は徳川家康の養女だったので、直政は正室に遠慮して直孝の幼少時は対面を許さなかったといわれ、各所に預けられた。慶長八年に徳川秀忠に仕え、同十年従五位下掃部助に任ぜられた。同十三年に書院番頭となり五千石を与えられた。更に同十五年には大番頭となり五千石を加増されて上野国白井で一万石を領し、掃部頭に任ぜられた。同十九年の大坂冬の陣では兄直継に代わって出陣し、翌元和元年二月家康の命で直継は隠居し、井伊家の領地十八万石のうち上野国安中で三万石を領し、直孝が残る十五万石を領して彦根藩二代目の当主となった。のち大坂の陣における功績などにより三回にわたり十五万石を加増されたので彦根藩主井伊家は三十万石となり、譜代大名で最も高禄となった。本文にある萩原図書を手打ちにしたのは直孝が秀忠に仕える前のことだったようである（伊東多三郎「井伊直孝」（『国史大辞典』1四一七頁等による）。

4　「彦根城旧記―井伊年譜（彦根城関係記事）四種」（関西城郭研究会機関誌『城』第一〇二号・昭和四十八年（一九七三）三月発行）は当時著者が収集謄写していた『井伊年譜』の写本四種（彦根市立図書館所蔵本二種、大阪府立中之島図書館所蔵本および著者所蔵の『井伊家年譜附考』）の彦根築城に関する記事を掲載したものである。

5　『彦根旧記集成』については主要文献の解説に記載。

6　『木俣土佐紀年自記』については第三章補註11を参照。

7　この墨書については第三章補註2を参照。

8　『寛永諸家系図伝』には古田重勝について〈重勝同十一年江戸石垣御普請をつとむ〉とある（東京市役所編『東京市史稿皇城編』第一・四八〇頁）。『東京市史稿皇城編』では『寛政重修諸家譜』についても同様としている。したがって『寛政重修諸家譜』がいう慶長十一年の「本城石垣の普請」とは江戸城本丸の石垣普請を指すものと認められる。

9　長浜城の用材利用の時期について著者は後に見解を改めている。第一章補註8を参照。

10 中村勝麻呂は、明治三十八年（一九〇五）七月発行の『歴史地理』第七巻第七号に載せた「余が旅行雑記中の一二節―熊本城と彦根城と―」のなかでは〈磯山を改めて彦根山とし、家康の旨を請ふ、聴許せらる、即ち、八年土木の工を起し、九年、佐和山城より茲に移りぬ、されど城郭未だ全からず〉としているので、著者が指摘するように慶長八年着工説を否定しているとは必ずしもいえない。

11 前記補註8を参照。

第三章　彦根城の諸問題

はじめに

彦根城の解説や案内書などはもとより、研究に対しても、旧藩士中村不能斎による『彦根山由来記』が大きく影響してきたとしておそらく過言にはなるまい。

それは引用典拠の明示有無にかかわらず、『彦根山由来記』の文言や文意をそのまま使うほか、中には旧文体原本の一部を引用するにさいし、現代語に誤訳して原本とは全く異なる意味にしてしまったものさえあり、後それにならうものが出るに及んで皮肉にも、『彦根山由来記』の実質的利用度が高いことを証明したからである。

その一例としてあげるならば『彦根山由来記』に

　磯山を改めて彦根山とし

とあるのは、磯山への移築計画を彦根山へ変更した、という意味であるのを、古川重春氏は昭和十一年（一九三六）巧人社刊行『日本城郭考』のなかで『彦根山由来記』からとして

　磯山を改めて彦根山と称し

と書き、「山の名を改めた」との意味におきかえてしまった。

また、田邊泰氏の編著にかかる昭和十六年（一九四一）彰国社刊行『日本建築』城郭編第一冊「彦根城」は、『井伊年譜』からの引用文と前後して

　磯山を彦根山と改称し

とした。念のために言うなれば、『井伊年譜』ではいずれの写本も

　家康公　直政公ニ御内談ニテ佐和山を磯山へ移（中略）御底意有之（中略）然処直政公卒去被遊候ニ付　直継公御代
　家康公御縄張御差図ニテ今ノ彦根山ニ城ヲ被移候

とし、山の名をかえたとは書いていない。磯山と彦根山とは、

いうまでもなく別の山である。
したがって田邊泰氏は磯山云々について、『井伊年譜』を典拠にしたのではなく、出典の明示はないが『彦根山由来記』を読み違えたか、古川氏の著書から誤認をそのまま引いたのか、いずれかだったのであろう。以後それを真似るもの、あとをたたない状態にある。

ところで不能斎は『彦根山由来記』よりも早く、明治二十四年（一八九一）『風俗画報』誌に「彦根山由来略」を載せていた（補註1）。これを

少しく意に落ち居ぬ所

があって訂正したいと思っていたところ、疾病におかされ仰臥したまま筆をとったから充分といえないが、とても補正する余力がないので、それを後人にゆだねたいとしている（補註1）。

そして明治三十五年（一九〇二）に脱稿したが同三十九年（一九〇六）七十三歳で死亡、遺稿を翁の嫡孫勝麻呂氏が校訂し、同四十三年（一九一〇）、東宮（のちの大正天皇）行啓記念に非売品で刊行したのが『彦根山由来記』だったのである。

それで両書の異なるところの内一つを抽出してみると、「彦根山由来略」は

直政（中略）彦根山に移し築かんと欲す――(1)

として、佐和山城へ入った直政は、彦根山への移築を考えたとしたが、『彦根山由来記』では

磯山に移し築かんと欲し――(2)

と書きかえ、まず磯山へ移築する予定であった、と変えている。

その典拠になったのではないかと思われる史料のうち(1)については、徳川幕府が諸大名に命じて作成提出させた記録にもとづき編纂した『寛永諸家系図伝』と『寛政重修諸家譜』及び『徳川実紀』があり、それらは磯山への移築計画があったとは記していない。ただ不能斎が「彦根山由来略」を書いたときに、「活字本」のなかったそれらに目を通せたかどうか、そのあたりは分からないが、井伊家に提出本の控えまたは写しがあって、それを閲読したと考えてもよいであろう。

つぎに(2)の史料として、『木俣土佐紀年自記』がある。それを執筆した木俣土佐守勝は築城の計画に大きくかかわり、慶長十五年（一六一五）に五十六歳で死亡する前に書いておいたものであるから史料としての価値が高いとして間違いはない。

それも不能斎が目にしたかどうかの気がかりなしとしないが『木俣土佐紀年自記』は明治三十四年（一九〇一）、東京帝国大学史料編纂所が発行した『大日本史料』第十二編之二が収録しているから、維新いらい新政府へ提出した『井伊家譜正誤』を通じて東大に接触があり、嫡孫勝麻呂氏が東大史料編纂官になったから、木俣家史料提供にさいして閲読する機会があったとしてよいかも知れない。

しかし、別の不審として、「彦根山由来略」執筆のとき当然、翁の手もとにあったはずの『井伊年譜』が、磯山へ移築する計画を記しているにもかかわらず、それを採用していないことである。翁の手もとにあったはずとする理由は、明治二十年（一八八七）東大で、旧彦根藩領内であった栃木県佐野町の所蔵者から借りて書き写した『井伊年譜』を大正八年（一九一九）

に

　本書巻六以下中村勝麻呂氏蔵本ニヨリ校合云々

と添え書きしているからである。もっとも、不能斎の『井伊年譜』入手が「彦根山由来略」編者より後とも言えようが、多くの藩士が書写して所蔵したにかかわらず、翁が所持しないとは考えられないし、井伊家文書に詳しい翁が『井伊年譜』を見逃したとも思えない。それで、『井伊年譜』を採用しなかったのは、ことによると、史料的価値に疑いを抱いたのではないか、しかし『木俣土佐紀年自記』を見るにおよんで、磯山への移築計画を認めるようになったのではないか、と言えそうである。

では『寛永諸家系図伝』と『寛政重修諸家譜』ならびに『徳川実紀』が、なぜ磯山への移築予定を書かなかったのか、という疑問が出てくる。それで勘ぐるならば、磯山への移築計画は、結果として良策ではなかったから、具申した直政と、許可した家康に対する後世の評価を考慮して、磯山計画を伏せたのではなかったか、それは、『徳川実紀』が『木俣土佐紀年自記』(『徳川実紀』では『木股日記』)を採りながらも全く触れていないあたりに、その間の雰囲気が漂っていると思えるからである。

なお移築計画を、『井伊年譜』は磯山と彦根山のいずれへも家康の命令によるとし、『木俣土佐紀年自記』は磯山計画を直政の具申によるもので、彦根山への変更は木俣土佐の意見であったとしている。しかし不能斎は

　諸老士(中略)移築の方略を画し(中略)家康の旨を請う

とした。なお、『井伊年譜』は『木俣土佐紀年自記』をとらず、『寛永諸家系図伝』、またはその控えか写しかも知れないが、彦根山への移築を家康の命令によるとの記載をしながら、別の史料または伝承によって磯山計画に触れたのかも知れない。そして、不能斎は『木俣土佐紀年自記』を採るにさいしても、その表現をかなり押さえたのであろう。

彦根城天守についての学術論文としては昭和十三年(一九三八)『建築学会論文集』第九号の土屋純一・城戸久両氏の共著「近江彦根城天守建築考」がある。その史料として採用しているなかには、『井伊年譜』と『彦根山由来記』のほか『徳川実紀』もあり、一応は個々の引用典拠を記載しているが、天守の完成時期について本文で

　慶長十一年末本丸天守閣成ると言はれる

とするのみで、その典拠を示さず、付表にも「諸書」として特定の史料名をあげてはいない。また、さきの田邊氏の解説文も典拠の明示はなく

　斯くて慶長十一年の末本丸天守閣の工成り

としている。実は筆者知見範囲の文献で、天守完成の時期を慶長十一年(一六〇六)とするのは、「彦根山由来略」と『彦根山由来記』であるが、そのいずれも「年末」としていない。不能斎は記事内容の典拠について

　慶長五年以下井伊家諸旧記に拠る

とするのみで、具体的な史料名を書いていない。それで土屋・城戸論文の諸書による「慶長十一年末」は、いずれによったか不明であるし、田邊解説文が典拠不明のままそれを引用したと

もいえよう。

一方、一般には天守の完成時期を「慶長十一年」とし、典拠を『井伊年譜』とするものが少なくないが、筆者が今まで閲読した『井伊年譜』の写本十二種のうち、本文にそれを記載しているものは無く、わずかに四種の写本のみが慶長十一年の条で頭註が、または欄外へ貼りつけた付箋に

彦根天守成就

としているにすぎない。

今までの論文やその他で「頭註による」と明記したのは昭和五十三年（一九七八）中央公論美術出版の『日本建築史基礎資料集成』で、平井聖、渡辺勝彦両氏共著の解説文にとどまり、ほかに見おとしがないとすれば刊行書の多くは典拠を『井伊年譜』とするのみである。

その『井伊年譜』の最終記事が享保十五年（一七三〇）で、頭註はそれ以後とみなければならないから、『井伊年譜』の編纂者は天守完成年次を知らずにいて、後世の写本者または閲読者が、何らかの折りに情報をえて記入したもの、のちにその系統の写本をえた者のみが、底本に準じ同じく頭註、または付箋にして、伝写をくりかえしていったものと考えられなくもない。

では最初に頭註をしたとき、その情報をどのように入手したのか、との疑問がでる。それは昭和三十五年（一九六〇）滋賀県教育委員会の『国宝彦根城天守・附櫓及び多聞櫓修理工事報告書』の

此隅木仕候　御与頭□川与衛門　花押
慶長拾壱年六月二日
江州犬上郡彦根御城下於大工町
喜兵衛　花押
惣次郎　花押

をはじめとする一連の銘とともに、その近くの軒桁からも

寶永元年甲申七月廿七日　慶長拾壱年より九拾九年ニ□□

の墨書を検出したとしているので、今からみれば後者の墨書が最大の情報源になったのではなかったかと考えられるのである。

つまり、宝永元年（一七〇四）に天守の一部を修理したとき、隅の棟木に書きつけてあった慶長拾壱年云々の墨書を目にした棟梁が恐らく忘れさられていたであろう天守の建築時期を知り、計算してみると、人間ならば白寿にあたる数えで九十九年目に修理したことの記念に書きつけたものではなかったか、それが、はからずも今回の解体修理で日の目をみたわけで、実は昔の修理工事で早くに確認していたことだったとして間違いないといえよう。

もっとも、宝永元年は『井伊年譜』最終記事より二十六年も早いあたりにひっかかるが、それは一般に知られなかったけれども、大工棟梁か、またはその周りから、聞きつたえていた話を後年になって『井伊年譜』の写本所持者が聞いて補註したのではないかと推定することも可能といえよう。

ここで一つ注意を要するのが、墨書の「慶長拾壱年六月二日」でそれは天守三層東南の隅木をつくった日付であって、天守そのものの完成日付でないことである。ところが、二層北の隅木から「慶長拾壱年午五月廿二日」の墨書を検出したので修理工

事報告書は

慶長十一年の五月下旬に二階が組み上り、約十日後の六月初旬に三階が組上ったことが判る。このあとの工事である壁塗工事、瓦工事等の工事期間を考慮に入れると、同年一杯位に天守の工事は完了したものであろう。

との推定にとどめている（補註2）。

これは、先の土屋・城戸論文と田邊解説文にいう「慶長十一年末」完成との時期にほぼ一致するが、それは墨書検出よりも二十年ないし二十五年ほども前の論文ゆえ、別になんらかの史料があったものと考えなければならない。しかし、いずれも典拠を示していないのでここで云々することは控えておく。

なお、報告書では、『井伊年譜』にいう天守完成年と墨書の年が一致したとして『井伊年譜』の史料的価値を高く評価しているが、くりかえして言うなれば、それは一部の写本にみる欄外の註記であるから『井伊年譜』編纂の時点では全く記載がなかったものであることに注意を必要とする。

話は前後するが、『井伊年譜』をつくった藩士功刀君章は、築城の沿革と概要について、どのような史料をあつめたのか、その根拠を示していないので、ほとんど分からないままになっていた。しかし幸いにして中村不能斎の中村家ではない別の中村尚氏所蔵にかかる「中村家文書」のなかに『当御城建立覚書』として保存されてきたのが、多分それに該当するものの一つであろうと推定できた。理由は、『井伊年譜』の最終記事にあたる享保十五年よりも三年早い

享保十二丁未年六月十一日写之

との奥書があり、築城にいたる経緯および城の概要を記したものである。その内容が西尾市立図書館岩瀬文庫所蔵の

享保十二年丁未六月廿四日

の日付でしたためた、普請奉行による古城山（佐和山）調査報告の文面につづく彦根城の記事にほぼ一致し、それか、『井伊年譜』写本十二種のうち、もっとも祖形に近いと判断できるものの記載に類似する文面だったからである。

つまり、藩主直惟《なおのぶ》の命令によって佐和山城跡を調査した普請奉行の調査報告書に彦根城の沿革と概要についての伝承を追録したのが岩瀬文庫の所蔵本『彦根并古城往昔聞集書』と題したもので（この題名は奉行自身が付したか後人によるか疑問なしとしないが）、それは『古城御山往昔咄聞集書』と『当御城建立覚書』とを併せたものであったと考えられるのである。（補註3）

『井伊年譜』の写本を大別すると、さきに触れた欄外頭註や行間の註記を本文中へ組みこんだのが当然新しく、掲載文書や書翰と記載項目の多少によって、それの多いのが増補改訂で、少ないのが祖形に近いはずゆえ、そのあたりを照合すると「中村家文書」の覚書と同種の文献を『井伊年譜』へ組みこんだ可能性が高いと考えることができるのである。

以上のほか彦根城の諸問題について、これから本文で触れて行くが、基本的な史料が寥々たるものであるから、かなりの推定ならびに想像によったことをあらかじめ断っておかなければならない。

一　彦根城沿革のあらまし

関ヶ原の戦を前にして、井伊直政は徳川家康から百万石の恩賞を約束されたと『井伊年譜』に記している。しかし、結果は六万石の加封で、旧領をあわせて佐和山城十八万石にすぎず、かなり不満を感じていたことは『井伊年譜』の記事から読みとれるといってよい。

それはとにかくとして直政は、戦禍にあれた山城を補修するよりもむしろ、新たに築城すべきであると判断し、その方策を画していたようであるが、関ヶ原戦で島津勢からうけた銃創が悪化し、素志を果たせずして慶長七年（一六〇二）に死亡した。

ときに嫡子直継は十三歳であったから、重臣木俣土佐が補佐して築城の計画をねり直し、佐和山の西南にあたる彦根山を、磯山より優れた最適の地として家康の許可をえたのである（補註4）。

家康は、かねて井伊直政の配下へくわえておいた甲州武田の遺臣のうち早川弥惣左衛門を城の設計にあたらせ、普請奉行を派遣するとともに、天下普請として諸大名へ助役を命じた。そして築城工事が完成したのは着工ののち、わずかに二年目であったと『木俣土佐紀年自記』が記している。

このように短期間内で終えたのは、大坂勢力を意識しての軍事的緊張下の築城だったからで、同じ天下普請による膳所城と篠山城が早くに完成した例もあるから、あえて異とすることはない。

しかし、それは戦闘に不可欠とする堀、土塁線などに限る当時の考え方による普請の範囲で、建築工事までもふくむものではない。つまり、幕府が派遣したのは堀・土塁・石垣など土木面を掌る普請奉行だけで、櫓や塀など建築面を掌る作事奉行の派遣がなかったので、知ることができるといってよい。

ところで、慶長十九年（一六一四）に大坂冬の陣がおこり、翌年は夏の陣と二度にわたって彦根から出兵しなければならなくなった。この時、『井伊年譜』は直継病弱としているが実は、彼に軍の指揮能力はないとみた家康が、上州三万石を分かち与えて安中へ左遷し、木俣土佐からの具申によって庶弟直孝に代行させ、直政の後継者にしたのである。

直孝は戦後ふたたび工事を起したが、基本的な設計は当初のままで拡張していない。それは、地形的な制約もさることながら、豊臣勢力の討滅で軍事的緊張がとけたからと見るべきであろう。

彦根城は、多くの近世城郭と同じく、戦闘経験がないまま維新をむかえ、大阪鎮台の分営を設置するため存城との決定を受けたが、のちに伏見へ変更になった。もしも、そのまま軍用地になっていたならば石垣を潰し堀も埋めたか、姫路城のように、中心部は今よりも多くの建物を残せたか、その辺は判断の難しいところであるが、とにかく陸軍省は建造物を払いさげると決定した。そして明治十一年（一八七八）に取りこわしていたところ、天皇の北陸巡幸にさいして、参議大隈重信と滋賀県令籠手田安定の尽力によって、天守ほか少しの建物がどうにか破却をまぬがれた。

のち、外堀は埋立によって原形をとどめないが、ほぼ平面形態をのこす中堀線から中と、埋木舎が国の特別史跡、天守が国宝、ほかの建物が重要文化財の指定を受けて現在に至った。

二　城地の選定をめぐって

1　佐和山城を廃棄した理由

関ヶ原戦後はもとより、その前から高い山城をつかわず、平野部で新しく築城したところは他にも例少なしとしない。井伊氏自身もすでに上州で、箕輪城から出て平野部の高崎城を構えていた。

したがって佐和山廃城の理由は、当時における他城と何ら異なるものではない。すなわち、新しい時代に合わなくなっていたという一言につきるが、やはり特殊事情があったことを見逃せない。

井伊氏が入った佐和山の城は鎌倉時代、佐々木一族の佐保時綱にはじまるとする通説については確証がない。しかし、のちに江南の六角氏のもとで、江北の京極氏との境界にあって戦闘をくり返したことは事実であろうが、その頃、どのような構えにしてあったのか詳しいことは分かっていない。

時代がくだり、佐々木京極氏の配下から戦国大名にのし上がった浅井氏の頃になると、山伝いの侵入をはばむため、尾根筋に堀切をつけて敵の攻撃を防ぐと共に、山頂や稜線を段々状の削平地にし、まわりに柵や土塁をめぐらした曲輪をおく中世城郭としての形態をととのえていったと考えられる。

井伊氏が城主になった頃の城の形については、江戸時代になってから享保十二年（一七二七）、井伊直惟の命令による調査にもとづいたと思われる絵図の写し、ならびに現存する遺構から推定するよりほかはない。すなわち、それを見る限りでは山が高いので、一時代まえの詰ノ城とするには良いとしても、新時代の城としては地形のうえで制約されすぎていて、兵の迅速な集中と移動が困難で、用兵上の作戦に不安があったのかも知れない。

たとえば、織田信長の攻撃を浅井配下の磯野丹波守が八ヵ月間もささえたとはいえ結局降伏し、関ヶ原戦では東軍の攻撃開始翌日に落城したのは、それぞれ止むをえぬ事情が考えられるであろうが、強大な火力をもつ軍団に対抗できる城ではなくなっていたのが最大の理由であったと思われる。

つまり、城跡に石積みの痕跡をとどめていて、石田三成が城主になってから、近世的な城として一応の形を整えたとしても、それは本丸ぐらいのみで、古絵図とか遺構にみる限りでは、曲輪の配置が古い時代の様式から脱却しきっていなかったと考えざるをえない（補註5）。

さらに城が南北につらなる山系上にあっては、かつての戦闘のみを主目的とするのではなく幕藩体制下の封建領主として領内を統治するには、集住させる家臣団の居住区をふくむ城下町を東西に分轄しなければならないあたりにも欠点があったといわなければならない。

そして、石田色をぬぐいさり、領民の旧領主への思慕を断ちきるにあったことは、『彦根旧記集成』「花井清心彦根古絵図註」にある

　石田家の噺を致すこと厳敷く御停止、古城辺の物語りまでも御法度

によって明瞭である。ただし、これに反して第二郭に「佐和口」と第三郭に町名「佐和町」を存在させたことに疑問はあるが。

井伊氏としては以上の理由で、徳川家康の了解によって、戦禍にいたんだ城を修理して使うよりも、むしろ別に所をえて新しく築城するにしかず、と考えたに相違ない。

2　磯山への移築を取りやめた理由

伝承としては『井伊年譜』に「磯山ノ明王出候由」とあって、表むき宗教的理由をあげているが、これは当初計画の変更理由を神意に仮託して責を免れようとしたものにすぎず、実際は近世的城郭として、磯山とその付近の地形が、戦略上の拠点とするだけの適格性に欠けていたことにあったはずと言ってよい。

であれば、当初、移築先をえらぶ段階で当然わかりきっていたはずであるにかかわらず、あえていったん候補地にした理由を探らなければならない。それは、城郭そのものの戦術上での便利さを優先させたからであろうと考えられる。磯山の峰に「虎ヵ城」という小字名があり、そこを新城の本丸天守の予定場所にしていた、と『彦根旧記集成』に記載している。ここは「諸旧記」や古絵図などにもいう「磯野丹波守城址」で、さらに

　永正年中（一五〇四～二一）上坂治部大夫大乱の節破軍没落

とある通り、すでに中世の城になっていた所である。

もしも井伊氏が、磯山城を近世の城として完成させていたならば中世での効用がそのまま生かされて、周りを監視するに充分な備えとなり、山裾を南北へのびる狭い陸地内を横切る水路に防禦機能をほどこすことによって、より一層、強固な城塞になっていたと考えられる。

ところで関ヶ原戦の後、佐和山城へ入ったときに井伊氏の禄高は十八万石、それを基準にしての固有兵力だけで、いわゆる国防軍隊を編成し城地を守る考えが主流をなしていたならば磯山城をもって可としてよかったかも知れない。

しかし徳川家康は、征夷大将軍就任による諸般の変化にともない井伊氏の城を一藩領の備えにのみに終わらせることなく、対豊臣戦のほか、表面的には京都守護であっても、事実は監視をさせるため局地的な戦術にとどまることなく戦略上の拠点とするには、磯山は適性不充分と判断したのであろう。

たとえば、湖上制圧にはすぐれていても、北陸道と中山道を押さえるには内湖をへだててかなり離れているし、京都および西国方面に対する拠点とするには、幕府または他藩からの派遣部隊等を宿営させ、あわせて兵站線の基地とするには、あまりにも余地の少ないことが問題になったと考えられよう。

それがたまたま、慶長七年二月、直政の死亡で移築計画に頓

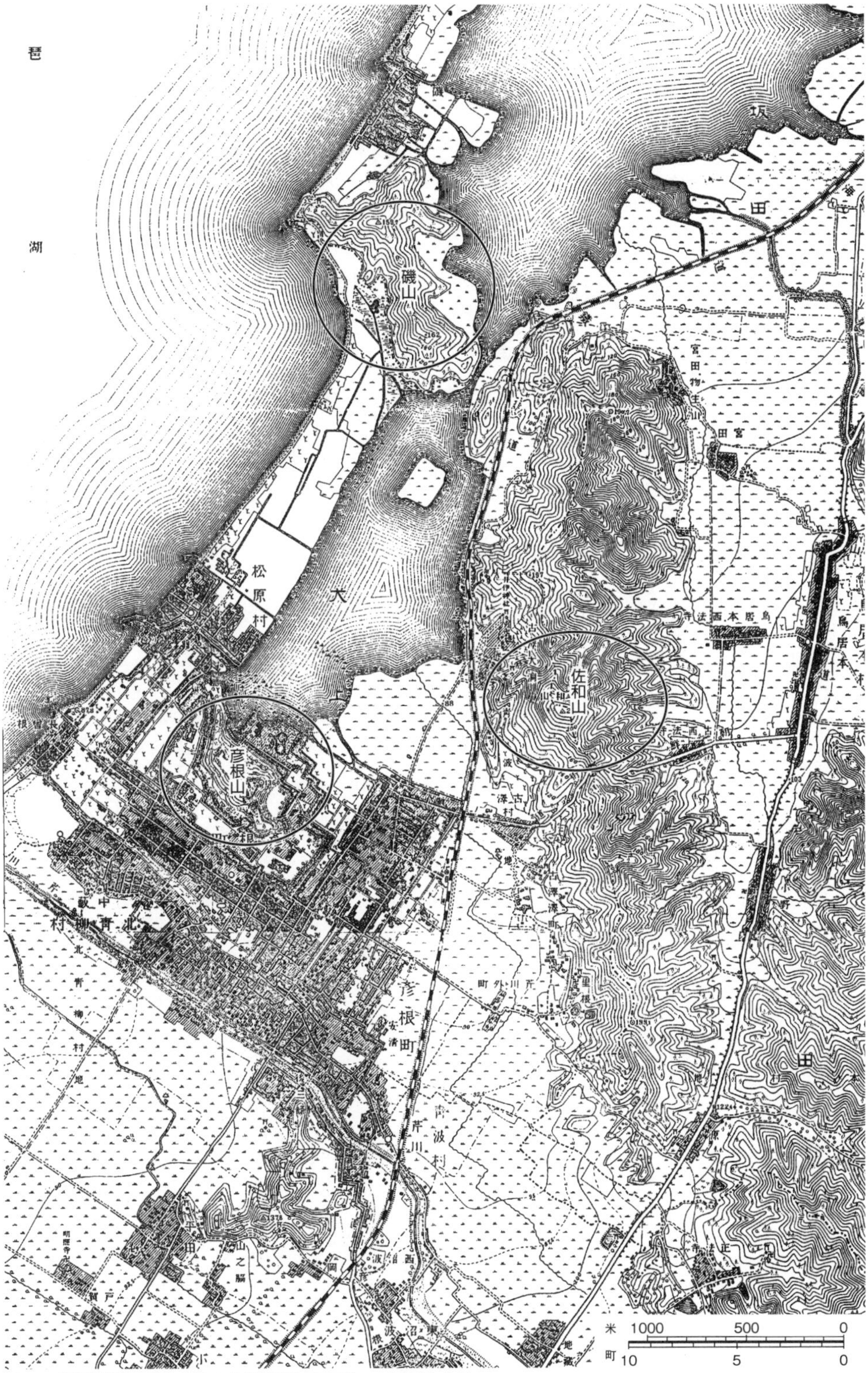

図１　彦根付近地形図　明治26年陸地測量部２万分の１地形図に加筆

挫をきたした機会に、木俣土佐が幼主直継を補佐して家康の見解に一致する彦根山移築に変更したので、磯山では示さなかった天下普請が下命される段取りになったと思われる。

　なお、各地城郭の構築にさいし、家康は大名家から提出する築城候補地を三ヵ所あげさせ、第二の候補地に許可を与えた例が少なくなかった。

　彦根築城にさいしても木俣土佐は計画変更について「澤（佐和）山・磯山・金亀（彦根）山」の三候補をあげているが、磯山は先に決定済みであったのを取消すため、彦根山の優位性を説明する必要から、佐和山が劣る理由とともにあげたものであるから、他城の例とは少し異なる事情にあったことを付記しておきたい。

3　築城前の彦根山と付近の様子

　城を築くまえの彦根山と、その尾根つづきの山には、古い由緒をもつ彦根寺や門甲寺など幾つもの諸寺社があったと旧記類に書いているし、古絵図にも描写がある。

　彦根山が、近くの佐和山あるいは磯山とちがって古い時代の城にならなかったのは、古記にいう活津彦根命（または天津彦根命）に縁りのふかい土地がらゆえとか、日本武尊にまつわる伝承もあり、さらには『扶桑略記』にいう寛治三年（一〇八九）白河上皇の行幸などで、庶民の崇敬と貴顕の外護をえて観音霊場にされていたから中世的な信仰の影響もあって、戦国武士団の蹂躙をはばんでいたのかも知れない。

　しかし、戦国大名の佐々木六角氏ともなれば、観音寺をおろして繖山《きぬがさやま》に城を築いたが、彦根山を城とするには、当時の土豪勢力では及ばず、ことによると山容が大きすぎて手に余るので城郭化できなかったのではないかとも考えられる。

　この山を軍事的に使ったのは、元亀元年（一五七〇）に織田信長が佐和山城を攻めたとき、陣地にした一件を『信長公記』その他が記録（内容に若干の相違あり）するにとどまり、それ以外に中世の城として使ったことをしめす確実な史料は見あたらない。

　徳川政権の世になると、かつての土豪と比較にならぬ強大な権力で城の用地とし、山上の寺社をすべて山下へおろし、山麓や平地にあった小祠などもことごとく立ち退かせた。その事実については北野寺や聞光寺その他の寺社にも伝承をのこしている。

　その中心になる彦根山が本丸になったことは間違いないし、尾根つづきの長尾山は、築城にさいし整備をした出郭から山崎郭内の麓までと考えられるが、尾末山について、いま埋木舎および護国神社が所在する尾末町あたりまで尾根つづきであったという伝承があるものの地形地質からみて、これは疑問なしとしないのである。

　築城前の様子を示す一般的な史料としては、井伊直政に随行してきたのち直継（後に直勝と改名）の転封にしたがって、上州安中へ去った花居（井）清心の作という「彦根古絵図」がある。ただし、これは原図が伝わらず、現存する絵図の多くは何回か転写を重ねてきたということであるから、遺存する図（第五章図3～4参照）によっていくらかの違いなしとしない。

もっとも、共通する点として芹川が安清あたりから北へ折れて松原内湖へそそぐ本流のみをえがいているが、永禄年間（一五五八～七〇）の景観を描くという別図（第五章図1）では、本流のほか琵琶湖へ向かう支流を描いている相違に解明の必要があろう。

そして転写図は、いずれも佐和山城が廃城になってからの様子と築城前の彦根山の姿とを一枚の図上にえがいたもので、実際にありえない時点の絵になっている。それらの内、滋賀大学経済学部附属史料館所蔵「彦根古図」（第五章図3）には「花井清心直書之写」との添書があって花井とし、花居とはしていないので、転写回数が少なく原図に近いものと考えられる。とすれば、原作者が時間的な差異を超越して便宜上一枚に築城前後の状況を表現したものとして、古い彦根の姿を知るうえで史料的価値を減殺することはないと思われる。

4　尾末山が所在した場所

尾末山は、埋木舎と護国神社が所在する尾末町にあって、その山を取りくずして武家屋敷地にしたので、そこに今の町名ができたといわれてきた。

それを文献にみると、『彦根旧記集成』収録の「当御城下近辺絵図附札写」に

　尾末山といふは彦根山の東端にて、今の尾末町辺迄有

とし、山の名の由来を寛政四年（一七九二）彦根藩士塩野義陳編の地誌『淡海木間攫《おうみこまざらえ》』は

　彦根山の尾末の岡山なりし故

と説明している。

であれば、尾末町の町名のもとになった尾末山は、いわゆる城山から御殿跡をへて、今の護国神社あたりまで尾根つづきであったことになる。かつては表御殿跡（現、彦根城博物館）に接する山裾部分に削りとった痕跡があるとして、それを尾末山の跡とする見解もあったがこれは山麓すべてを垂直に切りおとした跡のはずであるから、尾末山云々には同意できない。

また、『彦根市史』上冊三五七頁以下では織田信長による佐和山城攻めの配陣について『信長公記』をとらず『彦根旧記集成』収録の「花井清心彦根古絵図註」にある

　尾末山に市橋九郎左ヱ門を入れ置き

をとって、尾末山を

　彦根山とは一応独立した陣地として利用

したと判断して、絵図附札写や木間攫の記事を事実上否定し

　恐らく彦根山は一たん低下して、また尾末町あたりまでのびていたが、その部分は削りとられ

と推定している。これは表御殿跡のボーリング調査によってそこが彦根山の尾根つづきではなかったと判明したことに一致する。

では今の尾末町に、事実、山があったのかということが次の問題になる。実は前記の滋賀大学経済学部附属史料館の「彦根古図」は彦根山の東に後世の「御殿」との補記をし、そこと旧「世利川」河口にあたる所との間に

此辺今ノ尾末町也

と平地にして山を描かず、尾末山の表記もしていない。それは

山を削っ（中略）たのであれば地表に山土の固い場処がある

るはず（中略）尾末町の工事データにそうしたものはない

とする沢野愿一郎氏の『近江平野・エッセイ編』七〇頁での指摘に一致する。とすれば尾末山は今の尾末町にあったのではなく、他の場所に存在し、その山の土を利用して嵩あげした所が尾末町であった、と考えなければならなくなる。

では、その山はどこにあったのか、これは難しいが、山上を平坦にし、裾をけずって整形したところを曲輪にすれば、当然かなりの排土を出したはずゆえ「鐘の丸」が、形を整えた「尾末山」の後身ではないかと思われる。

しかし、この推定には確実といえる程の根拠がない。ただ、一山ことごとく取り除く工事量が、築城直前の短期間または、『木俣土佐紀年自記』にいう工期二年間内に並行してできたとは思えないうえに、「鐘の丸」が最も早くに仕上がったとする『井伊年譜』の記事等を参考にした推定であることを断っておく。

三　着工の時期と工期について

1　慶長八年着工とする根拠

一般に、彦根築城の着工時期を慶長八年（一六〇三）とする根拠は藩士功刀君章の編纂にかかる『井伊年譜』と、活字本では旧藩士の中村不能斎が執筆した『彦根山由来記』の二つにある。

その一事例としては、年譜にもとづいて慶長八年着工を「正」とし、『淡海落穂集』にいう慶長九年の着工を「誤」としたものに昭和十三年四月の『建築学会論文集』第九号掲載の土屋純一・城戸久両氏共著の「近江彦根城天守建築考」がある。

また昭和五十三年中央公論美術出版『日本建築史基礎資料集成』14に収録の平井聖・渡辺勝彦両氏共著の「彦根城天守」も一応は『井伊年譜』によって慶長八年の着工としている。

なお、その他の文献も典拠の明示はなくとも、『井伊年譜』または『彦根山由来記』にもとづくのであろうと思われるものが少なくない。

ところで活字本のない『井伊年譜』は、写本によって記事の内容に相違点少なしとしないが、慶長八年七月築城着工については、いずれの写本にも違いがない。問題は『井伊年譜』が享保十五年（一七三〇）の記事を最終とする、すなわち、築城関連の記事が百二十年ほど後の記述であるにもかかわらず、慶長八年着工を示す典拠をあげていないあたりに疑問を感じさせるのである。

ただ、写本によっては載せている七月十日付、徳川秀忠の書状が小澤瀬兵衛の家譜に慶長九年とあるので、それを着工一年後のものとして、八年着工の史料とするにはためらわざるを得ない。

一方、『彦根山由来記』では、記述のよりどころを「慶長五年以下、井伊家諸旧記に拠る」としているから、慶長八年着工は「井伊家文書」をもとにしたはずで、その一つに当時はまだ彦根にいなかった直孝の書状がある。それは八月二十日付、彦根在住の藩士犬塚三十郎宛書状で、その文面にある

勘解由成敗

が『井伊年譜』のほか、『直孝直澄公御一代記』と『井家美談』にいう

萩原図書手討ち

と同じ事件であったとするならば、直孝の数え年齢十四歳から逆算して慶長八年のものと判断でき、その手紙のなかに「其地御普請」つまり、彦根築城工事がすでに始まっていたことを証明する強力な根拠になる。ただし勘解由と萩原図書を同一人物であるとみなせる根拠が出るまでは断定を控えなければならない。

だからと言って、慶長八年着工を疑うわけではない。皮肉にも、平井・渡辺両氏のほかに慶長八年着工とする論者が、典拠にはしていない松平忠利・古田重勝・遠藤慶隆など、三大名の『寛政重修諸家譜』とその関連系譜所収の経歴に、「慶長八年彦根城普請」の助役を下命された旨をしるしているからである。

もっとも、『寛政重修諸家譜』の記載文面は三者三様で、この年に命令を受けただちに着工したとも読める反面、この時は命令を受けただけで、実際の着工は翌年であったと解釈すべきか、それが明確とできないところに、いささか苛立ちを感じさせられるのである。

2　慶長九年着工とする根拠

慶長九年を築城着工の時期とする史料として成立時点の早いものに、『木俣土佐紀年自記』があり

慶長九年甲辰　再び新城の絵図を奉り（中略）上意に契則大名に令せしめ人数を出し　守勝経営す（原文漢文）

と書いている。木俣土佐守勝が死亡したのは、慶長十五年（一六一〇）（彦根市立図書館所蔵『木俣家譜』）であるから『木俣土佐紀年自記』成立と築城時期の間に年数の隔たりが少なく、最も信憑性が高い史料と言ってよい。

また、幕命によって岡本半介が編纂して提出した「井伊系図」を収録する『寛永諸家系図伝』では

直政卒してのち同（慶長）九年の春台命にのたまはく、佐和山の城地よろしからさるのあひた、これを彦根山にうつすへしとて、すなはち御人衆仰付られ、石壁を高く、隍塹を探して

とし、さらに後年の編纂にかかる『寛政重修諸家譜』も

（慶長）九年佐和山の城地よろしからざるにより、同国彦根山にあらたに、城を築べきむね台命をかうぶり（中略）諸将おほせをうけたまはりて、其経営を助く

としている。このように良質の史料ならびに井伊家から幕府へ提出した公式の文書に慶長九年着工としているかぎり、これを無視できないのは当然で、東京大学史料編纂所の『大日本史料』

は右のほか『慶長見聞録案紙』、『当代記』なども併記して、彦根築城の記事を慶長九年の条へ入れている。

また、今まで論者の目につかなかったものとして、慶長九年着工とする文献記録は、冒頭に触れた『井伊年譜』の編纂にさいし恐らく基本的な資料の一つになったと思われる『当御城建立覚書』(彦根「中村家文書」=享保十二年六月十一日写)があり、それに

　慶長九甲辰年直勝様彦根山ニ御城御取立被遊

と明記している。にもかかわらず、『井伊年譜』の編著者はなぜか、これを慶長八年として年譜の本文へ組み込んだのである。『井伊年譜』最終記事が享保十五年、覚書写の奥書は三年早い享保十二年であるから、『当御城建立覚書』の原典が『井伊年譜』の成立に先行して存在したことは間違いない。

以上を通観すると史料的価値からみて、慶長九年着工とするのが当然と感じられるが、松平・古田・遠藤三大名の慶長八年助役下命もまた無視することができない。それは『彦根旧記集成』が収録している「当御城下近辺絵図附札全」にいう

　彦根御開き前に世利川を付替被仰付

ならびに堀、土塁、石垣工事開始前に行われたであろう尾末山などの整地作業に、慶長八年右三大名が助役下命を受けて施工し、その後慶長九年から城そのものの工事を開始したと考えるよりほかはないからである。つまり、慶長八年着工とする『井伊年譜』と『彦根山由来記』は地形変更などの作業着手を築城の開始とみなし、ほかの史料文献は、それをおいて堀とか土塁や石垣等の工事着工を正式の築城開始と見なしたのではないか、ということである（補註6）。

なお、毛利氏の広島築城における「鍬初め」は天正十七年（一五八九）四月であるが、同年一月すなわち正式の工事開始前、すでに惣構土手の普請に着工していた事例のあることを掲記しておく（補註7）。

3　築城工期を一期と二期にした理由

築城の工期を始めから二回にわけて計画したとは考えられないし、文書のうえでも、そのように表記したものを見たことはない。ただ結果として、慶長年間と元和年間の両度にわかれたから、後世からみて、便宜上第一期と第二期と呼んでいるにすぎないのであろう。

さらに言うなれば、はじめは藩主が直継のときに慶長年間の天下普請として着手、あとは元和年間で藩主直孝のときに井伊氏だけの単独工事であったから、なおさらではなかろうか。

ところで、彦根築城は難工事のため、助役大名が応援しても着工から完成まで二十年もの年月がかかったとする解説がある。しかし難工事であったという史料はもとより伝承もない。最も信頼できる『木俣土佐紀年自記』は「二年にして城郭全美」と明記しているし『井伊年譜』と『彦根山由来記』は着工の翌年に「鐘の丸」が完成し、直継が佐和山から転居したと書いている。

ここで注意を要するのが「天下普請」の工事内容である。彦

根城のそれについて詳細を伝える史料は見あたらないが、江戸城その他の天下普請に従事した諸大名は、堀と石垣とか土塁等の完成をもって任務を終えたとし、国もとへ引きあげた、ということである。

もっとも、『彦根山由来記』が載せている「本多忠勝書状」は、直継が兵部少輔になった慶長十一年五月よりも後の三月七日付で「其元御普請」と書いているから、慶長十二年も工事がつづいていたことになるが、それは土木工事の一部で、進捗状況にいくぶんの遅れがあったのか、あるいは天下普請として助役の対象にならない井伊氏単独の工事であったとも考えられるであろう。

ただ、守城の作戦に影響が少ない「作事」、すなわち建築関係工事については、ゆっくり施工していたと考えられるので、そのあたりを土木が主になる普請と混同したのかも知れない。それにしても幕府が派遣したのは、すでに触れた通り「普請奉行」で建築面の「作事奉行」がきていないから、塀や櫓が天下普請の対象でなかったことは明らかである（補註8）。

次の問題は、第一期工事でできたのは、一般には内堀からなかの第一郭だけとしていることにある（補註9）。それは『井伊年譜』に

直継公御代ニハ一重構計也

を根拠にしたものであろう。しかし『彦根旧記集成』は慶長十一年に中藪の足軽組を編成したとし、大坂冬の陣で同十月十六日

巳ノ刻（中略）彦根発足京橋口より押出

と書いているから、中堀と外堀はもとより、その外郭部分の多くも基本的にはできあがっていたと考えるべきであろう。ただし、『井伊年譜』写本のうち彦根市立図書館本の頭註に

元和八戌年（一六二二）御城辺ノ石垣過半成ル

とあるので、通説ではこの時に城が完成したものとしているが、それも「過半」で、外堀腰石垣は寛文年間（一六六一～七三頃）に施工とあるから、城郭の整備はなお続いていたことになる。結局、慶長年間は戦闘の用にたえる範囲と天守ほか少々の作事に留め、大坂の陣後に増封されていく中で土塁を石垣にかえ櫓や門の作事を施していったのであろう。

4　井伊直孝書状と築城時期との関連

先に触れた彦根築城着工を慶長八年とする根拠になってきた史料の一つ、井伊直孝が兄直継の家臣犬塚へ出した書状は『井伊年譜』に記載しておらず、『彦根山由来記』だけが載せている。（文面は第二章一節に掲記）

中村不能斎は、この手紙を慶長八年のものとして、その年すでに築城工事がはじまったことの拠所にした。しかし、その考証経過を記していないので、可能な範囲で検討をくわえてみたい。

まず、右の書状に直孝が「井伊掃部佐」と肩書きしていることについて、不能斎は「掃部佐」を「掃部助」の「書き損じ」であるとしているが、直孝の「従五位下」叙位と「掃部助」任

官は、別著で史料によって「慶長十年四月二十六日」であったとしている。

次に兄直継が正式に「従五位下右近衛将監」、つまり「右近大夫」になるのは直孝の任官より二年早い慶長八年の二月で、同十一年五月十三日には「従四位下兵部少輔」に遷任したという。

したがって、文面にある掃部と、右近が在任中で重なりあう八月二十日は慶長十年をおいてほかにないことになる。これでは、『彦根山由来記』が直孝の書状を慶長八年とし、それを築城着工時期とする根拠がなくなってしまう。よって不能斎は、この問題について、直孝が正式の任官前から「掃部」と自称していたことは、『井伊年譜』が収録している慶長七年三月の『家中分限帳』に「五千石井伊掃部」とある記載内容によって知ることができること、そして兄直継も、父直政が死去した慶長七年二月にいまだ任官していなかったにもかかわらず、同月十六日付「幕吏連署」に「右近」としていること、さらに父直政の兵部少輔も無位のままで称したから叙任の制度がみだれていた頃の自称にすぎないと判断して一応の解決をはかった。

ではあるが不能斎は、別著『井伊直政・直孝』に収録した元和元年（一六一五）の直孝書状について次のようにも評している。

「佐和山へ云々」既ニ彦根城ナルニ佐和山トハ当時ノ拘ハラザルヲ見ルベシ（中略）「掃部助」既ニ六年前ヨリ掃部頭ト称ス仍ホ自書ニ旧称ヲ書ク其拘ハラザル粗漏ノ甚ダシキ当時ノ状態ヲ知ルニ足ル

と。つまり言い換えれば、入り乱れた正式の任官と自称、ならびに無頓着な記載とを、その文書成立時期に判断材料とするには、なお不安がのこることを言外に示したものであろう。なぜなら、直孝の自称「掃部」と、直継の正称「右近」を組合わせると、直孝書状にいう八月二十日は慶長八年と同九年、さらに正称「掃部」もふくめると、同十年でも不自然ではなくなるからである。

したがって書状成立時点は別の面からの検討を必要とする。実は不能斎は、書状にいう直孝が兄直継の機嫌を損なった原因となる「勘解由成敗」の件に全く無関心の如く、一顧だに与えていない。しかし、この事件にこそ、書状成立時期を解く鍵と、それによって築城の時期をただす重要な問題をはらんでいるものと言わなければならないのである。

ところで、書状にいう「勘解由成敗」事件そのものを示す史料はない。ただし『井伊年譜』慶長八年の条と『直孝直澄公御一代記』ならびに『井家美談』に、直孝十四歳で荻原図書を手討ちにしたとの記事（第二章一節参照）がある。

直孝は、兄直継とちがって庶子であったから、名乗りでた後しばらく、荻原図書へ預けられていた。「勘解由」と「図書」とが仮に同一人であったとすれば、直孝書状による話の筋は理解しやすい。

そしてもう一つ、『前橋旧蔵聞書』に

直孝十四歳ノ年ニ百姓内蔵助無礼ノコトアリ手打

にしたとあり、これを含めて三つの事件がそれぞれ別件とすれば、直孝は十四歳の一年間に三人も斬ったことになる。もっとも、『彦根旧記集成』第一号の「当御城下近辺絵図附札写全」によると

後の御城普請の節は直孝公日々御見廻り被遊、毎度人夫を御手打に被遊

とあるから、案外そのようなことがあったのかも知れない。

直孝は天正十八年（一五九〇）生れ、十四歳が慣習によって数え年ならば慶長八年（一六〇三）はその年にあたるから、三人も斬ったのが事実か、又は「勘解由」が「荻原図書」と「内蔵助」も同一人ならば、この書状成立時期は同年になり、八月二十日付文中の「その地御普請」は、慶長八年築城着工説の強い根拠になるのである。（補註10）

5　本多忠勝書状と築城時期との関連

天下普請の助役大名で、みずから現地を見廻った人物については遺存する史料によって本多忠勝のみが確認できるにすぎない。それは中村不能斎が、まず『彦根山由来記』に十二大名の名を記し

此牧伯（筆者註―ボクハク土地を治める官すなわち大名）中に自身見廻りし人あり

として年欠六月十日付の本多忠勝書状を載せていることによるもので、ついで新版『彦根山由来記』には

（慶長）十年六月本多忠勝より吾藩士に書を与ふ、乃ち助役大名中、自身見廻りし人あるを見るべしとして同じ書状を掲載し、さらに

（慶長）十二年三月七日付の本多忠勝亦書を吾藩士に与ふ

として年欠三月七日付の本多忠勝書状を載せているから、ここでも新版『彦根山由来記』から読下し文を転載して検討を試みよう。

今度は参り候ところ、右近大夫殿には種々御馳走をたまい、殊に御秘蔵の御腰の物下され、まことに泊《とまり》へまで御念を入れられ重畳御懇意の儀ども、忝《かたじけ》なしとも、御礼申しつくしがたく候。然るべきように御意得《こころえ》候て給うべく候。随って、貴殿にも色々御馳走になり、ことさら遠路御送り迎え、かたがた畏悦このことに候。はたまたその地の御普請場、一段みごとに候ところにて候。しかしながら、大滄《たいそう》の御普請にて御家中衆大形ならず御苦労たるべきと存ずることに候。なお重ねて申し入るべく候間、具《つぶさ》に能わず候。恐々謹言

六月十日　　本多中務
　　　　　　　忠勝　花押

宇津木勝三郎殿
　　御宿所

これまた当時の一般通例にみる通り、日付に年号干支を記載していない。しかし不能斎はこれを慶長十年（一六〇五）と判断しているが、その理由をあげていないので、それから確かめ

ていくことにしたい。

まず書状の中の「右近大夫」すなわち直継が「正五位右近大夫」の官位にあった期間―慶長八年二月から同十一年五月まで三年間のうち、年譜による着工時点「秋七月」以後でそれを求めると、同九年と十年の六月十日の二回が該当する。ところが『徳川実紀』では慶長九年の条（月日不詳）に是年として

本多中務大輔忠勝衰老をもて致仕を請といへども御ゆるしなく。両御所（編者註―家康と秀忠）よりしば〳〵御使せられ病をとはせらる。よって忠勝は悉く其家政をば長子美濃守忠政にゆづりて世事にあづからず。

とある。つまり老衰と病で致仕を願ったところ、不許可ではあったが、結局家督の実務を忠政へゆずり世事に関与しないことにしたというのである。しかし、書状は忠勝自身彦根へきたとしているから病気になったのは来彦後だったはずである。とすれば、この書状は『彦根山由来記』にいう慶長十年でなく、慶長九年病気になる前の六月十日でなければならない。その時点で「御普請一段見事」ということゆえ慶長八年から築城工事が始まったとする見解に一致することになるのではないか。これを慶長十年のものとすれば慶長八年着工を説く不能斎の意志に反して九年着工説を有利にする。

しかし前後するが忠勝の書状が慶長九年とすれば、前述した慶長八年の工事は地形変更で、同九年は城そのものの工事を始めたのではないかとする筆者の提案は不利になるが、「御普請一段見事」とは必ずしも堀と土塁や石垣そのもののみを指すのではなく、川の流路変更や山容の整備なども含めたものと解し、さらには

種々御馳走、殊ニ御秘蔵之御腰物被下

という井伊家側の丁重な応接に対して謝意を表した外交辞令ではなかったか、と考えておこう。

さて、『徳川実紀』にいう老衰と病気にかかった慶長九年（一六〇四）は本多忠勝の年齢でいえば、天文十七年（一五四八）生れゆえ、数え年五十七歳である。老衰とは思えぬ年齢であるが、そのことはここでの検討対象外にしよう。

さりながら、病気で致仕を願い出た三年ののちに彼は次の書状をしたため、彦根築城工事のことに触れているので、第一期築城工事すなわち天下普請の期間について、一つの示唆を与えるものと考えられるから、若干の検討をしてみたい。

なお〳〵遠路思し召しより珍しきもの送り給わり、一入《ひとしお》かたじけなく候。我らこと去年より眼病気に候て今に透《すき》ともこれなく候ゆえに兵部少輔殿へも御見舞をも申さず候。右のわけに御座候間、目かすみ判形（花押）罷りならず候間、印判（印形）をもって申し候。御免なさるべく候。以上。

遠路御念を入れられ、御状にあずかり、ことにここもと珍しき生なる鮒鮨一桶送り給わり候、御懇志の至り別してかたじけなく存じ候。その以後は、久しく書状をもって申さず、無沙汰申し候。そのもと御普請御油断なきのよし、御苦労とも候。いつぞ御手透《てすき》の時分、ちと御光儀待ち奉り候。此方に御用など候わば、承るべく候。何様これより申し入る

べく候間、早々申せしめ候。恐々謹言

本多中務
忠勝　花押

三月七日

三浦十左衛門殿
御返報

文中の「判形罷りならず」に反し、花押である点に疑問はのこるが、それはとにかく、直継を「兵部少輔」としているから、慶長十一年五月以後の三月七日は『彦根山由来記』にいう同十二年となる。同十二年に「去年より眼病気」ならば罹病は同十一年からであろう。ところが、『寛政重修諸家譜』では慶長九年病気とあるから二年も狂う。したがって致仕の理由とした病気は、この書状にいう眼病とは違ったのであろう。

この手紙が慶長十二年なら「御普請御油断なき」は、『木俣土佐紀年自記』にいう「二年にして城郭全美」以後も工事が続いていたことになるが、それは本節3項で触れた通り工事の一部で進捗状況に若干遅れがあったのか、または天下普請に関係のない井伊家の単独工事であったのかも知れない。彼はそれから三年後の慶長十五年（一六一〇）十月十八日に桑名城内で死去、享年六十三であった。

6　徳川秀忠書状と家康書状

天下普請による彦根築城にさいして、井伊右近大夫（直継）宛の徳川秀忠書状が井伊家に現存（彦根市教育委員会『彦根藩文書調査報告書』）するほか、同月日付で、幕府派遣の普請奉行へあてた徳川家康書状を内閣文庫所蔵の『譜牒余録』が収録しているので、その二件について検討してみたい。

まず、秀忠書状は『井伊年譜』の写本によっては掲載するものとしないものがあって、年譜の祖形と、写本の系統を分類する上でも一つの根拠になりそうであるが、それは別項に譲るとして、ここでは書状の内容を検討して築城工事との関係をみることにしたい。その文面には

彦根山普請之様子　聞届度候而　差上小澤瀬兵衛候炎天之時分苦労共ニ候　弥可入精段肝要候也

七月十五日　御直判

井伊右近大夫殿

とあり、彦根築城工事について督励と慰労をかねたものである。なお、筆者所蔵の『井伊家年譜附考』では宛名を「万千代との」とするほか、「御直判」（花押）の部分を「御朱印」にしているが井伊家文書では宛名が「右近大夫」で、発信者は「花押」であることを念のため付記しておく。

また文中の「差上」は「さしあげ」ではなく、『彦根山由来記』による読み「さしのぼせ」が正しいであろう。理由は、「差し」が派遣を意味し、「上せ」は江戸からいえば、彦根が、いわゆる上方の方向にあたるからである。参考までに付け加えると、木俣土佐が、駿府に在城した家康のもとへ挨拶に出かけたとき「駿府に下る」と表記したのである。

ところで、直継の「右近大夫」在任期間中で七月十五日を求めると慶長八年、九年、十年の三回があてはまる。事実、この書状を『井伊年譜』は慶長八年に掲載し、『徳川実紀』と中村家文書『当御城建立覚書』は同九年の条へ入れ、『彦根山由来記』は慶長十年としたのをみても知ることができよう。そのうち『徳川実紀』は九年七月の条へ入れるにさいし（左記括弧の中の秀忠と直継は筆者註記）

右大将殿（秀忠）より小澤瀬兵衛忠重を御使として。井伊右近大夫直勝（直継）に御書をたまはり。築城の労を慰せられ。其事にあづかりし諸有司にも御書を給ふ。

としている。ただし十五日付の秀忠書状を載せていないし、右にいう他の諸有司にあてた書状が、『井伊年譜』や『彦根山由来記』に見当たらないのは井伊直継宛でなかったからかも知れない。

それはとにかく、この書状の成立時点を、慶長八年～十年のうちいずれが正しいのか、実は小澤瀬兵衛の経歴を記した『寛政重修諸家譜』に

（慶長）九年井伊直勝が所領近江国彦根山に城を築きしとき七月十五日御使を奉はりてかの地におもむく

とあるので、それによる限り『徳川実紀』の記載、九年を正しいものとしなければならない。もっとも、これをもって慶長八年の着工を否定し、九年着工の拠り所にすることはできない。なぜなら、慶長八年七月朔日から始めた工事に対し、翌九年の七月十五日に慰労と督励の書状を使者に持たせることはあり得るからである。むしろ慶長九年七月朔日起工（『徳川実紀』）にして、直ちに慰労や督励の書状をだすことの方に多少の懸念を感じるからでもある。

次に『譜牒余録』が収録する同日付で家康が小澤瀬兵衛に託した書状（文面は第二章一節に掲記）については、その数が通説にいう三名だけでなかったとする拠所として挙げたが、これも重ねて言えば、彦根で七月朔日に始まった築城工事に対して後年の参勤交代でも約十日間の日程を要した江戸との地理的関係を考えると、早くも同月十五日に「入精之由尤」すなわち、築城工事に精を入れて仕事をしている由を聞いたので、この書状を出す、との解釈ができるかどうかの問題が出てくるであろう。

とすれば、むしろ『彦根山由来記』に言う慶長十年七月十五日付の方が、翌年の工事完成までの日程を考えて、最も適当な時期と考えられるが、そこには小澤瀬兵衛の経歴を載せた『寛政重修諸家譜』の壁があって、慶長九年の書状とする説に譲らざるをえない。もちろん、書状をその時点のものとして不都合があるわけではない。

ただ言えることは、前掲の『寛政重修諸家譜』にいう小澤瀬兵衛に関する記述について、それを

かねて「井伊直勝が所領近江国彦根山に城を」築いていたので慶長「九年七月十五日御使を奉はりてかの地におもむく」

と読めなくもないではないかという提案である。文意を強引に

捻じ曲げるとの譏りはあろうが、
⑴彦根築城着工時期が必ずしも明確とはいえないこと
⑵『寛政重修諸家譜』にみる関係大名の彦根築城に関する記載事項が必ずしも統一共通する面がみられないこと
⑶書状の成立時点が確定できても、それが直ちに築城着工の時期を示すとはいえないこと
によって若干の拡大解釈が必要になると考えられるからでもある。

なお家康書状を収録している『譜牒余録』の譜牒は系譜のことで、諸家から提出した『貞享書上』を整理したものである。

7　松平甚助所蔵文書と「鷲峰文集」

東大史料編纂所の『大日本史料』が収録する「三河国額田郡土呂村浪人松平甚助所蔵文書」と「鷲峰文集」をみると、『井伊年譜』と『彦根山由来記』にいう幕府派遣普請奉行、山城宮内少輔忠久、佐久間河内守政實、犬塚平右衛門忠次、以上三名以外の二人、すなわち前項の「徳川家康書状」にみる五名のうちの山本新五左衛門と細野右近大夫の名がみえる。

第四項5でも触れるが、ここではその内容と、築城着工時期の問題についての検討をこころみることにしたい。

まず、「松平甚助所蔵文書」（文面は第二章一節に掲記）には、通説にいう普請奉行三名のうちの一人犬塚平右衛門と、通説には名がない山本新五左衛門を記録している。そのうち犬塚平右衛門については第四項で触れる通り『寛政重修諸家譜』に彦根城普請参加のことを明記しているので、それについての問題はない。

ところが山本新五左衛門の系譜は『寛政重修諸家譜』に記載がないので、それからの追究はできないが、先の「徳川家康書状」に名がある以上普請参加は疑う余地がないと言ってよい。

そして、その文書は年次の記載を欠く六月六日付で、文面によると板倉伊賀守勝重以下三名の連署をもって、築城工事の役夫へ扶持米として七月朔日から支給する必要があるので、「寅ノ年」の残米を、その期日までに津屋（舟着場の問屋）へ届けること、また支給するとき、犬塚と山本、二奉行の裏判を要するとしたものである。

この書面の六月六日について、板倉勝重の経歴をみると、『寛政重修諸家譜』に従五位伊賀守叙任が慶長八年二月十二日とあるから、上限を慶長八年六月六日として問題はない。

ついで、名宛の一人念清老すなわち松平親宅は『寛政重修諸家譜』に慶長九年八月三日に死去したとある。とすれば、下限は慶長九年六月六日になるから、彦根築城着工時期の判断に欠かせぬ史料といわなければならないのである。

ところで、文中に「寅ノ年」とある。彦根築城時期直近の寅年は慶長七年（一六〇二）である。よって「寅ノ年の残米」は「慶長七年の残米」で、それを「七月朔日」から「佐和山御普請衆」に扶持米として支給するために、当日以前に届けるよう「六月六日」付でしたためたのであれば、これは慶長八年の書状ということになる。しかるに『徳川実紀』（文面は第二章三節参照）は慶長九年六月の条へ入れて「寅ノ年の残米」を書き入れずに

慶長九年の文書とした。理由については知るべくもないが『徳川実紀』はその前年、慶長八年「是年」の項に

松平又八郎忠利。古田兵部少輔重勝。遠藤左馬助慶隆は近江国彦根の城新築の事を奉はり。

として、この三名に対し、慶長八年に天下普請の助役下命があったことを認めているにもかかわらず、着工を慶長九年七月朔日としたので、勘繰るならば、その都合で寅ノ年を削除したのではないか、と考えざるをえない。

一方、『大日本史料』は「寅ノ年の残米」を原文通りに採用し、しかも、慶長九年の文書として扱っている。ということは慶長七年寅年の秋に生じた残米を、翌八年に支給するとみるか、または慶長七年徴集年貢米のうち翌八年の端境期で残った米を支給すると解釈すれば、それは慶長九年になる。

以上によって、この書状は一見問題なく慶長八年着工を証明するかの如きものでありながら、実は残米発生の時期をどのように扱うかにかかっていると言わなければならない。

細野右近大夫についても『寛政重修諸家譜』に記載はないが、これまた「徳川家康書状」に名があるので普請参加は疑う余地がない。そして東大の『大日本史料』が収録する「鷲峰文集」の故壱岐守細野藤敦石誌（文面は第二章一節に掲記）を掲げている。慶長六年は井伊直政が佐和山へ赴任した年で、その年に磯山への移築を計画し、徳川家康から許可を得ていた。それで普請奉行の派遣ならば、磯山築城も天下普請の計画であったことになり、彦根築城史では稀有の史料になる。しかし文面は磯山の築城ではなく彦根築城である。それで、石誌の「改築江州彦根城時」は

江州彦根城を改築する時

ではなく

改めて江州彦根城を築く時

と読むべきであろう。したがって石誌は、細野右近大夫藤嘉が普請奉行として関与した傍証になるとしても、「慶長六年」は明らかに誤記ゆえ、史料価値は高くないものとしなければならない。

8　『木俣土佐紀年自記』の検討

築城関連史料として信憑性が高い『木俣土佐紀年自記』については、本節2慶長九年着工とする根拠で要点に触れたが、前掲抜萃文は『大日本史料』に収録している読み下し文である。

しかし、原本のコピーと思われる漢文体による文書記載の「我」と「上様」が大日本史料では「守勝」と「家康公」になっている。それは漢文体の写に「我」および「上様」とある部分に貼紙の痕跡があるので、ことによると、東大史料編纂所への提出にさいし右のように書いて貼付したのではないかとも考えられる。ただし、文意そのものに影響はきたしていない（第二章二節参照）（補註11）。

『大日本史料』から引用した文のうち、慶長八年（一六〇三）直政の遺志であった磯山への移築を不適とし、彦根山への移築

に変更するための許可を願いに、木俣守勝が徳川家康のもとへ出向いたことを（中略以外の括弧書きは原文の割註を示す）

守勝伏見にいたり言上して曰（中略）こゝ（彦根村金亀山）に築城するとき
ハ天地長久　磯山に勝るへし

としている。これについて、『井伊年譜』同年の記事は

直継公彦根山ニ（金亀山とも云）城を御取立ニ付　木俣土佐守勝　駿河へ下向　段々御願申上候処　御許容有之

とある。磯山への移築計画を取りやめ、彦根山へ変更するのを木俣土佐の意見とするか、もしくは数え年十四歳にすぎぬ直継の意志であったか、云々するまでもないと言えよう。むしろ、このとき家康が、『木俣土佐紀年自記』にいう伏見にいたのか、または『井伊年譜』にいう駿河にいたのか、そのいずれか、を問いたいのである。すなわち

慶長七年十一月二十六日　大神君江戸ノ城御門出洛ニ赴セ玉フ　（『家忠日記追加』）
内府公江戸ヲ出御　（『当代記』）
慶長七年十二月二十五日　大神君伏見ノ城ニ入御　（『家忠日記追加』）
八年十月十八日　右府家康公関東下向
十一月三日　江戸城に還御　（『徳川実紀』）

となっているから、『井伊年譜』にいう慶長八年七月着工前に家康の許可を得ようとするならば駿府ではなく、木俣土佐本人の自記にいう通り伏見でなければならなかったことになる。

一方、『木俣土佐紀年自記』は慶長九年、再度上申したときの場所を記載していないが、それを中村家文書の『当御城建立覚書』にいう慶長九年に駿府へ出向いたことであったとすれば、『徳川実紀』と『当代記』に

慶長九年三月朔日　将軍江戸を立ち御上り、一七日熱海え湯治
三月廿九日庚辰、伏見に着給

とある中での駿府宿泊中のことになろう。『井伊年譜』ではその間の事情を無視して、着工年月を

慶長八年秋七月築彦根城

とし、駿府に居るはずのない家康へ許可申請に行ったとしたのである。

なお、『井伊年譜』は

御城成就ノ後土佐右之御礼ニ下り候処　家康公より御馬拝領ス

とするのみで、その年月を明記していないが『木俣土佐紀年自記』は助役による着工を慶長九年とし

二年にして城郭全美

したので、駿府（家康）と江戸（秀忠）へ下り、「御礼申上」馬と紋服を拝領したとしているので、天下普請の完了が慶長十一年であることを確認できる記録になったのである。

四　助役大名と普請奉行

1　天下普請の助役大名

彦根城は京都守護（監視）の派兵基地として、また、西国からの東漸勢力を阻止する城として、徳川家康の命令で天下普請すなわち派遣奉行の監督下で、諸大名が提供する資材と人夫の助役によって築城工事をすすめて行った。

助役大名について、中村不能斎の『井伊家譜正誤』と「彦根山由来略」は、七カ国の大名とするのみで名を記載せず、東京大学史料編纂所が系図に基づき『大日本史料』に松平忠利・古田重勝・遠藤慶隆の三名を掲記するだけで、「此他ハ未ダ明ナラズ」としている。

しかし、江戸時代末期の編纂にかかる『徳川実紀』は右三名のほか分部光信を加え、彦根でいわれる『井伊年譜』記載の十二大名から松平清匡を除いて差引十五大名をあげている。と言うことは東大で『大日本史料』の第十二編之二を編纂していたとき、『徳川実紀』と『井伊年譜』を採用しなかったからかもしれない。年譜が記載しているのは

松平忠吉　本多忠勝　松平清匡　富田信高　一柳直盛
平岩親吉　石川康通　奥平信昌　金森可重　筒井定次
結城秀康　京極忠次

の十二大名、そのなかで京極忠次は高次の誤り、不能斎の後著である『彦根山由来記』は松平清匡を忠匡、『徳川実紀』は富田信高を知信、金森可重を素玄（長近）としている違いがある。

そのあたりを検討してみると、松平清匡は慶長四年に忠明と改名し、奥平信昌は慶長七年に隠居、富田知信は慶長四年死亡、金森可重が長近の遺領をついだのは慶長十二年である。また、詳しく見ると官職とか所領にも違いがあって、注意と修正を必要とするが、通説ではだいたい『彦根山由来記』の十二名を採ったものと思われる。

しかし通説にいう十二大名について、『寛永諸家系図伝』、『寛政重修諸家譜』は彦根築城参加のことを記していない。ただし系図にその旨の記載がなくとも、本多忠勝のように助役参加を証明する本人の書状があるから、系図の記載有無によって、参加の真否を云々することは危険と言わなければならない問題がのこる。

また、「木俣家文書」に基づいて助役は二十八大名九旗本とする発表がある。それは中村達夫氏の『湖国と文化』四二号掲載「井伊軍志」であるが、伊勢上野の城主分部光信を、伊賀上野にするなどの疑問なしとしないので、ここでは触れないことにする（補註12）。

以上によって、通説にいう七カ国の十二大名に限定できないし、助役諸侯の名と員数の掌握には、さらに史料の探索を必要としなければならない。

そして後年の他城にみる天下普請では、主として外様大名を動員したのに、彦根では親藩と譜代大名もふくんでいるところに特異なものを思わせるが、豊臣討滅まえで、外様大名のみを

対象にできるほどに徳川政権の基盤がかたまっていなかったのかも知れない。

もっとも、親藩結城秀康の彦根築城助役は『徳川実紀』に記載があり、その子松平忠直も徳川の大坂城修築に駆りだされている例外の扱いになっているが、秀康について、現在福井県立図書館所蔵の「松平文庫」の中に知見範囲では関連史料が見つからなかったことを申し添えておく。

2　天下普請の助役大名（その二）

助役大名の氏名が『井伊年譜』と『彦根山由来記』との間に若干の相違があるほか、さらに『徳川実紀』とでは人数さえも違っている問題について、この項と次の項以降でも触れることにしたい。

〔『井伊年譜』〕		〔『彦根山由来記』〕	〔『徳川実紀』〕
尾州清洲	松平薩摩守忠吉	(6)松平薩摩守忠吉	(6)下野守忠吉朝臣
勢州桑名	本多中務大輔忠勝	(2)本多中務少輔忠勝	(10)本多中務大輔忠勝
同　亀山	松平下総守清匡	(4)松平下総守忠匡	
同　津	冨田信濃守信高	(3)冨田信濃守信高	(11)冨田信濃守知信
同　神辺	一柳監物直盛	(5)一柳監物直盛	(14)一柳監物直盛
尾州犬山	平岩主計頭親吉	(7)平岩主計頭親吉	(7)平岩主計頭親吉
濃州大垣	石川長門守康通	(8)石川長門守康通	(8)石川長門守康通
同　加納	奥平美作守信昌	(9)奥平美作守信昌	(9)奥平美作守信昌
飛州高山	金森出雲守可重	(10)金森出雲守可重	(12)金森長近入道法印
伊賀上野	筒井伊賀守定次	(1)筒井伊賀守定次	(13)筒井伊賀守定次
越前福井	結城中納言秀康卿	(12)結城中納言秀康	(5)越前宰相秀康卿
若狭小浜	京極若狭守忠次	(11)京極若狭守高次	(15)京極若狭守高次
三州西郡			(1)松平主殿頭忠利
濃州八幡			(2)遠藤但馬守慶隆
勢州上野			(3)分部左京亮光信
同　松坂			(4)古田兵部少輔重勝

右の配列順序は『井伊年譜』の記載順にし、『彦根山由来記』と『徳川実紀』については、対比の便宜上年譜の記載順序にあわせ、原典における順序は番号で示すことにした。なお、氏名と官職名の表記が異なるばあいは書き換え統一をせずに、原典の記載通りにした。

さて、『井伊年譜』にいう十二大名は、各種写本のうち最も祖形に近いと思われるもの、つまり中村家文書『当御城建立覚書』の記述に類似する写本と『井伊家年譜附考』が七カ国の国名をあげるだけで、助役大名の数はもとより氏名も記していない。それが記述面に現れるのは改訂版と思われる写本からである。

中村不能斎は、『藩翰譜』の記事に関する明治新政府の布達に対して明治十三年（一八八〇）に提出した『井伊家譜正誤』（彦根市立図書館所蔵肉筆本控）は祖形に近い年譜によったのか

伊賀　伊勢　尾張　美濃　飛騨　若狭　越前等（或ハ参河アリテ飛騨ナシ）七国ノ大名ニ命ジ役夫ヲ出シテ

とするのみで助役大名の氏名を記載せず、それによったと思われる『大日本史料』も十二大名に触れていない。

ところで翁がそれらを著述したのち、明治二十四年（一八九一）「彦根山由来略」の編著にさいし十二大名の名を記し、同三十五年（一九〇二）脱稿の『彦根山由来記』に継承しているが、典拠はやはり明示していない。しかし、それが『井伊年譜』改訂版以外であったことは上記の通り記載順が異なること、氏名に若干ながら相違のあることによって推定可能であるが、典拠は判らない。

では浩瀚な史料を駆使して文化六年（一八〇九）に起稿し、嘉永二年（一八四九）に完成した『徳川実紀』は、これをどのように扱っていたか。実は、前項と右に記した通り、『井伊年譜』と『彦根山由来記』にいう十二名のうち松平清匡（『彦根山由来記』は忠匡）を除き、松平忠利、遠藤慶隆、分部光信、古田重勝の四大名を加え十五大名にしていたのである。

そして、その典拠を『創業記』、『当代記』、『舜旧記』、『井伊略伝』、『木俣日記』、『貞享書上』、『寛永系図』、『家譜』としているが、その全てに記載してあったわけではなく、いずれかいくつかの史料から抽出した結果が十五名になったのではないかと推定するよりほかはない。

それはとにかく『大日本史料』では、『徳川実紀』を使用しなかったからか『松平家譜』、『寛政重修諸家譜』、『別本遠藤家譜』から松平忠利と古田重勝、遠藤慶隆の三大名の名のみ抽出するにとどまり

此他ハ未ダ明ナラズ

とし、なぜか『寛政重修諸家譜』にある分部光信を採用していないし、十二大名に全く触れていない。

なお、前項で簡単に触れた人名に関する問題点を、ややくわしく書き改めると次掲の通りになる。

1、尾州清須の松平忠吉（徳川家康の第四子で六二万石）が、『井伊年譜』と『彦根山由来記』にいう「薩摩守」になったのは慶長十一年（一六〇六）で助役下命のときは「下野守」であったから『徳川実紀』の記載が正しい。

2、勢州桑名、本多忠勝（十万石）の叙位任官は、天正十六年（一五八八）四月後陽成天皇の聚楽第行幸にさいし、豊臣秀吉の執奏で従五位下中務大輔になったから、『井伊年譜』と『徳川実紀』の記載が正しい。

3、勢州亀山、松平下総守清匡（『彦根山由来記』は忠匡）は慶長四年（一五九九）に忠明と改名し、伊勢亀山五万石の城主になったのは慶長十五年、それまでは三河作手一万五千石であったから、『井伊年譜』、『彦根山由来記』ともに正しい記載といえないし、『徳川実紀』は助役大名にしていないという重要な問題もあるので、項を改めることにしたい。

4、勢州津、富田氏（七万石）について『井伊年譜』と『彦根山由来記』は「信高」とし、『徳川実紀』は「知信」としている。『徳川実紀』にいう知信は慶長四年（一五九九）に致仕し十月二十八日に死去したから、助役下命の時点では「信高」とする『井伊年譜』と『彦根山由来記』の記載が正しい。

5、平岩主計頭親吉が尾州犬山十二万三千石の城主（実は尾州

徳川氏の附家老）になったのは慶長十二年（一六〇七）で、助役の下命時点には六万石で甲斐府中の城代であった。

6、濃州加納の奥平美作守信昌（十万石）は慶長七年（一六〇二）に致仕したので、助役下命時点では隠居であった。しかし家督の継承者忠政が病弱であったから、信昌が補佐していたという。

7、飛州高山の主金森氏（六万一千七百石）について『井伊年譜』と『彦根山由来記』は「可重」とし、『徳川実紀』は「長近」としている。『徳川実紀』にいう長近の死去により可重が遺領をついだのは慶長十二年（一六〇七）であるから、助役下命を「長近」とする『徳川実紀』の記載が正しい。

以上のように、天下普請の助役大名として通説にいう十二名のうち七名まで何らかの形で問題をかかえているので、充分な検討を必要とするが、本項では以上にとどめ、『徳川実紀』が無視する松平下総守清匡と、『徳川実紀』のみにいう四名は別項で触れることにする。

3　天下普請の助役大名（その三）

ここでは『井伊年譜』に記載している助役大名の内、伊勢亀山の城主「松平下総守清匡」および『彦根山由来記』に記載する「松平下総守忠匡」についての検討をしたい。

前の項で触れたところの典拠は、『寛政重修諸家譜』によるものでそれは巻五百四十六にある平氏（良文流）奥平の項にあり、信昌の子忠明について

初清匡　鶴松丸　下総守（中略）東照宮の御養子となりて松平の称号をたまふ

から始まるが、その後の記載、すなわち松平姓を受けてからの記述のなかにも「忠匡」の名乗りはでてこない。したがって、『彦根山由来記』にいう忠匡は清匡の誤りとしなければならない。

そして、巻五十一にある清和源氏（義家流）松平の項に

下総守忠明、奥平美作守信昌が四男なり。東照宮の御外孫なるをもつて御養子となり、清和源氏松平の御称号をたまひ、代々松平を称す。

と概要を示し、ついで奥平の項とほぼ同じ記載をしたのち、生涯の経歴について

天正十一年三河国新城に生る。（中略）十六年東照宮の御養ひとなりて松平の称号をたまひ、清和源氏にあらたむ。（時に六歳）文禄元年兄家治卒してのち、其所領上野国長根の地七千石をたまふ。（中略）慶長四年三月十一日御諱の字をたまひ忠明にあらたむ。（中略）七年九月所領をあらため一万石を加へられ、近江三河両国のうちにおいて一万七千石を賜はり、三河国作手に住す。（中略）十五年七月二十七日作手を転じ伊勢国亀山の城をたまひ、（中略）五万石を領し

とあるから、彦根の城普請に助役を下命されたとすれば前項にふれた通り、「三河作手、松平下総守忠明」でなければならないことになる。

しかし、『徳川実紀』は忠明が彦根の城普請に助役を下命されたとはしていないので、そのあたりを探ってみたい。

実は天文・弘治・永禄年間（一五三二～七〇）のことを略記し、それにつづく元亀元年（一五七〇）から慶長二〇年（一六一五）正月に至る四十六年間のことを記録し、史料的価値が高いと評価されて彦根築城のことも記している『当代記』について、それを収録した『史籍雑纂』の緒言は

本書の記者は伊勢亀山城主松平忠明なりとの説あれども詳らかならず

としている。『当代記』の著者自身が、彦根築城に関与していたとするならば、その記録はまさに一級史料と称して過言になるまい。そこでまず本文を見ると、慶長九年（一六〇四）七月の条に

朔日より佐和山を彦根へ被移普請あり

とし、築城着工年月日を明確に記載したものの一つとして留意を要する記事がみえる。そして同月五日の条に

此日夕立甚　佐和山普請場へ雷落　随分之者伊勢衆三人
其外十人死　五三十も手負之由也

と落雷事故までかなり詳細に記録したのである。ここで工事について「佐和山普請場」としているが、それはさきに検討した通りと解釈しておきたい。

ところが、『木俣土佐紀年自記』にいう「二年にして城郭全美」にあたる慶長十一年よりも後に属する時期の事項、すなわち

慶長十二年二月十二日、江州佐和山において、家中物云有
同年三月五日、佐和山城主右近大輔（今兵部少輔と改名）母儀関東へ下られ、先上野国安中に居住すべき由、大御所下知し玉ふ、彼地私領たる故也
同年十三年六月十六日、筒井伊賀守改易有る可き之由大御所命に依り、江戸より使者をもって、桑名・加納・佐和山（中略）此使七月朔日（中略）参着、則佐和山井伊兵部少輔江通
同年七月五日、伊勢桑名　美濃加納　近江佐和山主出軍
同年同月廿日、伊賀国上野城に伊兵部相残
同十四年、近江佐和山城主伊井兵部少輔息、（今兵部少輔と号す）信濃国中島江遣わさるべくと也
同十五年七月、伊井掃部（江州彦山、左近大夫別腹兄）壱万石

など、右掲の記事で直継を依然「佐和山城主」としている点に不審なしとしない。

さらに時として井伊兵部を「伊井兵部」、井伊掃部を「伊井掃部」とし、直孝を「左近大夫別腹兄」とするなど、松平忠明の普請参加が事実とすれば、記載文面に気がかりな表記があろうはずはないからその点にも解明の必要が感じられるのである。

それは、『史籍雑纂』に収録した『当代記』の底本が原本に変わらず、また底本を忠実に活字化したとしてのことではあるが、「左近大夫」とは「右近大夫」の誤りとしても、「別腹兄」を、必ずしも誤りとは言えない点のあることに触れておこう。すなわち、中村不能斎は書翰集『井伊直政・直孝』に

井伊直孝ハ直政ノ庶子ニシテ二男ナリ　母ハ印具徳右衛門

髙重の姉ナリ　天正十八年二月十一日（一説九月九日ト云曩キニ井伊家譜ヲ編スル時藩翰譜ニ拠リ九月九日ヲ正説トシ二月十一日ヲ一説ト為シタレド尚ホ能ク考フルニ二月十一日ヲ得タリトス　直勝（編者註―直継の初名）モ天正十八年二月生ニテ同年同月ノ生誕ナリ　直勝ノ生日詳ナラズ　或ハ直孝庶長子ナランモ知ルベカラズ

とあるので、ことによると直孝が若干早く生まれたのではなかったかとの疑いもあるらしい。とすれば『当代記』に直孝を直継の別腹兄とするのを無碍に斥けることもできまい。ただし、明治年間における不能斎の考証と同じことが、慶長年間に『当代記』の著者がなしえたかどうかに問題をのこすであろう。

なお、『当代記』にみる慶長十一年以降でなお「佐和山城」としていること、井伊を「伊井」としたり、直継の右近を「左近」としたことなどを、井伊直孝書状にみるような自らの肩書に誤字をつかったり、彦根を佐和山と誤記するような無頓着ぶりに似たことだとすればあえて云々する必要はないかも知れない。

しかし、『彦根山由来記』が清匡を「忠匡」と誤り、早くに忠明と改名しているのに『井伊年譜』が依然旧名で表記したあたりに疑問がのこり、『徳川実紀』が助役大名から除いている限り、松平忠明（清匡）の普請参加は疑問としなければならない。

4　天下普請の助役大名（その四）

『井伊年譜』と『彦根山由来記』にいう助役大名十二名のうちで松平下総守清匡（『彦根山由来記』では忠匡）は『徳川実紀』が採っていないし、彼をあわせての十二大名は『寛政重修諸家譜』、『徳川諸家系図』または『断家譜』いずれにも彦根の城普請参加のことを記していない。

しかし、『徳川実紀』は松平清匡を除く十一大名の助役参加を認めている。ところが一方、『寛政重修諸家譜』は巻頭で

仰によりて（中略）城廓の修補等をうけたまはりし類ひはすべてこれをしるせり

としているにもかかわらず、十二代すべての系譜に彦根築城参加を記していないのである。もっとも「城廓の修補等をうけたまはりし」とする城とは、幕府直轄の城にのみ限るのかも知れないが、十二大名に含まれない四大名は『寛政重修諸家譜』、一部は『寛永諸家系図伝』に彦根と彦根以外の天下普請の助役下命を記しているあたりに、どのような編纂方針であったのか、との疑問がのこる。

それで、十二大名に含まれない四大名の系譜記事を確かめてみることにしよう。

(1)松平主殿頭忠利は島原（七万石）藩主松平氏の祖で、助役下命当時は三河深溝（一万石）の領主、『寛政重修諸家譜』によると

（慶長）八年近江国彦根城を築く　九年従五位下主殿頭に叙任す

とし、『松平家譜』には

慶長八年　彦根城ヲ築ク時　忠利（当時三河西郡邑主）役夫ヲ出シテ之ヲ助ク

と明記している。

(2)遠藤但馬守慶隆は近江三上（一万二千石）藩主の祖にあたり、助役下命当時は美濃八幡（二万七千石）の領主で、『寛政重修諸家譜』に

（慶長）八年八幡の居城を修理す　のち美濃国加納　近江国彦根両城の普請をつとむ　九年従五位下但馬守の叙任

とし、『別本遠藤家譜』には

慶長九年（当時美濃八幡城主）江州佐和山城御普請　彦根長浜之城御割被成候付　両城より石垣石引く

と明記している。後者の記事にいう「佐和山城普請のため、彦根と長浜の城を壊して石垣の石を引く」、とは「彦根山城普請のため佐和山と長浜の城を壊して」の書き誤りに違いない。

これによって、彦根築城第一期工事に長浜城の用材を取り寄せたことはほぼ間違いないであろう。つまり元和年間の第二期工事にも合わせて二度にわたる転用をしたことになるのである。

ただし、(1)の松平忠利の項では慶長八年とあるが、遠藤慶隆では『寛政重修諸家譜』が慶長八年より後とし、『別本遠藤家譜』では慶長九年としているのが異なるところとして留意しなければならない。

(3)分部左京亮光信は近江大溝（二万石）の藩主の祖にあたり、助役下命当時は伊勢上野（二万石）の領主で、『寛永諸家系図伝』に

（慶長）九年佐和山の城普請をつとむ

とし、『寛政重修諸家譜』には

（慶長六年）この年遺領を継　のち二条城　佐和山城　駿府城　大坂城等の普請のことをうけたまはりつとむ

と明記している。

(4)古田兵部少輔重勝は、文禄四年（一五九五）から三万五千石で松坂城主になり、関ヶ原で東軍に属した功績によって二万石を加増され五万五千石になった。『寛政重修諸家譜』に

慶長八年　近江国佐和山城普請の事をうけたまハり

と記しているので、彦根側の記録はどうあれ、普請に参加しないのに、かかる記載をするはずはないと考えなければならない。

ところで、右をまとめると

(1)の松平忠利は慶長八年彦根築城
(2)の遠藤慶隆は慶長九年佐和山城普請
(3)の分部光信は慶長九年佐和山城普請
(4)の古田重勝は慶長八年佐和山城普請

となる。ここにいう佐和山城普請は、別項で少し触れた通りであるが、念のため補足をしておこう。

すなわち普請とは、新規築城だけを指す用語ではなかった。それは「大坂夏の陣」直後の直孝書状（前掲『井伊直政・直孝』所収）によると、大坂城外郭取壊しの工事を「城わり普請」としていることによって知ることができるのである。

したがって、右掲の呼称は佐和山城の施設のうち新城へ再用

する資材を取り外す作業をいったのか、もしくは佐和山城を移築するとの謂によってかくよんだとしてよいであろう。

もっとも、直孝書状の一部にある通り両城を混同したものとも考えられるが、四件のうち三件までも「佐和山城普請」としているところを見ると、一概に混同誤用ともいえないとしなければなるまい。

もう一つの問題として、四件の内二件が「慶長八年」である。それで考えられるのが、別項に記した通り、河川の流路変更および山容の変更に着手したのではないかとの推定をしたわけである。

また、別の問題として、助役大名十五名の禄高は記述と一部重複するが改めて列記すると

(1)松平忠利	一〇、〇〇〇石	(9)奥平信昌	一〇〇、〇〇〇石
(2)遠藤慶隆	二七、〇〇〇石	(10)本多忠勝	一〇〇、〇〇〇石
(3)分部光信	二〇、〇〇〇石	(11)富田信高	七〇、〇〇〇石
(4)古田重勝	五五、〇〇〇石	(12)金森長近	六一、七〇〇石
(5)結城秀康	六七〇、〇〇〇石	(13)筒井定次	二〇〇、〇〇〇石
(6)松平忠吉	六二〇、〇〇〇石	(14)一柳直盛	五〇、〇〇〇石
(7)平岩親吉	六〇、〇〇〇石	(15)京極高次	八五、〇〇〇石
(8)石川康通	五〇、〇〇〇石	計	二、一七八、七〇〇石

これに井伊氏の当時における禄高一八〇、〇〇〇石を加えると二百三十五万八千七百石になり、それらの大名が彦根築城工事のため幕命のもとに二年間、人と資材を投入させられた。天下普請と呼称した所以でもある。

5　幕府派遣の普請奉行

彦根築城にさいし、徳川家康が派遣した普請奉行を一般に

山城宮内少輔忠久　佐久間河内守正實　犬塚平右衛門忠次

の三人とするのも、『井伊年譜』ならびに『彦根山由来記』を拠所にしたものであろう。

しかし、『譜牒余録』に載せている家康書状では、右三人のほかに山本新五左衛門と細野右近大夫の二人を加えた五人を名宛人にして城普請を督励すると共に慰労の詞を書きしたためている。

その五人について、普請との関連が知れるであろう史料を探ってみると、『寛政重修諸家譜』は犬塚平右衛門の項に

二条および彦根城普請の時そのことにあづかる

とあるから、これで確認できるが佐久間河内守については、築城の件にふれていない。山城宮内少輔、細野右近大夫、山本新五左衛門は『寛政重修諸家譜』に系図を載せていないので、その面からの追究はできないのである。

しかし、細野右近大夫は『鷲峰文集』に「有鈞命改築江州彦根城時（中略）加監吏之列」として奉行の一員であったとしている。

また、山本新五左衛門は「三河国額田郡土呂村浪人松平甚助所蔵文書」が犬塚平右衛門とともにその名を記している。それは年欠の七月一日からの城普請に、役夫へ扶持米として支給しなければならないので、寅年の残米を船着場の問屋へ届けるこ

と、支給するには普請奉行犬塚平右衛門と山本新五左衛門の裏判が必要であるとして板倉伊賀守と他二名が連署して申しつけたものである。したがって犬塚平右衛門はもとより、通説にない山本新五左衛門も普請奉行の一員であったことは間違いないといえる。

もっとも、右文書の本文は「彦根」の城普請とせずに「佐和山」としているあたりに気がかりを感じさせるが、これは佐和山城の施設のうち新城へつかえる資材を取りはずすための作業を言ったのか、あるいは佐和山の城を移築するとの意味か、ことによると彦根城との呼称が確定していなかったからか、そのいずれかであったと解釈しなければなるまい。

さらに、『寛政重修諸家譜』「妻木長門守頼忠」の項に「近江国佐和山城（中略）普請の奉行を勤む」と明記しており、ここにいう佐和山普請も右にいう松平甚助文書と同じように解釈してよいであろう。

以上によって、家康が派遣した普請奉行は、『井伊年譜』、『彦根山由来記』を根拠にした通説にいう三人だけではないとしなければならない。なお、同種の傍証資料に欠けるのは佐久間河内守だけであるが、この人は文禄年間の伏見築城、のちには山城宮内少輔と共に名古屋築城にもたずさわった豊かな経験の持主で、家康書状に書いているかぎり、間違いないはずであるから、現存する資料の範囲内で派遣奉行は六人であったと言える。

ただし、『譜牒余録』にのせた家康書状に妻木頼忠の名がないのは後日に増派した可能性が考えられるとしても、『徳川実紀』では冒頭の三人のほか、山本新五左衛門を別の項で加えるのみとし、妻木と細野に触れていないところに疑問がのこる。

五　建物の移築伝承

1　大津城天守移建説の検討

徳川家康の命によって、大津城の天守を彦根城へ移設した、というのは、『井伊年譜』の記載にもとづくもので、『彦根山由来記』もそれを踏襲している。

一方、昭和三十二年（一九五七）に始まった天守の解体修理工事にともなう調査で建築用材の各部から、今の組み合わせに関係のない番付符号を検出し、それによって、四層五階の前身建造物が図上に復元できたから『井伊年譜』にいう大工棟梁濱野喜兵衛が（三層三階に）

恰好仕直候テ建候

との記事は正しいということになった。しかし、その建物が大津城からの移設とする物的根拠は出なかった。したがって、彦根城天守を大津城のそれであったとするには、なお検討しなければならない課題をのこしたのである。

当時の大津城主京極高次は慶長五年（一六〇〇）関ヶ原戦のとき東軍に属して籠城し、西軍の砲撃を受けて城を守りきることができないとの判断で、九月十四日（関ヶ原戦前日）に降伏した。

そこでまず、砲撃を受けて降伏した城の天守が、ほかの城へ再用できるような状態を保っていたのか、つまり、移設前の姿が図上に復元できるほど番付符号を残していては、それが戦禍に荒れた大津の天守とは思えない、という疑問がでてくるのである。

次にもし損傷軽微であったとすれば、彦根城よりも早く慶長六年に着手した膳所築城の工事にさいし、すぐ近い場所で廃城になった大津城の天守を、なぜ利用せずに放置しておいて、まったく新しい天守を建てたのかという、別の疑問になる。

さらに、別の問題として年譜は、大津城が落城したのに

遂ニ落不申目出度殿主

と史上周知の事実に反する記載をしていることが、移建云々よりもむしろ『井伊年譜』の信憑性云々の方に目を向けさせていたのである。

大津からの移設が疑わしければ、他に再用可能の天守があったかどうか。最も近い佐和山城は関ヶ原戦直後の掃蕩戦で焼けたと伝えているから、これは対象にできない。のこる所は長浜城だけになる。ところが、取り寄せたとしても伝承では山崎郭のそれ（現存せず）になるので、移設の時期もからみ、現存天守に結びつく可能性は無に等しいであろう。

とすれば、やはり『井伊年譜』にいう大津城からの移建だったのか、しかしそれには先の疑問三点を解明しなければなるまい。

まず、天守の損傷具合。記録によると、西軍の砲撃は三の丸の次に二の丸へおよんだ。ところで、当時の火砲についての詳しい性能はわからないが、昭和四年（一九二九）京都聯隊区将校団の編纂にかかる『郷土戦史』に砲の有効射程は四百～五百mとし、西軍の放列から三の丸までの距離約四百m、二の丸まで約六百m、本丸は約七百五十mであったとしている。記録では二の丸砲撃中の一弾がそれて天守二層へ飛び込み、高次の姉芳寿院が気絶、侍女二人が死亡したとある（補註13）。これによる戦意喪失が降伏の一因になったらしいが、その程度なら部材の多くは再用に支障がなかったと言えるかも知れない。

次に膳所築城との関係について。同城の建造物が完成するまで新城主戸田氏の大津城における住まいは、比較的被害の少なかったであろう天守と考えれば、膳所城が完成するまで、大津城での取り壊しはもとより、膳所への移設対象にもせず、新城完成の頃に彦根築城の具体的な計画がでる運びになったのであろう。

三つ目の『井伊年譜』にいう大津城の「落不申」の問題については、既掲の中村家文書『当御城建立覚書』と、筆者所蔵『井伊家年譜附考』が

目出度物語有之由

とするのみの記載にとどめ、落城したとか、しないとかには触れていないあたりに一つの示唆があるのではないか。すなわち覚書にいう「目出度物語」とは、京極高次が大津に籠城して、西軍立花宗茂の兵力一万五千を釘つけにし、関ヶ原における東軍がわの作戦を有利に導いたこと、さらには家康が大津城で七日間も逗留して行なった戦勝後の処理を指すと考えられるからである。

家康は、高次の敗戦を責めなかった。むしろ大津六万石から

小浜八万五千石へ栄転させたのである。それで、『井伊年譜』の編纂にさいして「目出度物語」を強調する余り「落不申」を付加え、史実をまげる記述をして、自ら信憑性をおとす結果になってしまった（補註14）。

なお、『井伊家年譜附考』は「本藩諸士編次」とあるから功刀君章の編纂に先立つ年譜の一本として中村家文書と符合するのであろう。

ところで『井伊年譜』のほかに、実は大津城からの移建説を補強する資料があった。それは昭和十三年『日本建築学会論文集』第九号に所収の名古屋高等工業学校土屋純一・城戸久両氏による「近江彦根城天守建築考」（前掲）に、天守南二層中央入母屋々根西南隅の筒瓦から

深草作人菊田喜兵衛

の刻銘を検出したという報告である。しかし、解体修理工事報告書はこれに触れていない。別に昭和三十四年（一九五九）五月二十三日付の『朝日新聞』は

名古屋工業大学の城戸久教授が十数年前彦根城を調査したとき天守二層目の千鳥破風の丸瓦から、「瓦師深草住人、青山伊兵衛吉次」の名を刻んだ瓦が見つかった

と右の論文による時期、内容とはかなり異なる記事を掲載し、その瓦を探したが工事の時には結局見つからなかったとしている。それはとにかく先の論文は拓本の写真を掲載しているから、両氏の調査当時に実在したことは疑う余地がない。

ところで『井伊年譜』によると、彦根城天守の鯱と瓦はすべて小谷の土で作ったとしているので、右二つの瓦に「深草」と書いてあったことに注意を向けなければならない。

もっとも、大坂城の乾櫓も昭和三十二年の修理工事で「ふかくさ」銘の瓦が出た（補註15）から、彦根の瓦に同様の文字があったとして不審はないといえるかも知れない。さらには、深草の瓦師が彦根で小谷の土を使って瓦を焼いたとも言えよう。しかし、土屋純一・城戸久両氏は深草と大津との関係を重視して

大津対深草の地理的関係より按ずれば（中略）本筒瓦は本天守の大津城移転と伝ふる処の物質的資料となり得るものと信ずる

とした。つまり深草と大津が近いという関係から考えると、深草製の瓦を葺いた天守は、やはり大津にあった可能性が高い、といってよいことになる、とする見解である。

右により、彦根城の天守が大津城からの移設であったとする説について、それを確定できる絶対的な史料はないとしても、各種状況によって、やはり大津以外に求めることはできなかったであろう。

2　小谷城天守移建説の検討（西の丸三重櫓）

西の丸三重櫓の前身が、浅井氏の小谷城天守であったということについて、手元の『井伊年譜』各種写本は、それにまったく触れていない。にもかかわらず、小谷城から移建したとの説があるのは、中村不能斎著の『彦根山由来記』と、小谷城址保勝会が所蔵する「小谷城跡絵図」、ならびに吉田東伍の『大日

本地名辞書』などによると思われるので、はじめにそれから見ていくことにしたい。

まず、不能斎は明治二十四年（一八九一）刊の『風俗画報』第三十四号掲載「彦根山由来略」の中で

西城三層楼は某所（本国某城の天守楼を移転せしとの事を編者嘗て何書にてか見し事あれと即今思ひ得かたし）の天守楼を移転せしなり

とした。つまりこの時点で、近江国内のどこの城か思い出せないがその城の天守を移したと記した書物があったというのである。

その六年後、明治三十年（一八九七）に参謀本部へ貸し、それが返されたと裏書をした「小谷城跡絵図」に

或書ニ曰　彦根城三層楼浅井ノ小谷城閣ナリ

との朱書がある。その書込み年次は定かでないが、他の註記に引用してある原典成立時期の早いもので、寛文四年（一六六四）と推定できるもの一件にとどまり、それ以外は元禄七年（一六九四）以降の成立にかかる文献が多数で、さらには明治へ入ってからの事項を含むものもあるので、移設したという註記の時期を彦根築城の慶長ないし元和年間、またはそれに近い時期と考えることは一応不可能といわざるを得ないのである。

ついで明治三十三年（一九〇〇）刊行、吉田東伍の『大日本地名辞書』は出典の明示なくして、彦根城の項で

西城三層楼は浅井長政が小谷の城閣なり

と断定した。

そして、中村不能斎は明治三十五年に脱稿した『彦根山由来記』の本文において、「彦根山由来略」にのべた移転云々に触れず、一旦は

西城三層楼は（中略）新に之を造立す

とした。翁は『彦根山由来記』の諸項目についての出典は、すでに触れた通り「慶長五年以下、井伊家諸旧記による」としている。とすれば井伊家文書の中に、その旨の史料が遺存していたのを、「彦根山由来略」執筆の後に見いだしたのであろうか。にもかかわらず、本文末尾へ

西城三層楼は何処かの天守楼を移築したりとの事を編者幼年の頃、何書にてか見し事あり（中略）或人の説に浅井郡小谷山の天守楼を移築したるなりといふ、是によりて編者亦黙考するに幼年の時見し所の説も亦尓り

と追記し、「彦根山由来略」を書く時思い出せなかった某城とは、小谷城であったとし、本文にいう新造立と矛盾して、再び移築説を出したが

其或人もまた何書に出たりやは知らず

としたうえで結局、この問題は

亦疑を存して後学の査定を待んとす

と解決を後人に託したのである。

結局、『大日本地名辞書』をのぞいて、「彦根山由来略」と『彦根山由来記』ならびに「小谷城跡絵図」に共通するのは、その典拠を「或書」または「何書」とするとするところにあるが、現時点では、その「或書」と「何書」の成立時期どころか、何物であるかもわかっていない。

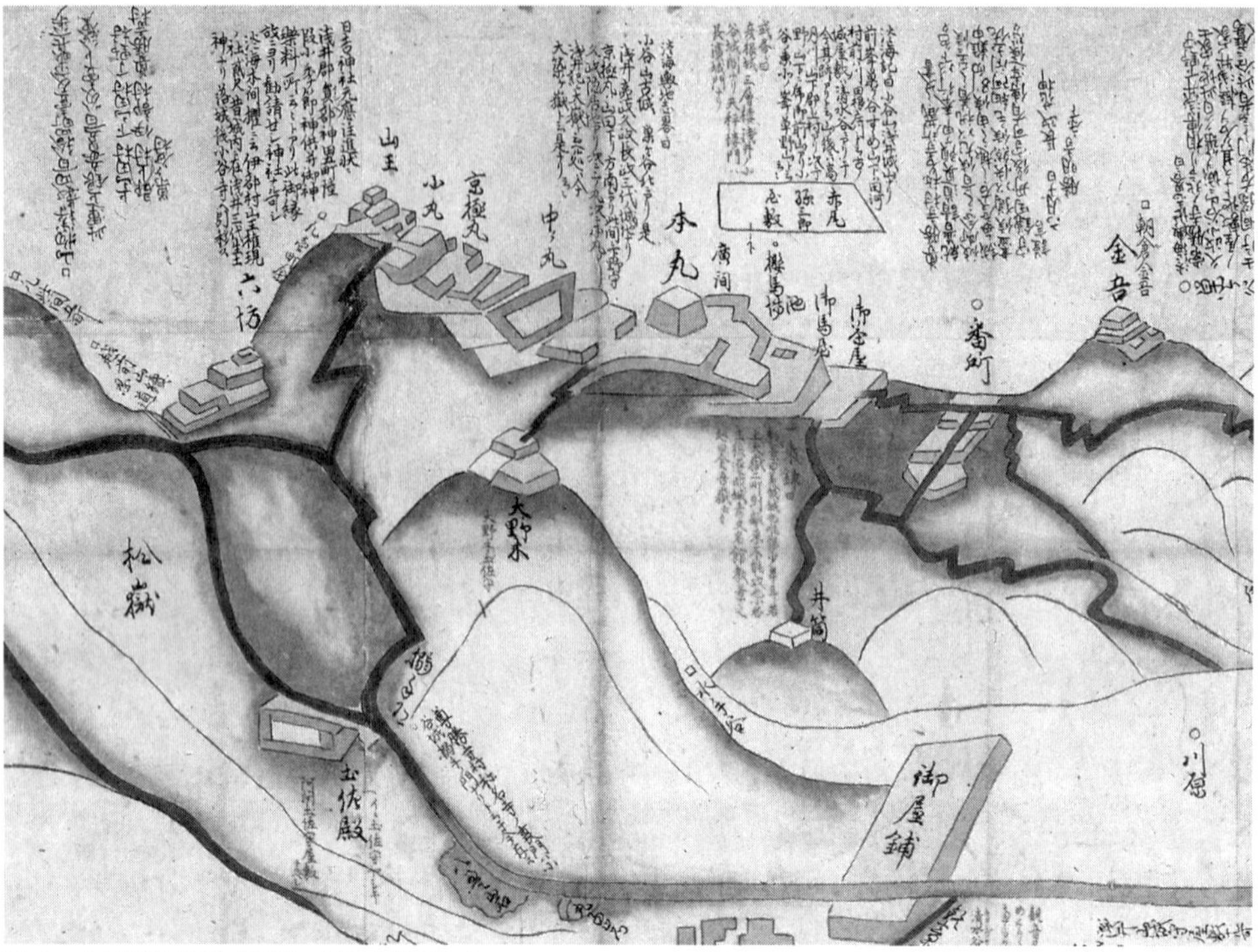

図２　小谷城跡絵図（部分）小谷城址保勝会蔵

彦根城に関する解説や案内書のなかには、西の丸三重櫓について右の経緯にほとんど触れることなく、小谷城天守の移設と断定的に記すもの、または「と伝える」とするもの、甚だしきは「『井伊年譜』による」と、典拠を間違えたものさえ出るに至ったのである。

さて、小谷城は天正元年（一五七三）に落城した。あとへ入った羽柴秀吉は程なく今浜（後の長浜）で築城するにさいして、小谷の用材をほとんど持ち去ったであろうことは昭和四十五年（一九七〇）以降、小谷城跡環境整備事業にともなう発掘調査にさいし、礎石のほかには建造物にかかわる遺物がほとんど出土しなかった事実によって、まず疑う余地がないとされている（補註16）。

かかる状況のもとに推定すると、彦根城へ移設した櫓のみ、落城後、約三十年間も、あの山上に放置しておいたとは考えられない。ゆえにか、昭和二年（一九二七）刊行の『東浅井郡志』は、小谷城から長浜城へ移設し、長浜廃城の翌元和二年（一六一六）以降の彦根築城第二期工事に再移設したものとしている。一応合理的な見解といえよう。

ただし、これは慶長年間の彦根第一期築城工事の際、長浜城は無主で事実上廃城同然であったと考えられるにもかかわらず、その建造物を彦根へ再用しないまま放置したのか、との疑問を解明しなければならないが、今のところその方途はない。

一方、現存建物の移建説を否定したのは先に引用した土屋純

一・城戸久両氏の論文である。それは『井伊年譜』に
　西之丸三階櫓は木俣土佐へ御預け也一月に廿日程づつ土佐
　相詰候
とあるが居住性のない内部構造からみて、それは到底考えられないとし、さらにこの櫓へ井伊直滋が上がったという記載があるから、万治年間（一六五八～六一）に存在していたことになるが、現状を見ると建築技術の上からみて工法が新しいし、木材もまた新しいので万治年間よりも後の建築によるものと判断した。

土屋純一・城戸久両氏の結論は正しかった。それは昭和三十五～三十六年の解体修理工事にさいし、その形式と工法が江戸後期のものになっていたと判断されたからである。したがって、現存している建物が築城時の移設物でないことが確定した。それは、嘉永六年（一八五三）の大修理にさいし、柱と梁などの用材を八割までとりかえていたので事実上、そのときの新築にかわらない程であったことによる(補註17)。

もっとも修理の時、建物の瓦から「寛永拾年正月十九日」の篦書を検出したので、土屋純一・城戸久両氏論文によって万治二年以前に遡れないとした建築時期を、二十六年も遡らせた問題がでる。ただし、古瓦を再用することは充分考えられるので、この場合は建築形式と工法上の見解を優先させるべきであろう。

なお修理工事報告書は嘉永修理前の建物を、『井伊年譜』の「直継公御代ニハ一重構」により慶長年間の完成としているが(補註18)、城の完成は建物を考慮しないから、この『井伊年譜』記事による判断は適当と言えない。

のこる問題は、嘉永六年の大修理以前の建物が、果たして小谷城の遺構であったか否かにあり、その経緯について確実な史料が出てくるまで、謎の解明は待たなければなるまい。

六　縄張りについて

1　大手口の他に表門口がある理由

「おおて」とは元来、野戦のばあい軍隊の正面で、そこは一番に敵と遭遇するところから、「遭手」（あうて）が語源であった、と考えられている。その軍隊が一時宿営するところを「陣」といったが、陣は臨時の防禦施設で、それを永久化したのが「城」であるとして城にも、この用語をつかったのである。

それで、城の表にあたる正面を呼ぶにさいし、遭手より勇壮な字ということで「追手」（おうて、又は、おって）にした。したがって城の古絵図に、しばしばこの字で表記している例を見る。それを後さらに佳字をあて「大手」（おおて）と書くようになり、それが一般化していった。

城の表を大手というのであれば、彦根城の第一郭に固有の名称として「大手口」があるのは当然ながら、そのほかに「表門口」の名があるので、これが一見不審を思わせるのである。

ところで他城の例を見ると、大手口は必ずしも一つとはか

ぎっていない。たとえば二条城には東大手と北大手があるし、伊賀上野城も東大手と西大手の二つがある。さらに名古屋城に至っては南向き正面の大手のほか、東と西あわせて三つの大手口がある。さがせば他にも同様の事例少なしとしないであろう。

彦根城も、位置と方角にあわせて南大手と東大手とでも言うならば、疑問が生じなかったであろう。しかし、表門口を東大手とでもするならば、そこから程近い第二郭の佐和口が、城全体から見るといわゆる「搦手口」にあたるから、次のような不合理を生じるのである。

搦手とは本来、野戦のばあい味方の側からみて敵がたの背面を指す呼称であった。敵の正面を攻撃して、別動隊がその背後へ廻り、後ろから敵を搦め捕るという意味である。城にそのままの意味の言葉を当てはめると、大手、すなわち城の正面へ攻めよせた敵が別働隊を出して、城の裏から逃げて出る城兵を搦めとるとなるから、これは適当でない。したがって、城の正面へきた敵を追い払うとともに裏手から出て、城の正面に居る敵を搦め捕ると解釈をしなければならない。よって搦手とは、城の表にあたる大手に対し裏手になる部分を指す。

ところが彦根では外堀線の切通口と中堀線の佐和口が搦手にあたるから、表門口を東大手という名にすると、大手の直前に搦手がくるという配置、呼称とも奇妙なことになってしまう。つまり、彦根城表門口の「表」とは大手と同じ意味ではなく、藩主の居館をかねる政庁（現、彦根城博物館の位置）を「表御殿」と呼び、そこの表門であることにちなむ呼称であったから、大手や搦手には全く関係がない。

それで彦根城にある「裏門口」とは、右によって一般的な搦手口ではなく、藩主居館として、政庁の裏門であることに因んで付けた呼称であったこともまた言うまでもない。

なお、補足的に言うならば今の彦根城は、彦根駅または護国神社まえの駐車場から城へ向かう順路が通例化しているので、表門口を大手口と誤認し、別の場所に「大手口」や「大手橋」の表示があることから生じた疑問にすぎぬと言ってよい。

2　鐘の丸を天下無双と自慢した理由

鐘の丸を「天下無双の構え」といったのは、『井伊年譜』に

鐘ノ丸縄張城中第一ノ出来ノ由　縦ヒ京橋口ヨリ人数如何程押詰候テモ二重三重ノ払アリ天下無双ノ要害ト早川毎度自慢ノ由

とあることによる。しかし、これを具体的に説明したものは今までのところ見当たらないので、現存する遺構について地形と、絵図とにみる縄張その他から推定するよりほかはない。

まず「京橋口ヨリ」如何ほどの敵が攻撃をかけてきても、とあることから見て行くことにしたい。

京橋の北詰にある桝形から旧元川町（宗安寺の方向）へ真っすぐに通じていく京橋通りを見ると、近年の道路拡幅まえまでは橋と道とが食い違っていた。すなわち橋の中心線が京橋通りの右側（西）の家並の線に一致して、逆に町並みの方から見ると、橋の右半分は家の蔭にかくれた。それは京橋通りの道路を

直進して橋へくる敵から橋の西半分が見えない、ということになっていたのである。

つまり、京橋口桝形の櫓から監視していて、宗安寺方向から敵がくると知れば、城内からは高麗門を出て、敵に悟られることなく橋の西半分を渡り、旧下片原町寄りの堀端道へ進出し、京橋通りから城へ向かう敵へ横矢をかけるか、または橋を渡りかかる敵の背後を襲うことが可能な構えにしたのである。

ただし、中堀塁線の大手にあたる京橋口の構えは、石垣を見るかぎりでは、左側（西）にわずかな出角を造っているが、不思議なことに右側（東）に横矢の装置がなく一見、脆弱と思わせるであろう。ところが見かけによらず、意外と攻勢防禦の策戦を秘めていたと言ってよいかも知れない。

次に京橋口を突破した敵があるとすれば、それらは内堀にそって左右へ散開し、大手口と表門口へ向かうであろう。その敵の脇腹へむけ、鐘の丸と麓の半土居式石垣上との塁線から、二重火線で銃弾をあびせ、さらには城内から大手橋と表門橋上へ進出して、湾曲する堀端に散開する敵に対して横矢の効果も期待できるわけである。

また、筏あるいは舟艇を持ちこんで堀をわたり、腰石垣を登って土塁まで上がる敵があっても、その上は鉢巻石垣が阻むから、城内へたやすく侵入することはできない。

さらに大手口と表門口のいずれか一方、ないしは双方同時に突破して大手坂と表坂を登る敵には、天秤櫓からの銃撃がある。そして廊下橋下の堀底道へ入った敵は天秤櫓から、また鐘の丸への坂道を登る敵の背には、同じく天秤櫓から狙撃できる。このゆるい坂道の登り口に門をおかず、完全な桝形の構えにしなかったのは、敵の背を撃ちやすくするためであったと考えられよう。

以上、京橋口前面の橋と道路の食い違いからはじめて、最終的に天秤櫓から敵の背を狙うまで一連の遊撃態勢でもって、鐘の丸を強力にすることが、ひいては本丸の安泰につながると考え、特殊な平面構成として、「馬出」の拡大応用を講ずるなど、この一郭で城全体の防衛機能を有効に働かせるため、総合して「二重三重の払」になるとしたのが弥惣左衛門自慢の設計であったと考えるべきであろう（補註19）。

3　鐘の丸井戸の抜け穴説

鐘の丸の井戸には水がないゆえにか、城の「抜け穴」であったという話がある。しかし、中村不能斎は『彦根山由来記』の中に

築城の時鑿ちしものにて、最も深し（中略）編者も飲み試みしが、清冽にして甚だ佳なり

と書いているから、幕末ごろまでは水があったとして間違いない。したがって、それを抜け穴であると言い出したのは明治以降で、水のあったことを知る人が居ない時期になってからであろう。

井戸水の水源と、水がなくなった原因を確かめる資料は見あ

たらないので、地下の水位が変動したからか、または廃城のさいに城の再用をはばむ破壊工事の一環として土砂を填めたから、今のような空井戸になったと考えるよりほかはない。

右の『彦根山由来記』には城内の井戸の内「最も深し」としているが、実際の深さを書いていないので昭和五十三年（一九七八）一月二十二日、錘重をおろしてみたところ、落葉や枯草の堆積もあろうが、井戸枠上面に張った金網の下わずか一四・九五cm、実質約一四mぐらいにすぎなかった。

実は、鐘の丸平坦地面が海抜一一四mで、その外周り内堀水面の海抜がほぼ八六・五mぐらい、その差約二七・五mであるから水源を堀に求めていたとすれば、廃城にさいして約一三mほども土砂を填めたことになる。しかし井戸を使わせない目的ならば、それほども投入する必要はない。

とすれば水源は堀の水ではなく、海抜約一〇八mの廊下橋下堀切面よりも少し下に本丸部分とも共通する水脈があって、自然のサイホンが作用して、鐘の丸井戸への用水補給源になっていたと言えるであろう。

ところで、中世の城をはじめ近世の城にもしばしば抜け穴の伝説を聞くが、今までの調査でそれが判明した事例はない。もっとも、坑道を掘る技術が進んでいたことは各地の鉱山をはじめ、近世初頭の施工による芦ノ湖の箱根用水でも知ることができる。

とくに後者は箱根外輪山の麓で長さが約一二八〇mに及ぶ隧道を水が自然に流れるよう両方から少し傾斜をつけて掘り進み、硬い岩をさけて蛇行しつつ、その出会点での高低差を、わずか五〇cmほどにとどめたという驚くべき測量と土木の技術があったのである。

であれば、城でかなりの長さまでの抜け穴を掘ること、必ずしも不可能ではなかったと言えるかも知れない。しかし、水を通すだけの穴ならば、平素は酸欠状態になっても不都合はなかろうが、城の抜け穴は人が相手ゆえ、しかも、いつ必要になるか分からないのでつねに坑道の維持補修と、空気を送りこまなければならない。電力や機械のない時代に、人力でもって、長い坑道内で作業することが可能であったとは思えない。

そのうえ彦根城の周りは地山を掘った箱根用水路と違って、元来湧水のさけられない低湿地であったから、堀や川の下をくぐり、さらに内湖の下をも掘りすすみ、城を取りまく敵の制圧圏外へ出るほどの抜け穴が掘れる地質とは思えないので、俗説による抜け穴はとても考えられないのである。

七　石垣と堀

1　石垣用材を取り寄せた古城

彦根城石垣の石材は、通説として『井伊年譜』にもとづき大津・長浜・佐和山・安土の四旧城から取りよせて再用したということになっている。しかし、次の理由によって、それは必ずしも明確とは言えないのである。

それは、『井伊年譜』の記事といっても、「大津」のみ記載したもの、また「大津」「長浜」の二ヵ所にしたもの、そして「大津」「長浜」「安土」「佐和山」としたものなど、写本によって古城の名が必ずしも一致していないからで、そのあたりを検討してみたい。

まず大津城は、慶長六年（一六〇一）天下普請第一号の膳所城ができて廃城になったから、当然廃材を使うことができる。しかし、彦根築城よりも早く着手した膳所城で、目と鼻の間にある大津城の石を使わなかったとは考えられない。それでも、膳所城へ使った石の残材ならば、あえて不審としなくてよいのかも知れない。と言うのは旧大津城の遺構という石垣が、今日でも浜大津付近になお遺存しているからである。

次に長浜城は天正三年（一五七五）羽柴秀吉が修築し、のち城主になった山内一豊が同十八年に遠州掛川へ移ってから慶長十一年（一六〇六）に内藤信成が四万石で入部するまでの間、城についての詳細が明らかでない。しかし内藤氏が入った時、城が荒廃していたので幕府から白銀五千両の援助をえて修築したと言うことである。その荒廃は、彦根築城に使うため、資材の多くを取り去っていったからとも考えられるであろう。

もっとも、内藤氏が修築した長浜城は、豊臣氏を討滅した元和元年（一六一五）廃城になるから、このあとに始まる直孝時代の工事にも使ったことは、内藤氏の紋瓦転用の事実が証明する。つまり長浜城の資材転用は慶長と元和の二度にわたったはずである。

一方、佐和山城については、本丸とその周辺を石垣で固めていたことは二節1項で少し触れた石積みの痕跡、すなわち旧本丸跡近くに二段の隅石が遺存し、ほかに残石が点在するので間違いないはずであるが、落城のとき主郭が焼けたということであるから、焼け石は割って裏込め用の栗石にできたかどうか、の問題があるし、積石として再用できる石は恐らくわずかであったと考えなければならない。

問題は安土城にある。現存の遺構をみると、主郭部分をはじめとして、ほかにも今日なお多くの石垣を残しているから、仮りに彦根へ使ったとしても、それは外まわりのごく一部にすぎないのではなかったか。

以上によって、四旧城の廃材には、それぞれに多少の問題なしとしないし、一方それら廃城用材だけでこと足りたかどうかも確かめなければならないが、昭和五十五年（一九八〇）彦根市教育委員会『彦根昔ばなし』に蒲生郡岩倉から切り出し、高島郡からも御影石を運んだと書いてある。それについて典拠の明示はないが、『井伊年譜』と『彦根山由来記』には記載のない話として、他にも同様のことがあったのかも知れない（補註20）。

2　内堀の石垣が一様でない理由

内堀の塁線にほどこしてある石垣を

(1)　土塁の裾まわりだけの腰石垣
(2)　下から上までの高石垣
(3)　土塁の裾まわりを腰石垣にして、土塁上が鉢巻石垣

の三様式にした理由として、とくに文献などの史料はないが、一応次のように考えられる。

(1)は、土塁の外がわや切岸斜面の裾まわりを堀の水へ接するままにしておくと水におかされて崩れるおそれがあるから、吃水線の少し上まで土留をかねて、護岸用の低い石垣にしたのが腰石垣の始まりではなかったか。

彦根城では、内堀の表門口から裏門口をへて黒門口までと、大手口から山崎口までの間がそれにあたる。実は、『彦根旧記集成』のうち、「当御城下近辺絵図附札写全」に、直継時代は「一重構への御城にて所々カキアゲ（掻き上げ＝石垣をつかわない土塁とか切岸）」であったとしている。

文中の「一重構へ」は疑問なしとしないが、それは本項での目的ではないから別項へ譲るとする。つまり問題点は「所々カキアゲ」であったとするところにあり、それが現状に近いところもあるから今の形のうちには築城当初の姿を伝えることになりそうである。

ではなぜ、内堀の塁線全部を石垣にしなかったのか、それは地盤の関係で、高い石垣にできない所を土塁にし、その裾周りを腰石垣にとどめたのか、とも思えるのである。

それが表御殿の外がわの二面を取りまく表門口から裏門口までの部分にあたる。この区画は博物館建設に先立って行われた地質調査で、表御殿あとの地表面下が腐蝕土層の弱い地盤であった、と判明したので、当然高石垣をさけたと考えられよう。

ところが、裏門口から黒門口までと、米蔵跡（現、梅林）の北限から山崎口までは山裾が内堀近くへせまっているから、そのあたりは地盤が硬いはずである。にもかかわらず腰石垣にとどめたのは、ことによると石材の節約であったのかも知れない。なお、腰石垣にした部分の土塁上に櫓をおかず、防禦装置としては塀にとどめたので、あえて高石垣とか、鉢巻石垣にしなかったとも解釈できそうである。

次に(2)の高石垣にしたところは黒門口から山崎口までの山崎郭をかこむ部分にあたる。その理由は、郭が内湖へ突出しているから舟艇による攻撃の危険性が高いとして、そこを(1)のようにしておくと、敵に上陸の足がかりを与えることになるからである。

なお、このあたりは塁線を山裾近くへ引きつけているから石垣に都合がよい固い地盤になっているであろう。

とすれば、(1)の部分は低い腰石垣であるから、舟艇に対する防禦が問題になるが、それは黒門口前の橋と山崎口前の橋との橋脚部分を防柵にすれば湖上からの侵入をはばむ方法がとれるので、一応は懸念がなかったと言えるであろう。

(3)については、次の項にしたい。

態である。

3　半土居式石垣にした理由

内堀塁線の石垣の形についての(3)は、表門口から大手口にいたる鐘の丸の裾まわりを腰石垣にし、土塁の上に鉢巻石垣をおいて二段にした部分で、その平面も例の少ない半円形にした形態である。

この二段にした石垣と土塁にしたところを、かつて「犬走り」と呼んでいたが、現状で見るかぎり、一般に城でいう犬走りとは、次の項で触れる通りであるから、ここでいう部分の特殊な構造は該当しない。彦根城の「犬走り」は別の場所にあるので、これも次の項へゆずりたい。

しかし筆者の見落としでなければ、この構造の塁線について、城の用語としての呼称がない。そこで城戸久氏の教示による「反土居式石垣」と呼ぶことにする。

もとからの呼称がないのは、ほかに類似する例が少ないからかも知れないが、明治維新より前からの伝承として、次のような話を聞いた記憶がある。

この様式の構えは、一般大名の城に許されなかったが、彦根ではなんとかこれを造りたいと思い、幕府へ申請の使者を出すに際して、たぶん許可されないであろうと予想し、使者にゆっくりとした旅をするよう指示する一方、築城現場では「半土居式石垣」の構築工事を急いだところ、幕府からの返辞は案にたがわず、不許可とのことであったが、出来上がった部分は黙認ということになり、それが今にのこる表門橋と、大手橋との間の特異な構造である、と言うことである。

このようなわけで、江戸城と彦根城の一部にだけと言われてきたが、やや似た形態は会津若松城の一部と信州の上田城などにもあるから、江戸と彦根のみとはできないので、克明にさがせば、さらに他の城から出てくるかも知れない。

それで、伝承を事実とするに問題なしとしないのは、彦根築城に着工した時、江戸城に半土居式石垣があったかどうか疑問で、幕府が江戸城に本格的な石垣を築くための石材を集める命令を出すのが慶長九年、工事着工は彦根城の天下普請がだいたい一段落する慶長十一年だったからである。

一方、右の伝承が事実であったとすれば、彦根の半土居式石垣は慶長十一年までの工事ではなく、元和年間の第二期工事またはその後まで引き下げなければならないことになる。

江戸城の半土居式石垣は、堀の水面から鉢巻石垣まで、彦根城と比較にならない高さで、下から上まで高石垣にすることは、とてもできない。しかし彦根では、山崎郭はもとより、内堀に沿う五つの虎口のように、その高さならば充分石積みにできるから、地盤さえ問題なければ技術的には半土居式にしなくとも良かったはずである。

それで、土塁の強化ならびに保護とするのも一つの見方、または石垣用材の使用量を少なくする経済的な構築方法であったとするのも一つの見方になるであろうが、早川弥惣左衛門が常々自慢したという鐘の丸の縄張りに関係があるのではないかとも考えられるから、そちらでも触れることにしたい。

4　犬走りを造った理由

まず城でいう「犬走り」とは、を明らかにしておかなければならない。それは大きく分けると次の三つになるからである。

(1)　山城では、山の斜面でほぼ等高線にそってつけた細い通路状のものをいい、そこを拠点にして、斜面をよじ登ってくる敵へ矢を射かけるほか、背後の斜面を切り立った断崖にして、そこから上へ敵を登らせないようにしたもの。

(2)　一般建築物と同じく、塀または櫓など建物の外がわにできる狭い空地をいう。城にそれがあると、敵に攀じのぼる手がかりを与えて不利になるから、建物の壁面と石垣立面を垂直に揃えて空地を無くするか、できるだけ狭くしなければならない。

(3)　土塁や石垣の根方につくった外がわの細い空地で、(a)塁線を見まわる便を考えたと言う見方のほか、(b)軟弱な地盤に石垣を築くばあいに高石垣の基礎をかためることを目的にするという見解、ならびに(c)堀の掘削と石垣築成の作業を同時に行える便があるという見解である。

以上三点のうちで、彦根城第一郭の斜面樹林のなかに(1)に相当する犬走りは今のところ見あたらない。

次の(2)は、天守建物の裾まわりに少しある。それは天守基台石垣の天端線平面に多少の凹凸があって、建物と石垣の間にわずかではあるが、空地を生じているからである。この犬走りは右にいう敵に対して不利なほか、建物との隙間から石垣内部へ雨水が滲みこむからそれを防ぐために「水切板」で覆うとともに、その板を少しばかり突き出して「武者返し」状にし、敵を攀じ登らせないようにもしている。もっとも、このばあいの犬走りは、造るべくして造ったものではなく、むしろ石積みの都合により、止むなくできたもので、(1)と(3)にいう犬走りとは、かなり違ったものである。

(3)の(c)にいう堀の掘削と石垣築成を同時に行える犬走りは、丹波篠山城にみる幅の広い場合に対する見解で、幅の狭い彦根城のそれには該当しない。

そして(a)のうち土塁を見廻る便としては、越後高田城の例が考えられる。彦根城では稜線上の石垣麓がそれにあたるかも知れないがむしろ(b)の理由を考えなければならないようである。それは中堀の船町口から京橋口をへて旧上片原町の曲り角まで（一部は堀の増水で水面下になって見えない部分もあるが）と、いろは松前の曲り角にある櫓台石垣の裾周り（これも今は増水で水面下）、そして佐和口に向かって右がわ再現多聞櫓の下に見えている部分である。

佐和口の右多聞櫓の下は、尾末山の項でもふれたように、付近のボーリング調査で硬い地山があったとするデータがないから、軟弱な地盤であったと考えられる。そのほか中堀塁線の大部分も古絵図にいう低湿地の跡と思われ、ことに京橋口の近くは「埋堀」の旧地名があり、かつて沼地であったと推定できるから、中堀塁線の犬走りについては、軟弱な地盤に石垣を築くさいの地固めであったと考えなければならない。それを施していない所では石垣に孕みと凹凸を生じているので、その理由が頷けるのであろう（補註20）。

5　土橋とその役割

彦根城の水堀をつくるとき、道幅分だけを掘りのこして虎口前の通路にした「土橋」は中堀に現存し、かつては他にもあった。

まず、中堀に現存するものとして、「いろは松」沿いに「佐和口」へ入る手前で、道路の左右両がわを堀にしたところ、別に滋賀大学の前から西中学校へむかって行くところの「船町口」との二ヵ所が原形どおりの姿をとどめている。

そして、今では埋め立てのための痕跡をのこさないくらいになってしまったが、滋賀大学の南を西へ、北野寺の方へ向かい、大学敷地を画する枝堀（仮称）の起点となる所も、元は土橋があって、中堀と枝堀とを仕切っていた。

なお、内堀の黒門口前にある土橋は、昭和十年代（一九三五〜四四）後半ごろ、木造の掛橋であったのを造りかえたので、内堀には土橋がなかったのである。その理由については、別項で触れることにしたい。

また、外堀は明治維新からのち現在までの間に埋め立てでほとんど姿を消したので、今は一部にわずかな痕跡を残すにすぎず、土橋跡と分かるところはない。しかし、旧四十九町の南にあった「中藪口」の外がわに「中藪土橋町」とか、旧通リ町の南の端で旧川原町に接する「高宮口」の前にも、もとは「土橋町」という町名があってそこに土橋があったことを示していた。城下町絵図をみると、外堀では「切通口」も土橋状で、ほかにも同様のところはあったと思われるが、現在そのあととわかるほどの形をとどめていないので、ここでは一応確実な二ヵ所のみを指摘しておきたい。

土橋は、中世山城のばあいは敵兵が空堀の中を通ったり、見通したりすることができないよう、さらに矢や銃弾を射通すのを阻むと共に、木造の掛橋よりも頑丈であるから、壊されて城内に封じこめられることを防ぐのに役立つので、郭の内外を連絡する通路として使用し、近世では水堀にも多くそれを応用した。

しかし反面、形勢不利のとき掛橋ならば切り落として侵入を阻止できるが、土橋はそれができないので、他の城では一部を切り下げ、その部分だけ掛橋にしたものもある。彦根にはその様式の構造部分が現存せず、また、もとあったのかどうかも分かっていない。

彦根城のような水堀の土橋は、緩傾斜地の高いところから低地にかけて掘った堀の水をせき止めて区画するとき、一定の水位を保つための施設にもなる。すなわち、中堀では佐和口から船町口までのやや高い地形にあわせて水位も高くし、双方の土橋から琵琶湖寄りの部分は水位を低くしている。

外堀では、主たる水源になる旧川原町長光寺うらの犀ヵ淵からの湧水を北と西の堀を通して流すため数区画にわけ、それぞれの土橋に通用水の孔をつけて、順次に水位を低く調整して琵琵湖へおとす方法にしていた。逆に言うならば、中堀と外堀は琵琶湖の水を引き入れるのではなく、自然湧水を利用して余剰を湖へ吐きだしていたのである(補註21)。

もっとも彦根城水堀の土橋は、水位調節だけを目的にするものではなかった。湖上機動による侵入攻撃をはばむことが、より重要であったと考えられよう。

6 いろは松を植えた理由

いろは松は、根が地上に出ないので、歩くときの邪魔にならないとして土佐から取寄せ、数が四十七本であったから「いろは松」という俗称ができたと『彦根山由来記』は書いている。しかし永禄八年(一五六五)以前に成立、『群書類従』収録の『築城記』には

城の外に木を植まじき也

とある。理由は城へ迫る敵が木の陰にかくれるので、城内から射るのに都合が悪いし、鉄砲をもつ敵ならば、木によりかかっての射撃がしやすくなるからであろう。

明治九年(一八七六)撮影の彦根城の古い写真をみても、ほかの堀ばたには木が写っていない。したがって、今日ある柳や桜などは、すべて廃城の後、多くは昭和になってから植えたものとして間違いない。

では、『築城記』が禁じているにもかかわらず、なぜ佐和口前の堀端道に松樹を植えたのか、まさか根が地上に出ないので歩く邪魔にならないだけの理由とは思えない。しかし、これについて文献はもとより、伝承もない。それで推定想像の範囲を出ないが、淀城と大垣城ならびに高取城の事例が参考になると言えよう。

まず、淀城はもと淀川の流路が近く、度々洪水に遭っていたから堀端道が冠水して堀と道路との見分けがつかないことが多く、危険が少なくなかったと言われている。それで古絵図に

出水之時　通ト堀一ツに成故　堀之印之木也

との註記がある。(旧淀藩士渡辺家所蔵文書)そのように、わざわざ書きしるしたのは、堀端の植樹が例外に属する処置であったことを示すものと言えよう。

彦根城下も、明治年間に瀬田川の洗堰をつくり、琵琶湖の水位を調節するまでしばしば水害をうけ、彦根市立図書館所蔵『年代記』によると寛永四年(一六二七)から弘化二年(一八四五)まで二十回、その内元文三年(一七三八)には尾末町すなわち「いろは松」付近で約七寸(約二十一cm)も冠水したとの記録があるから淀城と同じ目的と考えられよう。根が地上に出ないから歩行の邪魔にならないとは、特に道路冠水の時こそ必要だったはずだからである。

なお冠水対策のほか、冬は松の枝が雪をさえぎり、樹下の積雪量を少なくすることも亦ささやかな効用の一つであったかも知れない。

次に「関ヶ原合戦図屏風」(補註22)では大垣城の堀ばたに竹藪をえがいている。それは藪にひそむ敵に対して矢弾を撃ちこみ、そこから追いだして捕捉する探索射撃を目的にした備えではなかったかとも考えられる。彦根でいえば、松の木陰に隠れ

た敵兵を、斜め左右からの射撃で一歩でも動かせて狙撃する方法もありえよう。

また、高取城は堀ではないが道端へ植えた杉は、敵襲のさいに木を伐り倒し逆茂木にするためであったといわれている（補註23）。

果たしてしからば、尾末町の堀端のみに限らず、ほかにも植樹して当然と思われようが、佐和口あたりは藩庁であった「表御殿」から中山道へ通じて行く重要な道筋であったから、そのような配慮があったものとも考えられよう。ただし、昭和五十六年（一九八一）六月二十七日現在で古木が二十四本にすぎず、最近植えた新しい六本を合わせても、今では「いろは松」の文字数に及んでいない。

八　城と城下町の方位を斜めにした理由

彦根城の設計について『彦根山由来記』は、三つの非難があるとして、その第一に

縄曲るが故に、城郭及び市中の邸宅、方角皆斜めなり

をあげている。ただし、これは古来の伝承を紹介したもので、著者不能斎の見解ではない。この伝承に対し、翁はとくに評言をしていないが、誰いうとなく方位の傾きは、彦根城が攻撃を受けたとき敵に方角を誤らせる方策であったと言い触らすようになった。軍学にいわゆる「惑敵」の構えである。

しかし城下町の範囲内における市街戦で、方位を斜めにした程度で敵が困るとは思えない。要するに敵の目標は城であるから、町並の方位が斜めであれ正位であれ、戦闘行動には何の障害もないはずだからである。

敵を惑わす構えは他にあった。それは幅の狭い道が突きあたって行けないかと思えば折れまがって通じ、行けるかと思えば袋小路になるか、あるいは外堀と芹川との間に配置した足軽屋敷町の大部分では、廃藩後堀に沿う新道ができるまで、堀端に道がなかったので芹川を突破して城の方へ行けると思って突進すれば、堀端で行き止まりになる、これらが惑敵の構えの一つになると考えられよう。

ではなぜ、城下町の方位を斜めにしたのか、それは『彦根市史』上冊に載せている条里復元図の南北軸約30～40度の傾きが城下町の傾きに一致するので、都市計画のさい条里遺構の痕跡を利用したからではなかったかと考えるよりほかはない。

であれば、次は条里をなぜ傾けたのかの問題になるが、それは今ここで云々することではない。ただ近江各郡の条里がそれぞれ傾きを異にしているので、所によっては当時の湖岸線にもとづいたか、または河川の流路をもとにしたのか、あるいは別に基準を求めたのか、そのいずれかだったのであろう。

一方、各地城下町の地図をみると、ほぼ南北の軸線に合わせた所がないこともない。それは古来の都城制に倣ったからではなかったか。しかし、城としては広大な都城用地とは違って、要衝とか要害の地を求めたので地形上の制約があったであろ

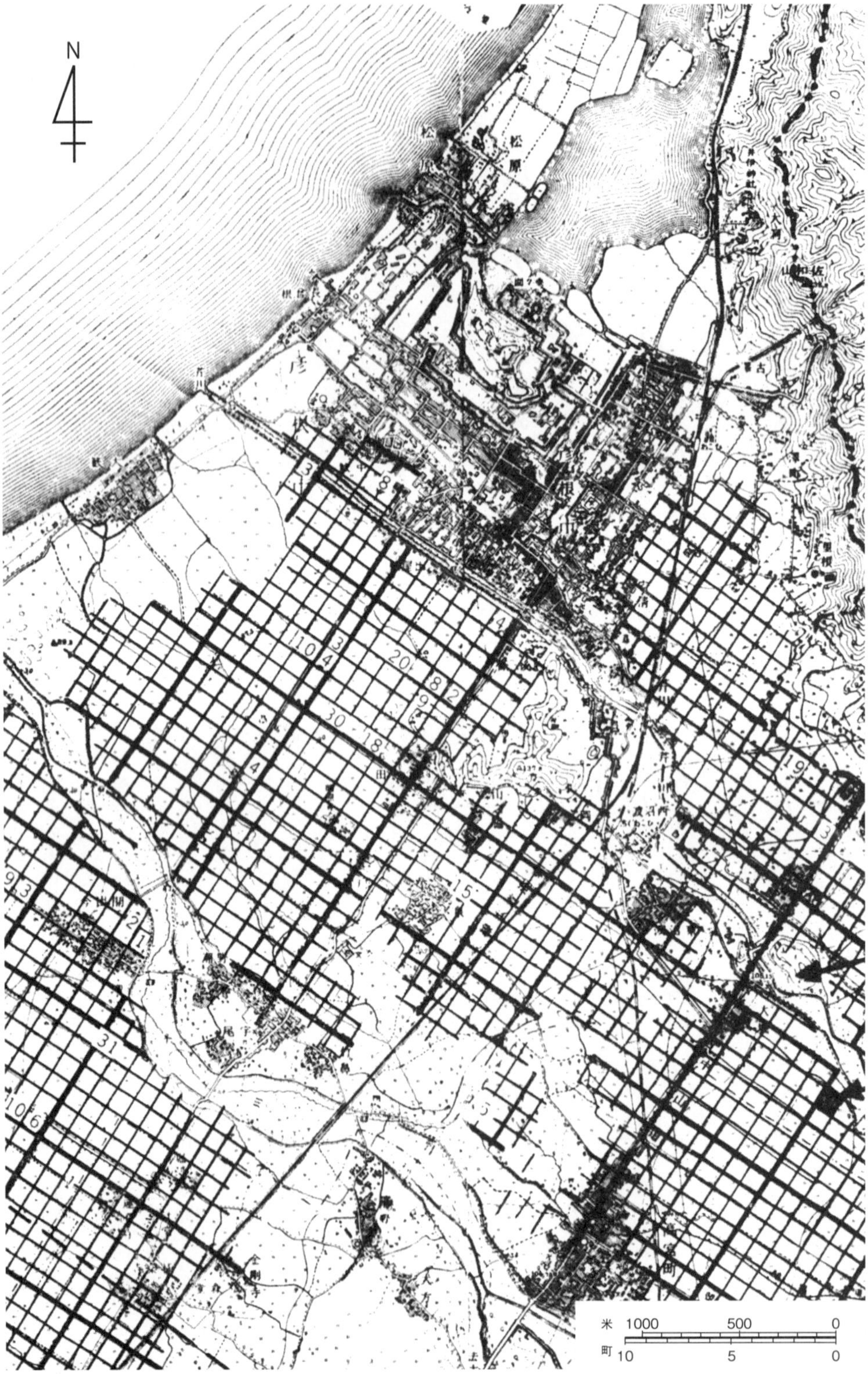

図３　彦根付近条里復元図『彦根市史』上冊より転載

う。彦根は最適の地と選定したのが背後を松原内湖にする彦根山であった。そしてその山麓に痕跡をとどめていたのが条里遺構であったとすれば、労せずして都市計画をすすめて行けたに相違ない。

実は、各地城下町の都市設計にさいし、尊崇の対象になっていた寺社鎮座の地を基点にして、城下町との間に一定の角度をもつ法則性があったのではないか、とする事例をあげて立論した注目すべき研究がある（瀬島明彦「近世城郭・城下町の都市設計的手法に関する復元的研究」（関西城郭研究会機関誌『城』第一二八～一二九号）。しかし彦根では築城前にあった寺社の多くを、古来の地から移転させてしまったので、その事例にはあてはめることができない。

よって結局、今のところ彦根における城と城下町の方位が南北軸に対して、かなりの傾きを示しているのは、前記の通り、一応条里遺構を利用したからではなかったか、としておきたい。

補記

本稿は関西城郭研究会機関誌『城』第一四一号「彦根城の諸問題(1)」および同誌第一四二号「彦根城の諸問題(2)」を一括して掲載したものである。なお、掲載に当たっては読者の便を考慮して大見出しを付け、各項の順序を一部変更した。また重複を避けるため他章に掲載されている史料、文書は割愛し、該当する章節等を表記した。

補註

1　中村不能斎の「彦根山由来略」は『風俗画報』第三一号（明治二十四年八月十日発行）、第三四号（同年十一月十日発行）、第四一号（同二十五年六月十日発行）、第四四号（同年八月十日発行）の四回にわたり掲載されている。

2　墨書の全文は四章二節彦根城天守考察の註13に掲載。なお二つの墨書のうち、慶長十一年六月二日の記載については問題がないが、同年五月二十二日の墨書については、『国宝彦根城天守・附櫓及び多聞櫓修理工事報告書』二頁の一口建物の沿革には著者引用の記載があるが、同書一四頁三八発見銘文・史料には「慶長拾壱年午五月」とあるのみで日付の記載はない。同書五九頁の図版七九には墨書の写真が掲載されているが日付の確認は困難である。『彦根市史』上冊三八〇頁「本丸天守」の項にもこの墨書が引用されているが、二層北東隅木の墨書として「慶長拾壱年午五月」のみで日付は記載されていない。

3　岩瀬文庫所蔵の『井伊年譜』および『彦根并古城往昔聞集書』については、第六章四岩瀬文庫の『井伊年譜』および同章五岩瀬文庫の『彦根并古城往昔聞集書』―大津城天守の彦根移建説―を参照。

4　著者は「彦根城の再検討」で〈直政没して相続した直継（後直勝と改名）は若年病身、家臣間の軋轢を統馭する能力なしとして、家康は井伊家を他へ移し跡へ六男忠輝を入れようとした（『藩翰譜』）。しかし木俣土佐は直政が生前秘していた庶子直孝の傑物たることを明らかにした結果、家康の許容を得て井伊家の存置が保たれたのである。なお、この問題を『井伊年譜』には記していないが、『木俣自記』では慶長十一年の条に「家中二ニ分レ騒動已マズ　双方共ニ伏見へ行キ訴」と記し『藩翰譜』や『当代記』にも記載している〉（『近江佐和山城・彦根城』一八二頁）と述べている。

5 筆者の佐和山城に関する研究としては「佐和山城」（関西城郭研究会機関誌『城』第八〇号）、「佐和山城Ⅱ」（同第九六号）、「佐和山城旧記」（同第九八号）がある。なお、佐和山城については中井均「佐和山城の歴史と構造」（前掲『近江佐和山城・彦根城』七頁以下）、佐和山城研究会「佐和山城に遺るもの―石垣・瓦を中心に―」（同書三一頁以下）、堀口健弐「佐和山城・彦根城の石垣」（同書七二頁以下）参照。

6 筆者は前掲「彦根城の再検討」で、〈慶長八年（一六〇三）には「木俣自記」によって推測すると、彦根山での築城を家康から許可されたとき、まだ詳細な縄張図ができていなかった。しかし彦根山を主郭にし、周りの平地も併せて惣構の平山城として築くに善利川の流路をそのままでは、第二郭以下の普請を始められない。そのため彦根史談会の『彦根旧記集成』に収録する「当御城下近辺絵図附札写全」にいう「彦根御開き前に世利川《せりがわ》付替」工事が必要であった。よって『実紀』慶長八年「是年」の条に「松平又八郎忠利。古田兵部少輔重勝。遠藤左馬助慶隆は近江国彦根の城新築の事を奉《うけたま》はり。」と彦根の文書史料に馴染みのない大名に助役下命を発令しており、また『寛政重修諸家譜』の系図にそれを掲記している。その普請は右掲「旧記集成」により「鍬入れ」前に施工した善利川の流路付替え（現在の芹川）工事を示していると思われ、これが「慶長八年着工説」の根拠になるであろう〉（前掲『近江佐和山城・彦根城』一八九頁）と結論し、なお、この三大名の氏名を『徳川実紀』慶長九年の条にも記載しているが、〈これは善利川流路変更後、第一郭の石垣普請へ回されたことを示しているのかも知れない〉としている（同書一九一頁）。

7 『山県源右衛門覚書』（岩国徴古館蔵）には〈天正十七年二月廿二日、輝元公従吉田広島へ御出被成、（中略）御城地御見立、同年四月十五日ニ二宮太郎右衛門奉行ニて御鍬初め、京都聚楽之写にて縄張被仕由候事〉とあり、四月十五日に鍬初めが行われたことが知られるが、一方、同年正月十五日付の二宮就辰宛の毛利輝元の書状（山口県文書館蔵『譜録』所収）には〈島普請せひとも可仕立存候、世上之おもハく嘲にて候条、かい分可申付候〉とあってすでに普請に着手していたことが知れる。なお、島普請とは河口の中洲に築城したからである。

8 著者は前掲「彦根城の再検討」で〈井伊家の家臣で、築城の関連で役職を任命されたものは普請奉行として富上喜大夫、伴加右衛門、加藤金左衛門の三名を「年譜」に記載しているが担当分野は記していない。しかし、第一郭の石垣普請は、幕府から派遣された普請奉行の管轄であるから、右井伊家々中の三名は第二郭ならびに第三郭の堀と土塁の造成工事を管掌したと考えられる。建築は天下普請ではないから作事奉行に任命された宇津木新九郎、横内弥左衛門の二名が石垣と土塁工事の進捗を追って、必要な個所から建築工事を進めて行ったのであろう。そして工匠濱野喜兵衛が棟梁に任ぜられたのは（中略）天守の移築にあたったのである〉と述べている（前掲『近江佐和山城・彦根城』一九一頁）。

9 著者は前掲「彦根城の再検討」で年譜が底本『井伊家年譜附考』の記載を正さず、そのまま継承したことによるとして、〈これは年譜の改編に際し、『淡海落穂集』収録伝承または同種の話に、直孝時代の第二期築城工事を始めるまでは「掻上の類にて大概の御囲ひなとハ土手斗にて有、此時高石垣になり、御矢倉なとも所々出来」とあるのを無視したもので、これを意訳すると「第二郭以下は、土塁囲みであったのを、直孝時代の工事で石垣に改めて櫓を置き、第三郭でも虎口など一部を石垣にして所々に櫓なども建てた」という旨であったことを付記しておきたい〉としている（前掲書一八九頁）。なお、彦根城と城下町を第一郭から第四郭に分かち、第一郭は天守を中心とする内堀と一部は松原内湖に囲まれた城郭、第二郭はその外の高禄の家臣の屋敷や藩主の槻御殿がある内曲輪・二の丸で、両端が松原内湖に通じている中堀に囲まれている部分、第三郭は内町で、武家屋敷と町家からなり外堀に囲まれている部分、第四郭はその外にある外町で、町屋と身分の低い武士や足軽の居住地からなる部分をそれぞれ指すとするのは『彦根市史』上冊（四〇〇頁以下）による区分であり、妥当な見解として著者もこれに従って記述している。なお、彦根城の縄張りについては髙田徹「彦根城の縄張り」（前掲『近江佐和山城・彦根城』四六頁以下）に詳述されている。

10　著者は前掲「彦根城の再検討」において、藩主直孝が自ら第二期工事の普請を指揮したことについて『落穂集』に〈直孝公は乱国乃将なる故に人を殺す事物の数とも不思召めったに人をきらせれ、殊に御城御普請の節などは時々御普請見廻り被遊しがさ迄の事もなきに数多きられし故人々恐入出精数年かゝるへき御普請間もなく出来〉とあり、予定より早く竣工したと記しているが、八年も要したのである〉としている（前掲『近江佐和山城・彦根城』一九三頁）。

11　著者は前掲「彦根城の再検討」において、〈『木俣土佐紀年自記』の肉筆本写は、昭和五十年に知人から恵与されたものである。その出所は木俣姓であるが、どの系統に属する方かは判らなかった。既往、それについては東京帝国大学刊『大日本史料』第十二冊第十二編に頼っていたので改めて照合すると、収録文は原本の漢文体を仮名混り文に換え、文中の「上様」を「家康公」、「両上様」は「家康公・秀忠公」と連記したほか、木俣土佐がいう「我」を実名の「守勝」にしていたのである。それは書換文字を紙片に書いて肉筆本に貼り付け、のち捲り取った紙の糊で元の字が見えなくなっていたが、貼紙からはみだしていた筆あとで判読できた。また返り点と送り仮名、傍線や傍点もあるから、これは原本を模写して、書換用の下書きにしたものと推定できた。それにしても、原本を書き換えて収録したとは、思いもよらぬことに驚いた〉（前掲『近江佐和山城・彦根城』一八二頁）と記している。

12　この史料は『木俣記録』とよばれ享保二十年（一七三五）に家老の木俣守貞が初代藩主直政から七代直惟までの直書の写しなど家伝の古証文類を編纂したもので、この中に「御普請ニ御出被成候衆」と題し、普請に参加した大名・旗本の名を列挙し、その数は三十六名にのぼり、『井伊年譜』に記されている大名以外の名も記されている。本史料は彦根城博物館編『彦根城の修築とその歴史』（平成七年〈一九九五〉彦根市教育委員会発行）四頁及び『新修彦根市史』第六巻に引用されているが、著者は前掲「彦根城の再検討」の中で〈その内「年譜」に一致するのは松平忠吉、石川康通、富田信高、一柳直盛の四名で、「実紀」にしても、下野守忠吉、石川康通、遠藤慶隆、古田重勝、分部光信、一柳直盛、金森長近、松平忠利の八名である。なお本多忠勝（中略）の名が三十六人中にないことの疑問が残る。また助役でない普請奉行に「妻木頼忠」を入れ、ほか普請奉行を入れていない点にも疑問を感じさせられる〉としている（前掲『近江佐和山城・彦根城』一九二頁）。

13　著者が引用した『郷土戦史』が参照したと思われる明治二十六年（一八九三）六月発行の参謀本部『日本戦史関原役』三二六頁には〈是日西軍砲ヲ長等山上ニ置キ楼櫓ヲ撃破ス其一弾天守閣ノ第二層ニ中リ芳寿院ノ侍婢二人震死シ芳寿院モ亦一タヒ絶シテ纔ニ蘇ス〉とあるが、同書はその根拠となる史料については記していない。なお、天守の大津城よりの移建については四章二節を参照。

14　著者は前掲「彦根城の再検討」で説を改め、〈彦根城博物館編の『彦根藩井伊家文書の世界』に元禄十年（一六九七）八月二十八日、井伊家から幕府へ提出した「御覚書」の一部を撮影し掲載している写真の文字が「御天守ハ同国大津京極家の天守のよし申伝候　此天守は終に落不申目出度天守の由　依上意被移之候由」と判読でき、「遂ニ落不申」は功刀公章が加筆したのではなく、「年譜附考」

成立後「年譜」に改編するより前に、井伊家の文書に書き加えていたことが判明した〉として、柳澤吉保による野望をくじくため、前述した様に可能な限り井伊家の威信を示すための加筆であったとしている（前掲『近江佐和山城・彦根城』一九四―一九五頁）。

15 大坂城乾櫓大棟の輪違瓦の一枚から「天和六年申ノ九月吉日ふかくさ作十郎」の箆書銘が発見されている（大阪市『重要文化財大阪城千貫櫓・焔硝蔵・金蔵・（附乾櫓）修理工事報告書』附録乾櫓修理工事一頁）。なお、この銘については第四章二節を参照。

16 滋賀県湖北町教育委員会『史跡小谷城跡環境整備事業報告書』八頁参照。

17 滋賀県教育委員会『重要文化財彦根城西の丸三重櫓及び続櫓・二の丸佐和口多聞櫓修理工事報告書』一一頁。

18 前掲17の報告書一頁。なお、本櫓については第四章三節を参照。

19 著者は前掲「彦根城の再検討」において〈鐘ノ丸を「二重三重ノ払」としたのは、山上の塁線と帯曲輪による二重火線に京橋口を併せての構成を指すのであろうが、それのみで「天下無双」とは思えず、秘策は口伝にあって幕藩体制の崩壊と共に消えてしまったのかも知れない。右は単なる想像にすぎないし、これらについて既往なされてきた解説にも納得できるものが見あたらない〉として、城戸久氏が『城と要塞』の中で縄張りの巧妙な例として彦根城の鐘の丸から本丸に達する通路を挙げ、表門口と大手口の両口より攻撃すれば、廊下橋下で攻撃軍同士が出会い頭に衝突して混乱を招くようになっていると記述していることを〈攻撃軍側の同士討ちに期待をかけるとは、戦史の上でも笑いぐさになる無能な指揮者が統率する軍隊の来攻を待つようで、論外の発想といわなければならない〉と批判し、また城戸久氏がもし攻撃が両口の一方から行われれば鐘の丸の入口を見落として他の口へ出てしまうという笑えない喜劇を演じることになる巧妙な仕組みであると賞賛していることについても〈大手坂を登れば鐘ノ丸への登り口を見落とす筈はない。また廊下橋下の堀切へ上がって反対側の坂道を下り、そのまま虎口から城外へ出て行く迂闊者はおるまい〉と批判し、更に城戸久氏の同書や黒板昌夫の「彦根城跡」（『史跡名勝天然記念物調査報告』第一集所収）で鐘の丸が陥れば廊下橋を落として本丸への侵入を阻むと記述していることについても〈早川弥惣左衛門は容易く「鐘ノ丸を落とさせない」と自慢したのである。が万一ということもあろう。とすれば堀切は当然敵の制圧下にある。その中へ城方の兵が入って行き、橋脚の破壊や、火を放つ作業が可能かどうか、できる筈はなかろう。橋を落したいのはむしろ敵側で、城兵を閉じこめて持久戦にもちこめば、寄手の人的損害は最小限にすみ、城方に矢弾や糧秣の枯渇を強いて窮地に追いこめるからである〉と批判し、〈では堀切に架けた廊下橋の下で、表坂と大手坂を合流させる手法に、早川弥惣左衛門は如何なる効果を期待したのか。結論からいえば合流ではなく、分岐である。すなわち第二郭へ侵入した敵に対し、山上の本丸で指揮を執る司令部管轄下の予備隊を投入するには、兵を「大手口」と「表門口」へ分けるため迅速な出撃を要する参謀の意図を、早川が「馬出」の拡大応用として「堀切」の縄張に表したものと考えられる。（中略）そこへ下りて、両桝形から出撃する新手の城兵は、大手口と表門口との間で、状況によっては左翼の敵兵に「黒門口」から、右翼の敵には「山崎口」から出る城兵と共に挟撃する。これが「鐘ノ丸」を落とさせずに敵を本丸へ寄せつけない第一段階の作戦、つまり「大手口・山崎口」が「南ノ大手・西ノ搦手」で、一方の「表門口・黒門口」は「東ノ大手・北ノ搦手」である。しかし、戦況は千変万化する、堀切まで侵入される第二段階では「天秤櫓」に「狭間」と「石落」のない備えが問題になる。（中略）ここでは窓格子の隙間こそ有効に機能するであろう。（中略）雨落しの下につづく石垣は傾斜が平均七〇度で、その裾は死角にならず、広い範囲に対する射撃を可能にしている。（中略）第三段階は堀切から「鐘ノ丸」への緩い上り坂の上における防御である。左折すると門があり、文化十一年「城内絵図」は門扉の奥を窪みにして、雁木で上がる構にしている。扉の後ろに土砂を積んで突き破れなくし、門前に蝟集する敵へ「天秤櫓」から銃弾を浴びせかけて殲滅する。よって坂口に高麗門を設ける「桝形」にしなかったのであろう。早川が「鐘ノ丸」を落させないと自慢した終点になる〉と指摘している。

20　彦根城の石垣については前掲堀口健弐「佐和山城・彦根城の石垣」、角田誠「彦根城の登り石垣について」（前掲『近江佐和山城・彦根城』八五頁以下）を各参照。

21　彦根城の貯水と排水については前掲髙田徹「彦根城の縄張り」参照。

22　大阪市立博物館所蔵（重要文化財）。弘前藩主津軽家の旧蔵で徳川家康が同家へ嫁いだ養女の満天姫に与えたといわれる（石川県立博物館『合戦と武具』一九頁）。なお、海津榮太郎「大垣城―その天守について―」（関西城郭研究会機関誌『城』第八一号）参照。

23　海津榮太郎『大和の近世城郭と陣屋』（関西城郭研究会刊）一五六頁。

第四章　彦根城の建築

一　旧記と古図による建築物の規模について

はじめに

　国指定の特別史跡、彦根城跡にかつて存在した建築物のうち、現存するものは、明治初年の取りこわしを免れた左の六件にすぎない。すなわち

(1)　国宝　天守・附櫓および多聞櫓
(2)　重要文化財　太鼓門および続櫓
(3)　〃　西の丸三重櫓および続櫓
(4)　〃　天秤櫓および続櫓
(5)　〃　二の丸佐和口多聞櫓
(6)　〃　馬屋

である。それらの建築物は、主として昭和三十年代ないし同四十年代における解体修理にともなう調査によって、以前の問題点がかなりの範囲まで明らかになった。

　一方、現存する建築物をふくめ、かつて存在していたものの平面規模（梁間と桁行）を記載したものに『御城中御矢櫓大サ并瓦塀間数御殿御建物大サ覚書』（以下『城中建物覚書』と略す）、ならびに『彦根山由来記』付録「彦根城図」（第五章図5参照）がある。この二件は旧彦根藩士中村不能斎の編著にかかる『彦根山由来記』の付録で、校者中村勝麻呂氏は、そのうちの『城中建物覚書』について

　彦根城研究の資料となるべきものなるを以て付録とす（中略）覚書は年代明ならず

と註記し、成立年代が明らかでないとしている。

　しかし「彦根城図」の、「鐘の丸」中にある元和六年（一六二〇）

の創築にかかる東福門院ゆかりの「御守殿」と併存する「広間」について、『城中建物覚書』は

享保十七年壬子年、タ、ミ、江戸へ被遣、江戸屋敷御広間ニ成ル

と記しているほか、「彦根城図」の「裏門」から「黒門」までの山麓平坦地に存在していた「材木蔵」十棟を『城中建物覚書』が記載しておらず、文化十一年改正の「御城内御絵図」（第五章図６）では、そこが「馬場」に変わっている。したがって、それを勘案すると『城中建物覚書』の成立時期は、享保十七年以後文化十一年（一八一四）までの間と推定できるし、あわせて、「彦根城図」は元和六年から享保十七年（一七三二）までの間に成立したものとだけは推定できる。

ところが、それでは『城中建物覚書』について、上限の享保十七年と下限の文化十一年の間が八二年、「彦根城図」に至っては実に一一二年という、余りにも長きにすぎる誹りは免れまい。

さらに別の問題として『城中建物覚書』には現存する「天秤櫓」と、今は梅林になっている場所にあった十七棟の「米蔵」を書いていない。この二件が『城中建物覚書』の成立時点に存在しなかったとは到底考えられないあたりに、これをもって云々しようとするときに史料としての信憑性に疑問が残るとしなければならないのである。

また、「彦根城図」に記載してある梁間と桁行などにみる建物規模と、『城中建物覚書』に記す間数とを照合してみると、不一致のものが少なくはない。それら資料二件の確かな成立時期が不明とはいえ「彦根城図」が古く、『城中建物覚書』が新しいことは言うまでもない。

したがって考えられるのは、創築の後、必然的に要したであろう修理改築などの結果によって幾分の変化を生じたものがあったかも知れない。それについては、ただ一部のみ遺存している文献史料によって概要は知りえても、直ちに相違の原因を抉り出せるまでには至らない。

さらには、解体修理時に検出の、創築後における手直しの痕跡等によって、ある程度の推定が可能かも知れない。しかし修理報告書に頼っても、建築技術の知識をもたない筆者のよくせるところではない。

結局は、かつて創築のとき、今日とはちがって大工棟梁が絵図板一枚に柱の位置を示す柱番付と梁の架け方を書く程度で、詳細な図を作っていなかった（関西城郭研究会機関誌『城』第一六〇号、西村吉一氏「姫路城の建築」一一頁上段）から、絵図にしろ覚書にしろ、その作成時点の計測にさいし、方法のとり方によって両者間に食い違いが生じたのではなかったか。たとえば柱真々寸法の計測が困難で、建物の外法、内法のいずれをとるか、また端数処理をするさいの差などが考えられよう。その判断には各修理報告書の実測図が役立つことはいうまでもない。

よって本項では、第一郭内の現存建築物にかぎって「彦根城図」と『城中建物覚書』および各修理報告書を対照しながら検証をこころみたい。

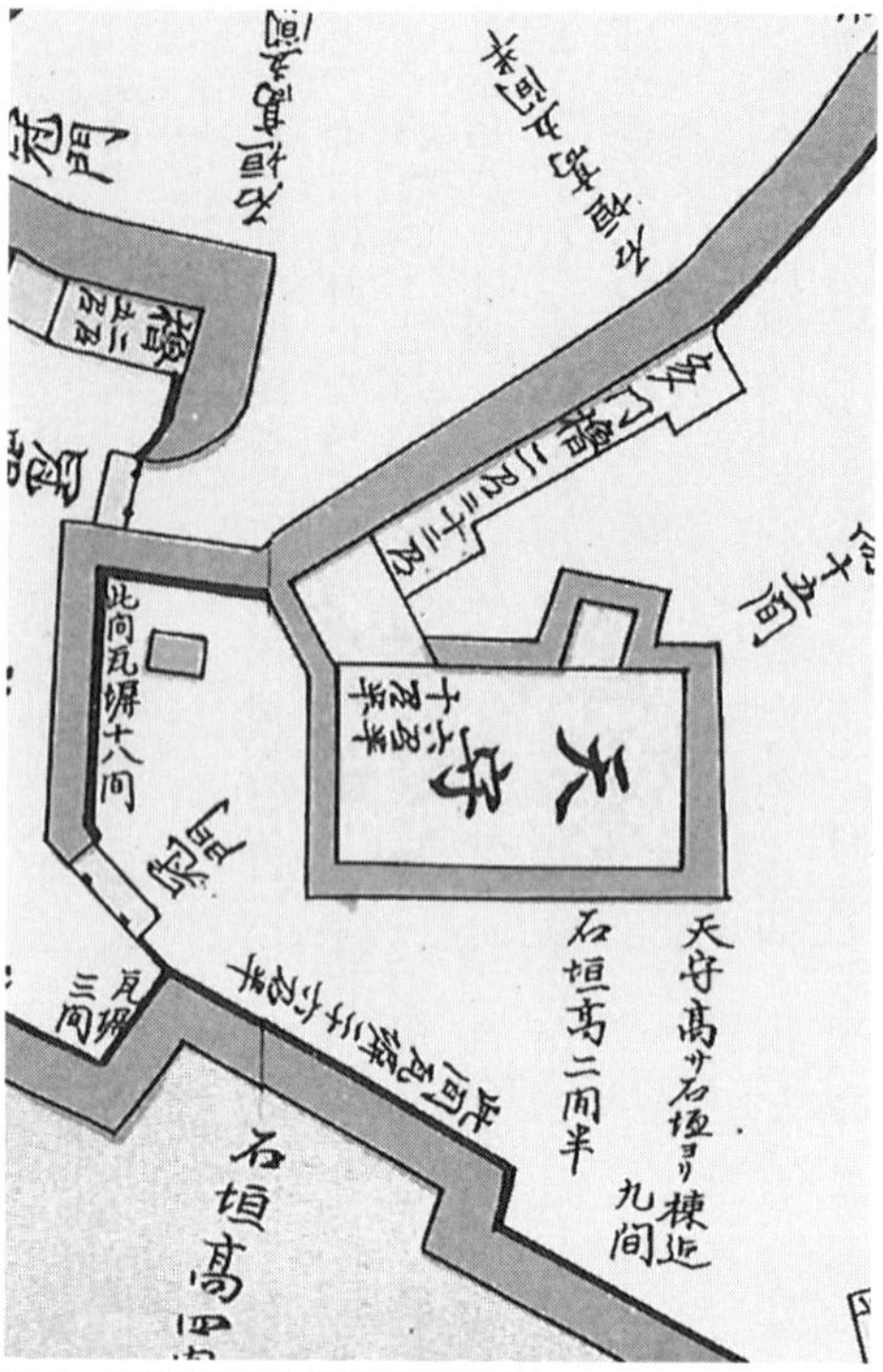

図1　天守付近図（彦根城図部分）

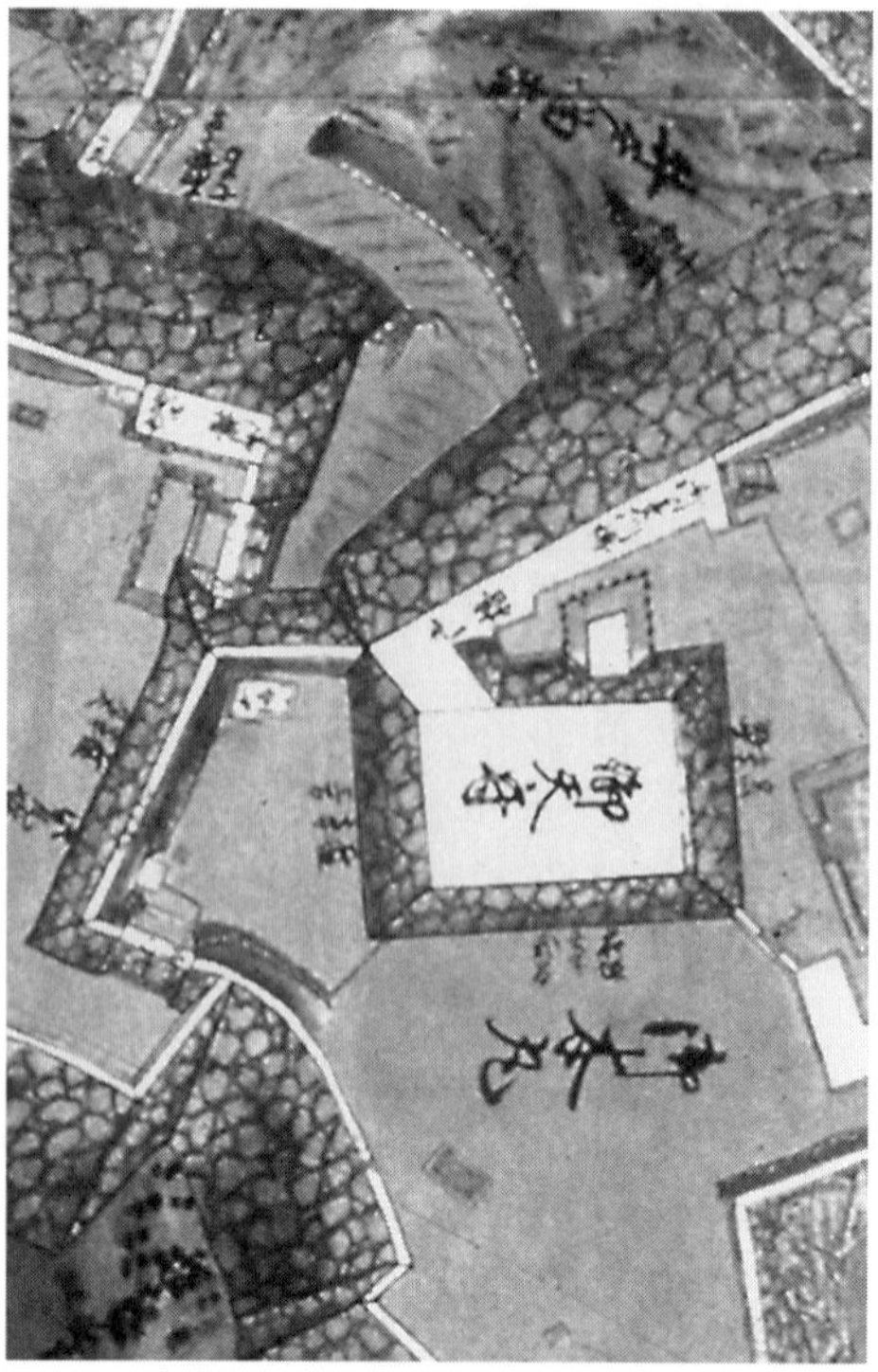

図2　天守付近図（御城内御絵図部分）

1　第一郭内の現存建築物

㈠天守と附櫓および多聞櫓の間数

天守本体について『城中建物覚書』が梁間《はりま》（梁行《はりゆき》ともいうが本稿では天守を始め各修理工事報告書が使う用語に従う）と桁行《けたゆき》を

御天守　六間　十間半

とし、「彦根城図」は

天　守　六間半　十間半

で梁間が半間の違いになっている。一方、『国宝彦根城天守・附櫓及び多聞櫓修理工事報告書』（昭和三十五年、滋賀県教育委員会）の解体修理時における天守一階実測平面図の柱間《はしらま》は

梁間　七間　桁行　十一間

であるから前二者は柱間数ではなく、寸法としての間数《けんすう》を表すものとみるべきであろう。よって二者間の違いを解明するため、まず同報告書に掲載する実測平面図の真々寸法をみると

梁間	六尺五寸三分	三柱間	一九尺五寸九分
	五〃二〃六〃	二〃〃	一〇〃五〃二〃
	五〃六〃二〃	二〃〃	一一〃二〃四〃
	計	七柱間	四一尺三寸五分
桁行	六尺五寸三分	八柱間	五二尺二寸四分
	五〃二〃六〃	一〃〃	五〃二〃六〃
	五尺六寸二分	一〃〃	五尺六寸二分
	六〃八〃八〃	一〃〃	六〃八〃八〃
	計	一一柱間	七〇尺〇寸〇分

である。右掲『城中建物覚書』と「彦根城図」の間数は、建物の外法または内法の計測であろうから、実測による柱間寸法の合計を六尺五寸一間で割ると

　梁間　六間二尺三寸五分　　桁行　一〇間五尺

になる。内法《うちのり》計測であれば、端数が柱真々の寸法合計よりも縮まり、外法《そとのり》ならば延びるので一概にはいえないが

(1)『城中建物覚書』の梁間は端数を切り捨て六間、桁行は端数を半間にして十間半

(2)「彦根城図」の梁間は逆に端数を切り上げて六間半、桁行については『城中建物覚書』と同じく端数を半間として十間半

にしたのではなかったか。とすれば覚書と絵図にみる梁間半間の差は計測結果を異なる処理にしたからであったと言えよう。

次いで『城中建物覚書』は、天守付属多聞について、同所へ

　付御多聞　二間二十四間

とし、「彦根城図」では

　多聞櫓　　二間　十二間

として桁行に二間の違いを生じている。ここも柱真々寸法をとると

北面　六尺〇寸二分　一一柱間　六六尺二寸二分
　　　四〃二〃一〃　一〃〃　四〃二〃一〃
　　　　計　一二柱間　七〇尺四寸三分
南面　六尺〇寸二分　一一柱間　六六尺二寸二分
　　　五〃〇〃一〃　一〃〃　五〃〇〃一〃
　　　三〃六〃一〃　一〃〃　三〃六〃一〃
　　　　計　一四柱間　七四尺八寸四分

である。この多聞櫓では天守本体と異なり、六尺一間を使っているので、それによって割ると

北面　十一間四尺四寸三分
南面　十二間二尺八寸四分

になる。したがって

(1)『城中建物覚書』は柱真々間の長短にこだわらず、南面の桁行柱間十四間を採り

(2)「彦根城図」は北面の桁行柱間十二間を採ったか、または北面の端数を切り上げて十二間、南面は切り捨てて十二間

にしたのではなかったか。

ところで同報告書は、「部材の寸法（中略）に若干の差」があるので（天守は六尺五寸三分一間、付属多聞は六尺一間）、それを

　建立時期のズレによる

として、付属多聞は

　天守より少し遅れた慶安三年（一六五〇）に附櫓に付加されたもののように考えられる

としている。天守本体と同時期の建築によるものならば、当然六尺五寸三分一間を採用すべきはずであるが、全く異なる六尺一間を使っていることにより、報告書にいう時期のズレは妥当と言えよう。

しかるに、『彦根城の修築とその歴史』（平成七年、彦根城博物館）掲載の「彦根市史稿」所収「中村勝麻呂氏文書」慶安三年（一六五〇）四月二十五日付、惣構・土居破損、天守多聞櫓破損修復に関して老中の許可を得る文書中に

天守へ取付候二間ニ拾弐間の多聞損し申候由

とある。すなわち慶安三年はすでに存在していた付属多聞が損傷した年ゆえ、前記修理工事報告書にいう「附櫓に付加」つまり新築したというよりも改築し、そのとき旧規の六尺五寸三分一間にこだわらず六尺一間を採用したと考えるべきではなかろうか。

しかし、このように解釈すると、破損した建物は慶長十一年（一六〇六）建設の天守と同時に設置したはずになり、別の問題を生じる。それは、附櫓と多聞が接続するところの附櫓壁面に、多聞の内部へ向けて射撃する形にした隠狭間が存在するからである。つまり当初、天守本体に付属していたのは附櫓までで、多聞は後に新しく付加されたことを示す証拠になる。とすれば多聞は天守完成の慶長十一年よりも遅く、慶安三年（一六五〇）までの四十四年間に新築し、それが慶安三年の損傷により修復したということになろう。その損傷した旧多聞が創築のとき六尺五寸三分一間を採用していたのか、または六尺一間であったのかを断定できる根拠はない。

ところで附櫓は『城中建物覚書』に記載がなく、「彦根城図」も間数を記載していない。しかし、前記報告書は附櫓の東面西面の桁行と梁間を次の通り示している。よって覚書と絵図について比較検討はできないが、参考までに付記しておく。

桁行東面	六尺五寸三分	二柱間	一三尺〇寸六分
	六〃一〃四〃	一〃〃	六〃一〃四〃
	七〃一〃八〃	一〃〃	七〃一〃八〃
	三〃五〃七〃	一〃〃	三〃五〃七〃
	計	四柱間	二九尺九寸五分
〃西面	六尺五寸三分	一柱間	六尺五寸三分
	七〃一〃八〃	一〃〃	七〃一〃八〃
	三尺三寸四分	一柱間	三尺三寸四分
	計	三柱間	一七尺〇寸五分
梁間	五尺九寸八分	二柱間	一一尺九寸六分
	六〃一〃八〃	二柱間	一二〃三〃六〃
	計	四柱間	二四尺三寸二分

なお天守玄関も、『城中建物覚書』、「彦根城図」ともに間数を記していないが、同報告書の実測平面図は東面、西面の桁行と梁間を

東面	五尺三寸五分	一柱間	五尺三寸五分
	四〃三〃四〃	二〃〃	八〃六〃四〃
	計	三柱間	一三尺九寸九分
西面	四尺九寸三分	二柱間	九尺八寸六分

としている。文化十一年の「御城内御絵図」は玄関の石垣に面する他の三方に柵を巡らしており、前記報告書は『井伊年譜』にここを金蔵にしたとあるから、柵は保護のためとし、かつて入口に施していた木柵はそれを永久化したものと推定している。『井伊年譜』承応元年（一六五二）三月に

　御金蔵エ盗人入ル　当番之士五十川徳兵衛　伊丹七兵衛　小川清介　屋代忠左衛門　吉田与左衛門御改易也　今一人ハ病気ニテ宿へ帰不居合

とある。しかし『井伊年譜』は金蔵の所在位置を示していない。報告書が天守玄関をそれとするのは右の記事によったのであろうか。

(二)太鼓門および続櫓の間数

いわゆる太鼓門について、『城中建物覚書』は、その名称を使わず天守に続く広間の項で、本丸同所の

　御門櫓　三間二十間半

と門櫓をあげるのみで、続櫓を記載していない。また、「彦根城図」も名称を記載していないが、ここでは

　門　櫓　三間半　五間半
　多聞櫓　二間　五間

とあるように、門櫓と続の多聞櫓を併記しながらも、門櫓については「覚書」とかなり異なる間数を記載している。

　一方『重要文化財彦根城天秤櫓・太鼓門及続櫓修理工事報告書』（昭和三十二年、滋賀県教育委員会）掲載の実測平面図では、門櫓の上部についての柱間数を

　桁行　七間　梁間　四間

とし、その桁行柱真々寸法は

西面	六尺五寸〇分	四柱間	二六尺〇寸〇分
	四〃〇〃五〃	一〃〃	四〃〇〃五〃
	四〃九〃〇〃	一〃〃	四〃九〃〇〃
	四〃三〃〇〃	一〃〃	四〃三〃〇〃
	計	七柱間	三九尺二寸五分
東面	六尺五寸〇分	四柱間	二六尺〇寸〇分
	四〃〇〃五〃	一〃〃	四〃〇〃五〃
	四〃九〃〇〃	一〃〃	四〃九〃〇〃
	四〃三〃〇〃	一〃〃	三〃六〃〇〃
	計	七柱間	三八尺五寸五分

としている。そしてここでは、天守の柱間六尺五寸三分一間よりも三分短い六尺五寸一間にしているのは、姫路城天守群のうち大天守が六尺五寸三分一間で、小天守と渡櫓が六尺五寸であるのと同じく解体修理時の計測方法の違いによる（前掲西村吉一氏「姫路城の建築」一五頁）ものか否か、その点はわからない。

　それは別途の問題とし、ここではしばらくおくとして、まず太鼓門桁行の柱間寸法の合計を六尺五寸一間で割ると

　西面　六間二寸五分
　東面　六間〇寸五分

であるから、『城中建物覚書』、「彦根城図」のいずれにも合わ

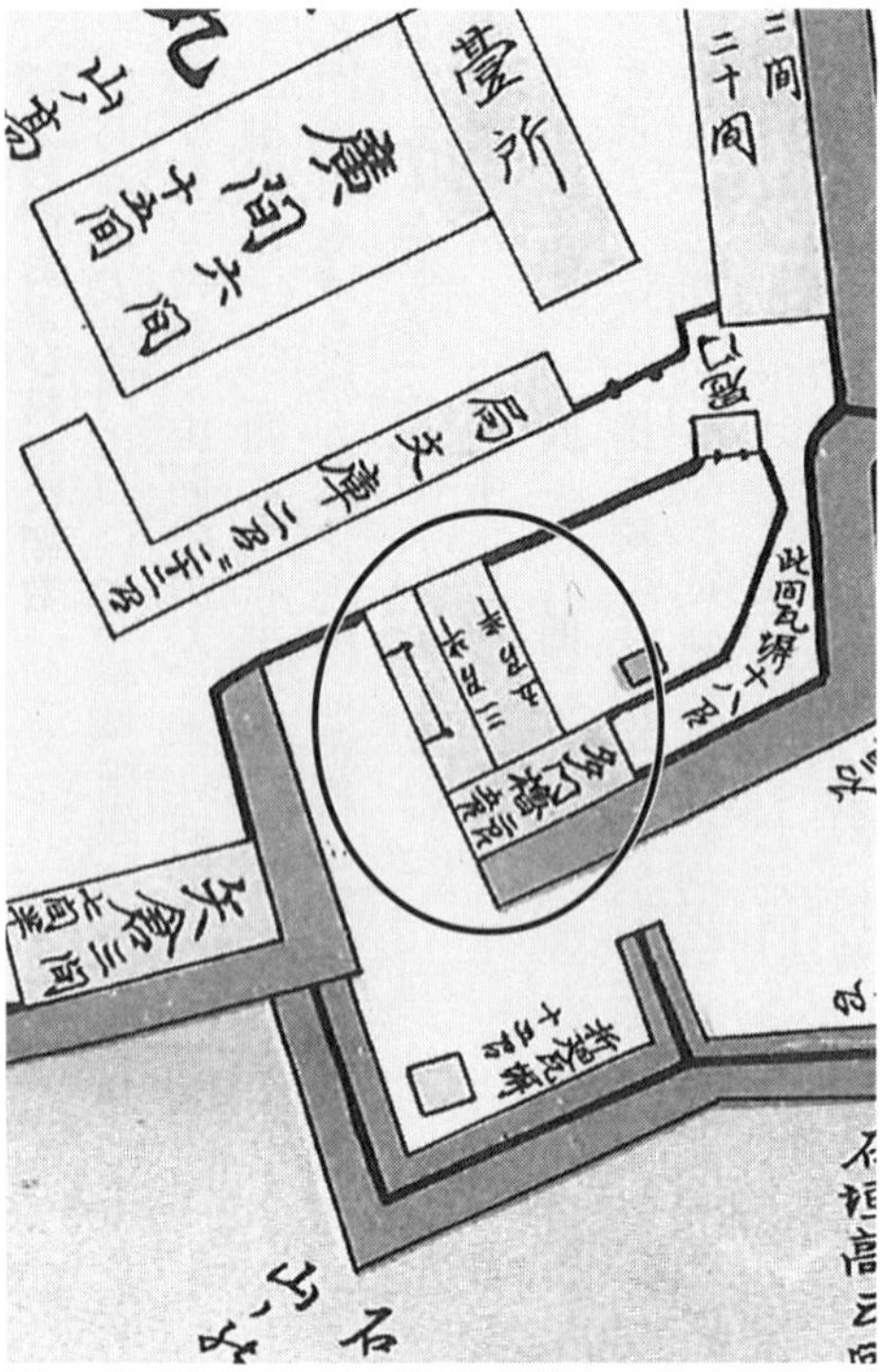

図３　太鼓門付近図（彦根城図部分）

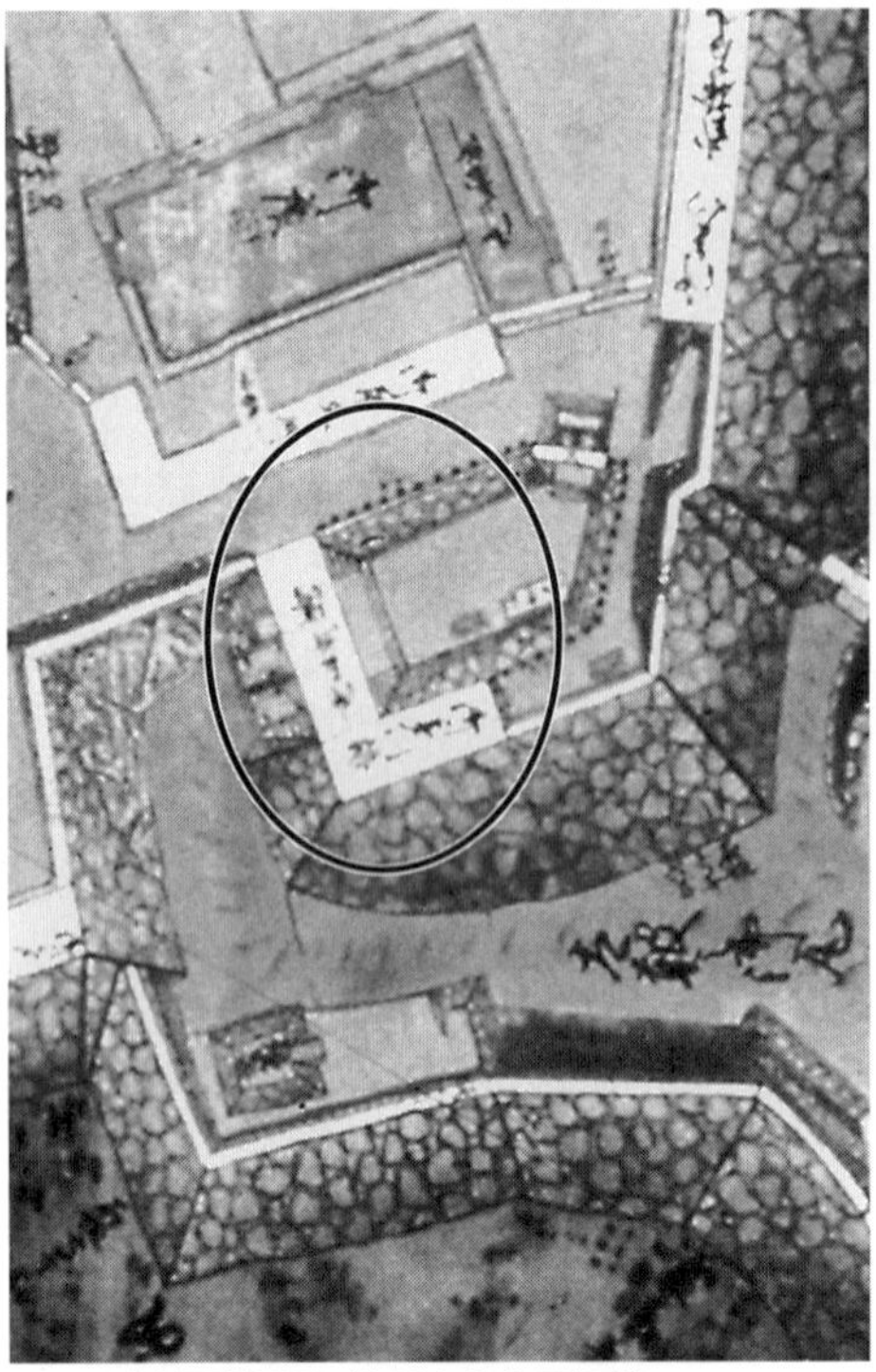

図４　太鼓門付近図（御城内御絵図部分）

ない。ところで、梁間の柱真々寸法

北面	五尺四寸二分	二柱間	一〇尺八寸四分
	五〃四〃一〃	一〃	五〃四〃一〃
	四〃五〃〇〃	一〃	四〃五〃〇〃
	計	四柱間	二十尺七寸五分

の合計を桁行と同じく六尺五寸一間で割ると

北面　三間一尺二寸五分

であるから端数を切り捨てると『城中建物覚書』の御門櫓梁間三間に合うが、「彦根城図」の門櫓梁間三間半よりも半間短くなる。これについて修理工事報告書にいう文政九年（一八二六）の修理にさいしての改築によるものか否かについては同報告書では触れていない。

次いで続櫓について『城中建物覚書』は記載がなく、「彦根城図」では右記の通り多聞櫓二間、五間としている。これを同じく前記報告書の実測平面図で柱真々寸法をみると

梁間	五尺四寸二分	二柱間	一〇尺八寸四分
	五〃四〃一〃	一〃	五〃四〃一〃
	計	三柱間	一六尺二寸五分
桁行	六尺六寸〇分	一柱間	六尺六寸〇分
	六〃五〃〇〃	三〃	一九〃五〃〇〃
	六〃一〃〇〃	一〃	六〃一〃〇〃

四〃〇〃五〃　一〃〃　四〃〇〃五〃
計　六柱間　三六尺二寸五分

である。それを六尺五寸一間で割ると

梁間　二間三尺二寸五分
桁行　五間三尺七寸五分

になるので、「彦根城図」は梁間、桁行ともに端数を切り捨て記したものと考えられる。

のこる問題は『城中建物覚書』の「桁行十間半」である。試みに平面図の西面桁行柱真々寸法合計三九尺二寸五分に、続櫓梁間一六尺二寸五分を加えた計五五尺五寸を六尺五寸一間で割ると

八間三尺五寸

で到底十間半におよばず、仮に六尺一間で割っても

九間一尺五寸

であるから、これは解明が困難といわざるをえない。

㈢西の丸三重櫓および続櫓の間数

西の丸三重櫓および続櫓について『城中建物覚書』が

三階御櫓　四間ニ　五間
北之取付多聞　三間ニ十三間
東之取付多聞　三間ニ　七間

とし、「彦根城図」も

三階矢倉　四間　五間
多門矢倉　三間　十三間
多門矢倉　三間　七間

としているので、両者間に間数の相違がない。また、嘉永六年（一八五三）の修理図面寸法が『重要文化財彦根城西の丸三重櫓及び続櫓・二の丸佐和口多聞櫓修理工事報告書』（昭和三十七年、滋賀県教育委員会）に一致、すなわち柱真々寸法は

梁間　九尺七寸五分　二柱間　一九尺五寸〇分
三〃二〃五〃　二〃〃　六〃五〃〇〃
計　四柱間　二六尺〇寸〇分
桁行　六尺五寸〇分　四柱間　二六尺〇寸〇分
三〃二〃五〃　二〃〃　六〃五〃〇〃
計　六柱間　三二尺五寸〇分

である。その柱間寸法の合計梁間二六尺と桁行三二尺五寸を六尺五寸一間で割ると

梁間　四間
桁行　五間

になるから、いずれも覚書および絵図の間数に一致して何らの問題もない。ついで北の続櫓柱真々寸法は

梁間　九尺七寸五分　二柱間　一九尺五寸〇分
西面桁行　六尺五寸〇分　一〇柱間　六五尺〇寸〇分
五〃四〃〇〃　二〃〃　一〇〃八〃〇〃

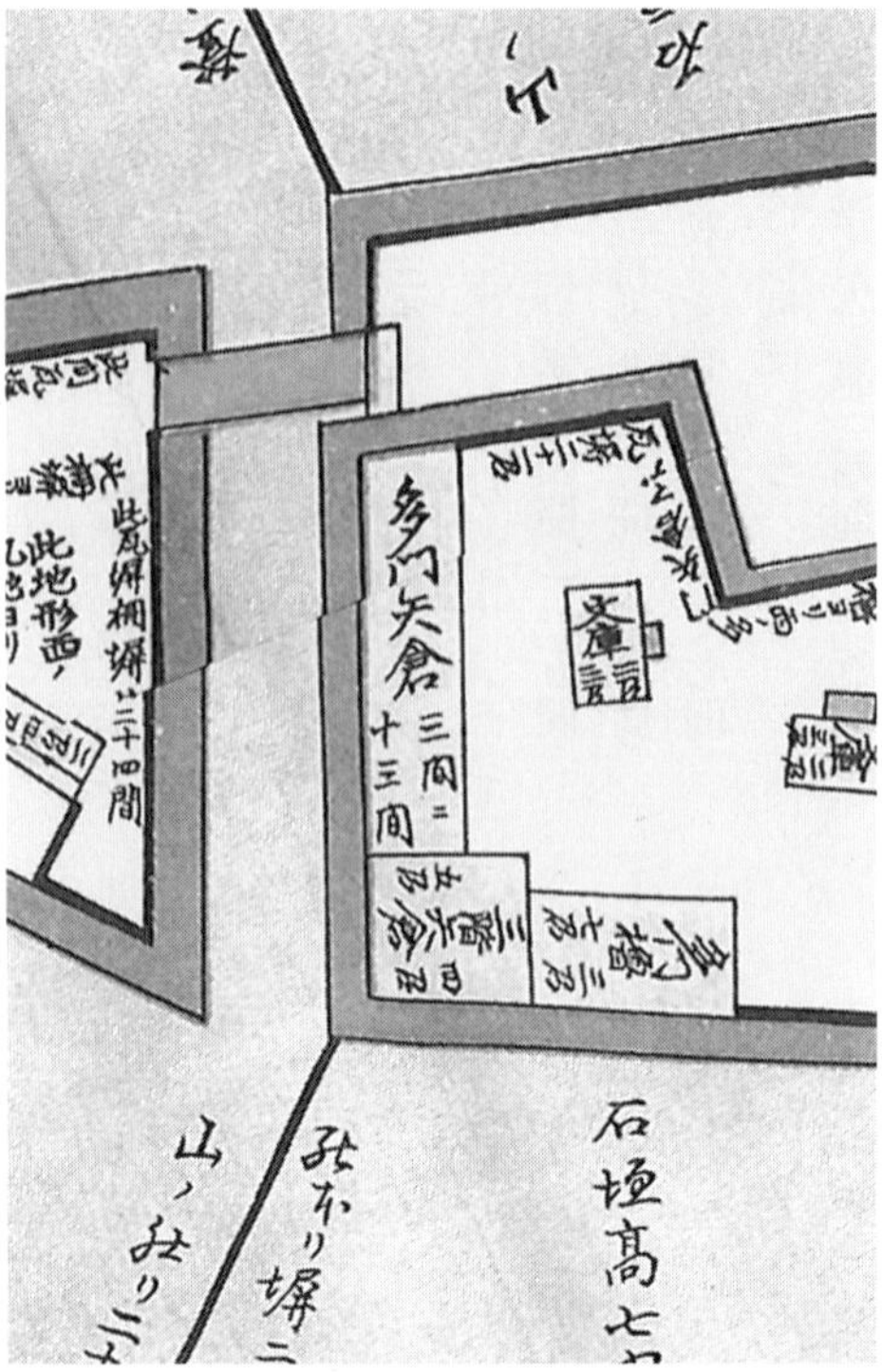

図５　西の丸三重櫓付近図（彦根城図部分）

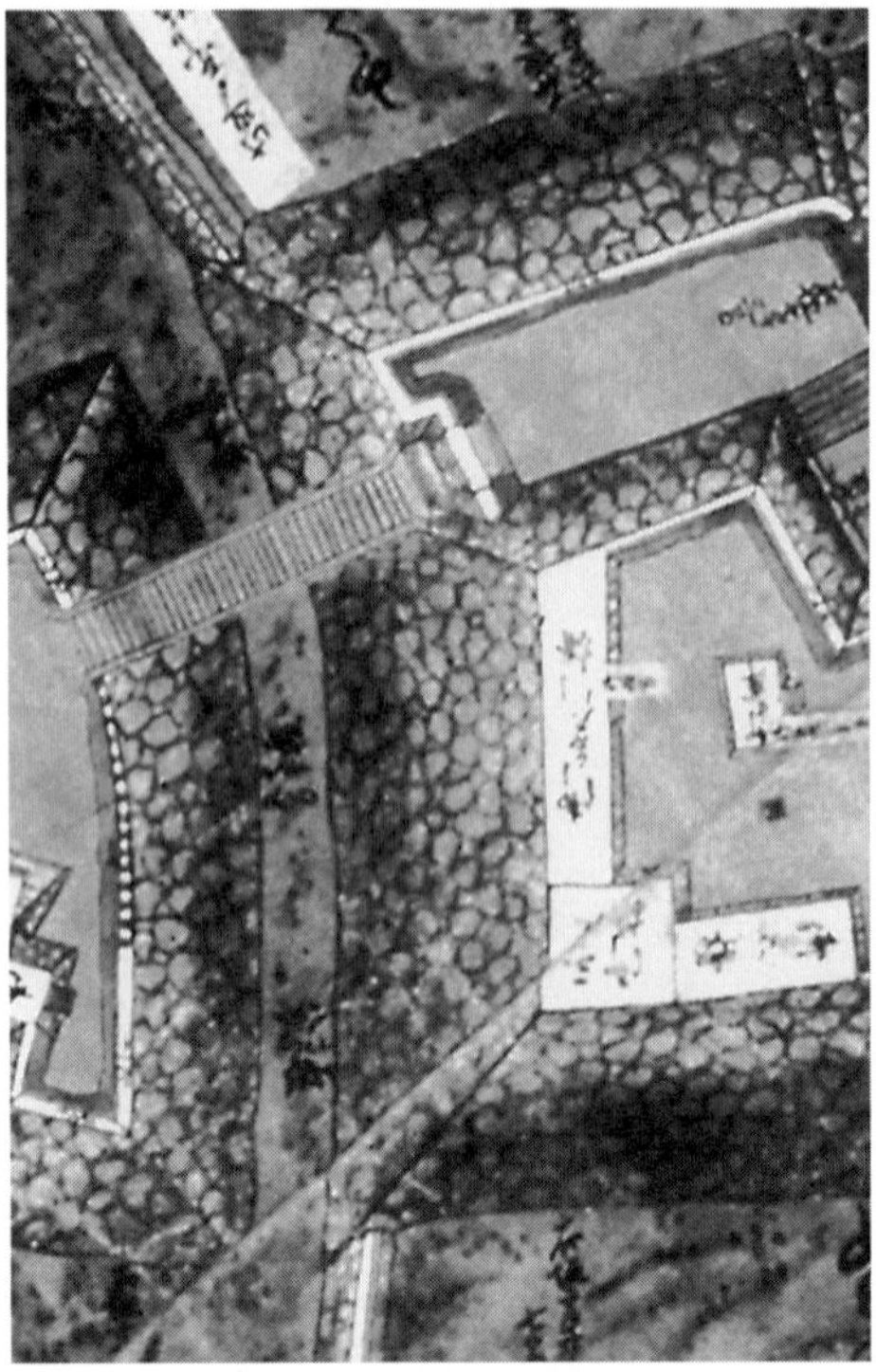

図６　西の丸三重櫓付近図（御城内御絵図部分）

六〃六〃五〃	一〃〃	六〃六〃五〃
三尺七寸五分	一柱間	三尺七寸五分
計	一四柱間	八六尺二寸〇分

東面桁行	六尺五寸〇分	一〇柱間	六五尺〇寸〇分
	五〃四〃〇〃	二〃〃	一〇〃八〃〇〃
	六〃六〃五〃	一〃〃	六〃六〃五〃
	三〃七〃五〃	一〃〃	三〃七〃五〃
	三〃三〃五〃	一〃〃	三〃三〃五〃
	計	一五柱間	八九尺五寸五分

なお、断面図では棟の列における柱間の寸法を入れており

六尺五寸〇分	一〇柱間	六五尺〇寸〇分
五〃四〃〇〃	二〃〃	一〇〃八〃〇〃
六〃二〃五〃	一〃〃	六〃二〃五〃
五〃八〃二〃五厘	一〃〃	五〃八〃二〃五厘
計	一四柱間	八七尺八寸七分五厘

であるから、各柱間寸法の合計を六尺五寸一間で割ると

梁間	三間
桁行西面	一三間一尺七寸〇分
東面	一三間五尺〇寸五分
断面図	一三間三尺八寸七分五厘

になって、梁間は覚書および絵図の間数に一致するし、桁行もそれぞれ端数を切り捨てるといずれも一致する。また東続櫓柱真々寸法は

梁間　九尺七寸五分　二柱間　一九尺五寸〇分
南面桁行　六尺五寸〇分　七柱間　四五尺五寸〇分
　　三〃七〃三〃　一〃〃　三〃七〃三〃
　　　計　八柱間　四九尺二寸三分
北面桁行　六尺五寸〇分　七柱間　四五尺五寸〇分
　　二〃一〃六〃　一〃〃　二〃一〃六〃
　　　計　八柱間　四七尺六寸六分

なお、断面図では棟の寸法を入れており

　六尺五寸〇分　七柱間　四五尺五寸〇分
　二〃九〃四〃五厘一〃〃　二〃九〃四〃五厘
　　計　八柱間　四八尺四寸四分五厘

であるから、各柱間寸法の合計を六尺五寸一間で割ると

梁間　三間
桁行南面　七間三尺二寸三分
　北面　七間二尺一寸六分
断面図　七間三尺四寸四分五厘

になって梁間は覚書ならびに絵図の間数に一致するし、桁行もそれぞれ端数を切り捨てるといずれも一致するので、格別の問題はない。

四天秤櫓および続櫓の間数

不思議なことに、『城中建物覚書』は「天秤櫓」の規模を記していない。

記述の順番は「本丸」の中に「天守」および「太鼓門」を記載し、つづいて「西の丸」へ移って「三重櫓」、そして「彦根城図」には名称を記載していないが、『城中建物覚書』と「御城内御絵図」にいう「井戸曲輪」、その次にこれも名称を書いていないが、「御城内御絵図」にいう「太鼓丸」へ行って、次に当然「天秤櫓」になるはずのところ、そこを飛ばして「鐘の丸」の記述へ移るのである。

よって、「彦根城図」にいう「多聞櫓」（天秤櫓の名称を記入していない）に書き込んである桁行と梁間を、『重要文化財彦根城天秤櫓・太鼓門及続櫓修理工事報告書』の平面図と対照してみることにする。

まず、絵図にいう門櫓正面部分の規模は

多門矢倉　桁行十四間（両隅櫓一階部分を除く）
東隅櫓　桁行　三間（東隅櫓一階部分）
西隅櫓　桁行　三間（西隅櫓一階部分）
計　二十間
　（報告書の中央一重櫓部分に該当）
梁間　三間

とあり、報告書平面図における桁行と梁間は

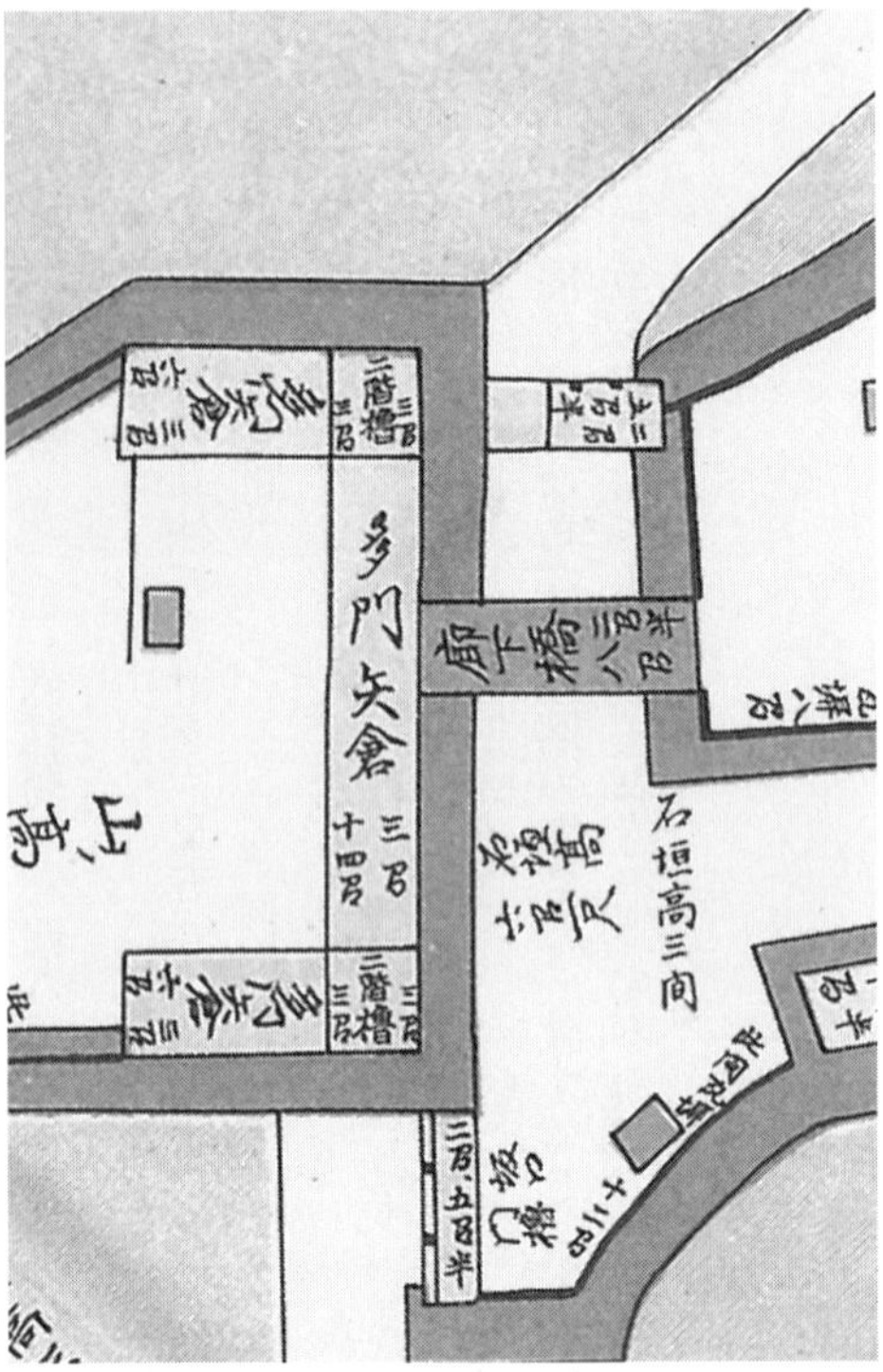

図７　天秤櫓付近図（彦根城図部分）

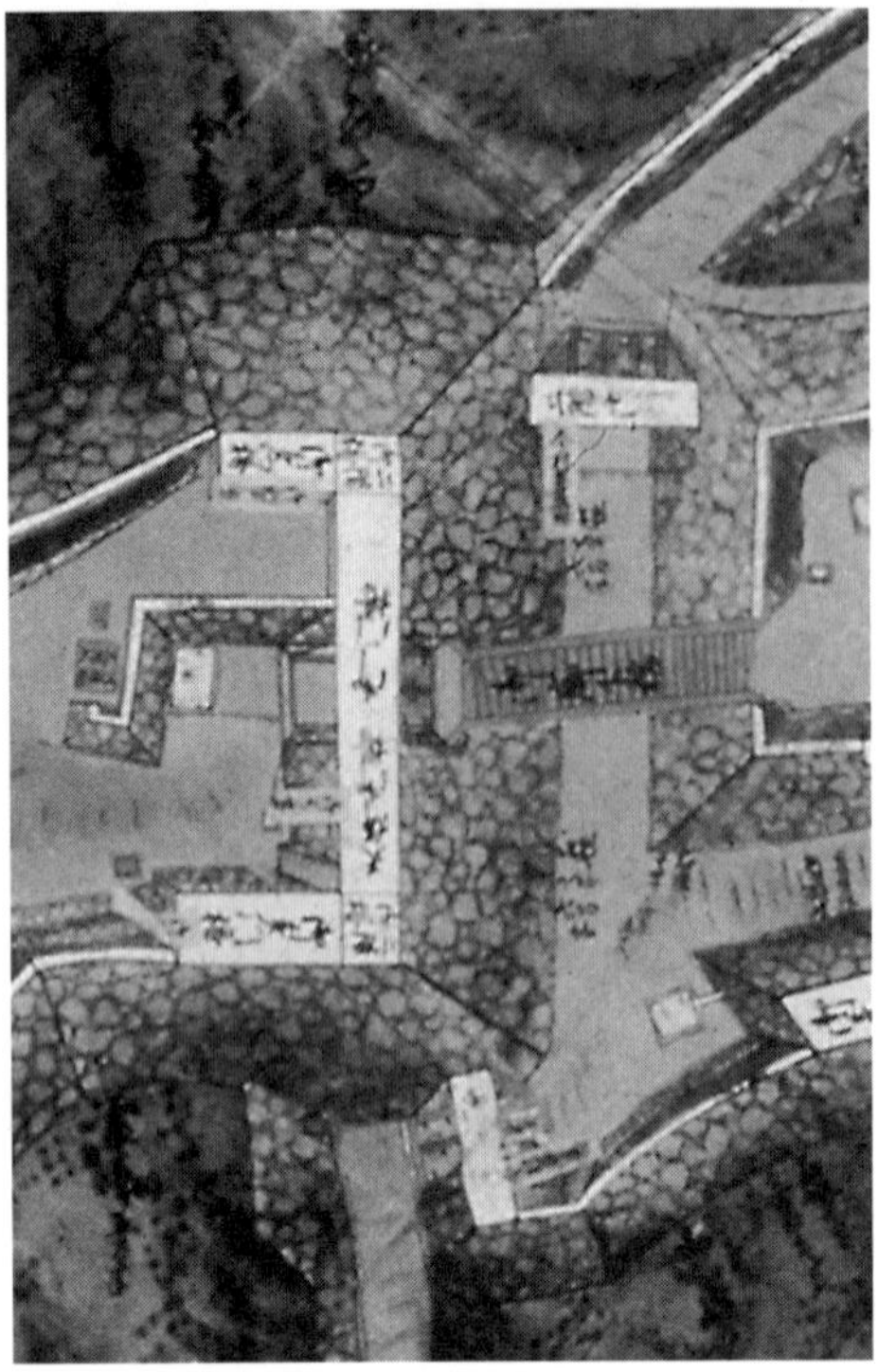

図８　天秤櫓付近図（御城内御絵図部分）

中央一重櫓

桁行	三尺二寸〇分	一柱間	三尺二寸〇分
	六〃五〃二〃	一〃〃	六〃五〃二〃
	七尺三寸五分	一柱間	七尺三寸五分
	六〃〇〃四〃	一〃〃	六〃〇〃四〃
	六〃二〃〇〃	五〃〃	三一〃〇〃〇〃
	六〃三〃七〃	一〃〃	六〃三〃七〃
	六〃三〃二〃五厘	四〃〃	二五〃三〃〇〃
	六〃一〃八〃	三〃〃	一八〃五〃四〃
	四〃五〃〇〃	二〃〃	九〃〇〃〇〃
	六尺五寸〇分	二〃〃	一三〃〇〃〇〃
	六〃六〃〇〃	一〃〃	六〃六〃〇〃
	計	二二柱間	一三二尺九寸二分
梁間	四尺九寸〇分	四柱間	一九尺六寸〇分

である。よって各柱真々寸法の合計を六尺五寸一間で割ると

桁行　二〇間二尺九寸二分

梁間　三間〇尺一寸〇分

になって端数を切り捨てると、「彦根城図」の梁間三間、桁行二〇間に一致する。

次に、東の続櫓部分は

多門矢倉　桁行　六間

梁間　三間

とあり、報告書の平面図における桁行と梁間は

東背面続櫓

桁行　六尺五寸三分　六柱間　三九尺一寸八分

梁間　四尺九寸〇分　四柱間　一九尺六寸〇分

右によって、東隅櫓背面に続く櫓の桁行三九尺一寸八分を六尺五寸一間で割ると

桁行　六間〇尺一寸八分

梁間　三間〇尺〇寸三分

になって桁行、梁間とも端数を切り捨てると絵図の間数に一致する。

つづいて西の続櫓部分も

多門矢倉　桁行　六間

梁間　三間

とあり、報告書の平面図における桁行との梁間は

西背面続櫓

桁行　六尺五寸八分　四柱間　二六尺三寸二分

六〃五〃五〃　二〃〃　一三〃一〃〇〃

計　六柱間　三九〃四〃二〃

梁間　四尺九寸〇分　四柱間　一九尺六寸〇分

右によって、西隅櫓背面に続く櫓の桁行三九尺四寸二分を六尺五寸一間で割ると

桁行　六間〇尺四寸二分

梁間　三間〇尺一寸〇分

になって桁行、梁間ともに端数を切り捨てると絵図の間数に一致する。

参考

○御城中御矢櫓大サ并瓦塀間数御殿御建物大サ覚書

【筆者註＝傍線は現存建築物を表す】

一御天守、六間ニ十間半、　【天　守】

同所へ付御多聞、二間ニ十四間、　【付多聞】

一同所御廣間、六間ニ十五間、

同所へ付御臺所、三間四方ニ六間、

同所御文庫、二間ニ廿一間、

同所廿間御櫓梁、三間、

同所月見御櫓梁、三間、

同所御門櫓、三間ニ十間半、　【太鼓門櫓】

同御藏、二間ニ八間、廻り柵、

一御本丸臺所廻リ板塀、七十三間、但シ取タ、ミ、只今無之。

一御本丸瓦塀、百八十二間、

内十七間ハ、御天守ヨリ西ノ丸御門迄、

三十一間ハ、御天守ヨリ月見櫓迄、

十二間ハ、月見櫓ヨリ廿間櫓迄、

十七間ハ、廿間御櫓ヨリ同多聞迄、

十間ハ、多聞ヨリ西ノ方御櫓迄、
二十六間ハ、同所西ノ丸口御門迄、
二十四間ハ、廊下橋ヨリ廿間御櫓迄、
四十五間ハ、廊下橋ヨリ鐘ツキ堂迄、
一西之丸南輪瓦塀、六十七間、
同所之内、御櫓二ツ、
内一ツハ、二間に五間
一ツハ、三間に五間
一同所北輪瓦塀、八十八間、
同所之内、二間ニ五間之御櫓二ツ、
一西之丸御門櫓、三間ニ十二間、
一同所三階御櫓、四間ニ五間、【西ノ丸三重櫓】
同所北之取付多聞、三間ニ十三間、【〃　北続櫓】
同所東之取付多聞、三間ニ七間、【〃　東続櫓】
一同所御文庫、九ツ、
内五ツハ、二間ニ三間ツヽ、
二ツハ、三間ニ十間ツヽ、
二ツハ、二間半ニ十五間ツヽ、
一西之丸廊下橋、二間半ニ五間半、
同所橋之外瓦塀、三十六間、但、柵塀共、
同所御門櫓、二間ニ四間、
同所将棋櫓、二間半ニ七間、

一御用米ヨリ西之丸迄之登リ塀、二十九間、
一井戸曲輪瓦塀、三十八間
同所鹽御櫓、二間ニ三間、杉ノ木原、
一鐘之丸廊下橋、二間ニ八間、
一同所北輪瓦塀、五十五間、
同所之内ニ、三間ニ十間多聞櫓有、
一同所南輪瓦塀、三十一間、
一同所南輪、御櫓二ツ、
内東一ツハ、三間半ニ四間、
西一ツハ、四間ニ六間、
同所多聞、三間ニ廿四間、
同所西ノ方多聞、三間ニ三十一間、雲隠アリ、
一鐘之丸御廣間、五間ニ十一間、
但、享保十七壬子年、タヽミ、江戸へ被遣、江戸御屋敷御広間ニ成ル
一同所御守殿、六間半ニ七間、
一山崎御門櫓、二間半ニ八間、
同所三階御櫓、三間ニ十間
同所多聞御櫓、四間ニ六間
一同所御門ヨリ水手黒門迄瓦塀、二百十四間

一水手黒門御櫓、三間ニ十間、
　同所御門ヨリ裡御門迄瓦塀、百十六間、
一御裡御門櫓、二間半ニ九間、
　同所御櫓、四間ニ四間、
　同所ヨリ御用米御鉄炮櫓迄瓦塀、百九十一間、冠木御門迄、
一腰曲輪御櫓、三間ニ五間、四分一櫓、
　同所御竹藏一ケ所、十六間、二ケ所、二間ニ十二間、右ハ取タ、
　ミ、今ハ無之、
一御鉄炮櫓、三間ニ五間、
一御用米口御鉄炮櫓、四間ニ六間、
　同所多聞櫓、三間半ニ廿一間、
一同所御鉄炮櫓ヨリ山崎御門迄、瓦塀、三百十間、又御藏東坂塀、
　十五間、
一同所冠門ヨリ御鳥毛御櫓登リ坂、十五間半
一長橋口御門櫓、三間ニ十三間、
　同所山崎入口小橋ヨリ御門櫓迄柵瓦塀、十七間
一同所外長橋南之御櫓、四間ニ五間、
　同所北東へ多聞、二間ツヽ出ル、
一山崎御竹藏、三軒、
　二間ニ十六間、

　二間ニ十二間半、
　二間ニ十二間、
一長橋御門ヨリ四十九町口御門迄瓦塀、二百十間、
　吉田隼丞前御櫓、四間ニ六間、
一四十九町口御門櫓、三間ニ十二間、
　同所西多聞、二間ニ五間、
　同東ノ多聞、二間半ニ十八間、
一同所東之多聞ヨリ宇津木治部右衛門前御櫓迄、瓦塀、三十三間、
　同御櫓、四間ニ六間、
一同所御櫓ヨリ中野助大夫預リ御櫓まで瓦塀、八十一間、
　同所御櫓、四間ニ六間、東ノ出シ、二間ニ二間半、
一中野助大夫預リ御櫓ヨリ庵原主税介預リ御櫓迄瓦塀、百三十間、
　同所御櫓、四間ニ六間、
一庵原主税介預リ御櫓ヨリ京橋口御門迄瓦塀、四十八間、
一京橋口御門櫓、三間ニ十五間、
　同所西ノ多聞、二間半ニ十間、
　同所東ノ多聞、二間半ニ四十四間半、
　同所東ノ御櫓、四間ニ六間、　　此間瓦塀落書シカ、
一西山内蔵允前角御櫓ヨリ犬塚求之介前御櫓迄瓦塀、九十一間、
　同所御櫓、四間ニ六間、
一犬塚求之介前御櫓ヨリ脇内記屋敷角御櫓迄瓦塀、五十四間

一脇内記屋敷角御櫓ヨリ御馳走屋迄瓦塀、六十八間
一御馳走屋之御櫓、四間ニ六間、【佐和口多聞櫓】
　同御櫓ヨリ木俣清左衛門前御門迄多聞櫓、二間半ニ廿八間、
　同所御建物御馬屋腰懸共、三間梁ニ三十八間之内、十七匹立
　　御馬屋　【馬　屋】
　御成御馬屋、五間ニ十間、
　御馳走屋、四間半ニ十一間、
　御馬屋之臺所、二間半ニ十間、但、タ、ミ今ハ無之、
　五匹ノトツナキ、五尺五寸ニ五間、但シ七尺間、味噌藏三間ニ
　　七間、同所ヨリ御臺所へ之廊下、八尺ニ二間、
一木俣清左衛門前御門櫓、三間ニ十二間、
　同所御門ヨリ同角御櫓迄多聞、二間半ニ五十間、
　同所角御櫓、四間ニ五間、
一同人屋敷東角御櫓ヨリ元大工小屋東角御櫓迄瓦塀、九十八間、同櫓、
四間ニ六間、
一元大工小屋東角御櫓ヨリ御築山北東角御櫓迄瓦塀□十□間、同櫓、
四間ニ六間、今云、□印二字消エテ見エズ、
一御築山北東角御櫓ヨリ同所西北角御櫓迄瓦塀、四十三間、同御櫓、
四間ニ六間、
一御築山北西角御櫓ヨリ御下屋敷北西角御櫓迄瓦塀、八十五間、同御
櫓、四間ニ六間、

一御下屋敷北西角御櫓ヨリ同所船止御番所迄瓦塀、五十六間、
一御下屋敷前舟止メ御番所、大サ二間ニ四間半、
　總シテ┬瓦塀ノ柱五尺ニ一本ツ、、
　　　　├サマハ、一丈ニ一ツツ、有之、
　　　　└ヒカヘ柱ハ、一丈ニ一本ツ、、
一御殿表門前橋、巾三間、長サ十一間一尺、
一裡門橋、巾二間半、長サ十間五尺、
一黒御門（筆者註―橋の字欠脱か）、巾二間、長サ十三間、
一山崎小櫓、巾二間、長サ十三間、
一御用米口橋、巾三間、長さ十五間五尺五寸、
一長橋、巾三間、長サ十八間、
一松原御藏道石橋、巾一丈一尺、長サ（○以下欠脱）古ハ板橋ナリ
一西中島北五三寸橋、巾一丈一尺、長さ四間五尺、
一松原口橋、巾三間、長サ十三間二尺三寸、
一京橋、巾四間、長サ十七間四尺、

一善利川橋、巾三間、長サ二十三間、

補記

本稿は関西城郭研究会機関誌『城』第一六三号に掲載された「彦根城の諸問題⑶—旧記と古図にみる建築物の規模について」を掲載したものである。彦根城の現存しない建築物に関する研究としては、早川圭「彦根城本丸跡御広間の建物遺構について—近世初頭の山城における本丸御殿の再検討—」（『近江佐和山城・彦根城』一一一頁以下）、松岡利郎「彦根城の失われた諸櫓の規模建築」（同書一二六頁以下）を各参照。

二　彦根城天守考察

1　天守移設伝承の検討

彦根城の天守は、一層入母屋造りの上に、二層二階の物見部分を載せる古い様式であるとして、いわゆる「望楼型」に分類されている（註1）。

そして、天守の外観が他の城に比べると例の少ない、「最上層の入母屋軒唐破風の屋根と共に、外形頗る凹凸参差《おうとつしんし》変化に富み、其の端倪《たんげい》すべからざる意匠の妙」（註2）を讃える反面、必要のない破風を多く取りつけているとし、武装建築にしては装飾的技巧にすぎるという批判もまたなしとはしなかった。

賛否はともかくとして、それらは彦根城の天守が現在地においての新築ではなく、大津城から移設したとき、古い様式を踏襲するとともに、新しく施した改造によるものと見られ、それがかえって移設を示す拠り所になっていた。

よって、まず移建説の根拠にされた『井伊年譜』（註3）の記載と、ほか若干の文献に示す内容の検討から始めたい。

㈠移設伝承を記載した文献資料

i 『井伊年譜』

彦根城の天守が、徳川家康の命令によって大津城から移したとされているのは、通常『井伊年譜』に

天守ハ京極家ノ大津城ノ殿守也　此殿守ハ遂ニ落不申目出度殿守（主）ノ由　家康公上意ニ依テ被移候由　棟梁濱野喜兵衛恰好仕直候テ建候由

とあり、次項で触れる『淡海落穂集』（註4）なども典拠にしたからであるとみて間違いない。

しかし、それらは後世の編纂によるもので、彦根城天守の前身を「大津城ノ殿守也」と断定はしているが、それについての原史料を示さず、そのあとには

目出度殿守ノ由
家康公上意ニ依テ被移候由
棟梁濱野喜兵衛恰好仕直候テ建候由

とあるように、いずれも「由」を付けているので、いうなれば出典不明、根拠薄弱な伝承を記載したものにすぎない、と見な

さざるを得なかった。

したがって昭和の大修理で解体調査の結果、移設の根拠が明らかになるまで、研究者は主として建築様式から伝承を確かめようとしてきたのである。

一方、「遂ニ落不申」とは、大津城主京極高次が関ヶ原戦の前日に降伏開城した史実にそぐわない記述として不審を感じさせた。

ところで『井伊年譜』は、彦根藩士功刀君章（註5）が初めて編纂したのではなかったと考えられる。実は、『井伊年譜』とは別に編者を「本藩諸士編次」とする『井伊家年譜附考』（註6）があり、その標題はともかく、内容のうち、とくに築城関連事項へ引用する原典になったと推測される『当御城建立覚書』（註7）が存在していた。その覚書には

　御天守ハ家康公より御拝領被遊候而　大津之天守ニ而恰好等棟梁濱野喜兵衛仕直申候而建申候　此御天守ハ目出度物語有之由

とあり、「目出度物語有之由」と、それのみ「由」とし、「落不申」とは記載していない。その覚書を引用したとみて間違いないと思われる『井伊家年譜附考』も

　彦根山御城之天守ハ権現様ヨリ御拝領ニテ大津之城ノ天守也　恰好等ハ棟梁濱野喜兵衛仕□シ也　長サ十三間　横九間　此天守ハ目出度物語有之由

として、「落不申」を記載していない。

ところで「落不申目出度」を、既往の文献はあまり触れることがなかった。ただ城戸久氏が昭和十三年（一九三八）に発表した土屋純一氏との共著による「近江彦根城天守建築考」の中に、「開城したから『井伊年譜』に遂落不申目出度殿守の由と記載せられた」旨の記述をし、解体修理工事が完了してから数年をへて昭和四十一年（一九六六）刊行の『彦根城』（中央公論美術出版）にも

　関ヶ原役の際、東軍に属して、いわゆる大津籠城合戦をつくりだして開城したので、「落ち申さず、目出度殿主」といわれるところである。

と記述した。つまり、「開城」とは「落城」でないから「目出たい」という『井伊年譜』の表現を認めたようである。

しかし「開城とは城に立て籠って居た軍勢が其の守を失って敵に城を明渡して降伏する事」、「落城とは敵に攻められて城の陥ること」（平凡社刊『大辞典』）である。詞として差があるとは判るが、辞典では開城を目出たいと感じさせる解釈はしていない。落城にしろ、開城にしろ、敗戦であることに変わりはない。他の例でいえば、日露戦争における旅順開城＝旅順陥落（落城）であるから、この二語はむしろ同義語に近いと解すべきではなかろうか。

では「目出度物語」とは、何であったのか。井伊家所蔵の系譜に

　関ヶ原合戦のとき、弾痕を受けなかったためでたい大津城を彦根へ移した、時に慶長十一年

と記しているという（昭和三十二年〈一九五七〉一月二十五日「朝

日新聞」)。それは知見の内にないが、弾痕は砲弾の誤りであろう。いずれ後項で触れる。

さて、高次が降伏開城したのは史上周知の事実で、それについては『大津籠城合戦記』(註8)に、彼が

無力出城ニシテ高野山へ登山スベシト、無是非十五日

に大津城を出たところ

長浜表ニ相図ノ火元相見、御利運最早登迄ニ及間敷

になっていたが

我存念達セズト登山ニ及バレタリ

つまり高次は、少し待てば勝報に接して勝利者の立場になり得たが、周りからの勧告に抗しきれず、一日の差で降伏開城して敗者になり、その責任上、法体《ほったい》し高野山へ隠遁しようとしたのである。しかし家康は井伊直政を使者として高次に

四五万ノ上方勢関ヶ原着陣セズ、殊ニ立花猛将ヲ押ヘラレシハ、皆高次卿ノ御武功

との趣旨を伝えさせて敗戦の責を問わず、逆に大津六万石から若狭小浜八万五千石(後さらに七千石余を加増)の封を与えた。そして家康自身は大津城に数日間滞在し、圧倒的勝利を得た関ヶ原の戦後処理をした。これが「目出度物語」であったと推定できる。

以上は周知の事実として、『当御城建立覚書』では敢えて経緯を詳述せず、ただ「目出度物語」と簡単に記述したのであろうし、『井伊家年譜附考』もそのまま踏襲したと考えられる。

にもかかわらず、功刀君章が改編するとき、経緯を省略したまま別の詞「落不申」と書き加え「目出度物語」へ続けたから、不審の感を抱かせる結果になったのであろう。『井伊年譜』が官選ならば、先の系図記載を採用したはずで、かかる記述はなかったかも知れない。

ただし筆者は功刀君章の改変をもって『井伊年譜』の記事に全て不審の感を抱くとか、信じないわけではない。『井伊家年譜附考』そのほか傍証にできる資料などと照合して、可能な範囲で真否に留意しつつ考察の典拠として使用しなければならない事項が少なくないことを断っておく。(補註1)

ii『淡海落穂恵草』

右掲『井伊年譜』と共に、天守移設の記事を掲載するものに編纂の時期は下ると考えられる『淡海落穂恵草』(彦根市立図書館蔵)がある。

その内容は、他書が引用する『淡海落穂集』に同じとみてよいであろう。『淡海落穂恵草』には

御天守は　家康公より御拝領被遊候而　大津城御天守にて候恰好等棟梁濱野喜兵衛仕直し申候而建申候　此御天守に目出度物語有之由

としている。これには『井伊年譜』にいう「遂ニ落不申」との字句を記載していない。

文章としては、関連する築城経緯を含め、『当御城建立覚書』または類本から引用していること明らかで、むしろこれにより『井伊年譜』は功刀君章が書き加えたものに相違ない、と判断できる根拠にもなるであろう。

そして、ただ「目出度物語」とするにとどめ、何が目出たいのか、その内容に触れていないのも、記述の通り史上周知のこと故として、『当御城建立覚書』を踏襲したのかも知れない。

ただ右掲記載のあとに

　大津之城と有之は坂本之城之事也　坂本は明智日向光秀
　信長公より預候城也　居城は丹波亀山也

としているが、註記の冒頭に「私ニ云」とあるので、これは原本にないものとして、検討考察の対象からは除外する。

iii『彦根山由来記』

明治年間の成立で『彦根山由来記』がある（註9）。それは原史料を一括して「慶長五年以下、井伊家諸旧記に拠る」とし、具体的な個々の史料名を表示せず、天守について

　京極高次の大津城の天守なり、家康の命に依りて、移転し、
　大工棟梁濱野喜兵衛恰好して之を建つ
　十一年（三百零五年前）牙城《ホンマル》天守楼成る

と断定し『井伊年譜』にいう「遂ニ落不申」はもとより「目出度」にも触れず『井伊年譜』本文にない天守完成時期を記載したのは、前掲の井伊系譜によったのであろう。

その著者不能斎が、右にいう「井伊家諸旧記」に『井伊年譜』を含めているか否か、これを確かめる方法はないが、感触としては、恐らく含めていなかったと思われる。

理由は『彦根山由来記』に、築城経緯などを記述するにさいして

(a)『井伊年譜』本文には記載していない天守完成慶長十一年を記載
(b)『井伊年譜』の記載を必ずしも『彦根山由来記』へ採用していない
(c)『井伊年譜』記載の、天下普請に助役を下命された大名のうち、わずかながら表記に違いがある
(d)「年譜二次本」写本のうち、一部にしか見られない欄外の書込み第二期築城工事費について、不能斎が施した詳細な検討は『井伊年譜』以外の井伊家所蔵史料に基づくものとも推定

されるからである。とくに(a)天守慶長十一年完成は、明治初年太政官諮問に対して提出した『井伊家譜正誤』執筆にさいし、井伊家所蔵系譜を調査して不能斎の知見に入ったと考えられよう。

㈡地元刊行の解説書にみる記述

本項にいう解説書は知見範囲で、『彦根山由来記』刊行の後、昭和三十五年（一九六〇）に完成した天守解体修理前の発行によるものとする。

i『彦根城頭より俯瞰すれば』

大正十四年（一九二五）・勝井辰純氏著・村下印刷所刊

彦根城の解説案内書としては早い時期のもので、天守につい

　京極高次の大津城の天守閣であったのだが、家康の命に
　　依って此處へ移した

とし、天守完成を「慶長十一年」としている。典拠の明示はないが、助役下命大名の表記によって、『彦根山由来記』からの引用と考えられる。

ii『彦根の史蹟と景勝』

　昭和十五年（一九四〇）・彦根市立図書館長北野源治氏

本書は対象とする刊行当時の市内における史跡と景勝の写真個々に解説を付したもので、「慶長十一年五月」に

　本丸と天守閣成る。
　家康の命により京極高次が築きし大津城の天守閣を移転す。
　濱野吉《（ママ）》兵衛、大工棟梁となりて初めて三層の牙城成る。

とあり、典拠を記していないが、ほぼ全面的に『彦根山由来記』の引用とみて間違いない。ところが天守の完成時を『彦根山由来記』にはない「五月」とするあたりに不審を感じさせ、一部には誤記が目立つ。

iii『彦根城』

　昭和十八年（一九四三）・彦根市立図書館長北野源治氏

前記『彦根の史蹟と景勝』のうち、城と周辺部について増補したもので古写真と現状を対照し、解説文で前掲の「五月」を削除して

　慶長十一年　本丸、天守閣成る。
　家康の命により京極高次の大津城の天守閣を移転し大工棟
　梁濱野喜兵衛恰好して之を建つ。

として前の誤植などを正し、『彦根山由来記』によるほか、築城時の「役夫粮米運漕」は、同図書館所蔵の後掲「近江国彦根城天守建築考」所収『東照宮御実紀』からの引用と推測できる。なおそれは『大日本史料』所収「三河國額田郡土呂村浪人松平甚助所蔵文書」である。

iv『彦根城とその付近』

　昭和二十八年（一九五三）・宮田思洋氏著・彦根観光協会

本書は天守を

　京極高次の大津城の天守であったが、遂に落城しなかった
　芽出度い天守であるとて、徳川家康の命

による移築とし、『井伊年譜』の「遂ニ落不申」を現代語に訳して引用し

　工事起工の慶長八年より三年後、即ち慶長十一年

を天守完成時期とするのは、慶長八年着工説を作事も同様と考えて三年と計算し『彦根山由来記』の慶長十一年を引用したのであろう。

　以上、四件は『彦根山由来記』からすべて、もしくは一部を引用し、うちivのみが主として『井伊年譜』を典拠にしていたのである。

㈢研究者等による移設と完成時期の記述

本項にいうところも知見範囲において、昭和三十五年完成の解体修理以前のものである。

i『日本城郭考』

昭和十一年（一九三六）・古川重春氏著・巧人社刊

本書には引用にさいし甚だしい誤写と誤認があり、そのうち天守についての記載で

此天守は築城の時新築したものではなく、京極高次の大津城の天守で、近江八景の一に詠まれた、水に映つる膳所の名城であったものを、家康の命により移築したもの

とし、大津城と膳所城を同じ城とする誤認をおかしている。しかも「城郭の案内に付いては中村不能斎の【彦根山由来記】による所多し」としておりながら、天守工事の完成時期については、『彦根山由来記』に「十一年（三百零五年前）牙城天守楼成る」とあるのを

慶長十一年末牙城天守楼成る

と、典拠を示さず、『彦根山由来記』に記載のない「末」を書き加えている。「末」はたぶん古川氏の推定想像で、それが後年の解体修理時における調査結果と偶然一致したものとみるよりほかはない。

なお、前後するが、同氏による『錦城復興記』（昭和七年（一九三二）・ナニワ書院刊）の「第一章　我国の城郭（六）彦根城」で天守の構造を「三層四重」としたのは、天守台石垣の横に張り出した玄関一棟を一階と見なしたのであろう。

ii「近江彦根城天守建築考」

昭和十三年（一九三八）四月『建築学会論文集』第九号
名古屋高等工業学校校長兼教授土屋純一氏
助教授城戸久氏共著

本論考は昭和十一年（一九三六）八月の天守実測調査にもとづき、彦根築城と同時期の他城に比較し、それらよりも古い様式を備えるとして、『井伊年譜』と『淡海落穂集』にいう大津城からの移建説を認めたものである。すなわち

初層以上望楼を形成する

外観の構成、構架法及唐破風等の細部手法

により、天正十八年（一五九〇）大津城構築当時の俤を多分に留めているとした。さらに

平面の比例甚だ細長く、岡山城天守を除いて他に類例がない

平面において各重に部屋割を有し、長押を巡らすなど住居として使用せられた安土城天守の俤を多分に有する

各重を貫く主柱と見るべきものがなく、各重が只上重を支ふる支台を形成する

など、慶長以前の構架法を残存するものとし、また

二重三重の入母屋破風（＝千鳥破風）（註10）は外観よりは装飾的の如くに見ゆるが、内部においてはいずれも狭小な

破風の間を完全にとり、狭間を設置して（中略）防備の堅固なるを思わしめる（中略）。これが後期の天守においては全く装飾的付加物となり終わるのである。
この意味において本天守の入母屋破風（右掲）が実用的意義を有して居る点において古き手法と見做し得る

とした。

その他さらに、彦根城天守のように初層屋上の楼閣すべてを

展望所にしたのは他に例を見ないとし

望楼が単層（丸岡）より二層（安土、大阪）複雑な二層（岡山）となり、さらに進んで三層（広島、姫路）とまで進展せしことは明瞭で（中略）、初期天守に於てはこの望楼部分の外観は特に下層と独自に意匠をこらして華麗なもの

であったが

以後岡山広島と発展するに従ひ望楼の複雑化と共にこの手法は漸次上層に移り、遂に最上層のみわずかに下層の手法より意匠をこらす程度

であるが、彦根城天守は

楼閣部分が全般的に華頭窓、唐破風勾欄に依つて下層より特殊の意匠

になっているので、安土城天守に近接する手法をとどめている

としたのである。そして

二層及三層の唐破風が塗籠とならず青銅製銹金具にて装飾せられて居る点はさらにこの意味を深めるものと思はれ重視すべき

とした。そのうえ

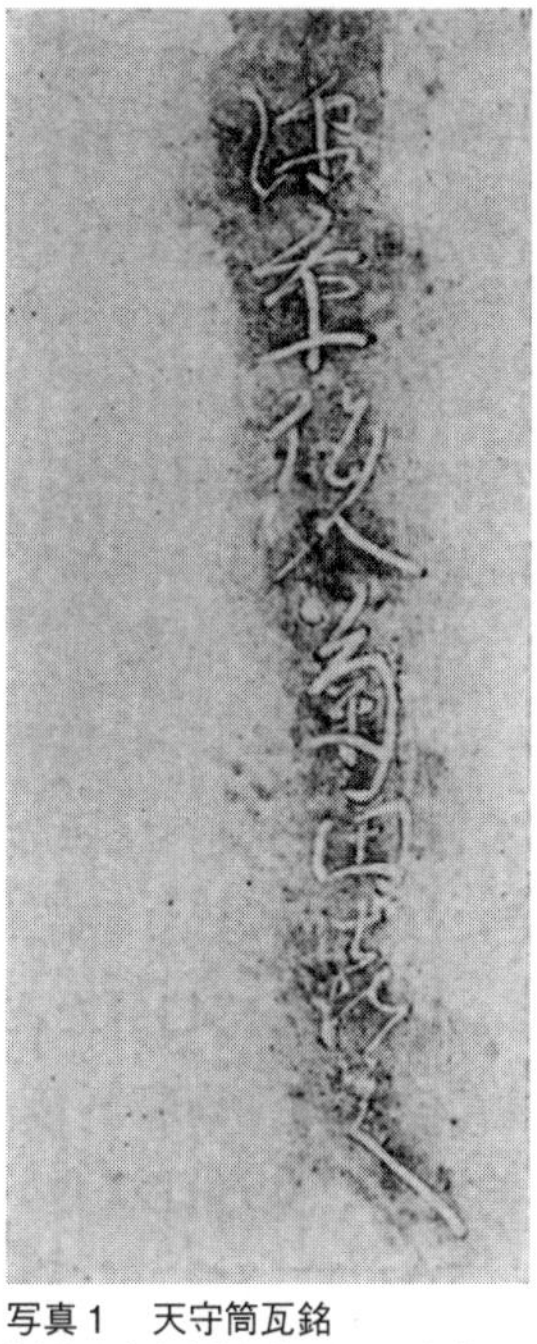
写真1　天守筒瓦銘
『建築学会論文集』第9号より転載

本天守の特に異なる処は最上層勾欄が廻椽とならず四隅にのみ附せられ、華頭窓が中窓となって椽に出る如く計画せられ

ていることも強調している。

そして

内部初層梁に古材を使用したりと認め得る切欠

によって、大津城の天守であった建物の移建を信じ得るとした。

もっとも、右の範囲に前身建物を大津城のそれとする絶対的な物証が見あたらないので、次掲在銘の瓦をそれとして、大津城からの移建説を肯定するために補強をしたのである。それは実測調査にさいして南側二層中央千鳥破風の西南隅にあった丸瓦から「深草作人菊田喜兵衛」の銘を見出し、その書体により彦根築城当時まで遡れるとして

大津対深草の地理的関係より按ずれば（中略）大津城天守に使用せられたものと認むべきが至当

とした。土屋氏らの言うところの典拠になるべきものとして『当

御城建立覚書』には

石垣之石并御櫓御門等迄大津長浜之古城より來申候由

とあり、『井伊家年譜附考』は

石垣ノ石并櫓御門共大津之古城ヨリ來ル由

とあるのが、「年譜一次本」（彦根市立図書館蔵）には

石垣ノ石櫓門等迄大津長浜ノ古城ヨリ来ル

となり、「年譜二次本」（彦根市立図書館蔵）では

石垣ノ石櫓門等マテ佐和山大津長浜安土ノ古城ヨリ来ル

になって表現に若干の違いはあるが、土屋氏らは右のいずれかにより

瓦も運搬せられたと察知せられ

として

少なくも本筒瓦は本天守の大津城移転と伝ふる処の物質的資料となり得るものと信ずる

とした。ところが瓦については問題点なしとしないので、それは後に触れる。

なお、大工棟梁濱野喜兵衛がどの程度に「恰好仕直」したかは明瞭でないとしながらも、当然それと考えられる点には

①大津で装着していたはずの石落しを彦根では除去したと推定

②軒裏は当初唐破風と共に塗籠せず素地のままにあったはずだが棰型を表してはいるものの薄く塗籠にしていること

③初層屋根の切妻破風はすべて移建にさいし装飾的に付加したもので技巧に富む点

④羽目板部分を腰周りで僅少な部分に施したこと

などをもってそれとした。

ただし昭和二十年代以降の各地城郭の調査研究と、彦根城昭和修理の結果、中には見直しを要する面もあろうが、傾聴すべき点があることまた否めない。

ところで、天守の完成時期について、第一章「沿革」で

慶長11年末本丸天守閣成ると言はれる

と具体的な典拠を示さず、また「井伊家歴代及城郭修築表」に

慶長十一本丸天守成る

として、ここは「年末」とせず出典を、「同上」としている。「同上」の元は「諸書」として個々の文献史料などの名称を記していない。

検討考察の形跡としては、『彦根山由来記』所収の本多忠勝が井伊家の家臣に与えた慶長十二年三月末の書状に

其元御普請無御油断之由御苦労共に候

をもって、その時点で

なほ工事継続中なる事明らかにして、この間慶長十一年末本丸天守閣成ると言はれる

と続くが、十一年末完成に対する根拠として充分とは思えない。

これが「慶長十一年」ならば、知見の範囲で『彦根山由来記』と、それを典拠にした前掲の勝井辰純氏による『彦根城頭より俯瞰すれば』（大正十四年）であるが、いずれも「年末」ではない。

結局のところ「慶長十一年末」とするのは、古川重春氏の『日

本城郭考』（昭和十一年）の中に記している

　　慶長十一年末牙城天守楼成る

のほかにはなかったのである。

　しかし、城戸久氏は古川氏の著『日本城郭考』を「杜撰極まりない」（註11）と厳しく批判しているので、その古川氏の著書を参考にするとは考えられない。（補註2）

　したがって、右掲のように本多忠勝書状に基づいたのであれば、典拠を漠然と「諸書」などとせず、書状の追究によって、その成果を明らかにすればよかったのではないか。

　なお、城戸久氏は昭和四十一年（一九六六）中央公論美術出版の著書『彦根城』では

　　天守は慶長八年（一六〇三）に起工して、同十一年の末に工事が一通りできあがったといわれる。

としている。『国宝彦根城天守・附櫓及び多聞櫓修理工事報告書』は築城着工時期を慶長八年説と同九年説を掲げ断定をさけているので、天守完成時期の部分を採用して「いわれる」としたのかも知れない。

iii『日本建築』城郭編第一冊「彦根城」

　工学博士田邊泰氏編・昭和十六年（一九四一）彰国社

　本書は『井伊年譜』と『淡海落穂集』の両書を採用しているが、『井伊年譜』にいう「遂ニ落不申」に触れず、また「目出度物がたり」について追究していない。

　大津城からの移設を認める根拠としては

　　濱野喜兵衛の恰好仕直したものとするも、尚ほ天正文禄の頃、初期天守時代末葉の各種形式手法を覗ひ得る遺構として、形式手法の古調を持つ

ところにあるとし、その初期天守の古調とは

　　初層の平面は身舎《もや》桁行七軒梁間三間、其の周囲に特に幅広い入側を廻した（中略）著しく横長いこの平面は天守平面中寧ろ異数とされるもので（中略）

その上に大きい入母屋の屋根を架け

　　第二層は、この屋根裏を利用して初層身舎の部分を建て登せ、最上層たる第三層を乗せる

したがって

　　第三層はこの基台（第二層）の上に（中略）下層の規約に制せらるゝ所なく適宜自由に建てられてゐる

構造的な面にあるとし、さらに

　　一見して二層三層は旧く、初層廻り特に飾り屋根や破風の形は新しいと見られるやうに、各層の窓装置や狭間の取り方、殊に二層三層の華頭窓や唐破風、最上層の屋根の形等は、譬へ慶長造營のものとするも大津城の旧手法濃く残る所のものがあり、華頭窓などは特に力強い其の木割線様共々後世に見ない所である

としている。

　そして「喜兵衛恰好仕直し」とは

　　初層の妻両端に切妻の破風を飾り付け

　　平にも其の両翼に切妻庇屋根を設け

　　三層と初層屋根の間を平に大きな入母屋の飾破風を作って

変化を与へ

> 三層の腰には四方庇屋根を葺き下して両妻側に軒唐破風を飾ったり（中略）最上層の入母屋軒唐破風など屋根の奔放自在な意匠にするほか、狭間については
>
> 今外観狭間を悉く壁で塗りつぶしてあるので、白亜の壁が益々白く美しく見られるのが、古くは夫々の狭間が相当数多く其の間に開いてゐて、一層変化に富むものがあった筈

として、塗籠めにした隠狭間は、喜兵衛の仕直し以後に施したものと思わせる表現にしている。

そのあたりはともかく、田邊氏はさらに各階内部の部屋割り、細部の構造などを詳しく調査したうえ

> 各層の窓装置や狭間の取り方、殊に二層三層の華頭窓や唐破風、最上層の屋根の形等は、譬へ慶長造営のものとするも

旧手法を濃く残しているとする反面

> 軸部の柱や長押の形さへも示さず一面の大壁仕上げになつてゐること等は（中略）素木造長押打真壁の古い制

を守らない技法と述べ、土屋氏らによる深草製瓦という具体的な物証に触れることなく、慶長末年造営のものとする新旧混交の建築手法によって、『井伊年譜』と『淡海落穂集』にいうところの前身建物を大津城の天守とする移設伝承を承認したと考えられる。

もっとも、先に土屋純一・城戸久両氏論考の項で触れた通り、昭和二十年代以降、各城郭の調査研究と、彦根城昭和修理の成果により、見直しを必要とする一面もあるではないかと思われるが。

一方、天守完成の時期については、

> 其の年（慶長八年）の冬鐘丸先づ成り、九年七月には直勝佐和山より新城に移ったと云ふ（東照宮御実記）。又淡海落穂集の記載によれば、藩主の移城と共に家中町家の移転、其他城地の経営も始められたのであつた。斯くて慶長十一年の末本丸天守閣の工成り

として、とくに後半は『淡海落穂集』に拠っているようであるが、それには天守完成時期を慶長十一年末とする記載がない。もっとも、田邊氏の渉猟による『淡海落穂集』にその記載があったのならば、それはそれとして理解できるが、筆者の知る範囲の『淡海落穂集恵草』はもと同類の写本から引いたとするものが見あたらない。

さりとて、土屋氏らのように本多忠勝の書状から判断したというような形跡も見られない。

よって、田邊氏は古川氏の『日本城郭考』または土屋氏らの「近江彦根城天守建築考」いずれかによったのか。でなければ、「末」は、たぶん田邊氏の推定想像で、それが後年の解体修理時における調査結果と偶然一致したとみるよりほかはないとしておこう。

㈣天守解体修理調査の成果と問題点

昭和の天守解体修理工事を記録した『国宝彦根城天守・附櫓及び多聞櫓修理工事報告書』によると、今おさまっている建築

用材の見えない部分から、現在の組合せに合わない数多くの番付符合を検出し（註12）、それに基づいて図上復元をした結果、前身建物は四層五階であったことが判明したとしている。

すなわち、現存する三層三階の天守は、現在位置で新築したものではなく、『井伊年譜』にいう

棟梁濱野喜兵衛恰好仕直候テ建候

の通りであると共に、解体修理前になされていた諸論考にいう外観上の様式変更のみではなく、層階にまでも及ぶ改変を施していたことが明らかになったのである。

それによって、いずれかの城から移設したことは間違いないとしても、その前身建物が大津城の天守であったと判断できる決定的な証拠は現れなかった。

そのため、同報告書は大津城から彦根城への移設について、直ちには信じ難いとして、ほぼ次のような点を指摘した。

(a)「墨書」と『井伊年譜』記事との関連。

修理のための解体にさいし二層北の隅木から、工匠による

慶長拾壱年午五月廿二日（補註3）

ならびに三層東北の隅木から

慶長拾壱年六月二日

の墨書（註13）を検出し、その日付以後の諸工事を考慮したうえ、ほぼ年内一杯ぐらいに天守建築工事が完成したものと判断した。

さらに工匠の名にある「喜兵衛」との墨書は

棟梁浜野喜兵衛

と推定し、それらが『井伊年譜』の記事と一致するので

年譜が相当確実な史料によって編まれた

と推定し、『井伊年譜』の史料的価値を高く評価する反面、それによって次の疑問を提示したのである。

(b)「関ヶ原戦」直前「西軍の砲撃」は

大津城に対し致命的な打撃を与えた

という。そのため新たに大津へ封ぜられた戸田一西が、徳川家康の命により新たに膳所城を築いたのは、大津城が地形上不利な位置にあったからで、加えて建築物も移設再用に耐える状態でなかったはずだのに彦根城へ移せたのかという懸念を示した。文脈からはそのように読みとれる表現をしたのである。

(c)「大津城天守」が、もしも再用可能であったならば、なぜ近い所で築く「膳所城」へ移設しなかったのか、ともしている。

(d)「解体修理」で現存天守の、番付や材料等に残されている痕跡等を辿り、前身建物を図上復元したところ

一階の平面については彦根城天守とはやや小さく、高さは五階の城郭建築、恐らく天守と認めてよい建物を取毀ちの上、彦根城天守の部材として転用したものであることが判明した。となるとやはり大津城の天守なのであろうか。

とし、また一方

大津城を（膳所へ）移すと言うのは、城の位置を変えるこ

とだけを意味するものではなく、城内の櫓等も移したと解してよいだろう。となると大津城の主要な建物である天守を、彦根に譲ると言う余裕が果してあったろうか。

とするほか再び

まして大津城は慶長五年の攻防戦で、開城のやむなきに至る程の打撃を被っているのである。

ともいい

大津城移転に関しては、年譜の記事をそのまま受けとるには、今尚若干のためらいを感ぜずにはおれない。

としながらも、建物移設に必要であった番付符合を検出しているから

彦根城天守の建設にあたって、いずれかの城の天守を移したことは信じてもよい。大津彦根間なれば、部材は舟で琵琶湖を曳行すればよく、前記の疑問もあるが、大津城天守移建説は、にわかに捨て難いものを含んでいるのである。

として、判断は二転三転と揺らいだ。

以上、報告書は移設の間違いないことを証明する番付符合を部材から検出したうえで、籠城戦をはじめ、膳所築城の経緯を踏まえた結果の問題点を書き綴ったのである。よって本稿では、解明とまでは言えないが、及ばずながら可能な範囲で追究を試みたい。

i 「墨書」と『井伊年譜』記事との関係（前項の(a)）

まず報告書は、天守の完成時期について

享保年間功刀氏によって編まれた「井伊家年譜」より慶長十一年に大工棟梁濱野喜兵衛の手により大津城の天守を移し

とし、これが部材から検出した墨書の銘に一致するとし、『井伊年譜』の記事を高く評価した。

しかし、筆者の知見範囲にある『井伊年譜』と、その祖形に違いないと考えられる『井伊家年譜附考』をあわせて十二種（ただし内一種は該当する巻之四を欠くため実質は十一種）の写本で、本文に、天守完成の時期を「慶長十一年」と記したものがない。ただ「年譜二次本」のうち四種が慶長十一年の条に、頭註または付箋をもって小文字で

彦根天守成就

としているにすぎない。これは「年譜二次本」五種のうちの四種であるから、『井伊家年譜附考』の編者である「本藩諸士」はもとより、改編した功刀君章もその事実を知らなかったであろう。したがって頭註は『井伊年譜』本文の信憑性を高めるものではないのである。

では、どうして「年譜二次本」の一部にのみ「慶長十一年」完成を知って頭註を施したのであろうか。それがここでの課題になる。

実は、昭和の解体修理で見つかった墨書は、既述の慶長十一年銘のみではなく、三層東南隅の軒桁に

破損仕□□□　寶永元年甲申之七月廿七日　慶長拾壱年よ

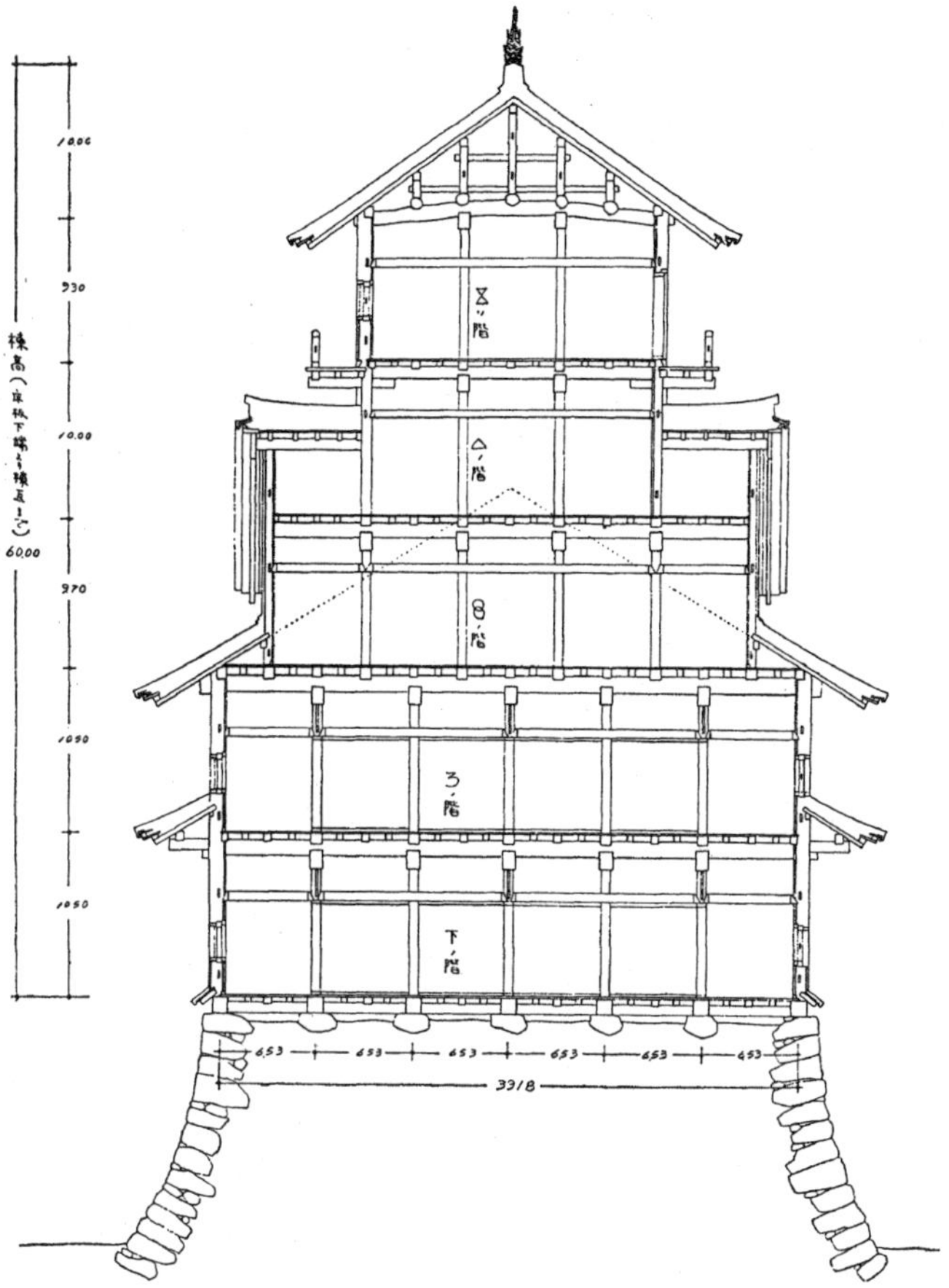

図９　天守前身建物推定断面図

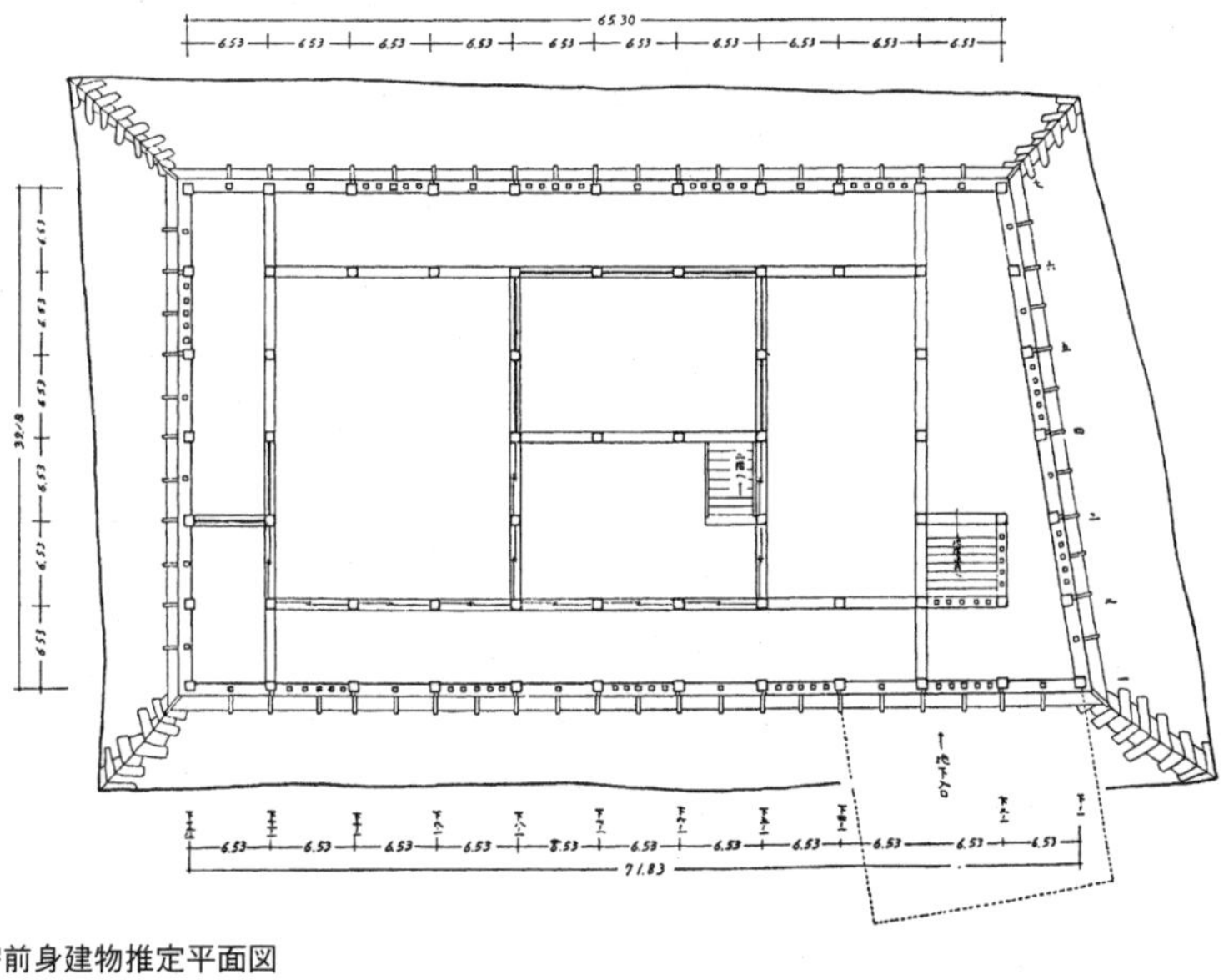

図 10　天守前身建物推定平面図

り九十九年に□□

とあり、他にも「寶永元年」の墨書が数件あった。宝永元年（一七〇四）の修理について天守修理工事報告書は

今回の工事中発見された墨書、刻銘及び瓦の箆書等から完成後宝永元年（中略）の修理が最も大規模で桁や柱さらには土台の取替えまでうけており、半解体に近い大修理

であったとしている。

ところが、『彦根城の修築とその歴史』（平成七年彦根城博物館編）の年表には、宝永元年の条に幕府への願書ならびに承知などの記録が見あたらない。

もっとも、文書史料には湮滅という問題があるし、部材によっては直接「土台取替え」の墨書がないとしても、技術的に観察した専門家の判断に従うべきである。

宝永元年の修理工事現場で、半解体に近い大修理を進めて行くうちに「慶長十一年云々」の墨書を見つけて計算すると、人間であれば白寿にあたるとして感動し、天守の完成すなわち「慶長拾壱年より九十九年云々」と書きつけたのではなかったか。

それをたまたま、「年譜二次本」を書写していた藩士が伝え聞いて、施した頭註を、以後、それを底本にして頭註も書き写し、さらに書きついで行った。したがって同じ「年譜二次本」でも頭註がある写本と、無い写本が現れることになったと考えられる。

その墨書を発見した宝永元年（一七〇四）は、「年譜二次本」最終記事の享保十五年（一七三〇）よりも二十六年前であるが、改編者功刀君章はその間に情報を得ていなかったのであろう。

今回の大修理における二時点の墨書発見は、彦根城の天守建築経緯を探究する上で、極めて貴重と言わなければならない。

ⅱ 「関ヶ原戦」直前、「西軍の砲撃」による被害（前項のⓑ）

天守修理工事報告書は、大津城が慶長五年の攻防戦によって、開城のやむなきに至るほどの打撃を蒙ったと推定している。

大津城主京極高次は関ヶ原戦にさいし、曲折をへて東軍に属したが、関ヶ原へは出向かず、西軍の立花宗茂以下の約一万五千を大津で釘付けにし、さらに東進を目指す他の西軍兵力も食い止めておりながら、関ヶ原決戦前日の九月十四日に降伏開城した。

戦禍に荒れたはずの建物が、他の城へ移設再用できるか、との疑問が出て当然といえよう。この戦闘で立花方は火縄銃に早《はや》盒《ごう》を使って発射速度を高め（『常山紀談』）、建造物に対しては石火矢による攻撃を加えた。それを前記『大津籠城合戦記』には

寄手ノ打出ス石火矢天地ヲ崩シテ鳴渡リ、本丸ノ三重ノ高櫓ノ柱ヲ打折、松ノ丸殿ノ召仕ル女中二人死ス

としている。

この砲弾一発の命中によって、櫓に避難していた高次の妹で秀吉の側室「松ノ丸殿」が気絶し、息を吹きかえしたあと恐れおののき、高次に西軍との和談を迫った。それに同調した家臣らが「和平ノ事、高次同意セシト偽リ、寄手ノ囲ヲ解カシメ」ひたすら高次に降伏を勧めた。その経緯は

高次更ニ得心ナキヲ、自害セント様々歎カレ（中略）無是

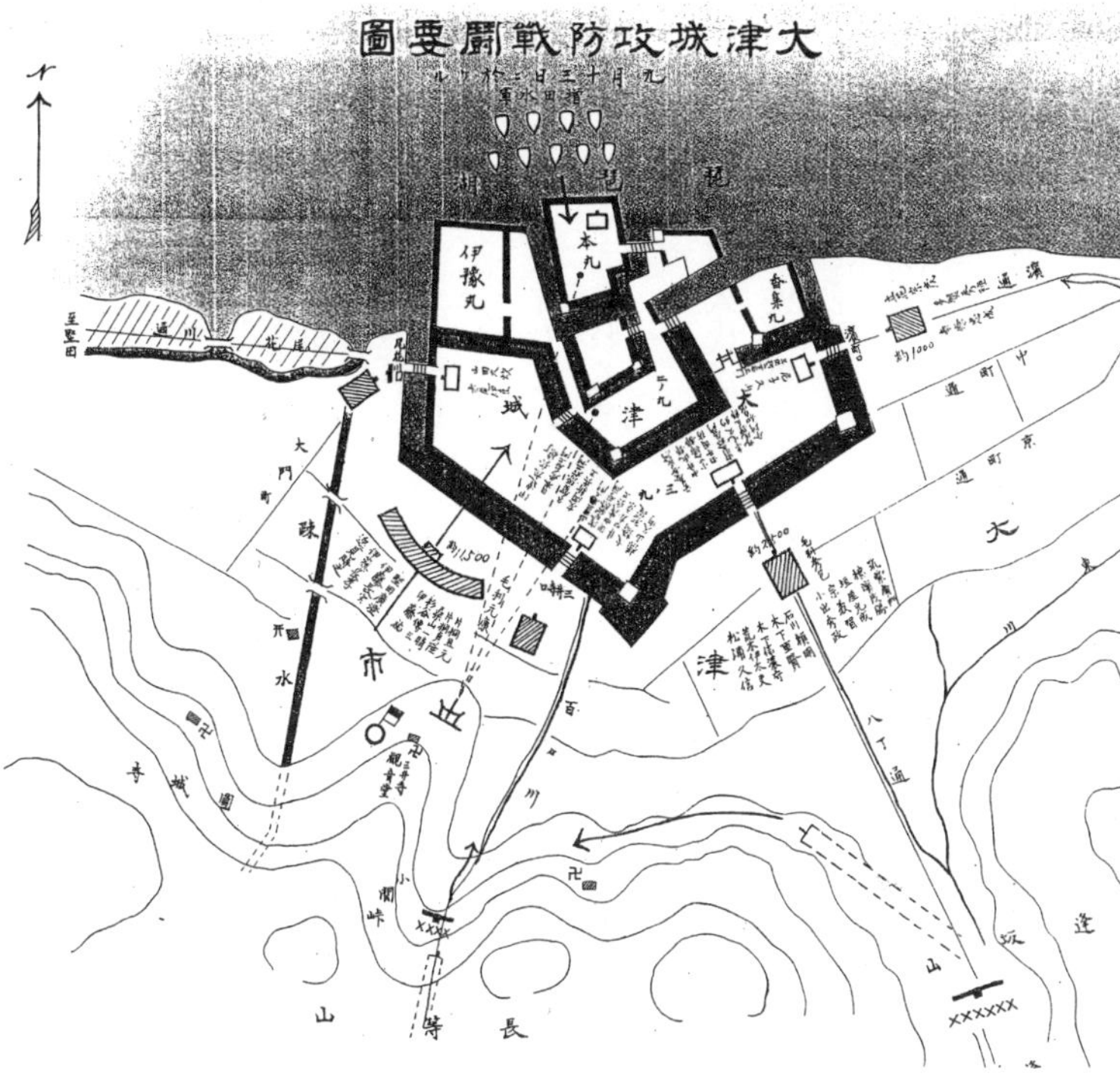

図11　大津城戦闘経過要図『郷土戦史』より転載

非

と観念して、開城に至ったのであるから、「刀折れ矢尽きた」状態ではない。つまり、天守としては天守修理工事報告書が懸念したほどには「致命的な打撃」を受けていなかったはずである。

ただし、砲撃を受けたのが「三重の高櫓」で、「四層五階」の天守でなければ、天守は次掲の放列位置からの距離で一発の砲弾すら受けなかったことになる。なお『大津籠城合戦記』は、関ヶ原戦から二百年以上をへた文化二年（一八〇五）に「或書之中」から抜き書きしたものである。問題はその原典の史料的価値にもよるが、番付符合に基づく修理工事事務所の図上復元による建物の姿が『大津籠城合戦記』の表現よりも優ること言うまでもない。

では松ノ丸殿を恐れさせた兵器「石火矢」の性能如何が次の課題である。「石火矢」とは、陸軍で称した「火砲」、海軍では「砲熕」にあたる重火器である。日本国内で幕末近くに近代化するまでの発射機構は、筒の横につけた火蓋を切って、火皿から発射薬へ点火する火縄銃と異なり、松明に似た形の差し火で薬室上の火門から発射薬に点火する方法であった（註14）。

ところが、『大津籠城合戦記』では、砲からの発射音を「天地ヲ崩シテ鳴渡リ」としているが、砲弾の炸裂音は記していない。理由は弾丸が鉄の丸玉で、炸薬を充填する榴弾ではなかったからである（次掲の『郷土戦史』は砲弾落下して炸裂、としているが、これは誤り）。

つまり当時の日本製石火矢は、鉄の玉で壁を破って火矢を射込むなどの用法には効果が期待できた。しかし大津城天守は、そのような攻撃を受けたとしていないから火災の難はなかったはずである。（補註4）

砲としての性能を『郷土戦史』（註15）第二巻は、有効射程を約四～五〇〇mとし、西軍の放列から本丸までは約七五〇m、そこの砲撃には放列位置を推進する陣地変換が必要であるが、二の丸砲撃中の一弾が外れて本丸へ飛び込んだ、としている。これは問題なしとしないが、一応信じるとしても、砲弾の命中した櫓が天守であれ、他の櫓であり榴弾でないから爆風がなく、飛び散る破片もないので、建物は屋根瓦も再用可能な状態であったと考えられるであろう。

そこで、城戸久氏が昭和十一年の実測調査にさいして発見したという二層中央千鳥破風の西南隅にあった「深草作人菊田喜兵衛」銘の瓦に話が結びつくことになる。

しかし、この瓦については昭和初期に、文部省から当時の所有者井伊伯爵家へ、国宝指定の打診があって作成したと思われる『彦根城調査書』（彦根市立図書館蔵・本文標題に「彦根城国宝指定ニ関スル請願」とある）（註16）に

瓦ノ銘ニ深草作人菊田喜兵衛ト記セルアリ大津城ヨリ移サレシモノナラン

と記しているから、城戸久氏の「近江彦根城天守建築考」による報告以前、すでに知られていたことになる。（補註5）

しかるに刻銘の瓦に関して昭和三十四年（一九五九）五月二十三日の「朝日新聞」に城戸久氏が十数年前（昭和二十年代初めか）に彦根城を調査したとき

天守閣二層目の千鳥破風の丸ガワラに「深草住人、青山伊兵衛吉次」の名を刻んだカワラが見つかった。このカワラ師を調べてゆくと彦根城築城史の一端がわかる

と彦根市役所へ知らせてきた旨の記事を掲載した。これによると、城戸久氏は二十数年前に「深草作人、菊田喜兵衛」銘の瓦を確認したときより後、同じ二層目の千鳥破風から全く別に「深草住人、青山伊兵衛吉次」の銘が入った瓦を見つけていたことになる。

この報告により解体修理事務所では瓦の取外し作業で約四万枚程も（一層約一万七千枚、二層約七千枚、三層約一万四千枚）調べたが確認できず、別に二番町（元の佐和町、今は立花町の一部）津田材木店の倉庫（旧櫓を転用・後に取壊し現存せず）解体修理事務所の清水栄四郎主任が「瓦師深草住人、青山伊兵衛吉次」銘の瓦を見つけた。しかし、これは別の櫓に使用していた瓦であるから問題の天守移設には直結しない。

では、城戸久氏が天守二層目の千鳥破風から「青山伊兵衛」銘の瓦を、彦根市役所へ知らせるとき、二十数年前すなわち昭和十一年八月天守実測調査にさいし「菊田喜兵衛」銘の瓦を見つけて論考「近江彦根城天守建築考」に拓本を掲載しているのを、知らせていなかったのであろうか。

反面、解体修理事務所では、約四万枚近くもの瓦を調べると

きに城戸久氏の論考「近江彦根城天守建築考」、さらには「彦根城国宝指定ニ関スル請願」にも記している「菊田喜兵衛」銘の瓦があるという記載を見ていなかったのであろうか。

実は昭和十一年八月調査の数日後、筆者は知人から、天守に足場をかけて学生が調べていたと聞いているが、「菊田喜兵衛」銘瓦発見のことまでは聞かなかった。

なお城戸久氏は、前掲の昭和四十一年刊の『彦根城』で

　著者が昭和十一年八月実測調査した際には（中略）「深草作人菊田喜兵衛」の銘入の丸瓦を見出している。

と再度表明しているが、「青山伊兵衛」銘の瓦発見に触れていないのは何故か。そのあたりは明らかでない。

さらに前掲の『彦根城調査書』に

　菊丸瓦普通ノ外ニ古キモノ五種アリ中ニハ一旦火ニ焼ケテ赤色ヲ呈セルアリ又安土佐和山各地ヨリ移サレタル証左

になるとしているが、それらは城戸久氏が「近江彦根城天守建築考」で

　本城使用瓦は積雪量の関係より割合古きもの少なく

とある通り昭和十一年頃に、安土と佐和山の両城と推定される赤色化した焼け瓦を検出したとは記載していないし、天守修理工事報告書も触れていない。

それにしても調査書の記載が昭和初期における天守に葺いた瓦の状態を示していたのであれば、三百年以上の星霜に耐えた焼け瓦と「菊田」銘ならびに「青山」銘の瓦が、雪害によってすべて取りかえられたとはいえ修理記録も残っていないのであろうか。

瓦としての専門的な教示を得なければならないとしても、佐和山城のばあいは、彦根築城まで三〜四年であるが、安土城の建造物は天正十年（一五八二）焼失であるから、それより二十年以上も後である。その間はもとより、昭和の初めまで屋根瓦として耐用しえたのかどうかである。

しかし、それが事実であったとしても、それをもって天守本体の移設の物証になるものではなく、別の問題提起になろう。

ところで、『当御城建立覚書』をはじめ『井伊家年譜附考』と『井伊年譜』に

　天守ノ瓦ハ不残小谷ノ土也

とあり、『彦根山由来記』では天守のみでなく

　城楼総ての瓦は、本国東浅井郡小谷山の土を用ゐて之を製造す

とある。城戸久氏は、小谷産を示す銘入りの瓦が現存していないので立証できないとして検討対象にしなかったが、昭和三十三年一月十七日付の「朝日新聞」に「浜小谷」銘の瓦が出たと報じていたのである。

一方、昭和三十二年、大坂城乾櫓の修理工事で、大棟から「元和六年申ノ九月吉日ふかくさ作十郎」の箆書銘の瓦（註17）が出ているので、彦根で深草製の瓦が出て不思議ではないとすれば、小谷の土云々のみ伝えた『当御城建立覚書』と『井伊家年譜附考』及び『井伊年譜』や『彦根山由来記』の記事を疑わなければならなくなる。

それであえて、こじつけるならば、彦根において深草の瓦師が小谷の土を使って瓦を焼いたのであれば、一応話の筋は通るであろう。

しかし天守以外の櫓にも「深草住人、青山伊兵衛吉次」銘の瓦があることと共に、それでは城戸久氏の論考にいう大津城天守移建唯一の物証にならないので、別途に追究が望まれることではある。

瓦銘のことから少々混乱気味になったが、ここでは大津城本丸の建造物が西軍の砲撃を受けたのはただ一発、それも炸裂しない砲丸であったから、天守修理工事報告書が懸念するように甚大な被害はなかった旨の理由を述べたのである。そのことは、部材の番付符合によって、前身建物の構造を図上に復元できる程に良好な状態を保持していたことでどどを要しないであろう。

さらに繰りかえし言うならば、砲弾一発の命中が天守ではなく、放列から見て天守よりも近くの三階櫓であったとすれば、なおさら膳所でも彦根へでも移設できる状態にあったことは疑う余地なしと言えるであろう。

iii「大津城天守」を「膳所城」へ移設しなかった理由（前項ⓒ）

大津城天守の再用が可能ならば、彦根城よりも早く築城に着工していた膳所城になぜ利用しなかったのか、というのが天守修理工事報告書が提示した疑問である。膳所の新規築城は、『家忠日記追加』（註18）巻之十八慶長六年六月の条に

大神君諸国ノ主ニ命ジテ膳所カ崎ニ城ヲ築カシメ玉フ奉行八人是ヲ監ス　天下普ク治メ玉フ後城ヲ築カシムルノ始也不日城成ル　戸田左門一西台命ヲ蒙テ大津ノ城ヨリ膳所ノ城ニ移ル

としている。

天下普請第一号の新城完成を「不日」としているから、早かったことは推定できる。しかし、城の完成は天守のそれをもって言うのではなく、普請（土木）の完成、すなわち戦闘の用に耐える状態を指すが、城主の住居にあてる建物は早くに仕上げたのであろう。

正確には分からないが、それを慶長七年とし、彦根城の天守建築着工を同八年とすれば一年間、九年とすれば大津城天守を二年間も城跡に放置していたことになる。

しかし、家臣団の全てが藩主と共に移転できたとは考えられないので、天守を放置していたわけではあるまい。それは西軍が城郭の主要部へ迫る前に、射程内の城下を撃破して火を放ったから、城下には臨時にもせよ家臣団の多くが住める家屋がないため、櫓などに住まなければならなかったであろう。（補註6）その必要がなくなる時期を見はからって家康が、天守を彦根城へ再用させる命令を出し、移設の段取りになったと考えられよう。

iv「大津城」以外に「彦根城」へ移せる天守の有無

先にあげた論考はおおむね、彦根城天守を大津城から移設したとする伝承に沿い、それを説明する傾向になっていた。しかし、天守修理工事報告書は移設を認めたうえで、それを大津城

天守とする伝承は簡単に信じられない、という見解である。であれば、彦根の近くで、他に移設可能の天守または、それに匹敵する建造物が存在したかどうかを探索しなければならない。

最も近いのは佐和山城であるが、『板坂卜斎記』（註19）に、東軍の攻撃にさいし、一旦は降伏開城の話合いができて九月十八日の朝、城を受け取るため東軍の使者村越茂助が

> 佐和山へ参付ぬ程に、天主の上の重より火見え候（中略）、石田杢（治部兄）天守にて焼死

したと伝えている。先の『彦根城調査書』にいう焼瓦の問題は発掘調査を待つべきであるが、移設できる状態とは考えられない。

少し離れたところでは長浜城がある。昭和三十八年（一九六三）学習研究社刊の『近江郷土史事典』（横山幸一郎著）に彦根城の天守は

> 長浜城の天守の移築である

と断定している。

しかし、これは『彦根山由来記』にいう

> 山崎より尚西北端に出たる別郭（中略）（土佐郭）に三層楼あり、長浜の天守楼を、移築したるなり

とあるのを誤認したものではなかったか。

でなければ、長浜の町を支配していた十人衆の家に伝わる「天正年中秀吉公御居城御本丸図」を典拠にしたのかも知れない。ただしそれは京都二条城と全く同じ構図（註20）で、図そのものに信憑性がないから、図中の「天主」を云々するまでもないし、移設したとも書いていない。また、現存の彦根城天守に匹敵する建物が長浜城にあったとする史料はもとより伝承もない。

さらに言うなれば、彦根城天守建築の着工時期は、たぶん慶長九年（一六〇四）中ぐらいと推定できるから、その時点での長浜城天守といえば、羽柴秀吉が長浜城主になった天正三年（一五七五）から次の城主柴田勝豊をへて、山内一豊が掛川へ移った同十八年（一五九〇）のあと、無主のまま十四年間放置してあった建造物ということになるが、これは到底考えられない。

かくして、大津城天守移築を証明する確実な物証がないとはいえ、状況判断をもってすれば、現存する彦根城天守の前身建物は大津城天守よりほかに求められない、というのが現時点での結論である。

なお、念のため付け加えておこう。膳所城天守の姿は、「正保城絵図」（一六四四～四八頃）と、文化十一年（一八一四）刊の『近江名所図会』のいずれもが四層に描いている。

戸田家が関ヶ原の功で封ぜられた大津城天守が天守修理工事報告書にいう通り四層と判明、彦根城はそれを踏襲しなかったが、戸田家は新しく膳所で四層の天守を造り、次の尼崎城も四層、さらに転封で移った最終の封地大垣城天守もまた四層であった。

2　天守修理工事に伴う復元

昭和三十二年（一九五七）から同三十五年にかけての天守の解体修理に伴い、慶長十一年の創築いらい部分的に手が加わっていた状態を、元の姿に戻す復元工事が行なわれた。それは『国宝彦根城天守・附櫓及び多聞櫓修理工事報告書』（以下『天守工事報告書』と略す）に詳しいが、筆者は建築技術上の専門的な知識がないので、素人目で気づく外見上の復元について、次掲の二点を見ることにしたい。

i「金ノ鯱」の復元

解体修理前は、黒い瓦の鯱であった。それが金ノ鯱に変わったのである。このことについて『天守工事報告書』は

> 慶長創建時の姿に戻すべく、三階大棟には金の鯱をあげる

ことにしたとして、理由を

> 金の鯱の断片が発見

されたので、それによって推定復元したと記している。ただし断片の発見経緯を説明していないが、それを報道した新聞記事は

(1)　太鼓門解体修理の時、石垣の中から出た鯱瓦の顎と耳の断片が金箔張り（昭和三十二年六月十四日付「朝日新聞」記事）

(2)　天守解体修理の時、天守台石垣の裏込から出た尻尾の破片も金箔張り（昭和三十四年五月三日「朝日新聞」所収、解体修理事務所長・清水栄四郎氏手記）

であったからとしている。しかし、割れた鯱の破片が、なぜ太鼓門と、天守台石垣との二カ所に埋れていたのか、その説明をしていないので、一応の推測を試みよう。

日付の上では前後するが、まず(2)の、天守台石垣裏込から出てきた尻尾の破片について。

同報告書は、既述の通り昭和の解体修理にさいし宝永元年（一七〇四）に、土台までも取りかえる程の大修理をしていたことが判明したと記している。とすれば、その工事途中に割れた金ノ鯱の破片が、たまたま天守台石垣の裏込石へ紛れこんだであろうことは考えられるとしてよかろう。

ところが、(1)にいう太鼓門をかつて修理したのは文政九年（一八二六）で、既掲『彦根城の修築とその歴史』に、幕府へ提出したはずの願書などは散逸したのか、それを掲載していないが、『重要文化財彦根城天秤櫓・太鼓門及続櫓修理工事報告書』によると東側廊下の部材から

> 手摺　八月三日作製　弥□□□
> 　　　　　　　　　　甚□□□
> 文政九年□□

の墨書銘を検出した旨の記載があり、この工事は

> 当門としては極めて大規模な改造工事であって、この時門上部は悉皆組み替えられ、又相当の改造を受けたことが認められる

とし、また

> 冠木下の両端間、石積壁が、建物内側に崩れていたので、各石に番号を付け取り崩し、もと通りに積上げた。

としているから、鯱の破片はこのとき出土したはずであるが、

金箔押鯱の出土破片（顎・耳および尻尾）

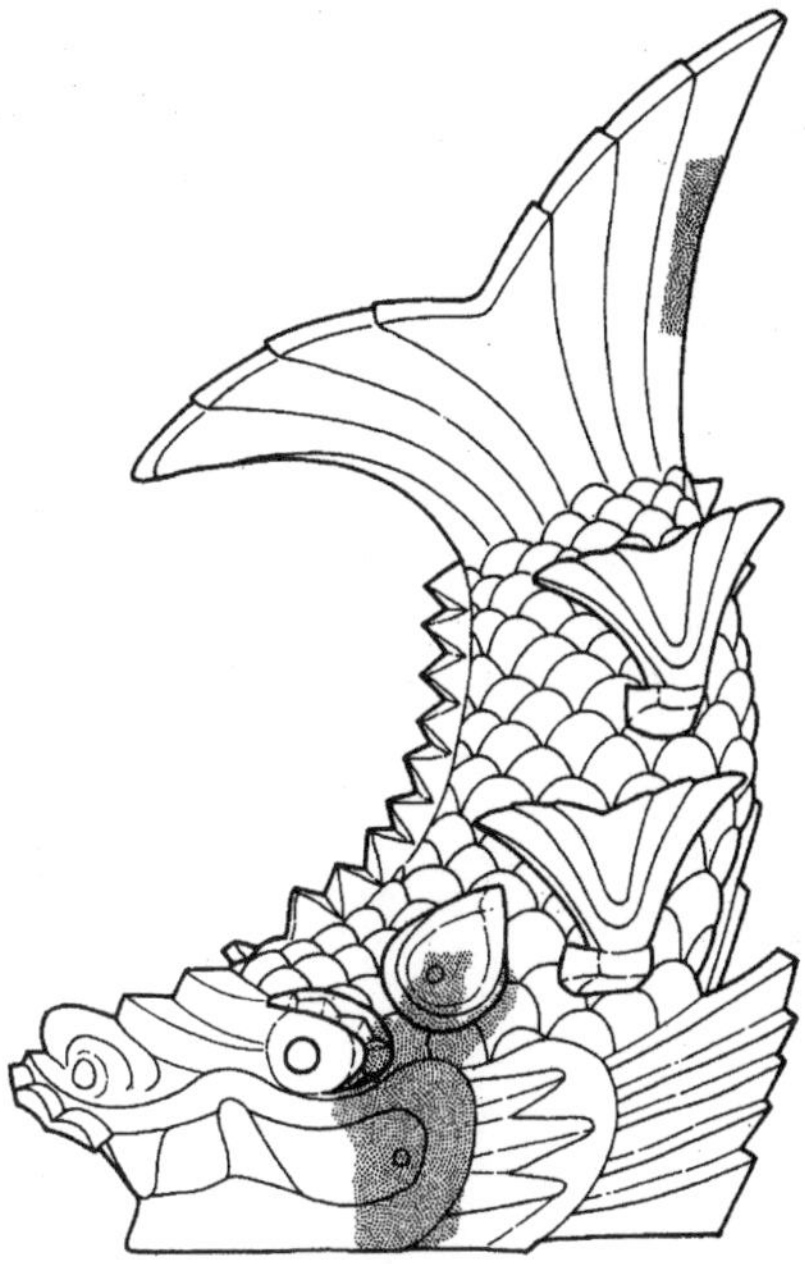

鯱の出土破片に基づく復元図

図12　金箔押鯱の出土断片（顎・耳および尻尾）と復元図

報告書にはその記載が見あたらない。

それはともかく、天守台石垣裏込にあった鯱瓦と同じ個体の破片が、宝永修理から一二二年も後の太鼓門修理に紛れこむことは考えられず、もしまた宝永の修理まで、彦根城天守の鯱が珍しい金箔押であったとすれば、どうして『当御城建立覚書』とか『井伊家年譜附考』ならびに『井伊年譜』が書かなかったのか。念のため

『当御城建立覚書』には

御天守志やちほこ小谷之土ニ而瓦小頭中村与左衛門作之

『井伊家年譜附考』には

天守之鴟尾ハ小谷ノ土ニ而瓦小頭中村与左衛門造之

『井伊年譜』のうち彦根市立図書館蔵・一次本は

鵄尾ハ瓦小頭与左衛門小谷ノ土ニテ造之

また京都大学図書館蔵・二次本に

鵄尾《シャチホコ》ハ瓦小頭中村与左衛門浜中加兵衛小谷ノ土ニテ造之

とあり、表現に多少の差があると言うものの、すべて慶長創築のときに鯱が金箔押であったとは記していない。

よって別の面から追究してみよう。金ノ鯱は天守が他からの移設であったことに関係するのであろうか、ということである。移設前の旧城で、徳川政権以前から金ノ鯱を載せていたのではないか、といえる旧城は大津城で、城主京極高次の妹「松ノ丸殿」が秀吉の側室であった縁りによるところからの推定である。（補註７）

その天守用材中の金ノ鯱が、移送途中か、到着後に割れたの

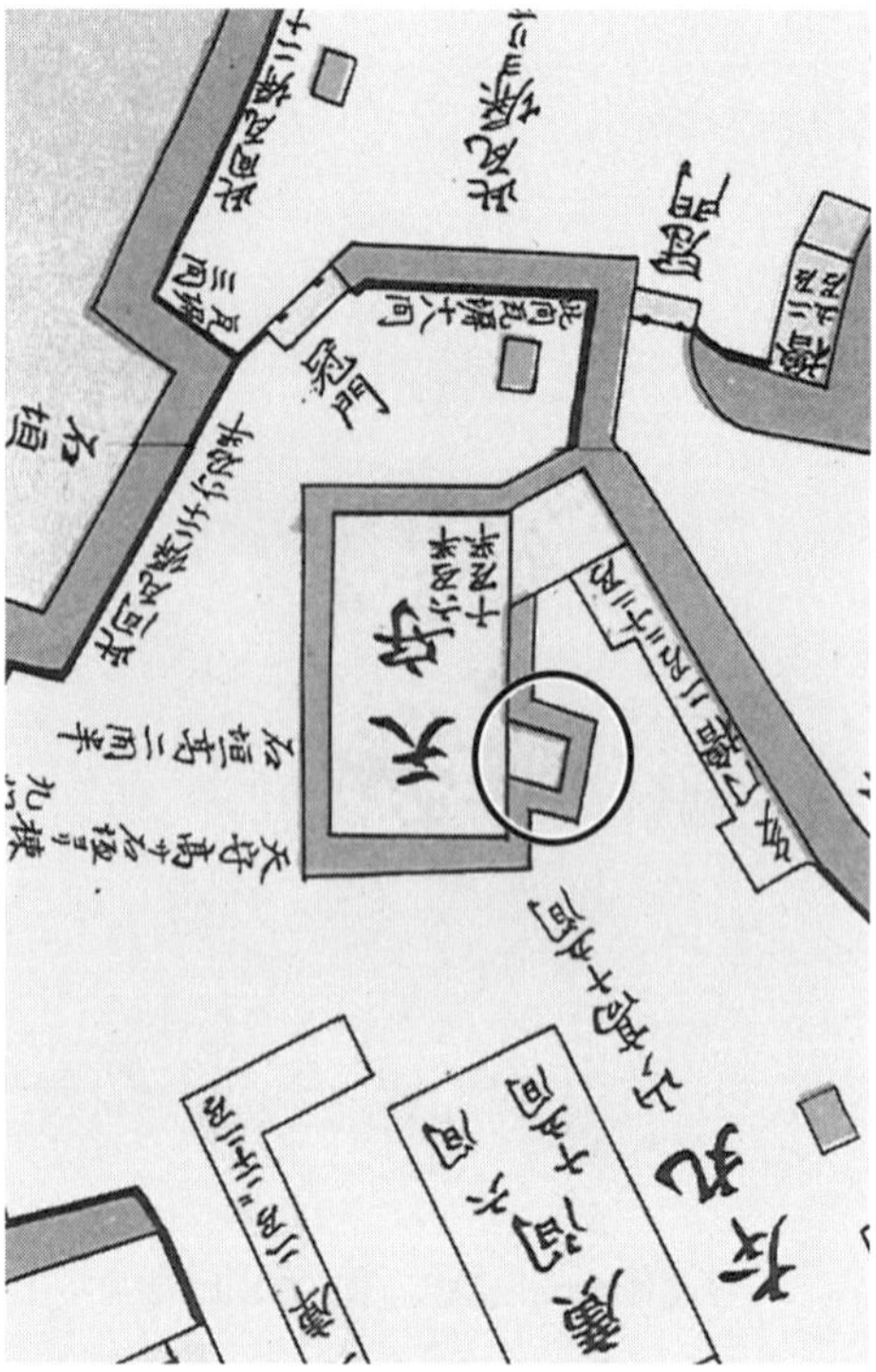

図 13　天守付近玄関図（彦根城図部分）

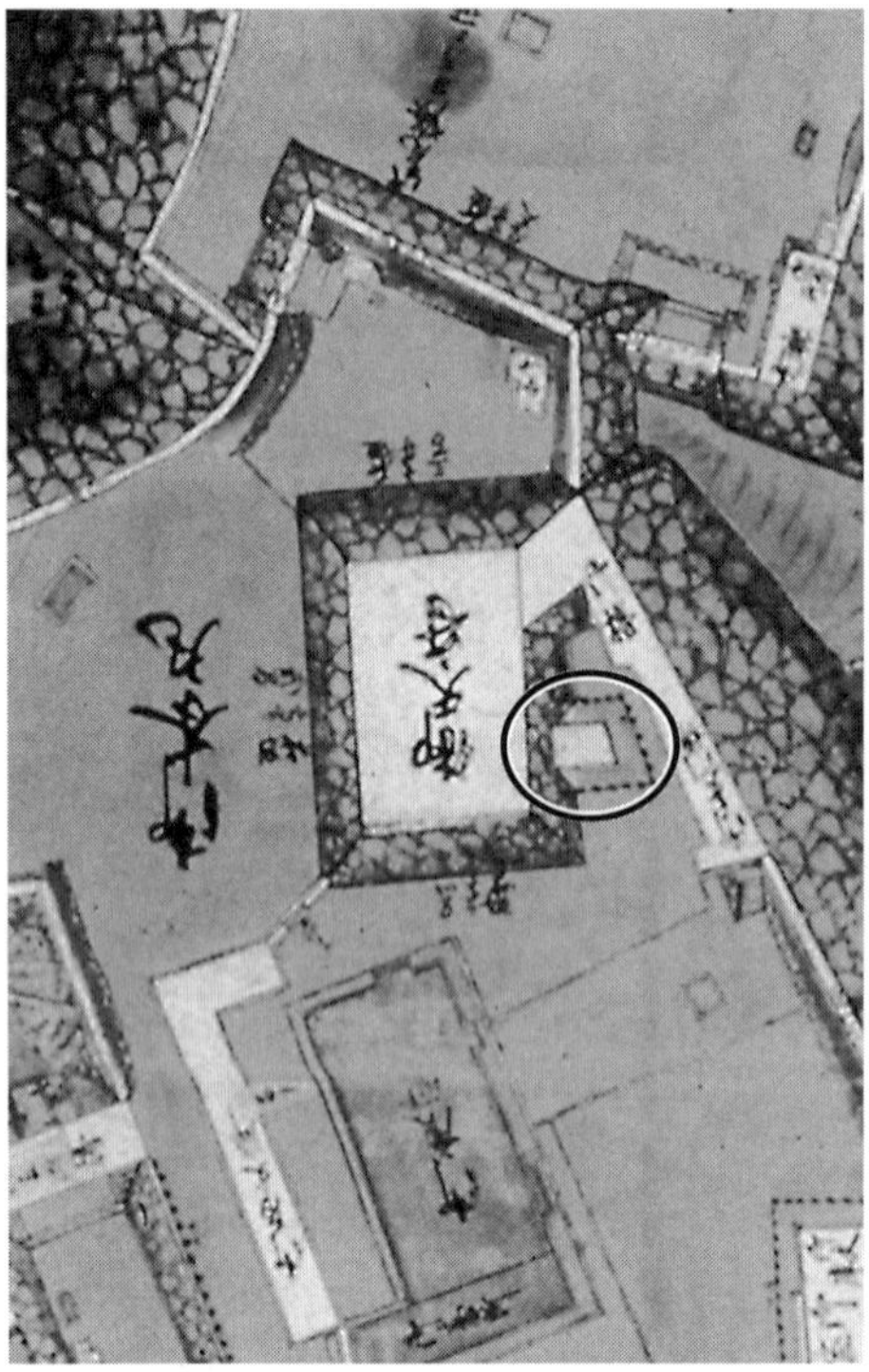

図 14　天守付近玄関図 (御城内御絵図部分)

か、割ったのかは不明ながら、破片を栗石集積場へ放棄した。そして顎と耳が栗石に混ざって太鼓門の石垣へ、尻尾の部分は天守台石垣用の栗石へ混入していたのではないか。ことによると近くの石垣の中にも、まだ埋れている金箔押の破片があるかも知れない。

　そして新たに小谷の土で作った鯱は金箔押にしなかった。つまり、慶長創築のとき、彦根城の天守大棟に金箔押の鯱を載せることはなかったという結論になるのである。

ii 「天守玄関」の復旧

解体修理前の天守玄関は、出入口の扉をつけた面に格子の柵を設けて、屋根を少し葺下ろしていたが、『天守工事報告書』によると、玄関の周囲を掘ったところ、地盤約一尺下に雨落溝石が埋まっており、柵が溝の外側になっていたので、木柵は後世の仕事であることが明らかになったという。

　それで、正面に葺下ろしていた庇と柵を撤去し、修理直前の現状を変更して、慶長創築時の姿に戻したのである。

　その柵は、文化十一年の「御城内御絵図」（第五章図6）の天守部分を抽出して上に示した通り、天守玄関周囲三方に巡らしたものにあたる。

　報告書は、三方に巡らしていた柵の正面だけを永久化して、玄関の屋根を葺き下したものと推定しているが、それを設けた時期と、二方を撤去した時期は追究していない。

　その探索に必要な史料が求められないので、絵図のみに頼る

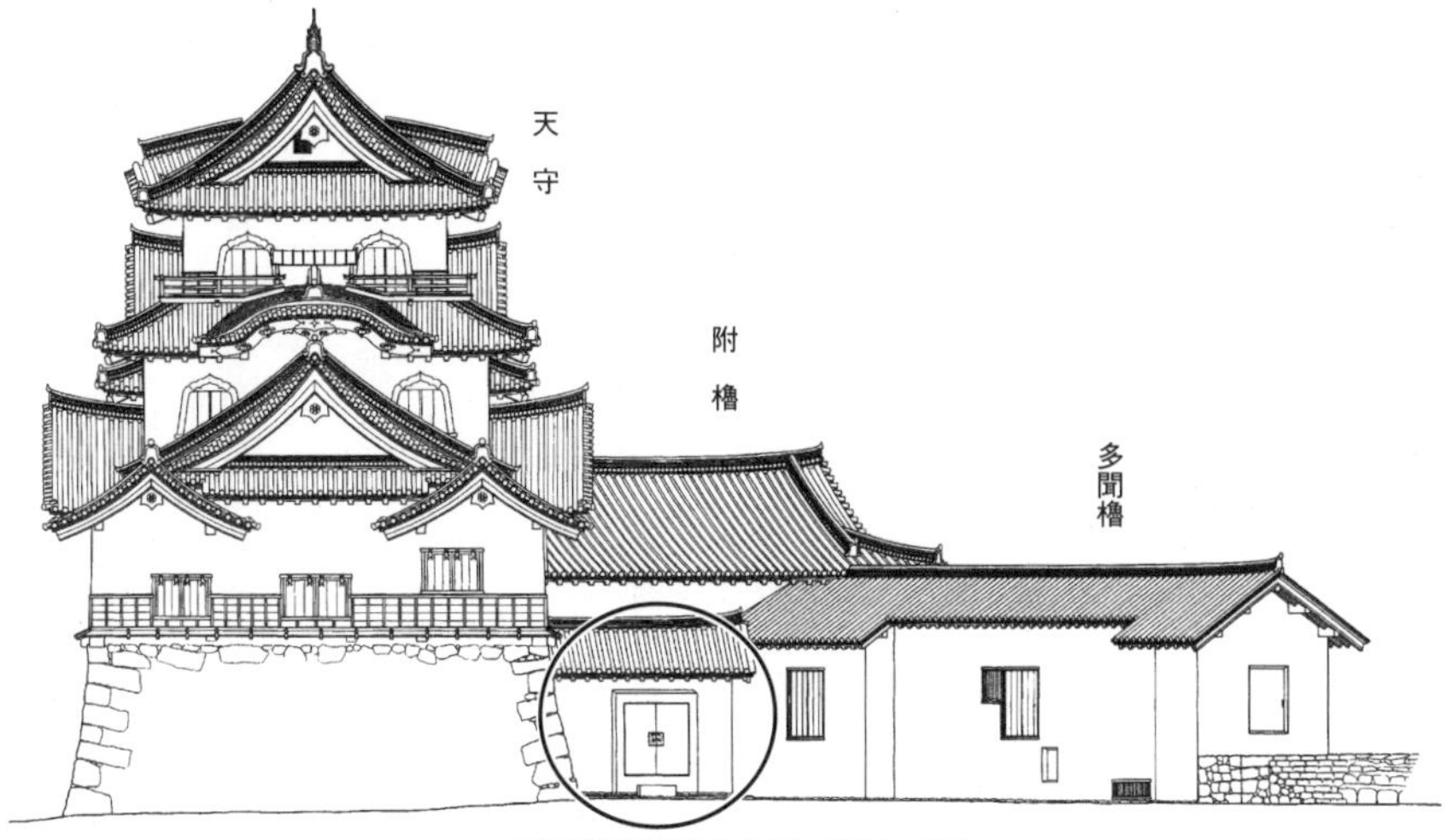

天守東面現状立面図（解体修理後）

修理前玄関写真

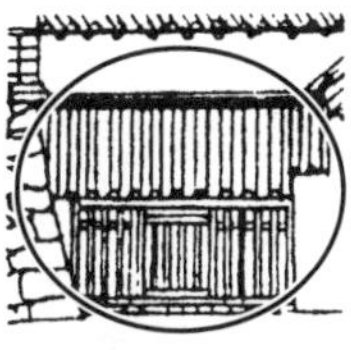
修理前玄関正面図

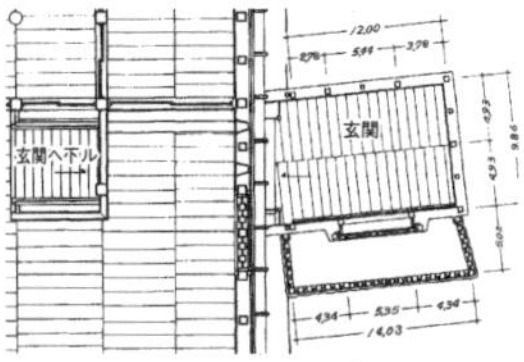

修理前玄関平面図

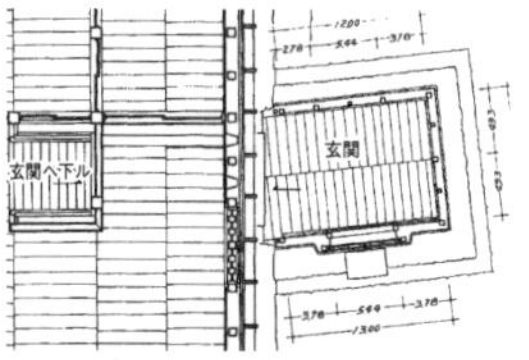

修理後玄関平面図

図15　天守玄関の解体修理前後の図

としても、各時代の天守近傍の明らかな絵図収集もまた不可能であるから、『彦根山由来記』付録の「彦根城図」（第五章図５）の天守周辺を抽出した図の該当部分ならびに写真・正面図・平面図、そして文献によって『天守工事報告書』にいうところを考えてみよう。

『彦根山由来記』絵図の原典成立は享保十七年（一七三二）以前で、それに木柵を描いていないから、「御城内御絵図」にみる木柵の設置は享保十七年を上限にしてより後で、二方を撤去したのは文化十一年より後とまではわかるが、当初設置の時期を推定することは難しい。そのためか、『天守工事報告書』は『井伊年譜』によるとして

玄関は一時金蔵に使用されたことがあるようで、木柵はそのための保護柵であったかも知れない

にとどめている。一方、『井伊家年譜附考』の承応元年（一六五二）三月に

御金庫へ盗賊入ル　当番の士五十川徳兵衛　伊丹七兵衛
小川清介　屋代忠左衛門　吉田与左衛門　御改易也

とあるが、その盗難が木柵をつける原因であったかどうかも分からない。ほかの『井伊年譜』写本も主旨は右の附考にほぼ同じであるが、東大史料編纂所蔵の「年譜一次本」では、右のあとに割註で

今一人ハ病気にて宿へ帰り不居合

とあり、同書と京都大学図書館蔵の「年譜二次本」は行間註記で

御番衆より早速庵原主税へ訴　城下鍛冶吟味ノ処柳町鍛冶
二弁之介君御部屋の御門下番五左衛門替タル錬道具拵遣ニ
由テ吟味ノ上　五左衛門早速白状磔罪ニナル

とあるが、さらに国立国会図書館蔵の「年譜二次本」は右に続き

直寛君御部屋御門ノ下番也

としているから、盗賊は外部からの侵入ではなく内輪の者であったが、金蔵は天守の玄関を転用したものだったとは記していない。

なお直接の文書史料ではなく、昭和三十四年（一九五九）六月三十日付「京都新聞」の連載記事「城」の中で、文化十三年（一八一六）八月

天守下土蔵より御金盗取されたること知れ候二十六日番人
二人の仕業と相判り入牢申付候

と『井伊家記録』にある旨を記載しており、これは天守玄関転用の金蔵であったとして間違いないが、「御城内御絵図」より後であるから木柵の設置と改造の理由には直結しない。

彦根城下の警戒は厳しく、『彦根市史』上冊四〇八頁所収の「元禄五年申三月二十五日御法度書覚」（中村元麿家文書）によると

内曲輪に被居候衆へ他所より縁者親類見廻に参候共、直澄
様被仰付候通りに相心得町屋へ罷出対面可仕候、内曲輪へ
猥に他所の者出入堅停止可仕候事

としている。

ただし、覚書の目的は身分制秩序にもとづく地域的分離であるから、いわゆる城郭の防禦や、盗難の防止などを対象にした規制ではないが、結果的には治安維持に役立ったことは否めまい。

さりながら承応元年の盗賊は、藩主の子息が住む部屋の御門下番で、文化十一年の盗賊に至っては金蔵の番人であるから、内曲輪への出入りを取り締まっても役に立たないし、柵で防止できるものでもない。

なお、『井伊家年譜附考』元禄十五年（一七〇二）八月二十五日

彦根御納戸盗人アリ

とし、西尾市立図書館岩瀬文庫蔵「年譜一次本」と国立国会図書館蔵「年譜二次本」は共に

彦根御納戸盗賊　内山太左衛門忠実家来三太平磔

とある。これは「御納戸」ゆえ、天守玄関の転用金蔵ではないが、これもまた藩士の家来が盗賊であったことは、武家奉公人として精神の弛緩ここに極まるというよりほかはない。（補註8）

3　天守付近建造物の撤去時期

まず、天守付近建造物撤去関連事項を年表の形に表現してみよう。

(1)明治三年三月　城を破壊するに任せ、修理しないことを願い出て、聴許される（森山英一著『明治維新・廃城一覧』）。

(2)明治四年八月二十日　地方城郭之儀　兵部省管轄被仰付候事（兵部省達―右掲『廃城一覧』）。

(3)　十二月十日　小浜城の大阪鎮台第二分営を彦根城へ移す（右掲『廃城一覧』）。歩兵第十八大隊移駐。

(4)明治五年二月二十八日　兵部省廃止、陸軍省・海軍省設置。彦根城は陸軍省管轄、第四軍管第九師管工兵第四方面第二圜区の兵舎になる（彦根市史編纂事務所主管西田集平氏『彦根百年譜稿』）。

(5)明治六年一月十四日　太政官達。彦根存城と決定（右掲『廃城一覧』）。

五月　彦根営所廃止し、歩兵第十八大隊は伏見へ移転（右掲『廃城一覧』）。

(6)　五月　鐘の丸御守殿その他を伏見または大津へ移すとの説あり（『彦根百年譜稿』）。

(7)明治九年五月　彦根城を撮影（『彦根山由来記』口絵写真）。

(8)明治十一年九月　陸軍省が彦根城建造物撤去に着手、天守を八百円で公売に附す（『彦根市史』下冊）。

(9)　十月十五日　天皇の裁可により、天守以下残余若干の建物保存を決定（諸書）。

(10)明治十三年六月　天皇から修繕費千六百二十四円三十一銭下賜。（補註9）

ところで、写真に見る左端の建物は天守の東に所在していた「局文庫」の矩折れ部分であるから、図に書き入れた撮影角度の点線で示す通り（図16）、手前にあった広間と台所を撤去してからでなければ天守と共に文庫の建物は写らないのである。

広間と台所の撤去移設先が前掲の年表にいう伏見または大津の兵営であれば、彦根城としての建造物の撤去開始は諸書にいう明治十一年の九月ではなく、写真撮影の明治九年（一八七六）五月以前でなければならない。

それは彦根城内に駐屯していた歩兵第十八大隊が同六年五月に伏見へ移るとき、城内建造物の一部を伏見または大津へ移したという説があるので（『彦根百年譜稿』）、これがその証明になるといえよう。

しかし別の問題として、広間と台所を歩兵第十八大隊が使用していたのかどうか、さらに明治五年二月から城を兵舎にした工兵第四方面第二圜区との関係も明らかでない。

明治十一年九月に撤去し始めたというのは、陸軍省が八百円で公売に付した天守のことで、これは彦根城建造物破却の始まりではなかった。

ただし取り壊しにかかったところ、明治天皇の北陸巡行にさいし、京都へ還幸途中、参議大熊重信と滋賀県令籠手田安定の建議により、同年十月十五日に保存を裁可されたのである。

写真2の『彦根山由来記』所収写真は、それに先立つ約一年半前の明治九年五月の撮影である。広間と台所は潰し、局文庫が残っていて写ったが、それも天守保存決定前に取り壊したのであろう。

写真２　天守東面写真

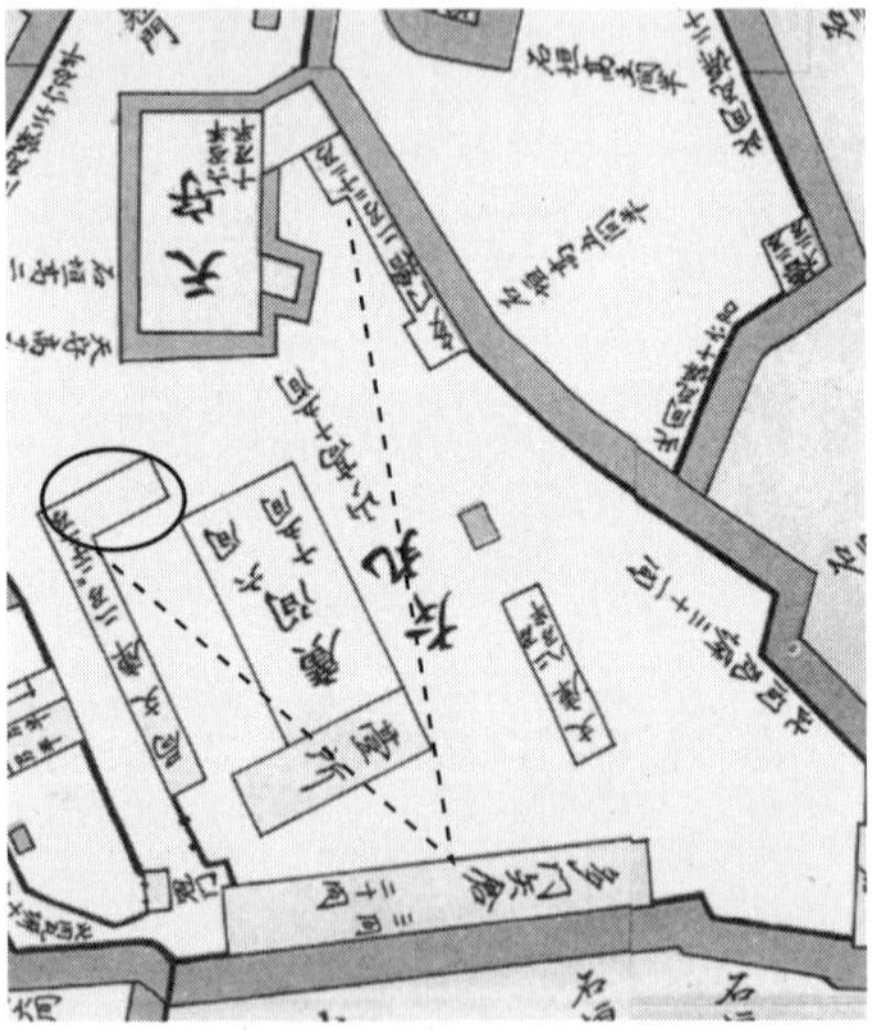
図16　天守東面撮影角度

天守付近の建物と共に、早く取り壊し転用されたのが

　陸軍省所轄中、明治の初めに大津の
　　営所に移築して今は無し

と『彦根山由来記』に記している鐘の丸御守殿で、大津歩兵第九聯隊の営所完成が明治八年一月十九日であるから（『大津市史』）、やはり明治六～七年頃であったことは間違いないはずである。

余談ながら、それは将校集会所になり、第二次大戦中も空襲を免れたが、米軍が接収使用中に失火で焼失したということである。

明治十三年、天皇から修繕費として千六百二十四円三十一銭を下賜された当時、彦根城は井伊家の所有ではなく官有物で、陸軍省が管轄していたから、下賜金は、井伊家へ入ったのではないと考えられるが、どこの誰が受け取り、どのような修理をしたのか、その処理についての記録が見あたらない。

修繕費下賜の後、城郭の修理は

陸軍省管轄中に

　明治十九年（一八八六）　天守三重東面下見板裏面墨書銘
　　　　（天守工事報告書）
　〃二十二年（一八八九）　天守附櫓西面降棟鬼瓦箆書銘
　　　　（天守工事報告書）

の二件
　宮内省所轄中で、井伊家が借用していた
　　明治二十五年（一八九二）　天秤櫓隅棟鬼板篦書（天秤櫓・
　　　太鼓門及続櫓修理工事報告書）
の一件で、官有物時代では合わせて三件、
井伊家へ払下げ後は
　　明治四十年（一九〇七）　天守一重下見板裏面墨書（天守
　　　工事報告書）
一件で、全部合わせてわずか四件にすぎない。ただし、それらは工事全体を示すものではなく、板張り裏の墨書と瓦の篦書ではあるが。

その記録資料が見あたらないのは、陸軍省や宮内省の記録を廃棄または散逸したか埋もれているのか、井伊家文書は明治二十九年（一八九六）八月の大水害で松原の井伊邸が冠水したからか、東京永田町の井伊邸にあったとすれば、大正十二年（一九二三）九月の関東大震災で湮滅に帰したからか、そのいずれかだったのであろう。

追記

本稿の記述にさいして、典拠の多くを占める『井伊年譜』の写本は、既往の論考にみる引用で注意を要する点少なしとしない。それは原本成立後の写本に、筆写する人物が他に情報を得て施した頭註とか行間註記などにあり、その例としてここでは

(1) 中村不能斎著『彦根山由来記』に記述する第二期築城工事費、及びその「年譜二次本」にみる本文組込み
(2) 慶長十一年「彦根天守成就」の頭註
(3) 天守玄関転用の金蔵へ侵入した盗賊についての割註ならびに行間註記

の三例をあげておきたい。まず(1)について彦根市立図書館所蔵本のうち「年譜二次本」巻之四にのみ、慶長八年の欄外に

　元和八戊年御城辺ノ石垣過半成　奉行（中略）御入用高
　二百八十九貫四百三十一匁八分（以下略）

とある。註記した人物は、築城関連の記事ゆえ、慶長八年の条に施したのであろう。知見の範囲で同図書館蔵「年譜一次本」はもとより他の写本にも同じ註記はないと思っていたが、国立国会図書館蔵「年譜二次本」では、これを慶長八年の本文へ組み込んでいた。

それで、国会本のみから引用する時は、当然「『井伊年譜』によれば」とするであろう。そのため『井伊年譜』の最終記事が享保十五年であるから、編集当初において年譜本文に記載していたと思わせるかも知れないし、疑う読者は後世の竄入とみるであろう。

右とは少し違うのが(2)慶長十一年「彦根天守成就」の頭註で、『天守工事報告書』は、何故かそれを本文並とみて『井伊年譜』の史料的価値を高く評価した。よって大津城天守の移設転用先に関連して右顧左眄したが、実際はその努力を必要としなかったのである。

しかし多くの年譜写本がもし、頭註を本文へ組み込んでいたならば当然、同報告書と同じく『井伊年譜』を高く評価したであろう。

なお慶長十一年完成を「年譜頭註」と明記したのは知見範囲で平井聖・西和夫両氏著『日本建築史基礎資料集成』14（昭和五十三年〈一九七八〉中央公論美術出版）「彦根城天守」と渡辺勝彦氏著『日本城郭大系11』「研究ノート・彦根城天守と前身建物」（昭和五十五年〈一九八〇〉新人物往来社）である。

また、(3)天守玄関転用の金蔵で起こった盗難事件を、『井伊家年譜附考』は盗賊侵入の事実と、番人五人を改易にしたことだけより書いていないが、「年譜一次本」は番人の内一人は病気欠勤であったと割註をつけ、同二次本になると、犯人を逮捕し磔に処したとの行間註記が現れる。つまり、それらの註記があって犯人が内輪の者とわかれば「御金蔵破り」を、木柵で防げないと推定できよう。

なお、「附考」という呼称からは、『井伊年譜』編集後の成立と思わせるが、記載内容と註記が『井伊年譜』より少なく、簡略な表現が多いので、筆者はこれを祖形と判断した理由の一つであることも追記しておく。

以上、後年の註記も様々で、東大史料編纂所蔵本の一つは明治二十年(一八八七)に下野国安蘇郡佐野町(旧彦根藩領)村山半蔵所蔵書を編纂所の写字生が書写し、大正八年(一九一九)に中村不能斎の嫡孫勝麻呂氏蔵本と校合したとあり、それは一次本の巻六以降に二次本を重ねたと思われるが、詳細はまだ解明できていない。

4　建物の概要と狭間の配置

天守とともに一群をなす建物のうちで、天守本体と附櫓の狭間はいずれも外面を土壁でふさいだ「隠狭間」にし、付属する多聞櫓にのみ通常の様式を採っている。

ここで行なう考察は、今は平素の入口にしている「多聞櫓」から始め、次いで「附櫓」、そして「天守」本体への順にして行きたい。

それら狭間を装置した各建物の平面構造に関する概要で、本稿に必要とする部分は、解体修理をおえた昭和三十五年(一九六〇)の『天守工事報告書』に記載した要旨を参考にする。

(一)「多聞櫓」(図17)

〔建物の概要〕 建物の長さは、北側と南側で附櫓への取付け具合によって異なり、北側で柱間十一間半、南側で十二間半(一間の寸法六尺二分)、梁間はほぼ十尺余であるが、東から一間と、十間目から西は約三尺ほど広くなる。

櫓の北側を、石垣においた土台の上に立て、東から第四間、第六間、第八間および第十一間に格子窓を設けた。

南側の柱は地盤上に据えている柱石に立てており、さらに柱間には間柱を立てて、東から第六間と第一間を板戸、第七間の東半分に格子窓を設けた構造にしている。

なお、東から第九間と第十間の間に板戸を設け、西の端に階段をつけて上がったところの扉によって附櫓と連絡する。

多聞櫓東端の出入口は、本丸の地表から石段を上がって、入口前でやや広い土場になるが、石段と土場は後世の改変によるものとみられ、本来は地上から高くに出入口があって、仮説的な階段で櫓の中へ入ったと考えられる。

以上、柱間の装置以外は内外全て土壁で、外側は柱を塗り込めた大壁にし、建物内部は柱を表わす真壁にしている。ただし、北側は建物の内部で窓から下の部分を大壁にし、その分だけ真壁部分よりも厚くした。その分厚くした壁の中に礫を入れて銃弾の貫通を防ぎ戦闘員を保護する備えにした。内外を大壁にし、その中へ礫を入れる方式は、附櫓と天守一階にも採用している。

多聞櫓に装置した「狭間」は城内側になる南面にはなく、北面のみ六カ所に備えた。

〔狭間の配置〕多聞櫓の狭間は六個、山の北部斜面、石垣上に立つ櫓の壁に装置した。ただし昭和十一年（一九三六）の城戸久氏実測図（図18と図19）にその通りには見えない点に疑問が残る。

しかし、現状で目視できる内訳は「矢狭間」三個、「鉄砲狭間」も三個で、柱の真々間計測七〇尺四寸三分の壁面に東から

①矢狭間▯　②鉄砲狭間◬　③矢狭間▯

④鉄砲狭間◬　⑤矢狭間▯　⑥鉄砲狭間◬

の順序で弓と鉄砲を交互に配置し、その内腔は土壁のままにしている。

註＝平面図の記号は矢狭間と鉄砲狭間の判別ができないので、ここでは矢狭間を「弓▯」、鉄砲狭間に「鉄◬」と表示した。

櫓内部では、概要に言う通り窓から下、狭間のある壁を分厚くし、中に礫を入れて敵弾の貫通を防ぐ構えにしたという点にも防備の堅固さがうかがえるとされた。

ところが多聞櫓では、①～④の狭間から射界を検証すると、その範囲内に敵の存在する場所がない。ただ⑤の矢狭間と⑥の鉄砲狭間のみ、附櫓を目がけてくる裏坂が「井戸曲輪」に接する位置に所在した冠木門の近辺から手前を射程にしている。

つまり、①～④の狭間がもつ射界は、繁茂する樹木の梢と虚空のみで、敵兵が這いずりまわる山肌は、狭間から俯射下限のさらに下で死角になり、逆に、そこから発する敵の銃弾が多聞櫓の壁を貫通して櫓内の射手に危害を加えるとは考えられないのである。

ただし真壁の柱間に開いた窓は、格子の隙間から斜めに、冠木門の近辺を狙えるし、逆に敵からも射撃を受けるおそれなしとしない。大壁内の礫による防護はそれを防ぐためと考えられるし、また狭間が負うべき任務を窓格子の隙間に任したもので、それはむしろ天守を護る附櫓の任務を補う立場にあったとみるべきかも知れない。

あるいは、『天守工事報告書』が多聞櫓を天守と附櫓が完成した慶長十一年（一六〇六）より四十四年おくれる慶安三年（一六五〇）の付設と推定しているので、北陸方面と大坂の勢力を敵と想定した軍事的緊張が忘却の彼方へ去ろうとしている時代にあたり、兵装が形骸化しつつあったからとも考えられるのではないか。

さりながら、城は戦闘を目的にする施設であり、西国外様雄藩がなお健在でゆるがせにできず、狭間が虚空を睨むと見せ、接近すれば窓格子の隙間からさえ火を噴き虚を衝く構えにした。さらには石落しを装着しなかったことへの補強を意識したともいえようか。

窓から冠木門付近までは図上計測で約四～五〇ｍ前後、火縄銃の射程は充分である。有効な⑤の矢狭間は当然、鉄砲の使

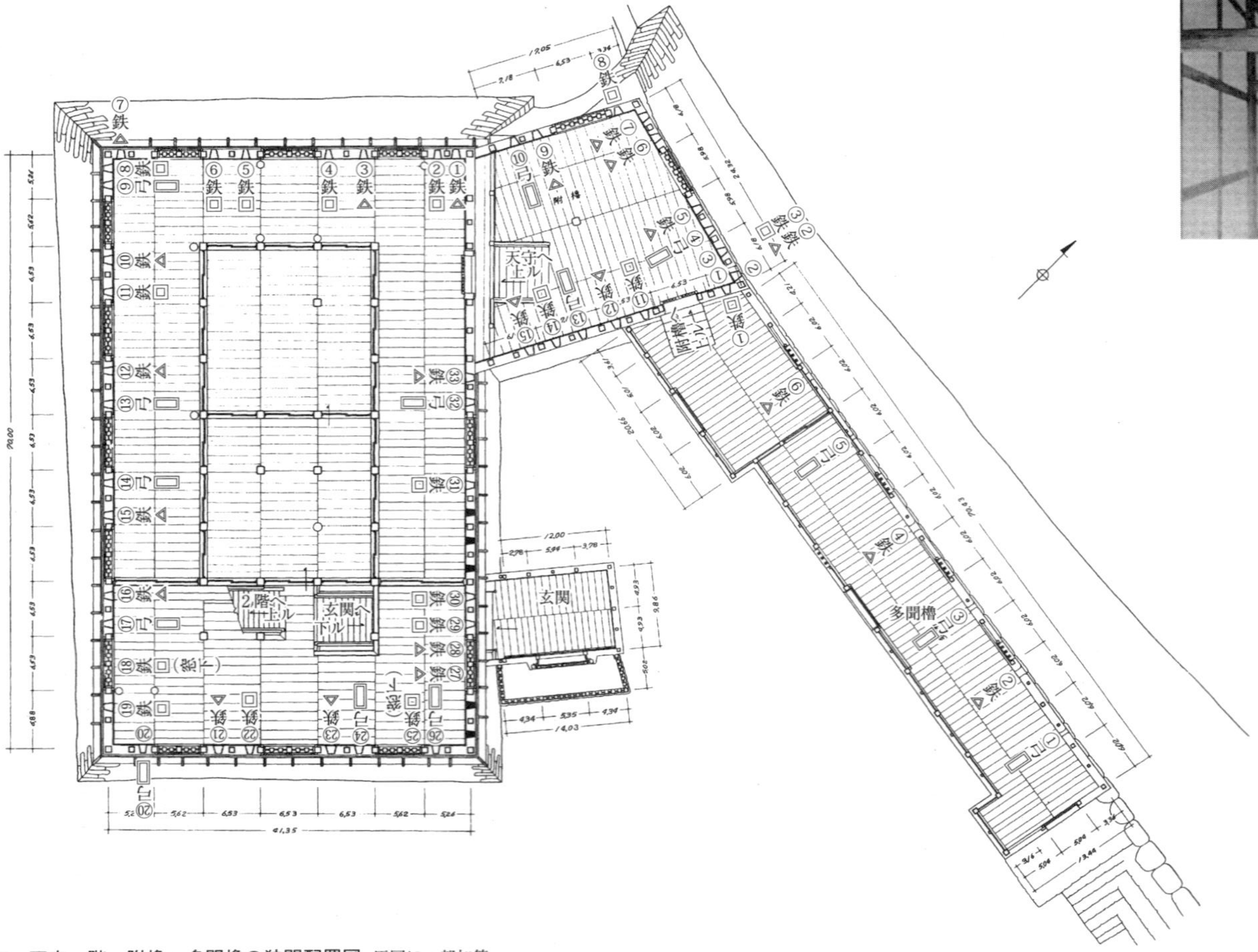

図17　天守一階・附櫓・多聞櫓の狭間配置図　原図に一部加筆

多聞櫓内部

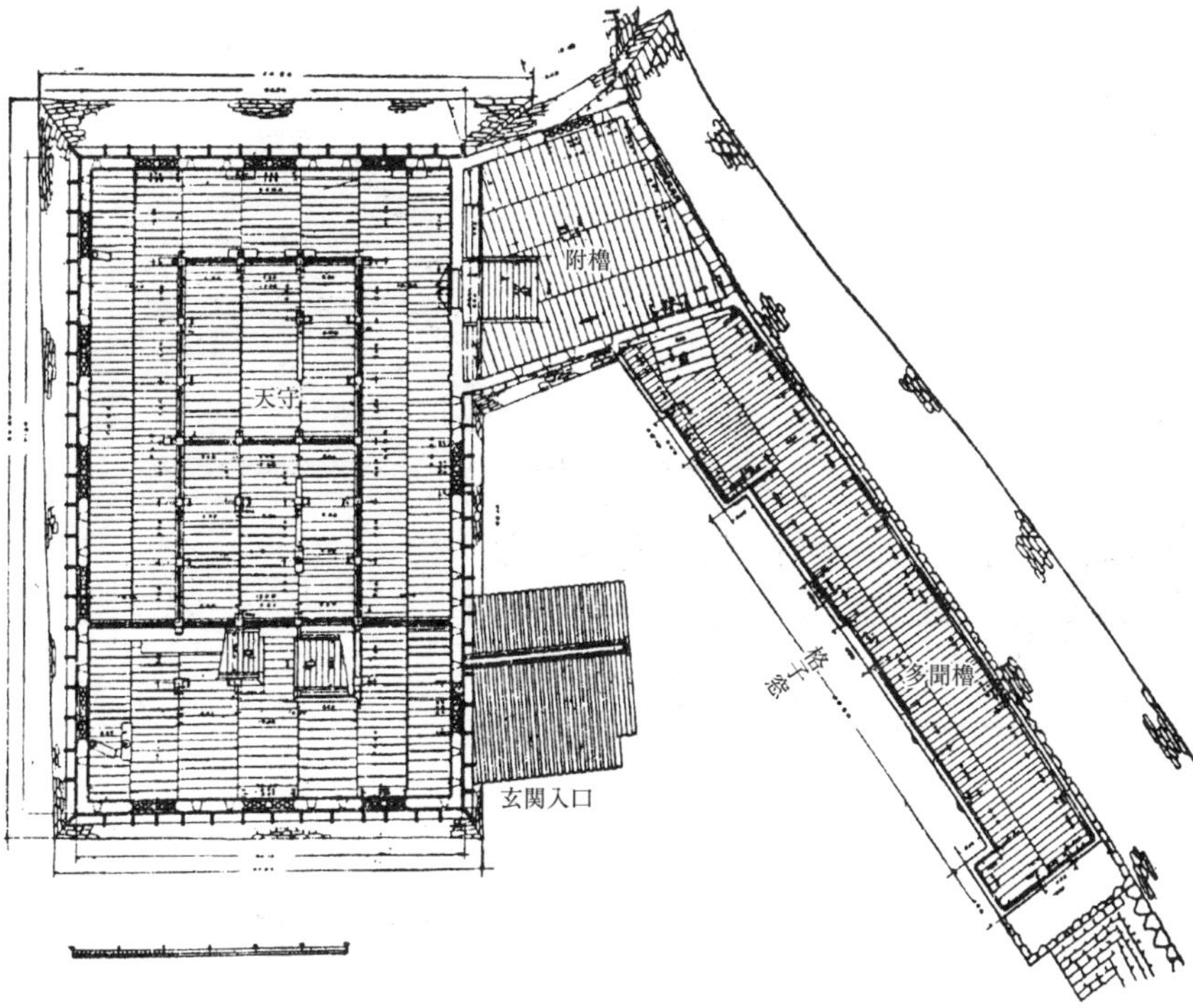

図18　天守一階平面図（解体修理前）原図に一部加筆

用が可能である。実質的には鉄砲を念頭においていたのであろう。（補註10）

一方、多聞櫓の南側には狭間がない。射撃可能なのは南側中央の格子窓のみである。それをもって天守の玄関へ迫る敵に対し、どれほどの矢弾がそそげるか、との疑問またなしとしない。

それは、上段に触れた城戸久氏の実測調査図（図18）にみる天守の玄関入口は、昭和三十二～三十五年の全体解体修理前の旧態を示しており、扉の前に格子があって、建物全体が今よりも前へ出ていたので、多聞櫓の中央窓からの弾道では、入口へ迫る敵が死角へ入って横矢の機能が発揮できないからである。

この南側の状態こそ、軍事的緊張を不要とする時代のものとの感を強くするが、これは本丸内の周りからする横矢が考えられよう。

(二)「附櫓」（図17）

〔建物の概要〕この建物は平面が梯形で、東の底辺では北寄りにかけて多聞櫓がとりつき、南側の斜辺が天守一階に接する。

斜辺の長さ四間、長辺二間半、底辺四間半、底辺の北から第二間が多聞櫓に接する入口で扉を付けており、南側斜辺の東から第二間が階段および扉をもって天守一階の入口になる。

窓は北側の東から第三間、西側の北から第二間が格子窓、突揚板戸付で、突揚戸と階段上の扉とは、移設された前身建築物の建具を再用したものであることが解体修理で判明した。

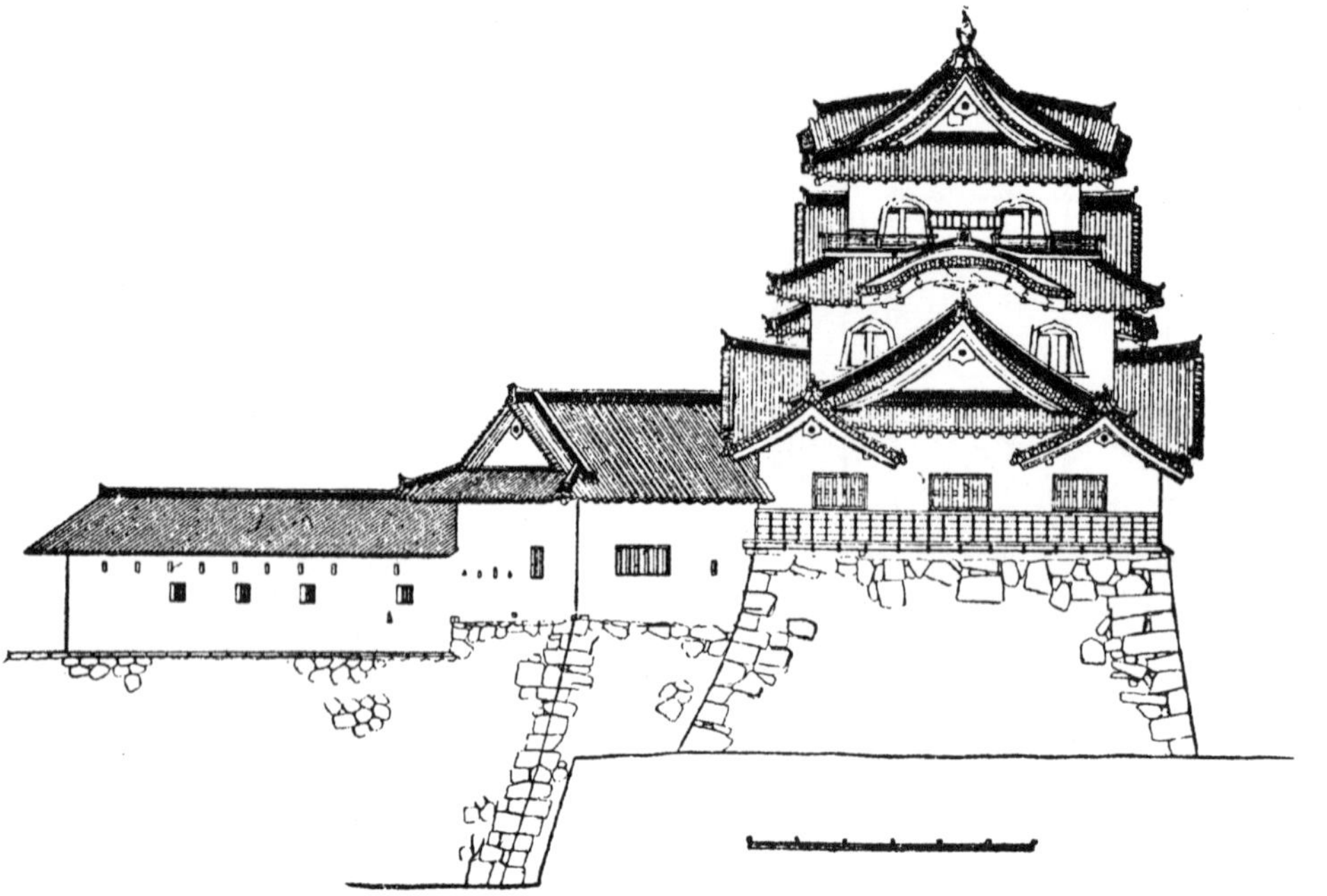

図19　天守西立面図（解体修理前）「近江彦根城天守建築考」より転載

櫓の中央に立てた裸柱一本で地棟木をうけ、それに曲がりの多い梁を巧みに使用している。

床構造は石垣上に土台を廻し、その上に柱および間柱を建て、床は東西方向に三本ならべ、その上にまた土台を三丁かさね、束や枕で根太受をうけるなど、込み入った工法を用いて仕上げたもの。

壁は内外とも大壁で中に礫を入れ、銃弾の貫通を防ぐ構造にして外部は窓下に腰羽目板を張り、土台上に水切板をつけた。

一方、内部は内法以下が板張り目板打ちで、多聞櫓よりも丁寧な仕事をしている。

狭間は西に三カ所、北に六カ所、東も六カ所の計十五カ所で、次掲の天守の狭間と同じく、内腔を板張りにし、外側を壁で塗り込めて外部からは存在の分からない「隠狭間」にしている。

註＝附櫓の狭間数を『天守工事報告書』には「西に三カ所、北に五カ所、東に四カ所の計十二カ所」にしているが、ここでは同報告書所収の平面図と実際に所在する数をもって表示した。

〔狭間の配置〕 附櫓の狭間は十五個で、昭和十一年城戸久氏の外面実測図では北「矢狭間」一個と「鉄砲狭間」三個、西「矢狭間」一個の計五個を開いていた(図19)。しかし解体修理後は「隠狭間」になっているが、『天守工事報告書』にその旨の記載がない。

現状にみる狭間の配置は

北面　②鉄砲狭間◬　③鉄砲狭間回　④矢狭間□

　　　⑤鉄砲狭間◬　⑥鉄砲狭間◬　⑦鉄砲狭間◬　六個
西面　⑧鉄砲狭間回　⑨鉄砲狭間◬　⑩矢狭間▯　三個
東面　①鉄砲狭間回　⑪鉄砲狭間回　⑫鉄砲狭間回
　　　⑬矢狭間▯　⑭鉄砲狭間回　⑮鉄砲狭間◬　六個

の十五個すべて内腔板張りの「隠狭間」である。

註＝原図は狭間を多聞櫓と違う梯形で表示しているが、矢狭間と鉄砲狭間の判別ができないので、本稿の図においては、以下の矢狭間「弓▯」、鉄砲狭間を「鉄◬」と「鉄回」で表示する。

そのうち東面の「狭間」①と⑪が、接続する「多聞櫓」の中を狙っている。その類似例として松江城には天守玄関から侵入した敵を次の部屋から狙撃する狭間があり、姫路城天守三階四隅の武者隠から室内を狙う狭間がある。後者は天守三階まで敵が侵入する程の戦闘末期でも、なお敵に銃弾を浴びせようとする凄愴なまでの敢闘精神をあらわす、とされてきたものである。

しかし、彦根城の附櫓に連なる「多聞櫓」は、部材寸法や工法も違っているので、『天守工事報告書』は天守と附櫓の完成より四十四年後の慶安三年（一六五〇）付設と判断した。それで①と⑪の狭間は、「多聞櫓」付設のさいに潰さなかったから松江城と姫路城に類似する形態になったとみるか、または両城と同じ意識をもって残したのか、そのいずれかであろうが、決定できる材料はない。

一方、東面の狭間⑫〜⑮の四個が、①と⑪の間を附櫓への入口であったとして、そこへ迫る敵を正面からの射撃対象に想定していたと考えられるが多聞櫓の付設によって、その機能を失ったことになる。ただし、これには別途の問題が絡んでくるので、天守一階の項において、触れることにしたい。

なお、この「附櫓」を裏坂の冠木門跡あたりから見上げると、ここにこそ「石落し」の必要を感じるのである。しかし彦根城に現存する櫓はもとより、古写真にも「石落し」を装着した建築物はない。そしてこれを新旧天守の様式上から説いても、戦術面からの理由に触れた文献はもとより伝承も見あたらないので、一応の検討を試みよう。

いわゆる「石落し」の祖形と考えられるものが『後三年合戦絵詞』にある。それは狭間から出した綱の先に括りつけてある岩石が、綱を切ると敵の頭上へ落下して、致命的打撃を与える装置であった。

そうすると、裏坂を攻め上る敵は綱先の巨大な岩石を見て、まず近寄るまい。そこへ狭間と窓から集中的射撃を行なうか、あるいはすりぬけて附櫓下から天守下へ向かおうとする敵には、余裕をもつ長さの綱で吊るした岩石を、落下と引上げの反復によって、敵兵を圧伏するのが効率も良いと考えた結果、彦根藩の軍学者や関係者達は「石落し」をあえて選ばなかったのではなかろうか。

㈢「天守一階」（図17）

〔建物の概要〕天守一階平面は六間に三間の部屋の周りに、北西南の三方を二間宛の武者走にし、東に三間の武者溜をつける様式にしているから、結局全体としての大きさは梁間七間、桁行十一間になったのである。

一間の寸法は内部が六尺五寸三分、武者走りは五尺六寸二分及び五尺二寸六分。ただし東側の三間は六尺五寸三分が二間と六尺八寸八分の一間で若干広く、また床も東側三間は一段低い。

中央の間は、これを両断して三間角の部屋二つにし、角柱には内法長押、鴨居および敷居をとりつけ、各々引違板戸をはめ、内部構成には住宅風要素を表している。それぞれの板戸には「揚落猿」を仕込み、鴨居の溝に段差をつけて、外側からの開閉や取外しを阻む仕掛けがあり、二～三階も同じ様式である。

東から第三間の中央北寄りに地下室から玄関へ通じる階段があり、南寄りに二階へ上がる階段をとりつけている。

窓は東西が中央および端から第二間の六カ所、南端は両端からの第二間と中央および両隣あわせて五カ所、北側が中央と東端からの第二間をあわせて二カ所、計十三カ所になる。そのうち東面では南寄りの二カ所のみ他の窓よりも低い位置にある。

なお、外部の壁は先の附櫓と同じく内外とも大壁で中に礫を入れ、銃弾の貫通を防ぐ構造にし、外部は窓下に腰羽目板を張り、土台上に水切板をつけた。

註＝一階東三間の所を『天守工事報告書』は「武者走」としているが、ここでは「武者溜」に変えた。なお、「隠狭間」についてでは「要所に配置」とするのみにとどめ数をあげていない。

〔狭間の配置〕天守一階の現状にみる狭間の配置は

西面　①鉄砲狭間◬　②鉄砲狭間⧈　③鉄砲狭間◬
　　　④鉄砲狭間⧈　⑤鉄砲狭間⧈　⑥鉄砲狭間⧈
　　　⑦鉄砲狭間◬　　　　　　　　　　　　　七個

南面　⑧鉄砲狭間⧈　⑨矢狭間▯　⑩鉄砲狭間◬
　　　⑪鉄砲狭間⧈　⑫鉄砲狭間◬　⑬矢狭間▯
　　　⑭矢狭間▯　⑮鉄砲狭間◬　⑯鉄砲狭間◬
　　　⑰矢狭間▯　⑱鉄砲狭間◬　⑲鉄砲狭間⧈　一二個

東面　⑳矢狭間▯　㉑鉄砲狭間◬　㉒鉄砲狭間⧈
　　　㉓鉄砲狭間◬　㉔矢狭間▯　㉕鉄砲狭間⧈
　　　㉖矢狭間▯　　　　　　　　　　　　　七個

北面　㉗鉄砲狭間◬　㉘鉄砲狭間◬　㉙鉄砲狭間⧈
　　　㉚鉄砲狭間⧈　㉛鉄砲狭間⧈　㉜矢狭間▯
　　　㉝鉄砲狭間◬　　　　　　　　　　　　七個

の四面あわせて計三十三個、内腔板張りの「隠狭間」である。

なお、この天守とその附属建物のうち「矢狭間」をもつのは「多聞櫓」と「附櫓」及び「天守一階」で、天守の二階と三階にはそれがない。理由は射撃目標までの距離と角度によると考えられよう。

天守に限らず他の櫓にしても彦根城には、「石火矢」（火砲を発射する狭間をもった櫓はない（今治城のみ隅櫓に火砲の狭間あり）し、また「大筒」（大型火縄銃）の発射を可能と思える「狭間」もない（補註11）。

村田銃発明者村田經芳陸軍中将が若年のころ、立射姿勢を

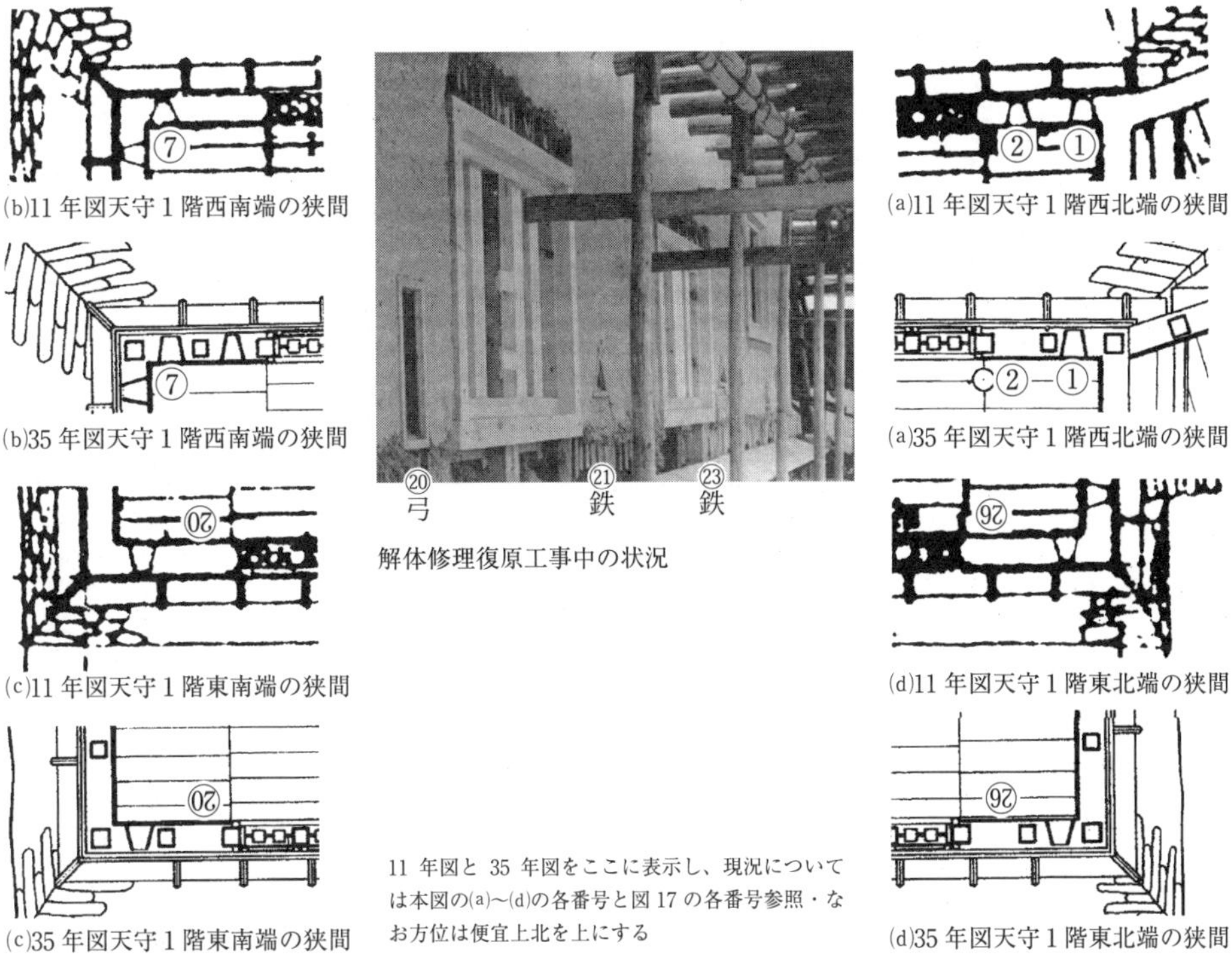

(b)11 年図天守 1 階西南端の狭間

(b)35 年図天守 1 階西南端の狭間

(c)11 年図天守 1 階東南端の狭間

(c)35 年図天守 1 階東南端の狭間

解体修理復原工事中の状況
11 年図と 35 年図をここに表示し、現況については本図の(a)〜(d)の各番号と図 17 の各番号参照・なお方位は便宜上北を上にする

(a)11 年図天守 1 階西北端の狭間

(a)35 年図天守 1 階西北端の狭間

(d)11 年図天守 1 階東北端の狭間

(d)35 年図天守 1 階東北端の狭間

図20　天守の狭間にみる位置の相違対照

撮った写真に見る「大筒」は、銃身と銃床を合わせて太く、それほどの銃を突き出せる「狭間」があったかどうか、さらに「腰放」、いわゆる「腰だめ」の射撃姿勢も「狭間」を使用できないであろう。ただし現存する狭間のうち縦横かなり大型のものも存在するが、大筒とその狭間の関係を計測していないので断定を避けておく。

つまり、近世の平均的軍用銃であった六匁筒（鉛弾径一五・五粍、銃口径一五・八粍）ないし十匁筒（鉛弾径一八・三粍、銃口径一八・七粍）が「狭間」の規模をきめる基準になったのであろう。

また、大筒はもとより石火矢も、先に触れた通り、当時の日本は炸裂する榴弾でないから、一発で撃ち倒せる人数は少なく、また弾薬一発の製造原価が通常の火縄銃弾薬に比し高価で、機能と経済性に問題のあったことも見逃せない。

慶長文禄の朝鮮出兵で城（倭城）を築き、守るも攻めるも火縄銃を使ったが、明軍は炸裂弾を使用し、その威力に日本の将兵は驚き慌てた（補註12）。にも拘らず日本では幕末まで研究すらしなかった。

丸弾は、城攻めに集中射撃で塀を打ち破って突撃路を開くか、または櫓の壁を破壊し、火矢を射込む焼打ちに役立つくらい、戊辰ノ役で会津若松城へ撃ち込んだ焼弾はそれから派生したものであろう（補註13）。通常の城に、火砲の発射に適する装置を備えない理由は、城から鉄の丸弾を撃っても効果がないからであった。朝鮮出兵の後、炸裂弾を採用したならば、日本の城は稜堡築城に一変していたであろう。

ところで、天守一階西面の①と②、東面の⑳と㉖、さらに北面の東寄り玄関付近の狭間配置については、本稿に使用している図面、すなわち昭和三十五年の『天守工事報告書』に掲載している天守平面図（以下本項では「35年図」と略す）をもって現地の配置と照合しても理解できないのである。そのため、前掲の城戸久氏による昭和十一年八月の実測図（以下本項では「11年図」と略称）を参照しつつ検証して行くことにしたい。

天守一階西面の①と②の鉄砲狭間について。35年図は①の狭間を表示するのみであるが、現在は①と②の鉄砲狭間があり、11年図にも表示しているので、恐らく35年図の記入漏れとみなして本稿掲載の図へ書込をした（図20(a)）。

西面南端⑦鉄砲狭間の北に、35年図は狭間を表示しているが、それは11年図になく、現存もしていない。よって図17ではこれを消した（図20(b)）。

東面南端の⑳について、35年図と11年図ともに狭間の位置を間柱の南側に表示しているが、現在は間柱の北にあり、これは修理にさいし、位置を変えたにもかかわらず、図は旧によったとみなし、図17には実地にあわせて間柱の北に表示した（図20(c)）。

東面北端の㉖について、35年図と11年図ともに狭間の位置を間柱の北側に表示しているが、現在は間柱の南にあり、これは修理にさいし、位置を変えたにもかかわらず、図は旧によったとみなし、図17には実地にあわせて間柱の南に表示した（図20(d)）。

そして一階の狭間について最も問題になるのが、図17で狭間の記号を黒塗りにした北面東端の二個と、玄関に西寄り三個を合わせた五個である。そこは板張りのため、壁に痕跡があるか否かは不明で35年図に表示がないし、ここを撮影した古い写真も見あたらない。しかし、四方正面を原則とする天守は、東西・南北それぞれ対称にして当然、11年図では明確に表示している（図18）。

であれば、古い写真の有無はともかく、昭和三十五年完成の解体修理にさいし、壁にあった五個の狭間を埋めて板張りを新材に換えたのか、と疑わなければならなくなる。

ところが以前の修理で、埋めてあった狭間の痕跡を解体修理にさいし発見確認して復原することはあり得ても、実存する狭間を修理にさいし、埋めて消滅させることはあり得ないはずである。

なお、『天守工事報告書』はこれについても、現状変更の項に全く触れていない。ではあるが、本稿では図17にあえて黒塗りで表示し、次掲の検討について我田引水の資料にしたのである。

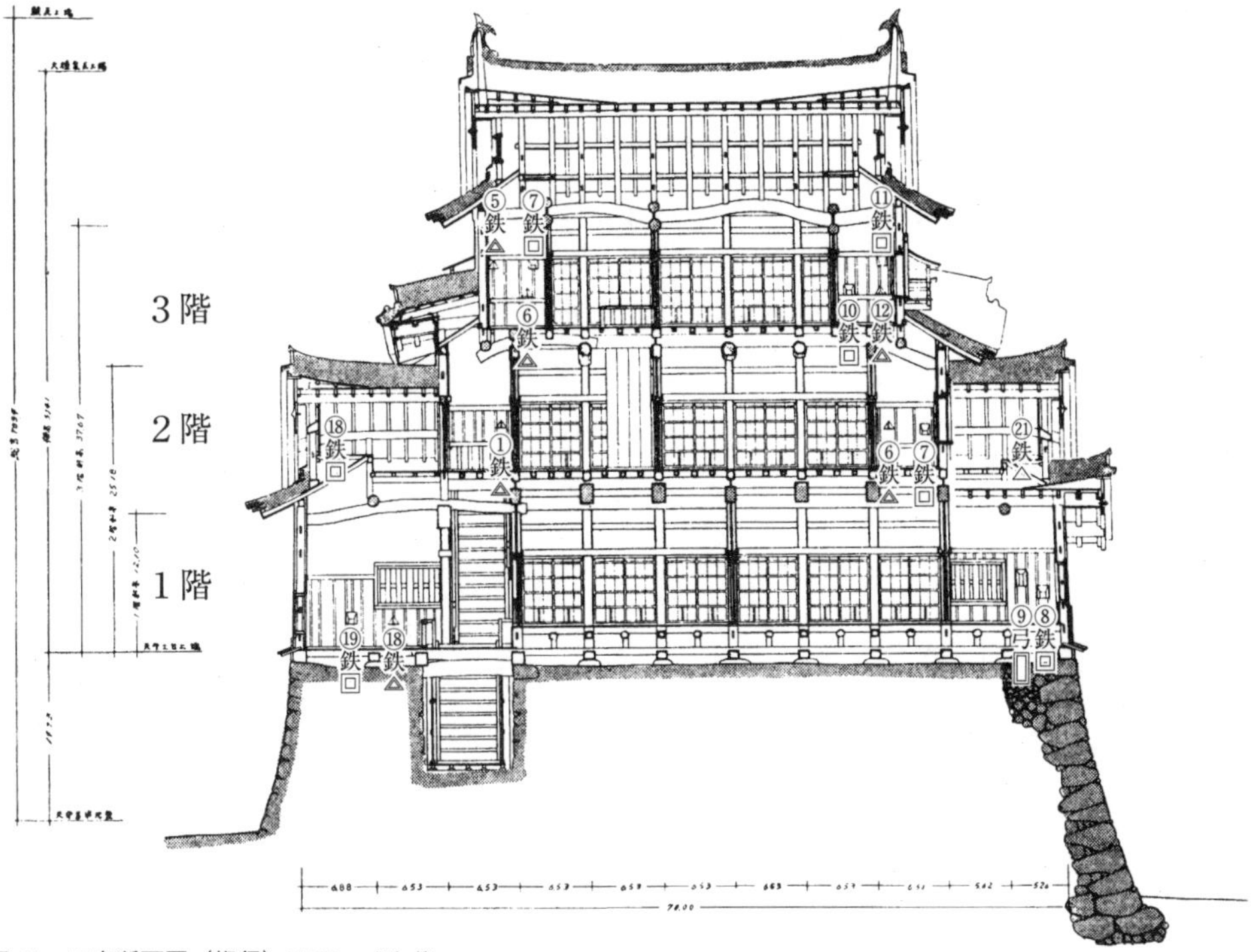

図21　天守断面図（桁行）原図に一部加筆

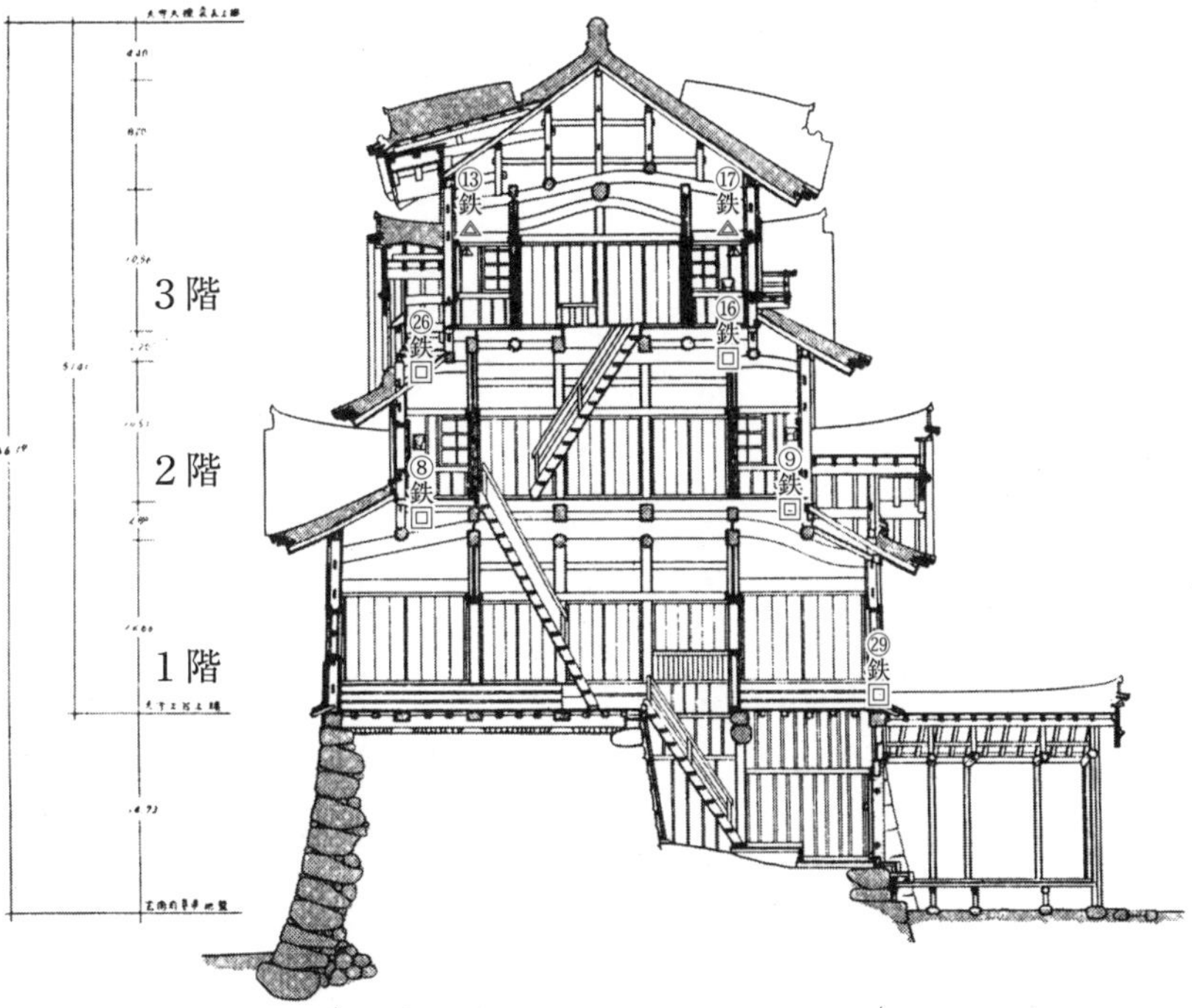

図22　矩形断面図（天守梁行、玄関桁行、多聞櫓梁行）原図に一部加筆

まず、昭和十一年に存在していた狭間が、昭和三十二～三十五年の解体修理に存在しなかったとすれば、約二十年余りの間の工事で消滅させたことになる。すなわち『天守工事報告書』は

天守は今回の工事中発見された墨書、刻銘及び瓦の箆書き等から、完成後宝永元年、安永五年、寛政八年、天保十二年、嘉永四年、万延元年、文久二年近くは明治以来昭和にかけて再三の修理をうけたことがわかる。

と記している。しかし、『彦根城の修築とその歴史』所収の「彦根城築城・修築、城下災害略年表」では

明治四十年・九・二十六　天守一重下見板裏墨書銘
昭和三十年　太鼓門及び続櫓、天秤櫓の解体修理工事着手

の二件の間に修理があったとは記していない。つまり、問題の狭間についての追究はここで途絶したのである。

よって図17で黒塗りにした狭間をいつ消滅させたかは不明として、次の問題点へ移る。

その問題の結論を先に出しておこう。現存する天守玄関は慶長十一年（一六〇六）完成時に無く、後世付設したのではないかという疑いである。その付設時期が玄関を金蔵に使用し、盗賊が侵入した承応元年（一六五二）の事件とどのような関係にあるのか、それを糾す史料はない。ただ後世付設とした推定の理由は

(1)天守の付属建築物でありながら、柱間が五尺四寸四分で、本体の六尺五寸三分とは異なること。また多聞櫓の柱間六尺二分とも差があるので、玄関は別の時期ではないかとの疑いが濃くなること。

(2)天守本体北側に装置した狭間のうち現存する㉘、㉙、㉚の鉄砲狭間三個は、玄関よりも高いところにあり、その屋根に邪魔されて射撃効果はない。

玄関が、もし慶長創築時点のものとすれば、そこに無駄な狭間を設けなかったに違いない。天守北側の狭間は慶安三年（一六五〇）多聞櫓付設により、附櫓の出入口に対する横矢の機能を失い、さらに附櫓東面の狭間もまた玄関の付設によって、存在価値零とはいわないまでも、主たる目的を失ったことになろう。（補註14）

以上、天守一階北面と附櫓東面の狭間は、狭間そのものの問題ではなくして、狭間を通じ天守玄関の付設時期についての問題を提起する原因になった。死角の問題は「まとめ」の項で触れたい。

四「天守二階」（図23）

〔建物の概要〕 天守二階平面は五間三間の部屋の周りに、一間の武者走をつけた形式で、梁間五間、桁行七間の大きさになる。一間の寸法は一階と同じく六尺五寸三分、南北の武者走幅が五尺六寸二分である。

中央の部屋は一階同様両断し、西半分を三間に二間の部屋二つにし、各間の内法長押、敷鴨居および引違板戸をはめること一階と同じ様式にしている。

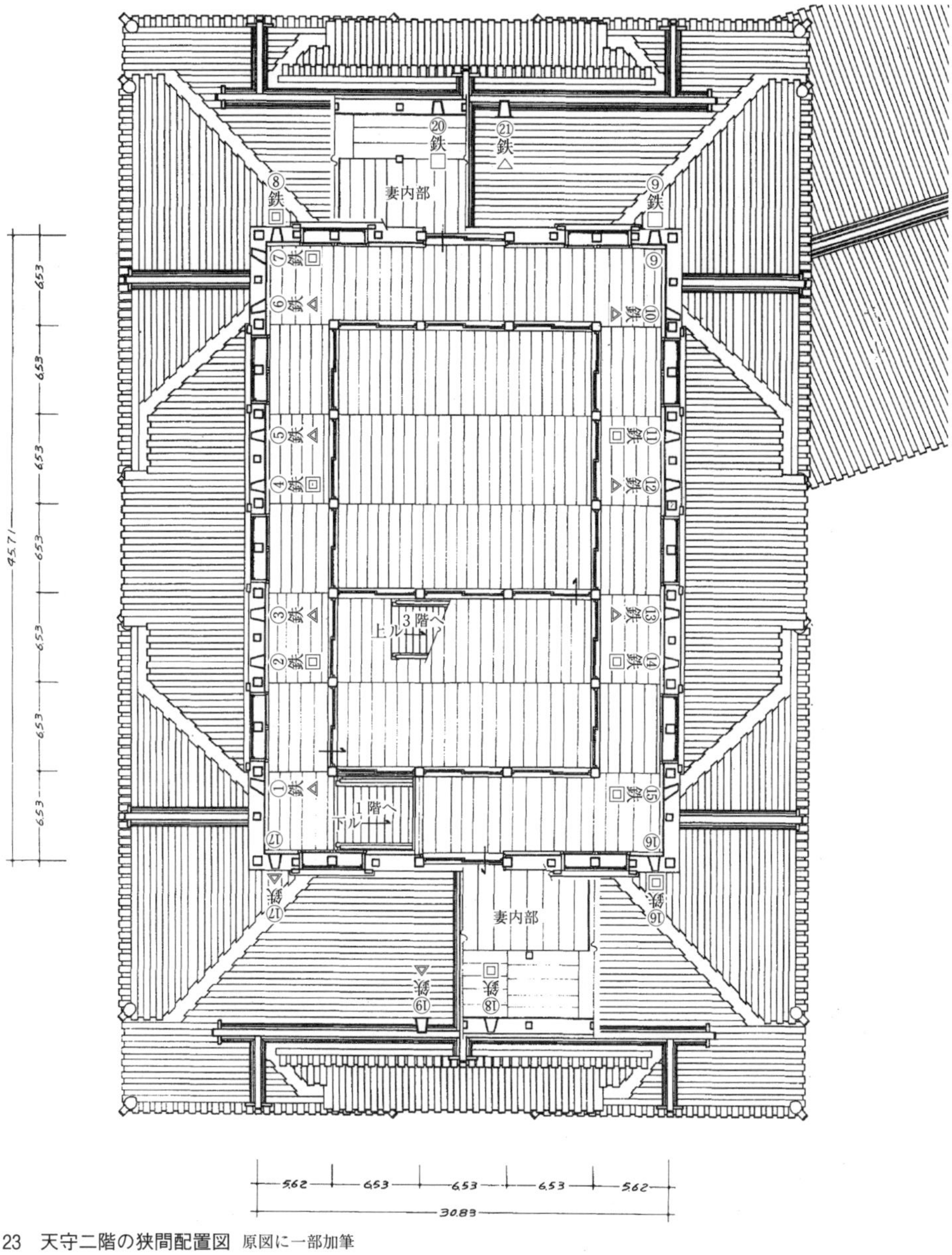

図 23　天守二階の狭間配置図　原図に一部加筆

東入母屋内の狭間

階段は一階への下り口が東側の武者走の南から二間目になり、三階への上り口は二つの部屋のうち、東側の部屋西端で中央に取り付けた。

窓の配置は、北および南は中央間および端から二間目に、東と西は端から二間目に花頭窓、内部に引あけ戸及びはめつけ雨戸付にし、東西の中央は引違板戸をもって妻内部への入口にしている。

その妻は、東西入母屋が二階本体よりも前へ出た空間ゆえ死角が少なく銃座を設けるに適し、壁に隠狭間を各二個あて装置した。

〔狭間の配置〕天守二階の現状にみる狭間の配置は

南面　①鉄砲狭間⟁　②鉄砲狭間⧈　③鉄砲狭間⟁
　　　④鉄砲狭間⧈　⑤鉄砲狭間⟁　⑥鉄砲狭間⟁
　　　⑦鉄砲狭間⧈　　　　　　　　　　　　七個
西面　⑧鉄砲狭間⧈　⑳鉄砲狭間□　㉑鉄砲狭間△
　　　⑨鉄砲狭間⧈　　　　　　　　　　　　四個
北面　⑩鉄砲狭間⟁　⑪鉄砲狭間⧈　⑫鉄砲狭間⟁
　　　⑬鉄砲狭間⟁　⑭鉄砲狭間⧈　⑮鉄砲狭間⧈　六個
東面　⑯鉄砲狭間⧈　⑱鉄砲狭間⧈　⑲鉄砲狭間⟁
　　　⑰鉄砲狭間⟁　　　　　　　　　　　　四個

の四面あわせて計二十一個、全て内腔板張りの「隠狭間」である。なお、西面の妻内部に備えた鉄砲狭間の□と△は目視できず、また資料もないが東西対称の推定による。反対側の東面妻内部は『天守工事報告書』が掲載している写真によって確認したものである。

狭間のうち①、⑥、⑩、⑮の鉄砲狭間は、切妻になっていて装飾にすぎないと批判された破風の屋根を避けるため、狭間に俯角をつけて斜め横に向け、一層屋根の軒と接して谷状になる部分の近くを弾道にしている。

ことに⑮では、多聞櫓を付設する以前の附櫓入口であったと考える①と⑪間へ迫る敵の左脇腹と背後へ向けて横矢をかける構えにした。明らかに意識したものであろう。

⑩もほぼ同様で、これは同じく附櫓入口へ迫る敵の前面から左の脇腹を狙える角度にあると言ってよい。

ただ南面の①と⑥は特定の対象物ないし位置を狙うものではないが、本丸へ侵入し散開して天守を囲む敵兵に対する備えとだけは言えるであろう。

二階で、一層の屋根が上がって構成する大入母屋の屋根下を利用した東西の妻に設けている狭間⑱⑳を図（図21、図24）と銃座の写真（図23）で見ると、少々狭くとも弾薬装填を射手自身で行なえないことはなかろうが、効率を良くするため専門の装填要員若干名の配置を想定していたと考えられよう。

(五)「天守三階」（図25）

〔建物の概要〕天守三階平面は、四間二間の部屋の周りに一間の武者走をつけた形式で、規模は六間に四間、なお北および南側の中央に、三階本体の壁面よりも突き出した大千鳥破風の妻内部を落ち間の銃座にして隠狭間を備えている。

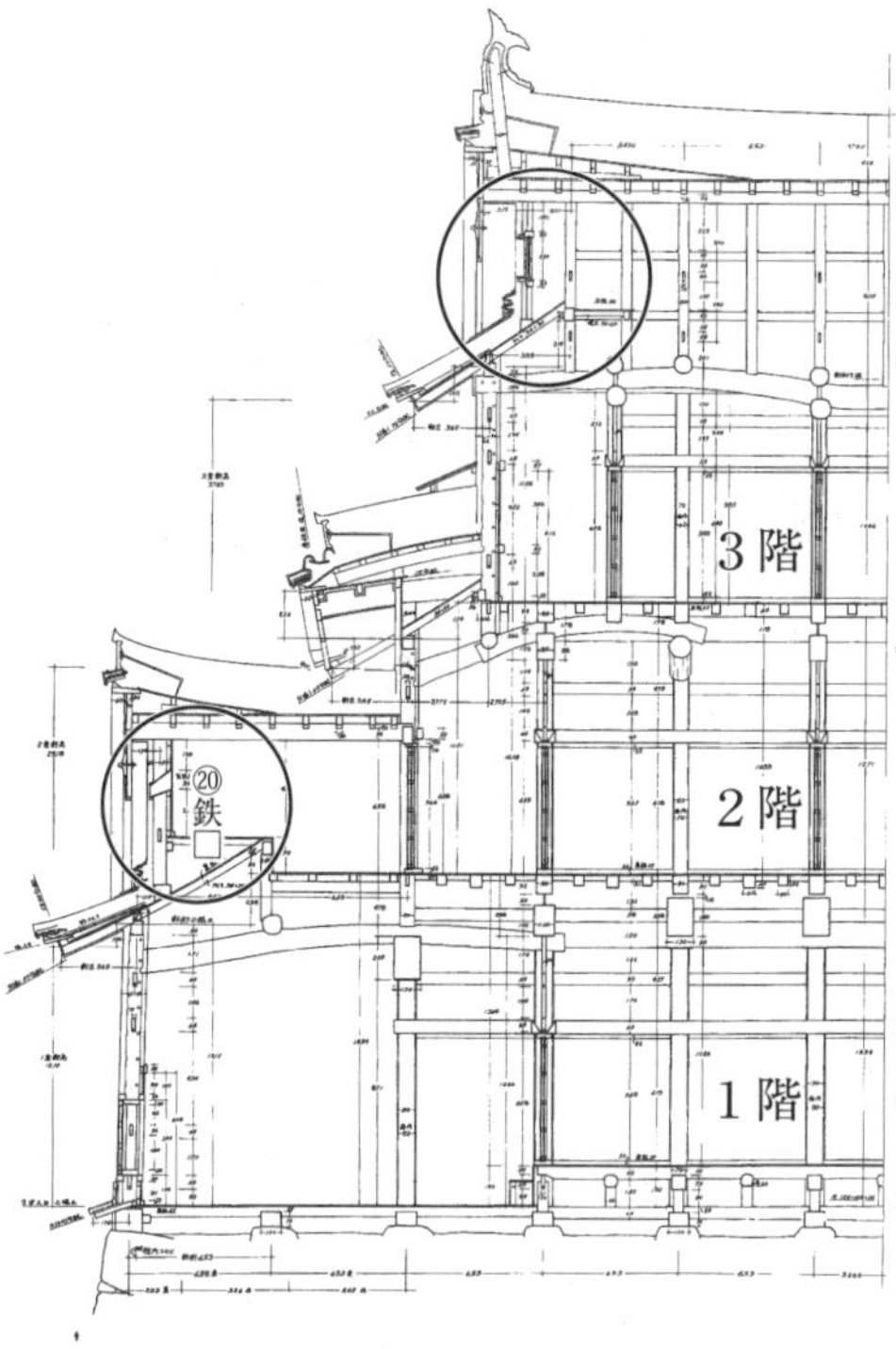

図24　天守矩形図（西側）原図に一部加筆

3階西側修理前
建具解放状態　鉄砲狭間⑭⑮

3階西側修理後　建具閉鎖状態

柱間寸法は一階二階と同じ、武者走は五尺一分になる。中央の部屋は東半分が一間半に二間、西半分が二間半に二間となり、柱間装置は下階と共通し、半間の所は板戸はめ殺しで、桟を伝うと梯子なしで屋根裏へ達し、拝み下の小窓から出入りできる（図24）。

窓は二階同様の花頭窓を各階とも端から二間目にとりつけ、窓の外を高欄付廻縁にしているが、縁は二階屋根の千鳥破風や唐破風の棟が遮り、周囲をまわることができず、いずれも隅矩の手に取りつくだけという他に類例のない特殊な方式である。

〔狭間の配置〕天守三階の現状にみる狭間の配置は

東面　①鉄砲狭間△　②鉄砲狭間□　③鉄砲狭間□
　　　④鉄砲狭間△　四個
南面　⑤鉄砲狭間△　⑥鉄砲狭間△　⑦鉄砲狭間□
　　　⑧鉄砲狭間□　㉖鉄砲狭間□　㉗鉄砲狭間□
　　　⑨鉄砲狭間□　⑩鉄砲狭間□　⑪鉄砲狭間□
　　　⑫鉄砲狭間△　一〇個
西面　⑬鉄砲狭間△　⑭鉄砲狭間△　⑮鉄砲狭間□
　　　⑯鉄砲狭間□　⑰鉄砲狭間△　五個
北面　⑱鉄砲狭間□　⑲鉄砲狭間□　⑳鉄砲狭間△
　　　㉑鉄砲狭間□　㉘鉄砲狭間□　㉙鉄砲狭間□
　　　㉒鉄砲狭間△　㉓鉄砲狭間□　㉔鉄砲狭間△
　　　㉕鉄砲狭間△　一〇個

の四面あわせて計二十九個、全て内腔板張りの「隠狭間」である。北側になる妻内部に設けた鉄砲狭間の㉘と㉙の表示記号をいず

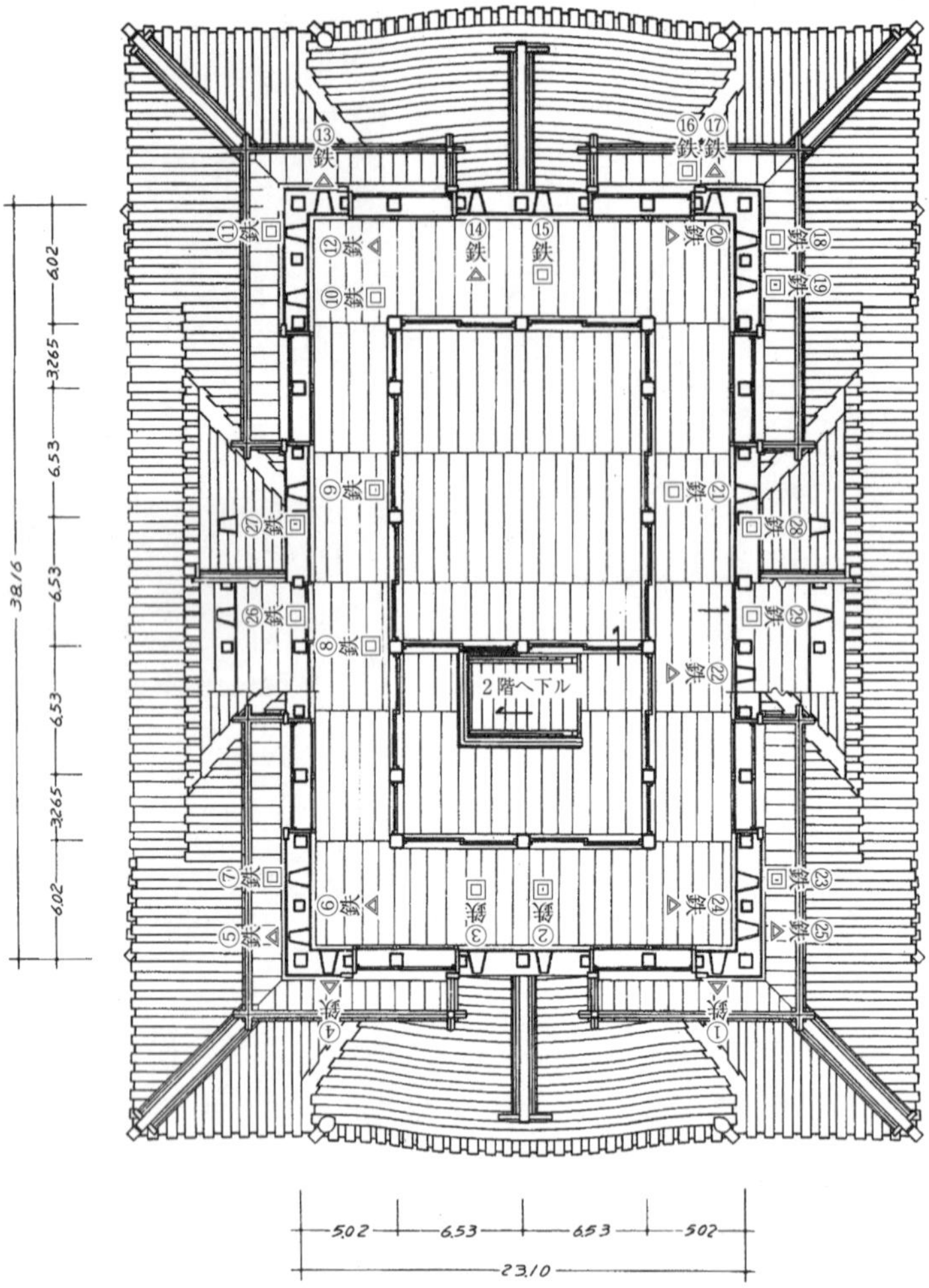

図 25　天守三階の狭間配置図 原図に一部加筆

れも㈢にしたが、実は目視できず資料もないので、南面側妻内部の写真を参考にして、南北対称と推定したものである。なお、南北大千鳥破風内の銃座は狭く、射手自身の弾薬装填は無理と思われるので、装填専門要員はおそらく武者走での作業になるであろう。

㈥天守本体の狭間　まとめ

さて狭間の数を天守本体にかぎると、以上の通り

一階　鉄砲狭間　二五個　矢狭間　八個
二階　鉄砲狭間　二一個　矢狭間　ナシ
三階　鉄砲狭間　二九個　矢狭間　ナシ

で矢狭間の八個にも鉄砲を配備するならば、計八十三個になり、さらに一階の黒塗りの狭間五個も加えると八十八個である。

そして、射手八十八名が同時に一分間四発の発射速度で射撃すると、単純計算で一分間三百五十二発の銃弾が飛び出すことになる。

火縄銃の発射薬は黒色火薬で発煙量が多く、しかも発射のさい硝煙は銃口のみではなく、機関部の点火孔からも逆噴射するから、天守各階には数分間のうちに、かなりの煙が充満して行くに相違ない。

そのため姫路城天守では、各階、狭間の上にあたる天井（上階の床）近くに小窓をあけて煙抜きにしている。彦根城天守には、その対処をしていない。

しかし想像ではあるが建物規模からみて、一・二階で逆噴射した硝煙は、自然に各階の口から三階へ上って行く、そして三階で発生した硝煙もあわせ、東西入母屋破風の拝み下にあけた小窓（図24三階屋根裏の○印内）から外へ抜ける、と創築時の設計担当者は考えていたのではなかろうか。

一つ残る問題は、天守の「狭間」では処理しようのない死角への対応である。実は狭間ゆえに生じる死角の処理としては「石落し」がある。それも狭間の死角すべて覆うことはできない。頼むところは「横矢」にある。しかし、その一部は多聞櫓と玄関を付設したために、その面では機能しなくなった。

必要なのは天守東面と東北面に対する「二十間櫓」と「着見櫓」からの横矢であるが、その櫓は現存しないので、現時点では別に史料、それが出ないと仮説または推論をまたなければなるまい。

5　文献にみる彦根城にあった狭間の数

彦根城の狭間数について、「守城考」（『彦根山由来記』付録）によると

一山崎口ヨリ大手口迄　数二百四
一大手口ヨリ表御門迄　同百二十四
一表御門ヨリ裏御門迄　同七十三　弓鐵炮相交、御足輕
　守之
一裏御門ヨリ黒御門迄　同七十五　番上リ足輕百八拾人
　之内、堪事之者百人ヲ可得、御番頭率之守之

一黒御門ヨリ山崎口迄　同百五十八　御家中ヨリ出ル役鐵
　炮弓ヲ以配之、三十人組二組余分アリ、浮足輕ト定、
　城内四方ヲ巡リ、大切ナル方ニ救應ス
右之如ク配リ置、タトヘハ、今後西方ヨリ敵來テ、大手ヲ
　第一ニ可防ナレハ、表御殿門邊ヨリ山崎邊迄ハ、防
　ニ不及之處ナレハ、各我人數三分ノ一ヲ其處ニ殘シ
　置、三分ノ二ヲ以テ、西南ニ來テ助クヘシ、四方共
　同シ心得ナリ

とあり、その数「六三四個」になるが、これは内堀塁線の塀に装置した数で、天守はもとより他の塁線と櫓につけた狭間数の表示がなく、また矢狭間と鉄砲狭間の区別もしていない。

一方、先に触れた昭和初期に文部省から彦根城国宝指定の打診があったさいの作成と思われる『彦根城調査書』にいう狭間の数も瓦塀に装置した数にとどまり、やはり天守およびその他の櫓に設けた狭間の数についての記述がないが、参考までに抽出引用しておこう。

瓦塀　二千九百六十一間五分三厘八毛　瓦塀ノサマ　一丈ニ一ツ、
一、三十一間　御天守ヨリ　月見櫓マテ　鉄　十二　弓　六
一、十七間　二十間櫓ヨリ　同多聞櫓マテ　鉄　六　弓　五
一、二十六間　同多聞櫓ヨリ　西ノ丸御門マテ鉄　十　弓　六
一、十七間　西ノ御門ヨリ　御天守マテ　鉄　六　弓　三
一、二十四間　廿間櫓ヨリ　廊下橋マデ　鉄　十　弓　六
一、四十五間　廊下橋ヨリ　御□櫓マデ　鉄　十九　弓　九

これにより本丸に属する塀の延長百六十間（九百六十尺）に鉄砲狭間六三、矢狭間三五で計九八個、右掲にいうところの「一丈（十尺）ニ一ツ、」につき一個の割合になる。

天守については、前掲の通り矢狭間八個を含めて八三個に黒塗りの五個を加えて八八個、壁面は平面図によると
　一階　二二二尺、二階　一五三尺、三階　一二三尺
で、計四九八尺であるから十尺にほぼ二個弱の割合、塀に装置した狭間数に倍する配備になる。

なお、調査書の中には前掲「守城考」にいう部分を
一、二百四十間　山崎櫓ヨリ黒門マデ　鉄　百〇六　弓五十二
一、百十六間　黒御門ヨリ裏御門マデ　鉄　五十　弓二十五
一、百十三間　裏御門ヨリ表御門マデ　鉄　四十八　弓二十五
一、百九十一間　表御門ヨリ大手御門マデ鉄八十三　弓六十八
一、三百十間　大手御門ヨリ山崎御門マデ鉄百三十六　弓四十一
　計　鉄　四百二十三　弓　二百十一　総計　六百三十四
としており鉄砲狭間と矢狭間を合した数において「守城考」の六三四個に一致するから、いずれも出典は同一のものであろう。

そして『彦根城調査書』の記載では鉄砲狭間一〇一二個、矢狭間五〇九個、計一五二一個でその割合は鉄砲二に対し弓一で、軍役に定める割合に一致する。

しかし、軍役は各城持大名が城を守るためのものとしたので

はなく、幕府の指示に応じて提供する兵力であるから、城の戦闘配置と見るわけにはいかないが、一応の目安になるのではなかろうか。

参考　彦根城天守に対する誤認と誤解

彦根城天守には「石落し」がないし、「隠狭間」のため一見では狭間も無いと誤認されて防備の手薄を指摘するほか、外面に多い破風を武装建築にしては装飾的技巧がすぎると批評されてきた。

昭和三十二〜三十五年（一九五七〜六〇）の解体修理に関する『天守工事報告書』も「一階には石落しがなく、天守の軍事化しない時代の制をつたえ」としている。ただし文章的には、防禦上に問題ありとの批判はしていないが、言外に批判の意を含めているかも知れない。

しかし、同報告書自体が認めている通り、前身建物の移設にさいし、原形のまま再築したのではなく、全くといってよいほど「恰好仕直」したのである。敵を撃退する防禦戦闘に「石落し」を絶対必要とするならば、前身建物になくとも、当然装着しなければならなかったはずである。それをしなかった理由は本稿で推定した。

また、多聞櫓と附櫓ならびに天守一階など、直接敵に対する面は大壁にして中に礫を込め、銃弾の貫通を防ぐ手立てをした。位置により無駄なものがあるとはいえ、全て無駄であったわけではない。

さらに「狭間」に至っては、普通の壁面のみではなく、装飾的技巧にすぎると批判された千鳥破風や入母屋破風内に銃座を設けて、いずれも射手二名、銃にして四梃配備を可能とする狭間二個づつを装置した。もちろん飾りの破風は多い。しかし、本稿においてそれは、一瞥で軽視させる謀にすぎず、突然壁を突き破って銃火を噴く強力な防禦装置で、戦訓の上に積み上げた智恵の一つと推測した。

なお便所に関し、彦根城にも、それに擬すべき設備はあるので一応追録しておこう。実は附櫓から天守の一階へ上がる階段裏、横から見て直角三角形の空間で左側に扉、右側の板張に無双窓をつけているので、便所ではないかと考えていたが、解体修理工事にさいしての調査では、地下に壺がないとして否定されたようである。

ところが、美濃大垣城天守（戦災焼失）の便所は、三階の屋根裏であるから壺はなく便器でとるはず、それを参考にするならば、籠城における糞尿の利用云々はしばらく措き、彦根城附櫓階段下に壺がないからといって否定するのは如何なものか、再考を要するであろう。

註記

1　古い様式とされる「望楼型」天守の大部分は、内部の床面階数が屋根の外観層数よりも一階多い構造になっている（姫路・松江・犬山等）。それに反して新しい「層塔型」は、最下層を寄棟造の屋根にし、上へ向けて各階の床面積を逓減させる構造で、大部分は屋根の外観層数と内部の床面階数が一致する（丸亀・大垣・名古屋等）。彦根城の天守は、本文に記した通り望楼型であるが、屋根の層数と内部の階数が一致するので、時として層塔型と間違われたこともある。また、層塔型の天守でも最上階を物見（いわゆる望楼）と呼ぶだけでなく、内部の階数が外観より多い例もある（松本・水戸・小田原等）。

このように紛らわしいのは、分類呼称が適当でないことに起因するのではないか。しかし、昭和初期から定着してきたこの呼称以外に適当な名称があるかどうかは問題であろう。

望楼型と層塔型については、『城の鑑賞基礎知識』（三浦正幸

著　平成十一年　至文堂刊）に詳しい解説がある。
　なお城郭建造物、とくに天守について従来は外観を層、内部を重と称したが、現在は外観を重、内部を階という。しかし、本稿の本文では外観を層、内部を階と呼び、引用文では原典に従う。

2　田邊泰編『日本建築』城郭編第一冊「彦根城」二頁上段彦根城天守の屋根に対する批評。

3　『井伊年譜』についての概要は、主要参考文献の解説に記載。

4　『淡海落穂集』の所蔵は『国書総目録』によると、「国立国会図書館・宮内庁書陵部・筑波大学・三井文庫」としている。ところが彦根市立図書館本の表題は『淡海落穂恵草』（末尾に「淡海落穂艸」）とある。これは寛政四年（一七九二）彦根藩士塩野義陳編『淡海木間攫』の一部をもって編纂したものらしい（『歴史地名大系』）としている。しかし彦根史談会の「木間攫」活字本と彦根市立図書館蔵本とを照合すると、佐和山城と彦根城について「木間攫」は簡略すぎ、「落穂恵草」は佐和山城を享保十二年成立の『古城御山往昔之咄聞集書』から、彦根城は後掲註7『当御城建立覚書』か、または類本から採っている。

5　功刀君章については主要参考文献の解説に記載。

6　『井伊家年譜附考』については、主要参考文献の解説に記載。筆者所有の写本以外では、京都大学図書館所蔵の『井伊年譜』が巻之十一を『井伊家年譜附考、本藩諸士編次』とするのを見るのみで他に類本を見ていない。

7　『当御城建立覚書』については、主要参考文献の解説に記載。

8　『大津籠城合戦記』は、京極家の家臣西讃道人が文化二年（一八〇五）に「或書之中ニ有シ内へ末之世ニ至ル迄御先祖ノ御辛戦、又御家臣之面々之忠誠勲功ヲ言傳ヘニナレカシ」として記述したもので、『続々群書類従』第十七「合戦部」に収録。

9　『彦根山由来記』と著者中村不能斎については主要参考文献の解説に記載。

10　原文には「入母屋破風」とあるが、通常は「千鳥破風」とするので、ここではその表記に書きかえた。

11　関西城郭研究会機関誌『城』一五二号　森山英一著「城郭史研究の歴史」(2)一五頁下段。

12　「現在の組合せに合わない番付符合」を、天守修理工事報告書は〈その打ち方によりみて、建てる時のものでなく、解体に際して附せられたもの〉とし、『日本建築史基礎資料集成』14はそれを〈番付が梁の側面、扉の中央など前身建物において見える位置に隠刻されているためとみられるが、『修理工事報告書』はその理由を記していない〉としている。

13　『国宝彦根城天守・附櫓及び多聞櫓修理工事報告書』発見銘文の一部次掲の通り

二層北隅木
此すミ木仕候者
江州犬上郡彦根御城下於大工町ニ
山本助六　花押
横山惣七　花押
慶長拾壱年午五月廿二日
三層東南隅木
此角木仕候者　御与頭□川与衛門　花押
慶長拾壱年六月二日
江州犬上郡彦根御城下於大工町
喜兵衛　花押
惣次郎　花押

14　「石火矢」（昭和三十九年（一九六四）雄山閣刊、鉄砲研究家所荘吉氏著『火縄銃』による）。文禄慶長ノ役で明軍の使用した炸裂弾一発で兵三十余名が殪される威力を見せつけられた。しかし日本は道路事情で機動性が発揮できず、銃弾に比して火薬原価の経済性では火縄銃の多数が砲より優るからか、幕末近くまで採用しなかった。

15 『郷土戦史』は昭和大礼記念として、京都聯隊区司令部内で編纂して刊行した将校団による管内古戦史研究論文集。

16 昭和初期にあった国宝指定の件は、文部省から井伊直忠伯爵の承認を求めたが拒絶の回答があったと(年欠)一月十日付『東京日々新聞』の記事がある。

17 『重要文化財大阪城千貫櫓・焔硝蔵・金蔵(附乾櫓)修理工事報告書』(昭和三十七年　大阪府)

18 『家忠日記追加』松平家忠の孫忠冬著。祖父の『家忠日記』(天正五年から文禄三年〈一五五七—九四〉に至る十八年間の見聞日録で、諸国の情状、諸将の動静、幕府の経営等を記す)を増補敷衍、永正八年より元和二年(一五一一—一六一六)に至る。文禄三年以上を増補、慶長元年以下を追加とし、徳川創業記述を集大成するものの嚆矢である。本稿では大阪府立図書館蔵の肉筆写本から採った。

19 『板坂卜斎記』の著者は医師で二代目、父の跡を継いで徳川家康に仕えた。本書は慶長三年から同九年におよぶ軍陣・行旅・鷹狩等にしたがった時々の見聞記であるが、成立年代は不詳。本稿へは藤井治左衛門氏編『関ヶ原合戦史料集』から引用した。

20 『長浜城跡発掘調査報告書』(昭和四十六年〈一九七一〉長浜市教育委員会)による。なお、別項で触れるべき課題に、長浜城から彦根城へ転用したものとして石垣用材のほか、山崎郭の三重櫓、天秤櫓門などをそれとする伝承がある。さらに西の丸三重櫓の小谷城の天守を前身とし、それを一旦長浜城の天守として移設、後さらに彦根城へ転用したとするうえ、それらを彦根城の慶長年間における第一期の築城工事によるものとするものである。

　ではあるが、いずれも確実は根拠がなく、唯一の物証らしき内藤家の家紋を打った瓦にしても、それならば元和年間の第二期工事でなければならないし、しかも、その家紋すら現存する瓦の紋と、『武鑑』に掲載する紋と異なる点の追究がなされずして長浜から彦根へ移設と語られており、さらに他城の用材転用をもって、彦根城は他城からの寄せ集めとする酷評さえなしとしない。

　近傍にあった廃城からの移設転用は、彦根城に限ったことではない。近世城郭は多かれ少なかれ、それが珍しくないのである。

補記

本稿は関西城郭研究会機関誌『城』第一七九号および第一八四号に掲載された「彦根城考察—絵図と古写真および文献による—」(2)および(3)二項「天守」を改題したものである。

補註

1 第三章補註14参照。

2 城戸久氏は『名古屋城天守宝暦大修理考』(建築学会論文集第二二号)の注記の中で『日本城郭考』について〈本書は杜撰極まりないものがあって、世を誤る虞れがある〉と批判している。ただ同論文集は昭和十六年九月の発行で、前記「近江彦根城天守建築考」の発表後三年余を経過しているから城戸久氏が同論文を執筆する際に『日本城郭考』を参照した可能性も否定し得ない。

3 この墨書日付の記載については前掲第三章の補註2参照。

4 大津城を攻撃したいわゆる石火矢についての詳細を明らかではないが、日本製ではなく明や朝鮮の火砲だった可能性もある。朝鮮に出兵した日本軍はかなりの数の明や朝鮮の火砲を捕獲したので、関ヶ原の戦いの際にその火砲を使ったようである。大坂冬の陣で豊臣方が使用した火砲は主として朝鮮役の戦利品だったようで、『大坂物語』には〈はらかん（破羅漢）を二丁ならべてはなしければ〉と記している（日本学士院編『明治前日本造兵史』二七四頁）。また徳川氏により再築された大坂城には三十六丁の大筒が備えられていたが、「太閤朝鮮攻の時彼国より取来たる所」と伝えられ、事実多くの砲に「嘉靖」、「隆慶」などの明の年号が刻まれていたという（森山英一所蔵写本『金城見聞録』）。

5 著者は前掲「彦根城の再検討」で説を改め〈調査書作成日の記載がないので正確には判らないが城の所在地を「彦根市金亀町」としており、彦根の市制施行は昭和十二年二月十二日ゆえ、それ以後として間違いない。ただし、銘入り瓦の発見時期を書いていない。城戸久氏による発見は昭和十一年の夏、論文発表は同十三年、調査書と微妙な差はあるが第一発見者を探すのが目的ではない。ただ、後の新聞報道によると、解体修理にさいして銘入瓦は確認されなかったとしている。そのためであろうか「修理工事報告書」は移設検討の対象にせず、全く言及していない〉（『近江佐和山城・彦根城』一九六頁）としている。

6 著者は前掲「彦根城の再検討」において〈西軍の大津城攻撃前に、城からの射程内にある城下の家屋が邀撃の障害物になるとして全て取り壊した。よって入封した戸田家主従の多くは、大津城内の使える建物で仮住まいしなければならなかったであろう。しかし、城主戸田一西が矢倉から「顛墜して頓死」したのが慶長八年であれば、その頃は膳所城の作事も終わっていた筈、よって翌九年に天守の用材を彦根へ運び出すことは可能であったと考えられる。しかし、報告書は、他城からの移設を認めても、それを大津城とする絶対的な根拠はないからか「部材の輸送は舟で琵琶湖を曳行」できるので「大津城天守移建説は、にわかに捨て難い」とするのにとどめたのであろう〉（『近江佐和山城・彦根城』一九五頁）としている。

7 著者は前掲「彦根城の再検討」で〈徳川政権以前、秀吉以外の城で金ノ鯱は岡山と広島とされている。寡聞にして由緒は知見の内にないが、大津の鯱も金箔押ではなかったか。理由は城主京極高次の妹「松ノ丸殿」が秀吉の側室であったことからの推測である。彦根城へ移設して現存する天守は、原形をとどめないほどに改変しているので、金箔押の鯱も彦根へ運びはしたが、豊臣色払拭のために使わず廃棄したのではないかと考えられる〉（『近江佐和山城・彦根城』一九七頁）と推定している。豊臣政権下の大名の居城からは多くの金箔瓦が発見されている。金箔押しの鯱は安土城跡や大坂城跡のほか、上田城跡からも発見されている（上田市立博物館編『金箔瓦の城』五一頁）。大津城跡からも金箔五七桐紋軒丸瓦や金箔桐紋鬼瓦が出土している（大津市教育委員会『大津城跡発掘調査報告書』（大津市埋蔵文化財調査報告書29 二八―二九頁）ので著者指摘のように大津城天守に金箔押の鯱が上げられていた可能性は高いと考えられる。

8 著者は前掲「彦根城の再検討」で京都新聞記事や『彦根市史』上冊（三九〇頁）、西川幸治の『日本都市史研究』が引用する文化十三年八月の金蔵窃盗の件を載せた『井伊年譜』写本は知見の内にないとして、〈いわゆる「御金蔵破り」は名古屋城と江戸城にも起こったが、彦根城では二度もやられた。何れも怪盗ではない。西川教授による指摘、すなわち藩制規律の弛緩は文化十三年の藩士による犯行を対象にした。遡って承応元年の事件のあと七年目に当たる万治二年（一六五九）に身分制秩序にもとづく地域的分離として、庶民の第二郭出入禁止を定めたが、これも規律弛緩ゆえに生じた藩士の職務怠慢の結果によるといわなければならない。立藩五〇年早くもだれていたのであろうか〉（『近江佐和山城・彦根城』二〇〇―二〇一頁）と指摘している。

9 明治維新以後の彦根城の変遷については、著者の「明治維新以降の彦根城関連略年表」（『近江佐和山城・彦根城』二二六頁以下）に詳しい。

10 著者は前掲「彦根城の再検討」で滋賀県教育委員会『国宝彦根城天守、附櫓及多聞櫓修理工事報告書』（昭和三十五年刊）が修理工事報告書の誤認を正し、〈慶長十一年よりは少し遅れた元和年間（の工事で）附櫓に付加されたもののように考えられる〉としていることを紹介し、また多聞櫓附設の理由について、〈天守北面の防御機能強化のためと考えられよう。（中略）そして郭外へ向けた狭間六個のうち、附櫓近くの二個と真壁の部分に開く窓格子の隙間から、裏坂の冠木門以内を射程距離範囲にしているので、天守の防御機能は一応諒解できる〉としながら〈ところが入口から四個目迄は、射界に敵兵の存在する場所がない。（中略）また、天守本体北がわの狭間は、多聞櫓附設前の附櫓入口へ迫る敵に対する横矢であった。始めから多聞櫓があれば狭間は必要でない。では、なぜ無駄な櫓を附設したのか、それは「御本丸御廣間并鐘ノ丸御守殿ハタヽミ置候様ニトノ思召ニ候へ共善利川ノ堤安清辺ヨリ見候ヘハ城中建物多重リ様子宜候ニ付其侭御建置ノ由」と『年譜』にあるのを参考にすれば堰武の世で、景観と領民への威圧を考えるようになったからであろう〉（『近江佐和山城・彦根城』一九八―九九頁）と指摘している。

11 慶応三年（一八六七）に今治藩の藩医半井梧庵が撮影した写真をみると今治城の櫓の二階に大筒を発射する狭間を設けているものがある（森山英一『古写真大事典日本の名城』（講談社＋α文庫）三六八頁以下参照）。今治城の櫓は現存していないが、櫓の多くは外観復元されている。なお、今治城を築いた藤堂高虎が後に修築して居城とした津城の本丸北の多門について「秘覚集」に〈石火矢の矢間を可切を其節急候事に付取違へたり石火矢狭間の筈也〉（津市史第三巻二九〇頁）という言い伝えを記録している。

12 日本軍が特に恐れたのは朝鮮軍が使用した震天雷であった。朝鮮の領議政（宰相）だった柳成龍の著『懲毖録《ちょうひろく》』によると大碗口（砲身部が薬身部に比べて著しく拡大して碗口をなしている臼砲）より発射するもので〈取震天雷、以大碗口發之、能飛至五六百歩、墜地良久、火自内發、敵最畏此物〉と記している。日本軍は「ほうろく火矢」と呼んだ。著者が末尾注14で記している一発で兵三十余名が倒された事例も震天雷による被害で、『懲毖録』によると文禄元年（一五九二）九月左兵使朴晋の率いる朝鮮軍が慶州城を攻撃したときのことであった（有馬成甫『火砲の起源とその伝流』三〇〇頁以下、洞富雄『種子島銃』二一九頁、参謀本部編『日本戦史朝鮮役』附記二七頁）。

13 旧会津藩関係者による会津戊辰戦史編纂会編『会津戊辰戦史』六〇三頁には〈焼弾は径六寸許の円弾に孔あり、此より噴出して殿屋を焼かんとし水を注ぐも消滅せず、是に於て衣類を以て之を覆ひて水を注げば忽ち消滅す〉と記している。その実態について大山柏は〈官軍より発射される破裂弾は当時はまだ瞬発しないで、着弾後暫くの間は導火信管は燃え続け、弾内に達すると初めて破裂する。これが着弾するや、その瞬間を捕えて予め準備しているドテラ等（各所の天水桶にひたされておった）を覆いかぶせ、その爆発を未然に防ぐのである〉『戊辰役戦史（下）』一五八頁と記述し、破裂弾だったとしている。大山の父、大山巌は薩摩藩の砲隊長として若松城の攻撃に参加し、母の捨松は会津藩家老の娘で籠城し、実際に焼玉の爆発を防ごうとして負傷しているからこの記述は信憑性がある。

14 著者は前掲「彦根城の再検討」で〈創築時における天守入口は、今の玄関を入って左折した所、石垣を切り開いた部分にある鉄扉の位置と考えるべきであろう〉として、〈よって玄関建物の設置は、豊臣討滅により軍事的緊張が緩和されたとみられる元和年間の施工と考えざるを得なくなる。とすれば彦根城が、一般諸大名の城と性格が異なるとする主張が空論になる。それで附櫓から多聞櫓の中を撃つ隠狭間が敢闘精神の現れ、と強弁せざるを得なくなるのではなかろうか〉と指摘している（『近江佐和山城・彦根城』一九九頁）。

三　彦根城西の丸三重櫓
―小谷城からの移設伝承について―

はじめに

彦根城は

(1)　慶長八年（一六〇三）七月築城に着工

(2)　幕命によって七ヶ国十二大名が助役すると共に、派遣された普請奉行三名が工事を監督

(3)　建物のうち太鼓門は、古くからここにあった彦根寺の門を転用

したといわれ、また

(4)　西の丸の三重櫓は小谷城の天守で、土佐郭の三重櫓は長浜城天守、天秤櫓も同じく長浜城の大手門、天守は徳川家康の命令によって大津城から移設したもので、さらに佐和山城と安土城の古い用材も使用

したとするのが一応の通説となって、既往の解説や案内書などでそのように記載するものが多く、研究論文や修理工事報告書によって、すでに改められているものがあるにもかかわらず、今日も旧通説を踏襲しているむき少なしとしない。

つまり、伝存する資料を確かめると、(1)は疑問を生じ、(2)もまた、十二大名とは限定できない文献があって必ずしも定かとできず、普請奉行は三名の他にも記載があって、なお不明確な点なくもないが、(1)と(2)の問題点は先に拙稿（註1）で若干の見解を表明したから、ここでは(3)と(4)にいう移設転用したとの伝承をもつ構造物のうち、小谷城との関係を云々されてきた西の丸三重櫓を考察の対象にしたい。

1　西の丸三重櫓を記載した文献資料

西の丸三重櫓（以下これを三重櫓と略称する）は郭の南西隅石垣上にあって、櫓の北と東にそれぞれ多門が接続し、平面をL字形にする白亜の建造物である。この櫓は「彦根城図」（第五章図5）によると

三階櫓の部分が五間に四間、北の多門が三間に十三間、東の多門が三間に七間

と記載されており、堀切をへだてて馬出しの機能をもつ出郭（註2）を視野におさめ、堀底に潜むか、廊下橋（註3）を渡る敵に銃弾をあびせる構えにしている。

この建造物が小谷城から移設されたという伝承は、『井伊年譜』の築城経緯を記した項（註4）に記載がない。よって、その伝承を掲記する他の文献から探って行くことにしたい。

(一)「小谷城跡絵図」

いま小谷城址保勝会に所蔵されている「小谷城跡絵図」（第三章図2参照。）があり、その広間跡付近に

或書ニ曰　彦根城三層楼浅井ノ小谷城閣ナリ

と朱書している。ところが、これには「西の丸」と書いていない。

彦根城で三層または三重の櫓（註5）は、本丸天守と西の丸、それから明治初年に取り壊されて現存しないが、山崎郭と合わせ三棟が存在した。山崎郭のそれは長浜城の天守であった、との伝承（註6）があるから、絵図の書き込み「彦根城三層楼」とは、本稿でいう「西の丸三重櫓」を指すものとして間違いないであろう。

この古絵図については、後掲の『滋賀県史蹟調査報告』第七冊に現在、小谷城址保勝会の所蔵にか丶る旧速水村南部晋氏所蔵（中略）の図は、明治時代に南部晋氏が自ら竹生村森幸太郎氏所蔵の図と対照して、その足らざるところを書き加へたるものと考へられ、図の上に一々詳しい考証が附せられてゐる。

としているので、その内容についての検討は後項で触れることにする。

㈡「彦根山由来略」と『彦根山由来記』

明治二十四年（一八九一）八月『風俗画報』第三十一号以降に中村不能斎編著「彦根山由来略」が掲載された。その同年十一月十日付第三十四号に

西城三層楼は某所（本国某城の天守楼を移転せしとの事を編者嘗て何書にてか見し事あれと即今思ひ得かたし）の天守楼を移転せしなり

としている。すなわち、この時点では編者不能斎は

イ　どこの城か思い出せないが

ロ　その城の天守を移したと記した書物があった

としたのである。不能斎がみた「何書」と、「小谷城跡絵図」にいう「或書」が一致するものか、否か、について今ただちに解明できる資料は見あたらない。

ところで前後するが、不能斎は次掲の『大日本地名辞書』が刊行されたのち明治三十五年、「彦根山由来略」を改訂して『彦根山由来記』を脱稿した。その中で一旦は

西城三層楼は（中略）新に之を造立す

とし、「彦根山由来略」と全く異なる記載をしている。しかし本文末尾に翌三十六年の追記で

西城三層楼は何処かの天守楼を移築したりとの事を編者幼年の頃、何書にてか見し事あり（中略）或人の説に浅井郡小谷山の天守楼を移築したるなりといふ、是によりて編者亦默考するに、幼年の時見し所の説も亦爾り

とし、「彦根山由来略」を編著したとき忘れていた某所の天守が実は小谷城であった、と或人の説で思い出したが

其或人も其何書に出たりやは知らず

としている。翁は『彦根山由来記』の編著にさいして「慶長五年以下、井伊家諸旧記による」と註記しているにもかかわらず、三重櫓の経緯について、右のようにしたのは、井伊家の記録には移設とせず、新規造営とあったのであろうか。ただし、その記録が今日に残されていないのは『彦根山由来記』の緒言にある通り、明治二十九年（一八九六）の大水害で散逸したからかも知れない。

そこへ、小谷城からの移設、とする「何書」かに記された説の記憶が混じったのであろう。この経過をみると、不能斎は「小谷城跡絵図」はもとより、次掲の『大日本地名辞書』にも目を

通していないと思われ、結局この問題は
　故に亦疑を存して後学の査定を待んとす
とし て、解決を後人に託したのである。

(三)『大日本地名辞書』

明治三十三年（一九〇〇）発行を初版とする吉田東伍博士著による『大日本地名辞書』（富山房発行）の「彦根城址」の項に

　西城三層楼は浅井長政が小谷の城閣なりと記載している。これは、同四十年、大正二年、同十一年、昭和十三年の各版、ならびに昭和五十六年（一九八一）の第七版、すなわち増補改訂版に至るまで記載がかわっていない。つまり、成立時点の明確な文献として、知見範囲ではこれが最も早く三層櫓の小谷城建造物移建説を示したことになる。

しかし『大日本地名辞書』は彦根城の他の項で『近江輿地志略』、『日本外史徳川紀』、『徳川加除封録』等の出典を示しながら、三重櫓を小谷城からの移設建物とすることについて出典を明示していない。浩瀚な資料を駆使した『大日本地名辞書』が、何ゆえ典拠を示さなかったのか、そのあたりの経緯は知るべくもない。

(四)『東浅井郡志』

昭和二年（一九二七）東浅井郡教育会発行『東浅井郡志』は、羽柴秀吉の今浜（のち長浜と改称）築城から説きおこして彦根築城に及び

　今浜築城に際し、秀吉は小谷城の石壁や城楼を移して之を利用せるものの如し。（中略）三層の天主閣は小谷城の鐘丸を移して之を築きたり。自余の楼櫓館も亦移建せしもの尠からざりしならん。（中略）井伊直孝（中略）翌（元和）二年彦根城を修築するに及び、長浜城（今浜改称）を撤廃しその石壁及び城楼を彦根に移したり。現に彦根に存する（中略）西丸の三層楼はその天守閣即ちもと小谷城の鐘丸を移せしものなりといふ。

とした。これは、小谷城から長浜城をへて彦根城へ移されたとするもので、その典拠を『大日本地名辞書』としているが、前掲の通り同書各版ともに「小谷→長浜→彦根」の記載がない。もっとも、同名異書であれば話はまた別であろうが。

ただ『東浅井郡志』は、天正元年（一五七三）の小谷落城から慶長八、九年（一六〇三、四）彦根築城第一期工事まで約三〇年間、小谷の城郭建造物がそのまま放置されることはありえない、すなわち、翌天正二年に羽柴秀吉が長浜で築城したから、まず、そこへ移築したはずとする見解を出したのは、常識的な判断を示したものといえよう。

そして長浜城の最終的な廃城を、元和元年とみるかぎり、その移設時期を慶長年間の彦根第一期工事の時とできないので、元和年間の第二期工事にしたのであろう。

さりながら、長浜城主は秀吉ののち、柴田勝豊をへて山内一豊が入り、天正十八年（一五九〇）、その一豊が掛川へ移されてから無城主になっていた。仮に、佐和山城の支城として、その管理下（註7）にあったにせよ、慶長五年（一六〇〇）の関ヶ原戦をへて再び主を迎えるのは内藤信成が入城した慶長十一年

（一六〇六）である。その頃城は荒れていたのであろう、内藤氏は幕府の援助をえて（註8）長浜城を修築した。城の荒廃は慶長八、九年の彦根第一期築城工事で多くの用材が取去られていたからと推定できる。すなわち長浜城の資材を彦根築城用材にしたのは慶長年間と、元和元年（一六一五）内藤氏の高槻転封後との二回にわたってなされたと考えられるのである。つまり『東浅井郡志』に言う、直孝の第二期工事だけが、彦根城への移設を可能とするものではなかった、といえる。

それはとにかく、昭和六十三年（一九八八）に湖北町教育委員会と小谷城址保勝会から出された『史跡小谷城跡』に

> 現在、彦根城の西丸三重櫓は、長浜城の天守、すなわち小谷城の鐘の丸であると伝えられ

とあるのは『東浅井郡志』の記事を引いたものと思われるが、反面

> 西丸の三層楼は井伊氏の新に築造せるものにして長浜城の天主閣は彦根城の別郭たる土佐曲輪に移したるもの是なりとぞ。（『彦根山之枝折』）

とする小谷城遺構再移設を否定する部分は引用していない。その一説の典拠『彦根山之枝折』は、知見範囲にないのでとにかくの論議は控えておく。

㈤『彦根町史稿』

ついで稿本のまま昭和十四年（一九三九）、著者中川泉三氏の急逝で未完成に終わった『彦根町史稿』は

> 小谷城は（羽柴）秀吉の時長浜城に移せしかば此頃小谷山にあるはずなし移城ならんには佐和山城の城郭にもや

と小谷城からの移設を否定したが、先の『東浅井郡志』にいう長浜を経由して彦根への移設とはせずに、三重櫓の前身建物を佐和山城の遺構ではなかったか、と全く別の推定を表明した。

しかし佐和山城の城郭建造物については、落城にさいして焼失したといわれる五層の天守に関する伝承が、享保十二年（一七二七）成立の『古城御山往昔咄聞集書』（註9）に記載されているだけで、その他の木造建造物の様子が全くわかっていないから、この推定についての検討は見送ることにしたい。

㈥『滋賀県史蹟名勝天然紀念物概要』

昭和十一年（一九三六）、滋賀県史蹟名勝天然紀念物調査会から発行された『滋賀県史蹟名勝天然紀念物概要』は彦根城の項で、天守の西に

> 西丸の三層楼がならび

とするだけで移転伝承に触れていない。

以上、㈥の『滋賀県史蹟名勝天然紀念物概要』を除いては移設の伝承を記載しているので、の項でその検討にうつりたい。

2　右の文献による移設伝承の検討

前項の㈠に示した「小谷城跡絵図」は、作成時期が明記されていない。が、調査報告にいう通り小谷城の絵図が他にも伝存しているから、それと対照して補筆したものとされているので、そのあたりから移設伝承の発生時期を考えてみたい。

「小谷城跡絵図」の書き込みで、最も時期を遡る記録として石川丈山の門人、平岩仙桂が「甲辰年」に小谷四峯を歴渉した、との記載がある。石川丈山は寛文十一年（一六七一）に九〇歳で没（註10）とあるから、その門人が小谷四峯を歴訪するに無理のない「甲辰年」は寛文四年（一六六四）に該当するのではないか。

ついで引用された『淡海記』が『淡海録』（註11）であるから右の上限より三〇年くだる。その定本成立が元禄七年（一六九四）に同じとすれば、

また『淡海輿地志畧』が『近江輿地志略』（註12）ゆえに、さらにその成立時期が享保十九年（一七三四）に同じとすれば、四〇年下げなければならない。もう一つ『木間攫』も『淡海木間攫』に同じとすれば、天明（一七八一～一七八九）ないしは寛政四年（一七九二）（註13）で、五〇～六〇年あまり下り、平岩仙桂の上限とは約一三〇年ばかり開くことになる。

しかし書き込みの中で、紀年の入った最も新しいものとして、海北善右衛門（註14）の項に

明治四年三月戸籍宗門改帳

との墨書があるので、一連の書き込みを明治年間に古文献や資料に基づいてなされたとみるか、あるいは他の事例（註15）にみられるように長い期間、複数の手によって逐時書込まれたのを伝写したとするか、その辺に問題があるとしなければならない。それにしても、この書き込みは寛文四年（一六六四）を上限とし、それ以前へ遡るとは考えられない。したがって小谷落城からは約九〇年、彦根築城第一期工事からは約六〇年、それに新しい書込みを考えると、三重櫓移設の史料として扱うには慎重たらざるを得ない。

ところで、写真版（註16）の左下隅に薄くて判読できない文字がある。これは実物を見る（註17）と裏面右下隅の裏書で、今は表装されて裏打ちに覆われているが、光にすかして見ると「明治三十年五月二十八日」に本図を陸軍参謀本部へ貸し、それが返されたという短い文言が読める。

陸軍参謀本部が『日本戦史・姉川役』を発行したのは明治三十四年（一九〇一）四月三日であった。とすれば三十年頃は「姉川役」の原稿作成または編集中であったと思われるから、「小谷城跡絵図」は参謀本部からの要求によって提出するまでに補筆が行なわれていたか、提出のときに各種の書き込みを加えたのではないか、と思われるので、その時期は、明治三十年（一八九七）頃までと推定できよう（ただし、『日本戦史・姉川役』の付図に、これが採用されていないし、本文にもこれに触れたと思われる形跡が見あたらない）。

問題は、朱書の書き込み「小谷城閣」という表現にある。それは城の建物に「閣」をつけて「天守」を「天守閣」と呼称するようになったのは明治以降とされているからである。それ以前の記録で天守に閣をつけたものはない。「小谷城跡絵図」は「天守閣」としていないが、「小谷城閣」のあたりに明治の雰囲気を漂わせているので、原図と対照図ならびに「或書」のすべてに「城閣」とあったか否か、それの確認ができないところに苛立ちを感じさせる。

さらには幕藩体制下であれば、「三階御櫓」もしくは「三階櫓」

とするのが当然で「三層楼」は「彦根山由来略」と『彦根山由来記』に同じく明治以降の表記に類似するから、これによっても「小谷城跡絵図」の彦根城への移設を示す朱書が、新しい書き込みではなかったかと考えざるを得なくなるのである。

そして、その上に言うなれば、長浜城天守を移設した、との伝承をもつ山崎郭の三重櫓（註18）が明治十年（一八七七）頃に取り壊されたのち、彦根城で天守以外に存在した三重の櫓は、西の丸のそれだけであったから、書き込みにさいしてわざわざ「西の丸」の付記をしなくとも当然それと判ることが、無意識のうちに働いたのではなかったか。

これに、重ねて補足をするならば

「彦根山由来略」と『彦根山由来記』に「西城三層楼」「天守楼」

『大日本地名辞書』は「西城三層楼」「小谷の城閣」と表記している。「小谷城跡絵図」の記載を再掲すれば

或書ニ曰　彦根城三層楼浅井ノ小谷城閣ナリ

である。右の文献で各年次を見ると

「彦根山由来略」が明治二十四年刊

「小谷城跡絵図」が明治三十年参謀本部へ提出

『大日本地名辞書』が明治三十三年刊

『彦根山由来記』が明治三十六年追記

になる。右により、この間各書相互に何らかの関係があったのではないか、とも考えられよう。

また、『彦根山由来記』の著者が「何書」かを見たのを幼年の頃とするだけで、年齢を明らかにしていないが、彼は天保五年（一八三四）生まれであるから、幼年といえば、仮りに十歳前後として弘化元年（一八四四）前後にあたる。その頃の「何書」とは、地誌・覚書・聞書のたぐいであろうが、今のところ、それを確認するすべはない。したがって、この「何書」についての考証はもとより推定すらも不可能と言うよりほかはないのである。

さりながら、「小谷城跡絵図」にいう「或書」が『彦根山由来記』の「何書」に同じという可能性も考えられないことはないが、むしろ『大日本地名辞書』編纂の取材情報から得られた、のではなかったかともいえよう。ただし『大日本地名辞書』は典拠を示していないので、「小谷城跡絵図」の書き込みに、それを「或書」としたのではなかったか、推測はこれより進められないので、この辺でとどめざるをえない。

移設伝承のうち、不審をいだかせるものに『東浅井郡志』の記述がある。それは、前記の通り、「小谷→長浜→彦根」とし、「小谷城跡絵図」の書き込みそのままをとっていないことである。『東浅井郡志』編纂のとき探索それに及ばなかったとは考えられないので、これは小谷城から彦根への直接移設は考えられないものとして、朱書の書き込みを無視したのかも知れない（ただし『東浅井郡志』にその論評があるにもかかわらず、筆者がそれを見落とした虞れなしとしないことを断っておく）。

なお、『彦根町史稿』も三重櫓について移設伝承をとってはいるが、これは小谷城からの移設を否定し、別に佐和山城に擬しているし、これまた町史編者の推定に留まるものと思われるから、ここでの検討は差し控えることにしたい。

以上、既往文献の引用を昭和十一年で中断したのは、同十三年に建築史学に立っての論文が発表され、後に修理工事の報告書が出されたからである。

3　建築史学上の論文と修理工事報告書

昭和十三年（一九三八）四月『建築学会論文集』の第九号で、土屋純一・城戸久両氏は「彦根城天守建築考」の付論で、『井伊年譜』には三重櫓へ「一月ニ廿日程づつ土佐相詰候」とあるが

a　木俣土佐が居住できたような構造ではない

とし、次に

b　木材が新しく、殊に中央の主柱は初重と二重を貫いているほか、上重四隅の柱が下階の柱の上に乗るなど、他の櫓の構架法と異なる

c　全体の姿態が各重逓減の度少なく、層高高く軒の出がわずかで、古式の建築方法とは認められないばかりか、元和年間の（井伊）直孝第二期工事の時のものとも認められない

として、現存の三重櫓が古建造物の移設によるものではないだけでなく、元和年間の造営とも考えられないとした。そのうえで『井伊年譜』に『件の櫓へ直滋公御上り」とあるが、その櫓は現存のものでないとし、直滋が万治元年（一六五八）閏十二月二十日、廃嫡して百済寺へ入った（註19）のを考慮してか、今の三重櫓は万治二年以降に造営されたものとの判断を示した。つまり、西の丸に現存する三重櫓は彦根城創築時のものではない、としたのである。

しかし、その所論は今の三重櫓が小谷城の天守を移設したものではないという点にあり、木俣土佐が一月のうち二十日程ずつ詰め、また直滋が上った櫓は如何ようのもので、それが小谷城の天守であったか否か、には触れていない。それは論文の主旨が現存建物の検討にあったから当然のことであろう。

ただし現存三重櫓の移設云々と建築時期については、昭和三十五年（一九六〇）から同三十七年まで行なわれた修理で判明した結果が『重要文化財彦根城西の丸三重櫓及び続櫓・二の丸佐和口多聞櫓修理工事報告書』に記載された。すなわち、三重櫓は

移築したと伝えるが、詳かでなく、今回の解体調査によってもそれを裏付ける資料はえられなかった。

として、移設伝承を事実上否定し

建立年代についても資料に乏しく明らかでないが、本丸に連なる主要郭として、二代直勝（註20）の頃即ち慶長年間には既に完成していたとみてよい

と、右の論文と異なる所見の発表をしたのは、『井伊年譜』の「直継公御代ニハ一重構斗也」の記事によって、第一期工事で内堀より中の本丸・西の丸・鐘の丸が完成したものと考えての見解であろうが、これには

寛永拾年正月十九日

と箆書のある瓦の発見が何よりの根拠になったものと思われる。紀年銘の瓦は土屋純一・城戸久両氏論文によって万治二年（一六五九）以前にさかのぼれないとした建築時期を、二十六年さかのぼる寛永十年（一六三三）以前へ引き上げたのである。

創築の慶長八、九年からならば二十九年目、もし元和の第二

期工事で建てられたのであれば経過期間は、わずか十四～十五年にすぎない。その時期に、慶長にせよ元和にせよ、創築の櫓を建替えなければならない、とは考えられないが、瓦の葺替えはありえよう。その瓦が遺存していたことによって、瓦を葺替えた時の建物本体と、現存の建物本体とが同一のものと判断したものと思われる。

したがって現存の「西の丸三重櫓」は白亜総塗籠瓦葺の建築様式から、天正元年（一五七三）落城の小谷城天守はもとより、それが長浜城を経由して彦根へ移されたものでなく、現在地で寛永十年より前に創築されたもの、との見解が出たのであろう。

なお小谷城の大広間跡をはじめ、整備が行なわれたいずれの曲輪跡からも焼土と瓦片が出ていない（註21）。焼けなかったとすれば建物移設を思わせるが、それは織田方が撤収したか、または落城翌年の長浜築城に使われたからであろう。そこから、『東浅井郡志』のいう通り彦根へ移されたともいえようが、三重櫓が瓦葺きに変えられたのは長浜城であったのか、それとも彦根は移したときか、その問題を解決しなければ、移設は頷けないのでなかろうか。

ではなぜ、小谷城天守の移建説が出たかである。それは、『井伊年譜』の「鵄尾（鯱）ハ小谷ノ土ニテ造之、天守ノ瓦ハ不残小谷ノ土也」（註22）が天守移設として誤伝されたのではないかとの推定（註23）による。つまり、瓦によって誤伝が生まれ、瓦によって移設が否定される結果になったのである。

4　右掲以後の主要関係文献

土屋純一・城戸久両氏論文と、西の丸三重櫓修理工事報告書により、現存する彦根城西の丸三重櫓が小谷城はもとより、長浜城あるいは佐和山城そのほかの廃城から移設されたものでないことが明らかになった。それは昭和十三年の前者と、昭和三十七年の後者とを待たなければならなかったが、その間ならびにその後、小谷城を対象にした調査報告と解説ないし案内書は、右の新しい見解をどのように扱ってきたか。そのうち主要なものだけに触れておきたい。

i　『滋賀県史蹟調査報告書』

昭和十三年（一九三八）、滋賀県史蹟名勝天然紀念物調査会から発行された『滋賀県史蹟調査報告書』第七冊「小谷城跡」は

小谷落城の後淺井氏の旧領は悉く（羽柴）秀吉に与へられた。豊鑑によれば秀吉は（中略）新たにその居城を今浜に築くこととした。（中略）伝ふるところによればこのとき小谷城の石垣や城楼は多くこれに移し用ひられたが後、元和二年井伊直孝が彦根城を修築するに当つてこの城は撤廃され、その用材は更にかれに移されたので今彦根城西丸の三層楼は即ちもとの小谷の鐘丸にありしものであると。これもとよりその実否を確かむべき途なきところ

として、『東浅井郡志』の見解を引用し、それに疑いをいだきながら移設伝承を否定する土屋純一・城戸久両氏論文に触れていない。これは『滋賀県史蹟調査報告書』が「小谷城」を対象

にしているから彦根城の遺構にまで踏み込まなかったからであろうと思われる。

ii『彦根市史』上冊

昭和三十五年（一九六〇）発行の『彦根市史』上冊は

　一説には、小谷城の天守を移築したものといわれるが、これは疑わしく

『井伊年譜』に「西ノ丸三階櫓ハ木俣土佐へ御預也、一月ニ廿日程づつ土佐相詰候由」「件ノ櫓ヘ直滋公御上リ」を引いて

　万治年間には存在したことが知られ

と、万治二年以降の建築と推定する土屋純一・城戸久両氏論文の典拠とする『井伊年譜』を引いているが、実は微妙な食い違いを見せている。そして移築を一説とするならば本来（新規造営）の説があるべきはずと思われるが、それは全く記されていない。

なお、発行時期の関係で、西の丸三重櫓修理工事報告書が使われていないのは当然であろう。

iii『史跡小谷城跡環境整備事業報告書』

昭和五十一年（一九七六）、滋賀県湖北町教育委員会の発行にかかる『史跡小谷城跡環境整備事業報告書』は

　彦根城本丸天守閣の西方、西の丸の三重櫓（重文指定）は彦根城の創築当時、小谷城の天守を移したものであると伝えられていたが、昭和三十六年頃、解体修理をした時の調査では、それを裏付ける資料は何一つなかったという。

とし、「小谷城跡絵図」の書込みと『東浅井郡志』に言う長浜城経由の移設伝承そのものには触れていないが、修理工事の結果によって一般的な移設伝承は否定する態度をとっている。

iv『日本城郭大系』11

昭和五十五年（一九八〇）発行の『日本城郭大系』11は、彦根城の項で三重櫓に触れず小谷城で

　彦根城の西の丸三重櫓は、長浜城の天守、すなわち小谷城の鐘丸であると伝えられている

と、『東浅井郡志』の見解だけを採りいれ、土屋純一・城戸久両氏論文と『西の丸三重櫓修理工事報告書』の結果に触れていない。

以上に見る通り、湖北町の整備事業報告書が彦根城修理工事報告による解体調査結果の見解を引くにとどまり、ほかの解説ないし案内書は、旧来の移設伝承を繰り返し、土屋純一・城戸久両氏論文と修理の調査結果も採っていない。

今日現存する古建築としての天守のうちで古態をのこす丸岡・犬山両城のそれに比較して、三重櫓が如何に形態を異にするか、旧天守でないと一見して判断できる点にも言及したものがない。

おわりに

さて、現時点で探索できる資料の範囲で、彦根城西の丸三重

櫓が、小谷城の天守を移設したもの、とする伝承の発生時期が、さして古くないと思われるところまでは到達した。

そして、その伝承は土屋純一・城戸久両氏によって構造内容と材料が新しいとする論文で否定されたが、それは現存建造物についてであり、三重櫓が万治二年（一六五九）以降の建物であるとすれば、それまでに存在したかも知れない建物を否定するものではなかった。

ところが、建物の解体修理で、材料が新しいのは嘉永六年（一八五三）に梁材の八割まで取りかえる大修理が行なわれたと判明し、瓦から寛永十年（一六三三）の箆書が発見されたので、右論文の建築時期を大きく修正し、彦根築城当初から存在した可能性を高くしたのである。

しかし瓦のみをもって時期その他を判断するのも問題をはらむ。本稿では触れなかったが、天秤櫓に内藤家の紋瓦がつかわれているので、これを長浜城から移設したとして問題がないように思われよう。ただし、それならば1の㈣で触れた通り、慶長年間の第一期築城工事で移設できるはずがないから第二期工事まで、天秤櫓がなかった頃の現在地は如何ようにされていたかの疑問が出る。

その瓦について、ほかの例で言うならば、本多氏の時に構築された姫路城西の丸長局に、本多氏の前の城主池田氏の紋瓦が使われているので、瓦のみをもって判断するのは危険といわなければなるまい。（補註1）

つまり、かつての修理に際しては、今日の文化財保護法の規制がなかったから、瓦やそのほか軽微な材料は、ことによると互換が行なわれたかも知れないという不安がのこる。

その辺を踏まえ、4項の諸文献ならびにその他の解説ないし案内書が土屋純一・城戸久両氏論文および修理工事報告書を取らなかったのは否定された移設伝承が、「小谷城跡絵図」朱書「或書」と『彦根山由来記』の「何書」が今後の探索で、また復活するかも知れないとみたからであろう。とすれば、中村不能斎の

故に亦疑を存して後学の査定を待んとす

という言葉を繰り返さなければならないのである。

註記

1　関西城郭研究会『城』一〇八・一〇九号「彦根築城着工慶長八、九年説について」（本書第二章）、彦根史談会『彦根郷土史研究』二〇―二一合併号「彦根築城記録の問題点」。

2　出郭は『彦根山由来記』に「人質郭と称す、籠城の時、任子を入るゝの所とす、俗に観音台と称す」とあるが、『井伊年譜』は「山崎より将棋櫓マテノ内広キ台有リ人質郭ノ由」とあり、彦根市立図書館所蔵文化十一年改正の「彦根城絵図」も年譜におなじ場所を観音台としている。

3　彦根城の廊下橋は、一般的には鐘の丸と天秤櫓の間の陸橋を言うが、『御城中御矢櫓大サ并瓦塀間数御殿御建物大サ覚書』では、西の丸と出郭の間の堀切に架かる橋も廊下橋としている。現状は廊下橋名称の所以となった屋根と側壁を欠く陸橋にすぎない。

4　『井伊年譜』巻四、慶長八年の項。なお、これにほぼ同じ内容の文言が、年譜より成立の早い彦根中村家文書『当御城建立覚書』（享

保十二丁未年六月十一日写）にも記載がある。

5 城郭建造物は、屋根の数を層といい、床の数を重または階という。彦根城の現存建造物は層と重または階がすべて一致している。

6 『井伊年譜』には記載していないが、『彦根山由来記』にその旨の記載があり、明治九年撮影の山崎口と長橋口の写真に映っている。

7 昭和五十一年秋田書店刊『藩史事典』による。

8 幕府は内藤氏へ白銀五千両を与え近江・美濃・飛騨三国の人夫を集めて築城に加勢（昭和四十六年長浜市教育委員会『長浜市指定史跡長浜城跡発掘調査報告書』）。

9 彦根市立図書館所蔵本、西尾市立図書館岩瀬文庫所蔵本、彦根中村家所蔵本等による。

10 昭和二十年三省堂刊『最新日本歴史年表』による。

11 彦根史談会『彦根旧記集成』4による。

12 前掲11に同じ。

13 前掲11に同じ。

14 画家海北友松の祖。

15 彦根史談会『彦根旧記集成』1収録の「当御城下近辺絵図附札写全」を一例とする。

16 昭和六十三年十月　滋賀県湖北町教育委員会・小谷城址保勝会『史跡小谷城跡』表紙古絵図写真。

17 平成元年十月一日「戦国大名浅井氏と小谷城」シンポジウム展示、小谷城古絵図による。

18 前掲6による。

19 『井伊年譜』『井家美談』による。

20 井伊直政嫡子、初め直継のち直勝と改名。ただし、徳川家康の命により、家督を庶弟直孝に譲り上野国安中三万石に移ったため、『井伊系図』では藩主歴代から削除。

21 昭和五十一年三月、滋賀県湖北町教育員会『史跡小谷城跡環境整備事業報告書』による。

22 『井伊年譜』より成立の早い前掲彦根中村家文書『当御城建立覚書』には〈御天守しやちほこ小谷之土ニ而瓦小頭中村与左衛門作之不残御天守之瓦ハ小谷土也〉とある。

23 昭和三十七年十二月、滋賀県教育委員会『重要文化財彦根城西の丸三重櫓及び続櫓、二の丸佐和口多聞櫓修理工事報告書』による。

補記

本稿は滋賀県地方史研究紀要第十四号に掲載された『彦根城西ノ丸三重櫓―小谷城からの移設伝承について―』を一部改題したものである。

補註

1 姫路城西の丸の修理工事の際に調査した結果では、軒平瓦の瓦当面の定紋は、本多氏の定紋である立葵紋の瓦が多く使われていたが、これ以外にもかつて城主であった羽柴、木下、池田、榊原、酒井の諸家の紋所に相当する定紋を入れた瓦が発見された。ただこれらの紋瓦は一様ではなく、また羽柴氏や木下氏の桐紋や池田氏の揚葉蝶の紋瓦には明治・大正期の製作と見られるものが相当数存在した（文化財保護委員会『国宝重要文化財姫路城保存修理工事報告書Ⅰ』（昭和四十年〈一九七五〉三月発行）三四頁）。

第五章　絵図と古写真にみる彦根城

はじめに

彦根城の諸項目について、通説ならびに伝承の中には疑問を感じさせるものなしとしない。ただし、その内のいくつかは「彦根城の諸問題」で触れたが今回は絵図を見直し、また廃藩置県後の撮影にかかる古写真を交えて、その面から解明できるものもあるのではないかと考え、その一端を試みようとしたのである。

ところが典拠にする絵図には、伝写のさい原図通りにしていないと疑わせるものも出てくる。つまり、疑いを解明するための手がかりにも、問題があるようにみえて、戸惑う羽目に追いやられる。いわゆる史料とは、ことの起こった時点に近いものほど、一応は良質といえるのであろうが、古きのみが尊いのではない。なかには、後に原本の欠を補い誤りを正したものがあるかも知れないからである。

そのため、当初は標題を「彦根城の絵図と古写真による検証」としたが、それでは内容にそぐわない面も出てくるので、変更の止むなきに至ったことをまず詫び、さらに旧稿と重複する部分ならびに絵図や文献については、同種のものを再三使用するばあいが少なくない旨を併せ断っておかなければならない。

一　絵図の概要

1　築城以前の絵図

これは彦根市立図書館の所蔵で、原作者不明、原本の所在もわからない絵図で、現存するものは江戸時代中期ごろの写しとされる。

図1　永禄年間（一五五八～七〇）の、主として彦根山周辺

の状態を描いた「彦根御山絵図」右部分

図２　佐和山落城後で彦根築城前、慶長五年（一六〇〇）頃でほぼ図１に同じ範囲の状態を示した「彦根御山絵図」左部分

であり、両図（１、２）を一枚の紙面に左右へ分けて摸写したものである。

また、井伊氏の彦根入部当時の家臣花井清心の作で、それも原本は伝わらないが、数種の摸写図があるとされる内の

図３　滋賀大学経済学部附属史料館の所蔵で、「花井清心直書の写」と註記している「彦根古図」

図４　彦根市立図書館蔵で、江戸時代後期に摸写したものとされている「彦根三根往古絵図」

の二件があるので、その絵図四件の概要を記しておきたい。

図１　永禄年間の「彦根御山絵図」（以下「永禄絵図」と略称）

この図は右端に

此留書ハ往古永禄年中の絵図ナリ　故ニ慶長之図トハ違ヒ有所多シ　切通坂道モナク　内湖百間橋モナシ　此橋ハ石田家ニ成テ□□事ト見エ　又其他村方場所之相違モアリ　一向無之村モ有ナリ　此邊永禄天正頃ニ両佐々木取合　又織田信長　浅井長政佐和山□合戦数度ニ及ヘリ

と記しているので、図２の絵図とともに一枚の紙面へ並べて写しこむさいに書き入れたものと考えられる。

図１　「彦根御山絵図」右部分［略称・永禄絵図］彦根市立図書館蔵

本図は図2を含む通常の彦根古図と比較して、地形上の大きな相違は、松原内湖へ流入する善利川（芹川）の河口が分かれて三本になっていることである。

ところで永禄年間から慶長初年までの約三十数年間に、善利川の流路を変えて図2にみるような河口を一本にした大治水工事があったとする史料がない。範囲を近郷に広げても文禄三年（一五九四）正月の、豊臣秀次による愛知川堤普請の文献史料がただ一件遺存しているにすぎない（註1）。

さりながら洪水により、かつての分流が消滅して、いわゆる本流一本に変わったと見るには問題もあろう。

それはともかく彦根山の周辺はもともと低湿地のため、琵琶湖の水位を調節する瀬田川の南郷洗堰が完成する明治三十七年（一九〇四）以前は洪水の被害が多かった。

彦根地方で近代の水害は明治元年（一八六八）と同二十九年（一八九六）九月の二回で、とくに二十九年九月は豪雨によって芹川堤防が決壊したうえ、琵琶湖の水位が約一丈二尺三寸（約三七〇cm）上昇し、旧城下と当時の北青柳村ならびに青波村では、東海道本線から湖岸までの大部分が冠水したのである（註2）。

また遡ると、寛永四年（一六二七）から弘化二年（一八四五）までの二一八年間における洪水は二十回、平均十年余に一回の割合になり、元文三年（一七三八）には尾末町（いろは松）付近でも路上七寸（約二十一cm）の記録が残っている（註3）。

なお、永禄年間から慶長五年までの間に、芹川の流路に大き

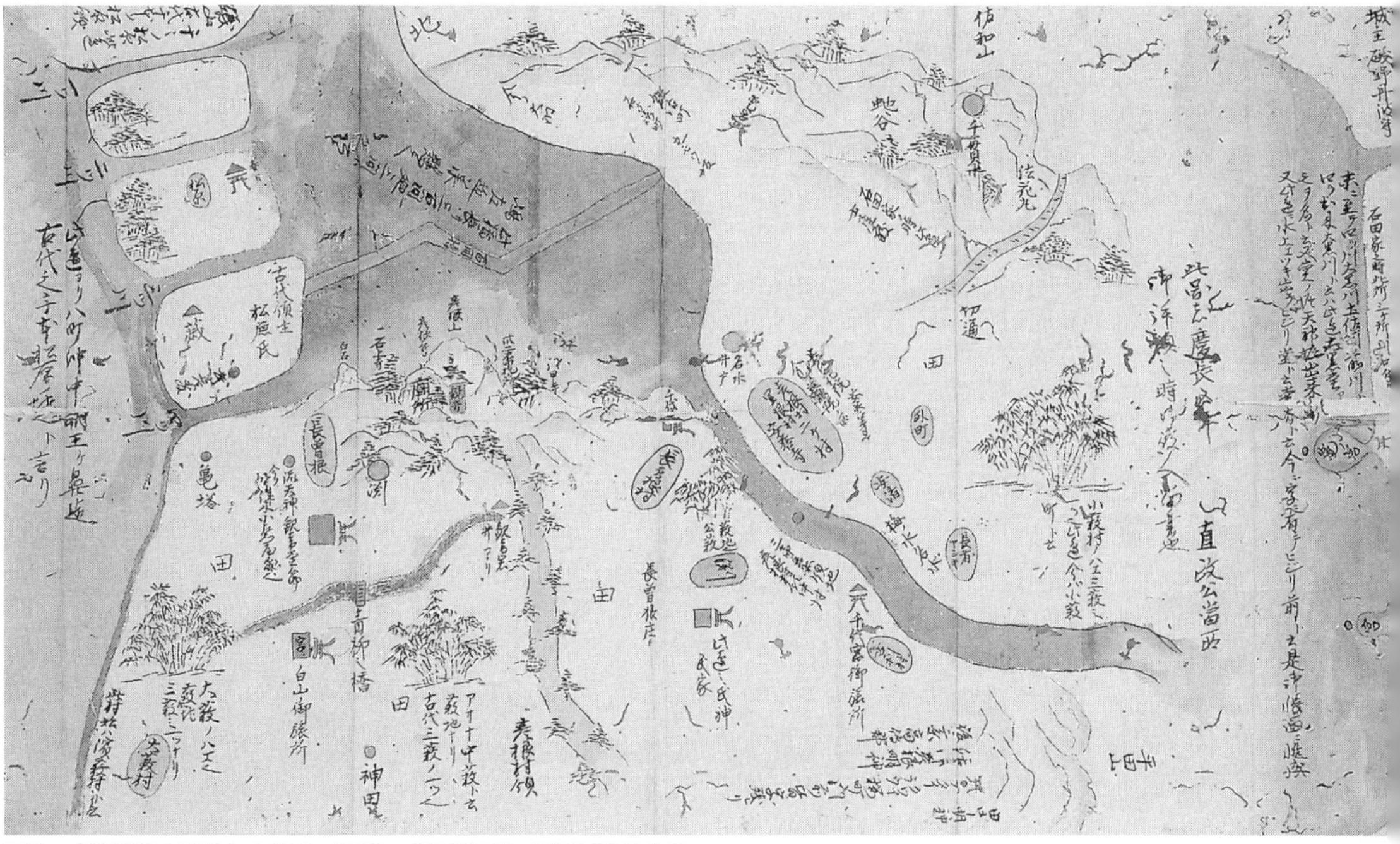

図2　「彦根御山絵図」左部分［略称・慶長絵図］彦根市立図書館蔵

な変化を与えるような水害があったかどうか、それらの分かる史料は見あたらない。

要するに、治水工事にしろ水害にしろ、江戸時代初期以前の記録類がないのは井伊氏の入部にさいし

是迄郷中に所持致し来りたる村方の古き書物水帳の類まで
も残らず御取上げあり（註4）。

により史料が湮滅に帰したからであろう。そのため、絵図が示している流路の相違についての原因探索は、ほとんど不可能といわなければならないのである。

図2　慶長五年の「彦根御山絵図」（以下「慶長絵図」と略称）

本図は右寄りに

此図者　慶長五年　直政公当所御拜領之時　御役人留書也

としているが、関ヶ原戦後の論功行賞により、井伊直政が徳川家康から旧領に六万石を加え、十八万石の領邑を与えられたのは、慶長六年（一六〇一）を通説とする。

この一年の食い違いについて、実は、関ヶ原戦の直前、下野国小山に駐留していたとき、家康が直政に対し、戦勝のばあい恩賞として百万石を与えると言っておきながら、わずか六万石増の十八万石に止めた処置を不満とし、しばらく出仕しなかったと『井伊年譜』に記している。それで通説として、『国史大年表』（昭和十五年〈一九四〇〉平凡社刊）の

慶長六年二月中　徳川家康、大に譜代功臣の賞を行ふ

に一致する記録としては、『井伊家年譜附考』写本に

（慶長）六年辛丑春二月　東照君以直政公封江州十八万石

とあるほか、『井伊年譜』写本の

（慶長）六年辛丑春二月　神祖以祥寿公封江州十八万石

であるが、別の系統に属する写本では、右の本文にいう文言以外に頭註で

一ニ五年十八万石　六年正月入部

とし、『当御城建立覚書』（彦根中村家文書）に慶長五年十月大坂城において直政が家康から

佐和山城同於江州十八万石御拝領被遊

とあるから、「慶長絵図」の註記を無下に排除することはできない。つまり、家康は直政に対する約束違反を宥めるつもりで、諸将よりも早くに論功行賞を行なったとも考えられるからである。

しかし、それは立藩時点検証の面から云々するべき問題であるから、ここで右以上は触れずに保留しておきたい。

ただ絵図面に原図作者を記載せず、役人の留書とするのみで花井清心の氏名を出していないこと、そして次に触れる理由によって、この絵図は花井清心の作図に先行して存在した絵図を摸写したものと判断してよいであろう。

すなわち、その理由は前掲「永禄絵図」と同じく今日いう佐和山を「古城山」と書かず、古来の呼称、伝「佐保山」から変化したとされ、石田三成の城主時代まで使用してきた名称「佐和山」と表記している点にある。

それは井伊家が当地へ入部したのち、旧領主の石田色を払拭する手段として

石田家の噺を致すこと厳しく御停止、古城辺の物語りまでも御法度（註5）

とし、「佐和山」という呼称を好ましくないとする風潮を醸していたにも拘わらず、「永禄絵図」はもとより「慶長絵図」にしても、佐和山とは呼ばなくなった後世の書写時点で、原図にあった表記を忠実に踏襲していると判断できるからである。

ところが反面、彦根築城にさいして、旧佐和山城下の住民を移転させて拓いた町名を「佐和町」（あるいは澤町とも）にし、その方向へむかって開いた虎口に「佐和口」の名を付けた点と矛盾する扱いについては、後ほど関係する本文の中で触れよう。

図3　「彦根古図」

本図には

此図ハ花井清心直書之写ニテ天正巳後慶長頃迄之当所之図書也

という註記がある。

原図の作者花井清心については、図4の「彦根三根往古絵図」註記に、井伊直政十五歳で徳川家康に仕えたとき、その召仕の者十六人の内の一人「金阿弥」と称する坊主が後に改名し、三百石をもって家臣に取り立てられたとある。

一方、『井伊年譜』は慶長七年（一六〇二）二月直政没し、直継がついだときの御詰衆に「花居清心」とあり、同十二年（一六〇七）家中分限帳に

三百石　花居清心齊

とあって註記に一応合致するが、慶長二十年（閏七月十三日改元＝元和元年、一六一五）直継（改名して直勝）の上州安中三万石へ移封にさいし『井伊家年譜附考』に

直継公附安中へ参リタル衆

のなかに「花居清心」の名があり、『井伊年譜』のうち一部写本では直継改名して直勝とし、あとの記載は右に同じであるが、別に国立国会図書館蔵の写本その他では「花居清心」に

百五十石　元和三丁巳改易

と添え書きしている。この改易は元和三年ゆえ、上野国安中へ去った後、何らかの理由で改易処分を受けたという情報を得た者が、手持ちの年譜写本に書き込み、それ以後その系統の伝写本に書きついだのであろう。したがって、安中へ去って後の彦根の家中分限帳などに名が現れないのは当然である。

ただ、大坂夏の陣後に陣中の不都合によって改易その他の処分を受けた家臣の中に

花居孫十郎　花居八右（左）衛門　花居市右衛門

と花居姓の名はあるが、それらは同姓花居氏の一族で、このなかには清心を含んでいないはずである。

ところで、その姓について、図3「彦根古図」の記載では「花井」とし、図4をはじめ、『井伊年譜』等では「花居」にしている。本来は「花井」であるが、主家の頭文字を家臣が己の姓の末尾にすることを憚って「井」を「居」に変えた、あるいは変えさせられたのかも知れないが、それは花居のほか白居、長居、松居、横居など、正に類例枚挙に暇なしという感である。

ところで、引用絵図註記には「花井清心直書之写」とあるが、

直孝公思召有テ御当地云々

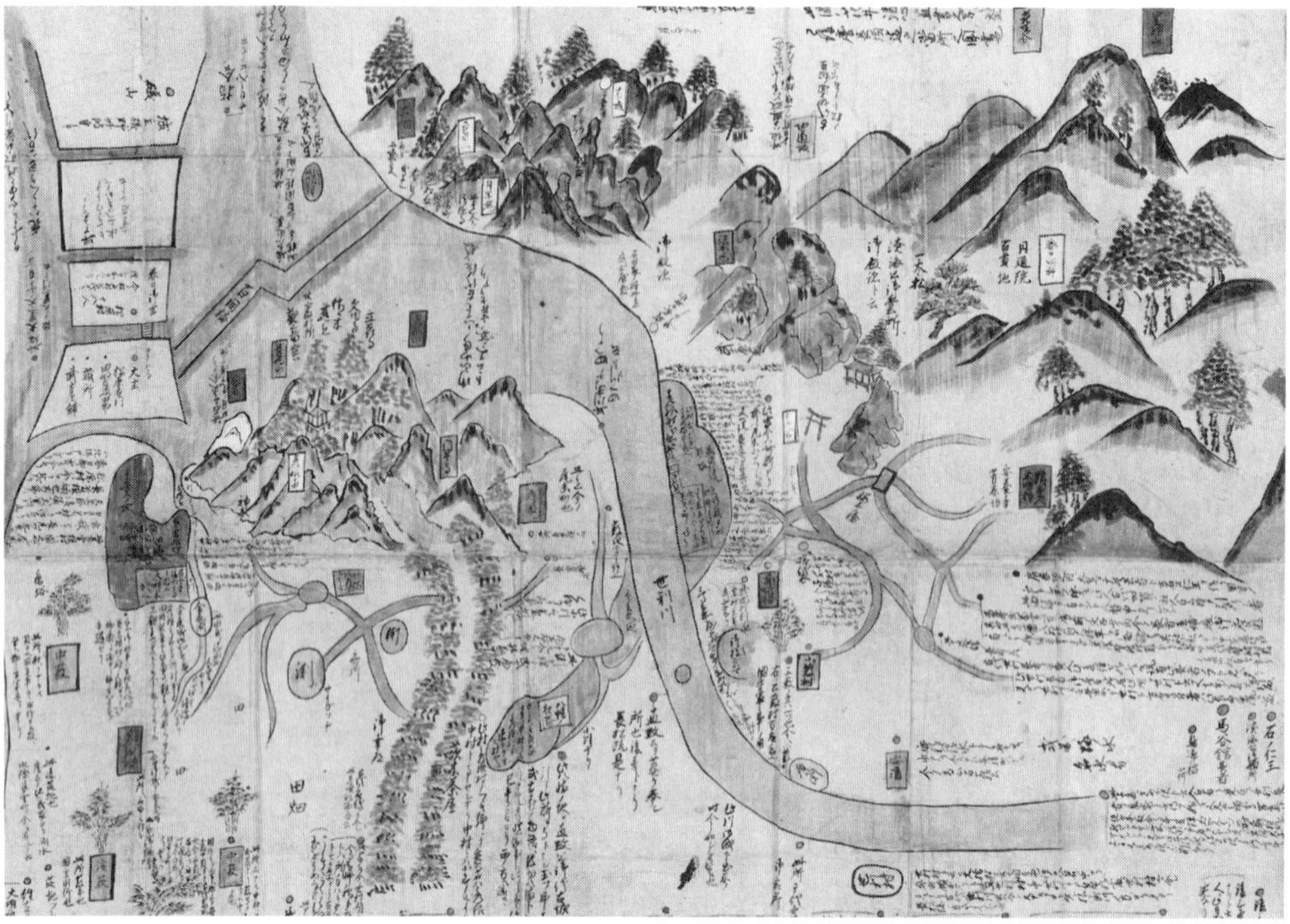

図３　「彦根古図」滋賀大学経済学部附属史料館蔵

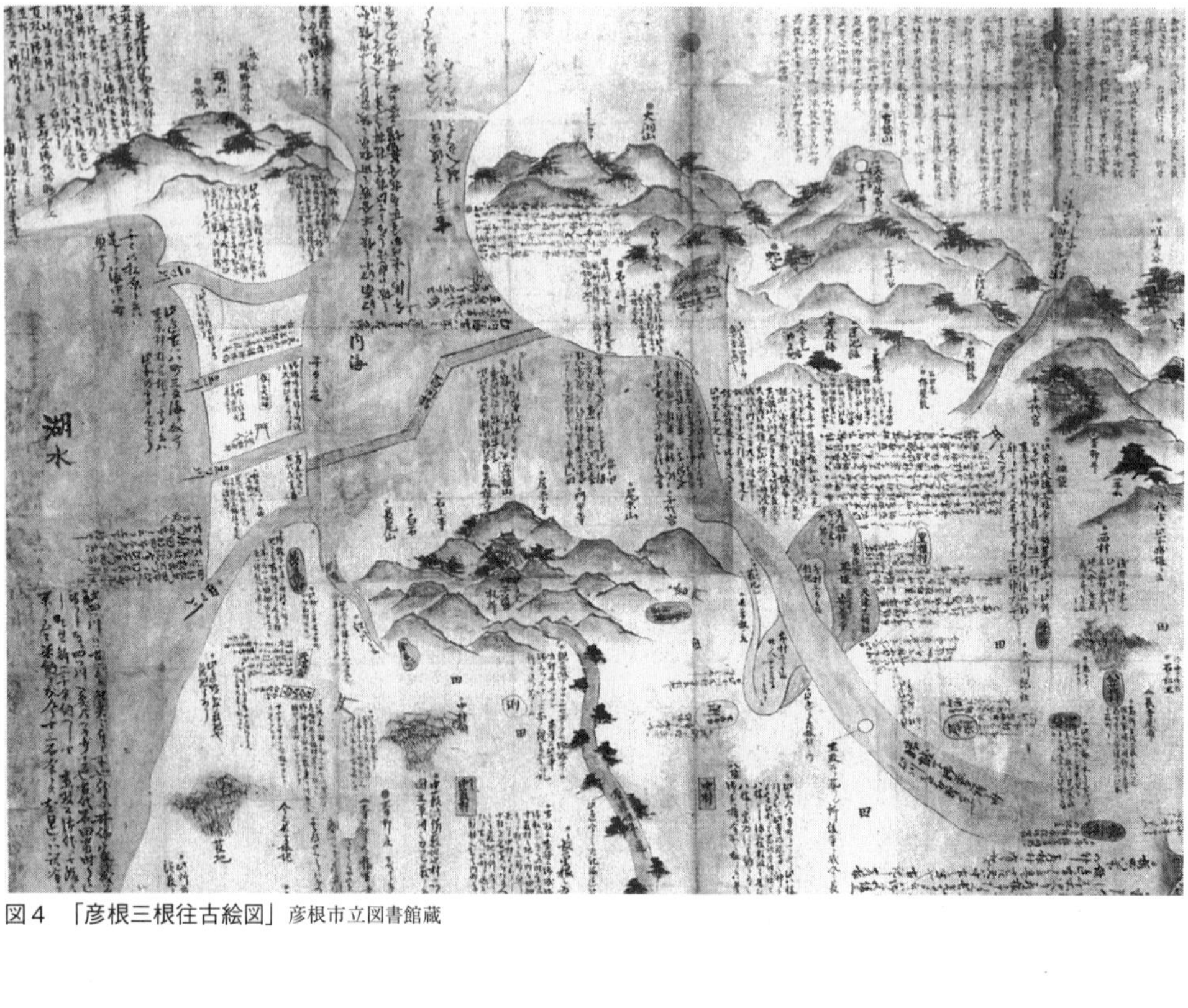

図４　「彦根三根往古絵図」彦根市立図書館蔵

という別の註記があるので、引用図そのものは直孝が直継に代わり家督をついだ後の写本、つまり花井清心が花居になり、直継にしたがって彦根を去ってから後ということになろう。

図の註記には、千代ノ宮について「此宮　今ハ此所ニアリ前ハ尾末山ニアリシト云」（此所とは里根山麓）とあり、そこには「此辺今ノ尾末町也」（現在の護国神社付近）と記しているが、彦根山続きのいずれの山にも尾末山の表記がないという問題がある。尾末山については第三章「彦根城の諸問題」で少し触れたが、その所在位置には問題が感じられる。

図4「彦根三根往古絵図」

本図は井伊家の家臣花井清心による彦根古図を、江戸時代後期に写したとされるが、原図直写ではなく、後世の伝写で各種の註記が増えてからのものの一枚であろう。

彦根史談会の『彦根旧記集成』所収「花井清心彦根古絵図註」では本図を参考絵図のひとつとしている。

原図作成者の花井清心について、註記の要約は前述したが、念のため「彦根三根往古絵図」に記載のまま原文を引用すれば

花居清心初金阿弥陀ト云　直政公未万千代君ト申奉リ十五才ニテ天正三乙亥年権現様於御鷹野　召出サセ玉ヒ浜松ニ召連レサセタマヒ　御台所ニ当分御部屋を被遣御召仕之者之□拾六人御附　金阿弥ト申坊主を御附置有之□　此金阿弥後ニ花居清心ト改名し御奉公　御知行三百石被下直政公御逝去後　直継公御代御暇申上　在所へ引籠リ罷在直孝公御代ニモ度々御目見ニ参上

である。ただし末尾の「在所へ引籠リ」以下は疑問である。

以下、註記を入れた時代の下限について、『彦根旧記集成』解説では内容によって「文化文政時代（一八〇四～三〇）まで下っているように思われる」とし、それの摸写は裏面に「大正十三年七月手塚熊男描写、岡崎祐業記入」とある旨を記載している。

さらに同書には、「もとより地図製作の技術未熟な時代のものゆえ、方位、位置など極めて大雑把で、今日の彦根を正確に当てはめることは出来難いけれども、芹川が今の繁華街川原町を流れて港湾へ落ち、旧河道が長い沼沢や、点々と淵を作って、彦根城下出現以前の芹川氾濫源を示している点など……貴重な史料である」と続けている。

また、『彦根旧記集成』のうちに

慶長六年直政公当所御入部

とあるのは、前掲年譜頭註の一説の方にあたるし、さらに

佐和山の城落城たりといへども所々にて御殿侍屋敷は残りあり其御殿へ入らせられ家中の面々もそれぞれの屋敷に置き給ふ。それより段々御一覧の上、御城御普請の御催しありしが、御病気に附き慶長七年壬子＊二月朔日に御逝去遊ばされし也　＊壬寅の誤り

とある。この註記内容が花井清心作図原本の通りとするならば、最も信憑性の高い記載になる。すなわち佐和山入部の年月はもとより、かつて磯山への移築を計画したが、着手せずして没したのではなく、移設工事に着手していたことになるからである。

磯山の虎ケ峰を本丸天守位置に予定し、そこから工事を始めたのか、あるいは他の部分か、資材調達の範囲にとどまっていたのか、そのあたりの判断について、現段階においてやはり慎重たらざるをえない。というのは、

直政公直勝公御代（中略）御城御普請の思召ありし故彦根山辺にても彦根村は御潰しありて場所御取上げあり、又所替仰付けられしもあり其上この辺より里根辺までにて数多く神社仏閣古跡に至るまで一々お潰し遊ばされたりと云ふ

すなわち、この項に直勝の名を併記しているからである。

2 城絵図

城絵図については、中村不能斎著『彦根山由来記』付録「彦根城図」と、文化十一年六月改正「御城内御絵図」の二件を使用する。

図5 『彦根山由来記』付録「彦根城図」

著者中村不能斎は本文で城絵図に全く触れていないから、没後の刊行にさいして校訂者が付録にしたものと考えられ、そのさいに絵図の表記を幾分改訂したのではなかったか。

その改訂とは、本図に表わす施設、すなわち天守、櫓、門、蔵、など、図中の表記および色分けの凡例で、江戸時代の通例であった「御」をつけていない点である。これは付録として印刷するときに変えたか、または既に変えてある図を使ったのかのいずれかであろう。ただ「御守殿」は語呂の関係で残したのか、鐘の丸の「御広間」は修正漏れだったのかも知れない。

この図には作図年次を記していない。しかし「鐘ノ丸御広間」について、『御城中御矢櫓大サ并瓦塀間数御殿御建物大サ覚書』に

享保十七年壬子年、夕、ミ、江戸へ被遣、江戸御屋敷御広間ニ成ル

とあるので、その建物が現存している状態に描写した原図は、多分享保十七年（一七三二）以前の成立で、それを明治年間に「縮尺九百分之一」図に作成し直したものと考えられる。

ただし、原図の所蔵者ならびに作成の経緯を示す記述がないとはいえ、詳細な描写からみて、原図は藩用に資するための官製図、又はそれに相当するものであったとして良いであろう。

すなわち堀幅・橋の長さと幅・塀の長さ・城山法面の高さ、石垣の高さ、櫓・蔵・文庫の縦横寸法等を書き入れているので、ことによると今はない彦根城の「正保城絵図」（補註1）の城郭部分を拡大し、それには描写していなかったと考えられる居館その他の非軍事用建物なども書き加えたのではないかと思わせるものである。

ところが、城山斜面の登り石垣と登り瓦塀五カ所には、黒い太線一本で表示しているが、それに沿う竪堀を描写していない。これは時代の推移と共に意識が薄れたのか否か、一考を要するであろう。

また、天守のほか普通の櫓について、固有の名称を記しているのは出曲輪の「扇子矢倉」一件にとどまり、その他は今日呼

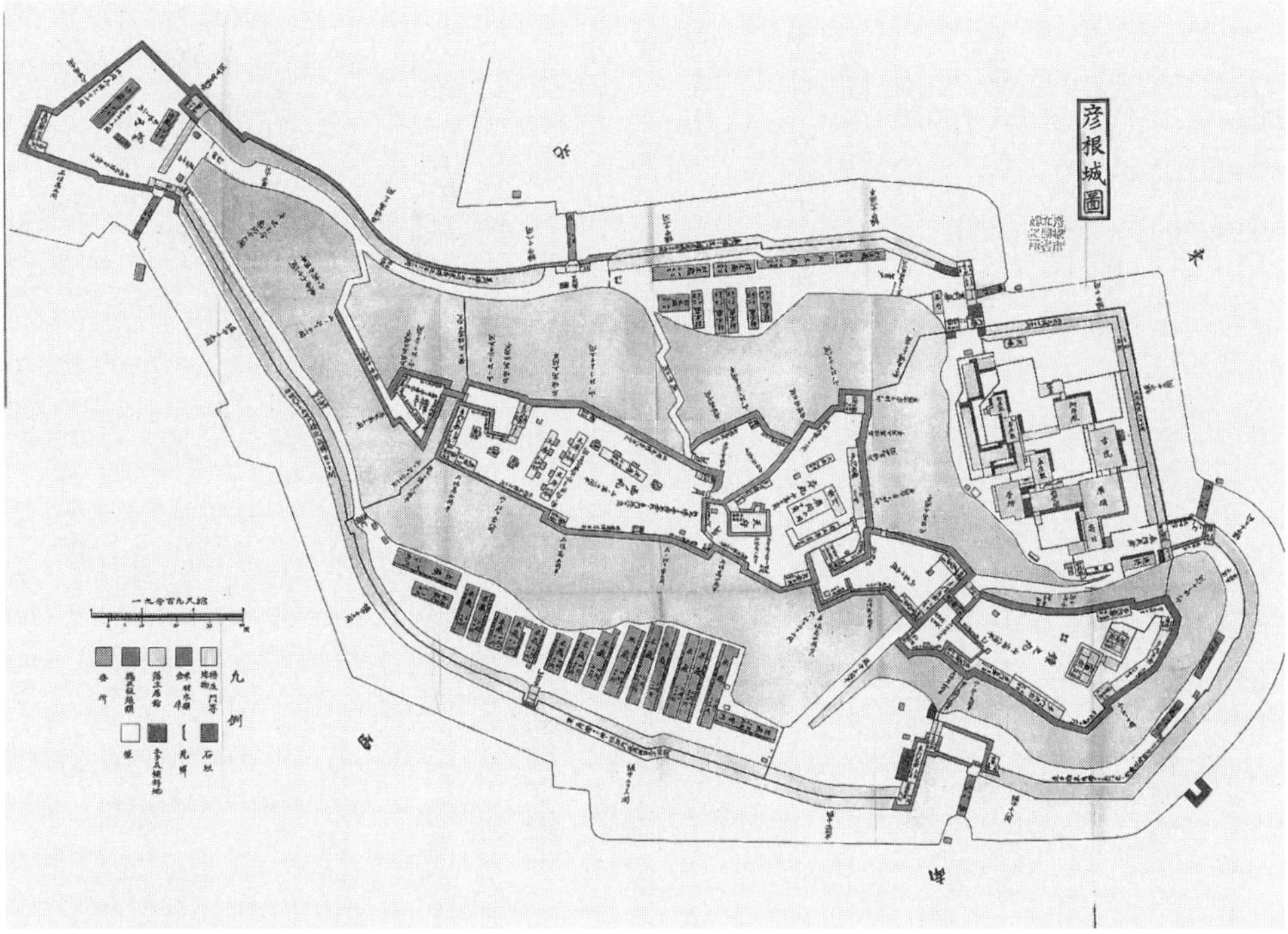

図５　「彦根城図」新版『彦根山由来記』付録

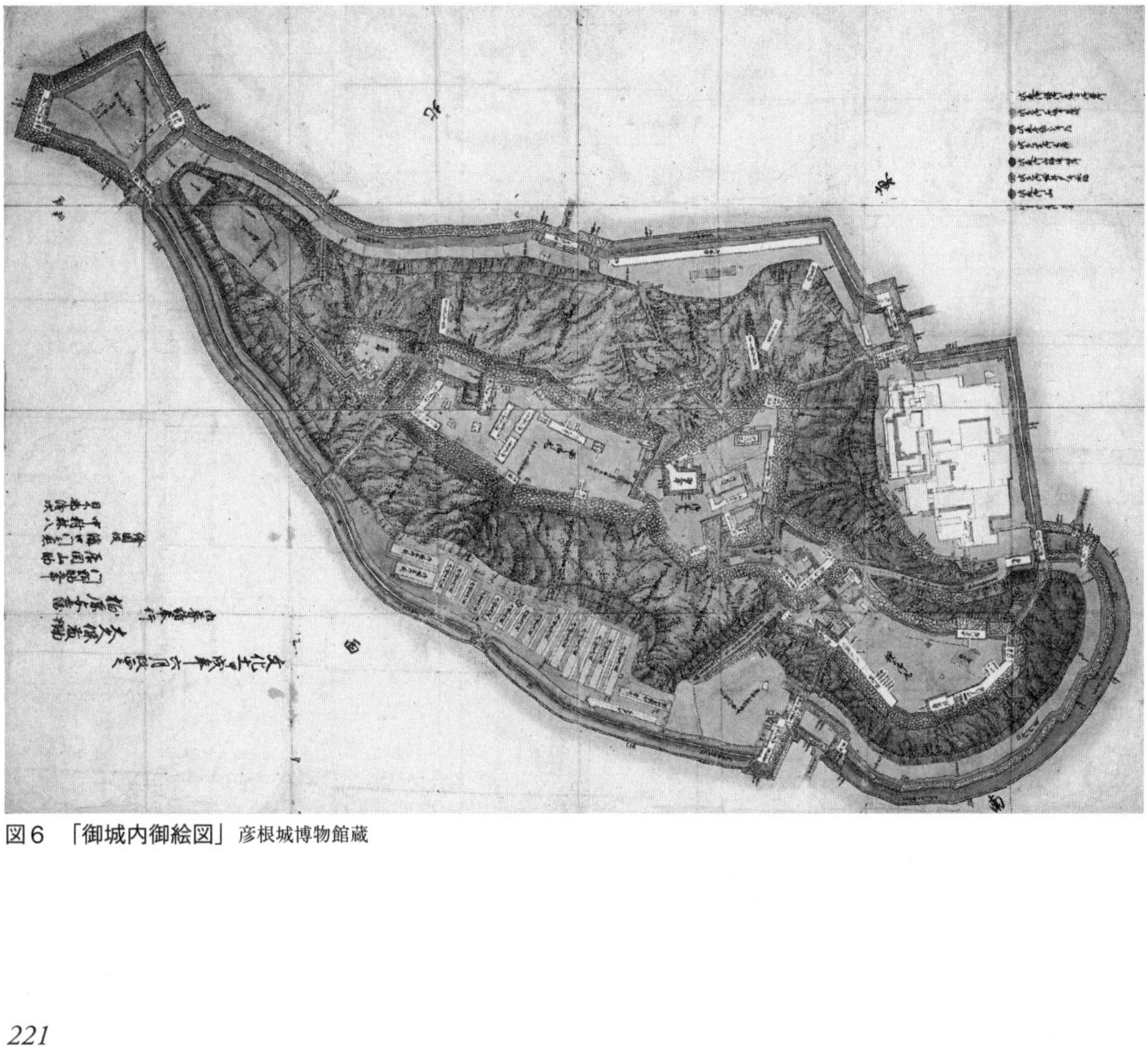

図６　「御城内御絵図」彦根城博物館蔵

称している「太鼓門」を門としての地図記号を描くのみで名称を記さず、「天秤櫓」にもその名を書き入れず、ただ「多門矢倉」として両端に「二階櫓」と、それに付く「多門矢倉」をおいたものとし、「月見櫓」（着見櫓）も単に「二階矢倉」と表記するなど、固有名称を使用しない表記にしている。

曲輪名についても「出曲輪」、「井戸曲輪」、「太鼓丸」の名称記入がなく、各虎口も呼称を記さず、ただ「米出四埋門」（米出口埋門の誤記か）の表記をするのみにすぎない。

なお「御守殿」とは、三位以上の諸侯に嫁した将軍の子女、またはその居所を指す。したがって徳川秀忠の女東福門院の入内にさいし、彦根泊城のため準備した「鐘の丸御守殿」に問題はないが、井伊家は将軍家の子女と縁組しなかったにもかかわらず、山麓居館の中に「御守殿」を設けたことは疑問としなければならない。（補註2）

図6　文化十一年六月改正「御城内御絵図」

本図の発見は昭和三十二年（一九五七）である。それについて、同年八月二十五日付の朝日新聞に

彦根史下片原町、川瀬たかさん宅から昔の彦根城の見取図が発見され、二十三日市役所へ届けられた（中略）ところどころ虫に食われていた（中略）市では専門家に鑑定をしてもらい貴重品なら市で大切に保管したいといっている。

と報道、城絵図は彦根市へ寄贈され、現在、彦根城博物館の所蔵になっている。

この図は長辺二六三cm、短辺一八一cmで、

文化十一年甲戌年六月改正之
御普請奉行　大久保藤助　柏原与兵衛
絵図役　門野助五郎　居関山助　溝口門之丞
中村林八　日下部浅次

との記載によって、藩用としての官製図であるから、一般には見せない図面だったはずである。それが何故どのようにして流出していたのか、おそらく明治維新よりも後だったのであろうが、その経緯は示されていない。

なお、絵図役四番目の中村林八は、後掲図8の天保七年改正「御城下惣絵図」で絵図役筆頭に昇進している。

ところで、前記図5の「彦根城図」と比較して、描写範囲を内堀以内にし、堀幅の分かる描写をしていない反面、山麓の切岸を詳細に描写している点が異なる。

構造物では北側山麓の材木蔵を撤去して馬場に変えていること、前者にあった山崎曲輪の竹蔵二棟が後者では一棟を撤去して一棟のみ残したこと、鐘の丸山裾の帯曲輪でも竹蔵の二棟を撤去したこと、米蔵の数に変わりはないが、その片隅の土塁寄りに矢場を造ったことなどである。

図5に触れた施設の呼称を、この図で「御天守」と記するのは当然であろう。ほか出曲輪では「扇子御櫓」と判読できる。これを後掲の『当御城建立覚書』と『井伊年譜』は「将棊櫓」としており、これは櫓と曲輪のいずれも平面が梯形に近いから付けた名称かどうか、その由来に触れたものが見あたらない。

西の丸「三重櫓」を「三階御櫓」、「太鼓門」は文字の欠落で

判読できないが、続櫓に「御多門櫓」、「天秤御櫓御門櫓」の両端に「二階御櫓」を付け足し、「月見櫓」（着見櫓）を「二階着見御櫓」として一部固有の名称を記すほか、曲輪名についても「井戸曲輪」と「太鼓御丸」を記入している。

反面、表御殿すなわち居館については、広間・御守殿・書院などの文字を一切記入していない。

そして、図5に比して最も異なるのは「出曲輪」と「山崎御曲輪」の間、長坂に接して平坦地を描き、そこに「観音台」と表記していることである。これは、本稿で問題点の一つとして扱う築城前絵図の「長尾山」と築城後の施設「人質曲輪」の所在地に関連するところである。

なお、山の法面に構えた登り石垣と登り瓦塀は、絵によってそれと分かるように描写しているが、やはり竪堀を表してはいないことは図5に同じである旨を付記しておこう（補註3）。

3　城下絵図

通常の城下絵図では、藩領統治の政庁をかねる城郭内を描写せず、ただ輪郭線をもって位置を示すのみである。理由は、城郭と城下とでは管轄が異なること、したがって絵図作成の目的もおのずから異なるからであろうし、本来は軍事施設であるから、機密保持の必要からであったとも考えられよう。

しかし、幕府が享保七年（一七二二）に発令した出版物取締で、将軍家に関する事項や諸規則その他記録の板行を禁止し、必要あるものは一切写本による旨を定め、出版に関しての聖域を作った。そのような公禁の諸記録を収集して出版した旗本大野広城（権之丞）は、「其方儀、御政務筋に拘り候儀容易ならざる事共彫刻」しと、改易処分で九鬼家預けになり、丹波綾部へ送られて到着後七日目に病死した。板行書は『殿《との》居囊《いぶくろ》』、その中に江戸城内「柳ノ間」の図があり、詰める大名の名も記しており、当局を驚愕させたのである（註6）。

かかる禁令は大名家も当然「右へ準え」である。本稿に引用する絵図や『井伊年譜』も遺存するのは全て写本で、他で板行できたのは江戸と大坂の城下図で、江戸は大名屋敷の配置図といってよいもの、つまり、参勤交代等の必要、または大坂は天下の商都としての大名家の蔵屋敷などがあって板行を許可したのであろう。

しかし江戸城も大坂城も城内の施設配置は一切描写せず、板行でない京都の「洛中洛外図」にしても二条城内を描写していない。

ここに使用する彦根城下絵図は、「彦根地屋敷割絵図」の写しと、天保七年改正「御城下惣絵図」で、前者は主として士分級の武家屋敷図、後者は家老から足軽まで各戸別に氏名を記した他に例を見ない詳細な図である。

図7　正徳享保年間の「彦根地屋敷割絵図」

本図には、城下足軽屋敷の中藪組と、芹橋組の中辻（東西二本の道路と交叉する南寄りが中辻、北寄りは大辻）十字路の角に「辻番所」を赤で表示している。ただし現存しているのは本文で触れる旧芹橋十二丁目中辻角の一ケ所にすぎない。

絵図の成立時期に関しては『彦根の歴史―ガイドブック―』（彦根城博物館編）の解説

旧藩士海老江氏所蔵の絵図を大正十三年（一九二四）に写したもので、原図は江戸時代中期の描写と伝える。

この図には元禄十一年（一六九八）新設の「下新屋敷」（補註＝旧中藪上片原町・中藪土橋町・中藪下横町が囲む一画で現在の栄町二丁目の一部）および「上新屋敷」（現在の大東町の一部）を描いているから、その時点よりも後の状態を示す絵図であるが、現在の西中学校運動場のあたりに四代藩主直興の十女で享保二十年（一七三五）に没した「御喜久様」の屋敷であることを示しており、また、内郭には正徳四年（一七一四）中老になり享保十三年（一七二八）に没した「石居半平」屋敷があるので、下限をそのあたりにとると、現存する彦根武家屋敷図としては最古のものになる（要約）。

によって明らかにされている。

図8　天保七年改正「御城下惣絵図」

本図はもと一枚であったのを、天保七年（一八三六）に奉行向坂縫殿介と加藤勘八郎の指揮下で

是迄一紙折絵図ニ有之處年久敷相成折目之所致湮滅不分明ニ付此度六巻　絵図ニ令改正者也

とある通り、古い図の折目の所が見えにくくなったので六枚分割にして復元作成したというのである。

図へ記入している氏名には、右の二名に続いて小林新十郎と冨田隆介があり、また絵図役の中村林八・江畑仲右衛門・大館喜太郎・稲垣健次・嶋田小左衛門・吉田寿右門・服部栄太、書入として居林旧右衛門・石関兵大夫の名を記しているから、藩用資料として重要な絵図であったこと言うまでもなかろう。

さて本図で、城下町の南を貫流する芹川左岸に記している後三条村出郷には、寛政十年（一七九八）に開設した旨の註記があるから、もとの図が寛政以後の作成であることに疑いはない。また、天保七年以後、居住者や屋敷割の変更にともない加筆修正を加えているから明治初期に至る間の城下における変遷を知ることもできる。一例としていうならば、中藪足軽組屋敷と下番衆町の間、現在の西高等学校敷地の部分では、武家屋敷を撤去し、田畑の一部も含めて練兵所にしたこと、高宮口の土橋両岸に接する外堀の一部を埋め立てて屋敷割をしていること、その他一部を胡粉で塗り潰し書き換えているからである。

ところで、この絵図は方位と距離に若干の誤差があり、その一部については本文で触れて行くが、それはともかく、城下町の全域にわたって屋敷割を示し、武家屋敷には足軽組屋敷に至るまでに居住者の氏名を記し、町人屋敷では氏名こそ記していないとはいえ、区画および間口と奥行を明記しているので、右のように幕末から明治の初期に至るまで屋敷割の変遷が詳細にわたって分かるという城下町の構成を示す基本的な絵図であることが明らかと言ってよい。

図７　「彦根地屋敷割絵図」彦根市立図書館蔵

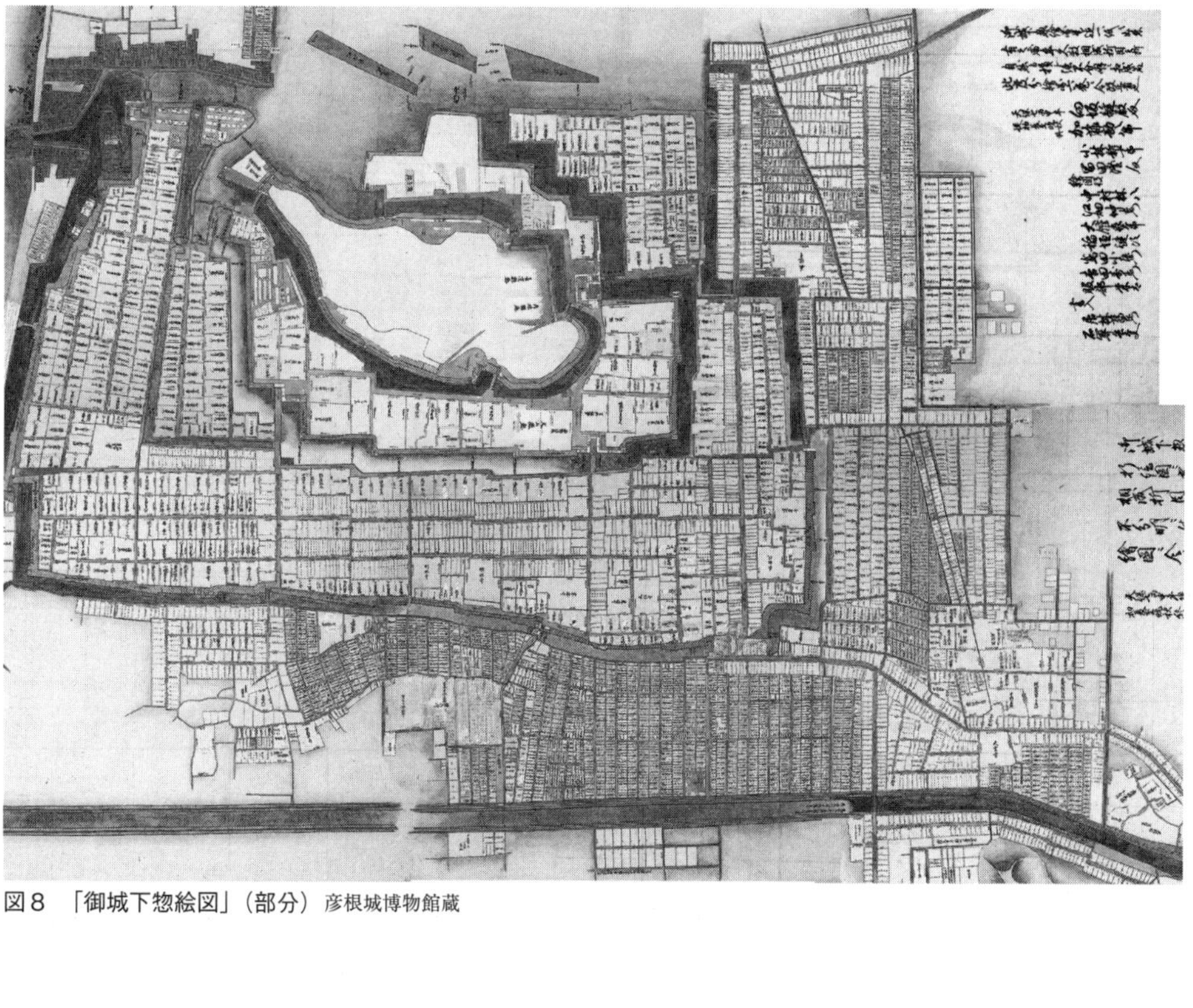

図８　「御城下惣絵図」（部分）彦根城博物館蔵

また、第三郭と第四郭では武士と町人を共に居住させたが、第四章二節2の「元禄五年申三月二十五日御法度書覚」に見られるように、内曲輪へ他所の者を出入りさせることは厳しく禁止しており、それは支配形態に厳然たる区別があって、内曲輪をふくむ城郭部分は地域的に遮断し、軍事的秘密云々よりも身分制の秩序に基づく地域的分離を完全にしていたのである。このことは第二郭に配置した重臣屋敷と城郭部分との関係を、この城下絵図を見ることによって頷けよう。

なお、他でも城下町に多い同一職種集団の集住を示す町名については、彦根城下のばあい別途に資料を求めると、魚屋町を除いては職種別居住区の形成は崩壊していたことが判るといってよい（昭和五十三年（一九七八）鹿島出版会『近畿の市街古図』西川幸治氏解説による）。

4　城絵図と城下絵図との合成図

通常の城下絵図は、前掲3で二点の絵図が示すように城の部分は輪郭線を描くにとどめ、郭内を描写していない。理由は既に述べた通りである。

もっとも、幕府が親藩、譜代、外様に関係なく、すべての大名家に命じて出させた「正保城絵図」を模したのか、その例として彦根では武家屋敷で城郭部分を書き入れたもの、ならびに単に武家と町人屋敷地とだけを色分けで示し、それに城郭部分をある程度描写した絵図があるので、それも考察の典拠に使用する。

図9　元文元年「彦根士族屋敷図」

本図は、彦根史談会が昭和二十年代に透写し、青焼きにして会員に配布した図と酷似しているもので、標題に原図の成立年次について配布図のまま元文元年（一七三六）としたが、彦根城博物館の『彦根の歴史―ガイドブック―』では

本図内曲輪に四代藩主直興の十六女、政（?～天明四年一七八四）を示す「慶雲院様」と記し、また内大工町に彦根藩の藩医三上家六代「三上瑞庵」と記しているので、三上元庵が瑞庵に改名した享保二十年（一七三五）からの没年の宝暦元年（一七五一）までの景観を伝えるものと考えられる。

と、その成立時期を享保二十年から宝暦元年までの間に成立したものとし、さらに

本図には松原の井伊家下屋敷がなく、のちの藩校の位置に「山崎新蔵」を建てている。本図は昭和十七年（一九四二）に小泉町北川勝造氏が所蔵していた絵図を写したものである（要約）。

と解説している。

本図を元図のままとすれば、それは本来城郭部分を描写していなかったのを、多分明治年間以降に図10を参考にしたのではないかと考えられる。理由は鐘の丸と本丸との接続部分が曖昧で、また「本丸」をはじめとする「西丸」と「鐘丸」の名称を江戸時代の図にはありえない左横書にしているからである。し

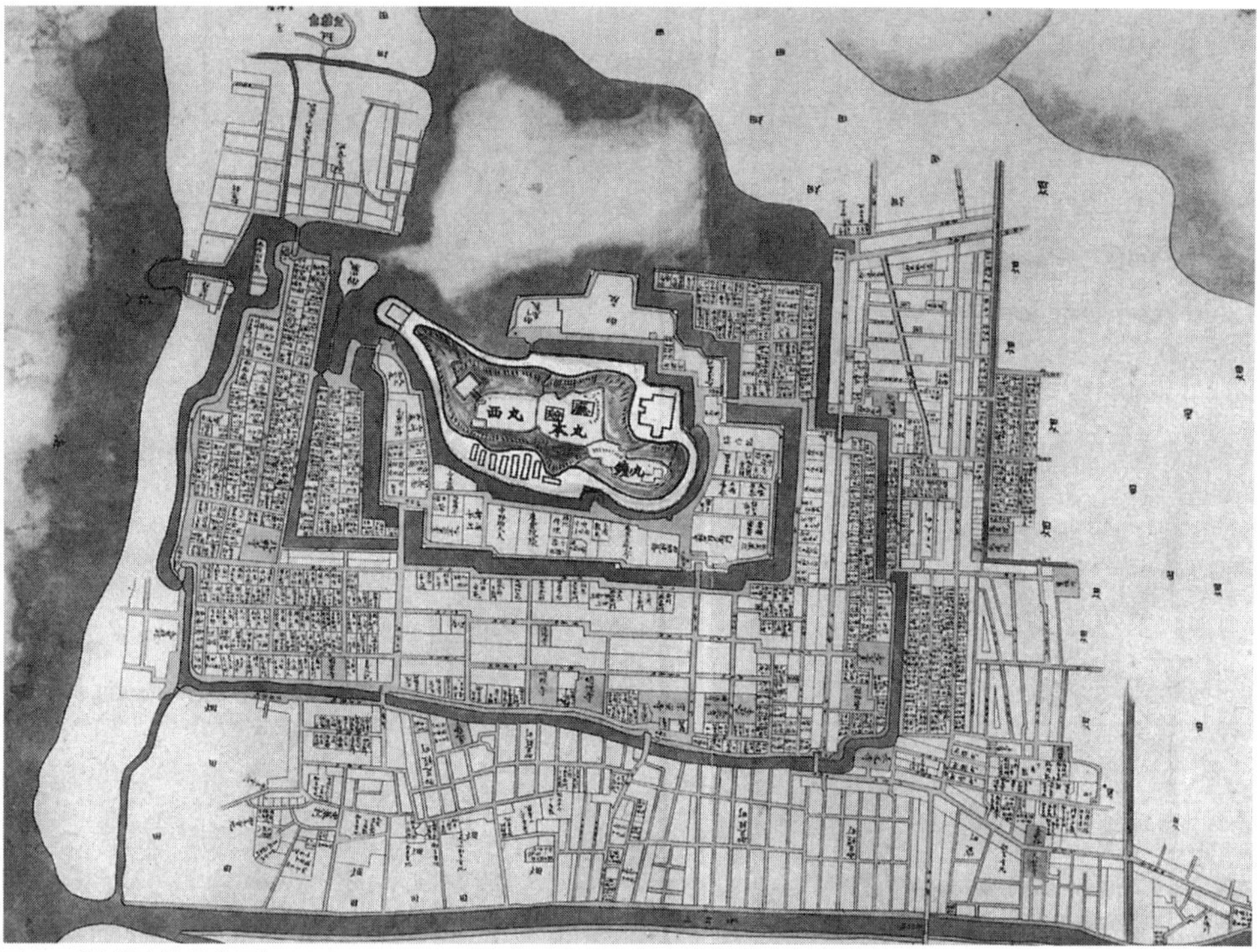

図９　「彦根士族屋敷図」彦根市立図書館蔵

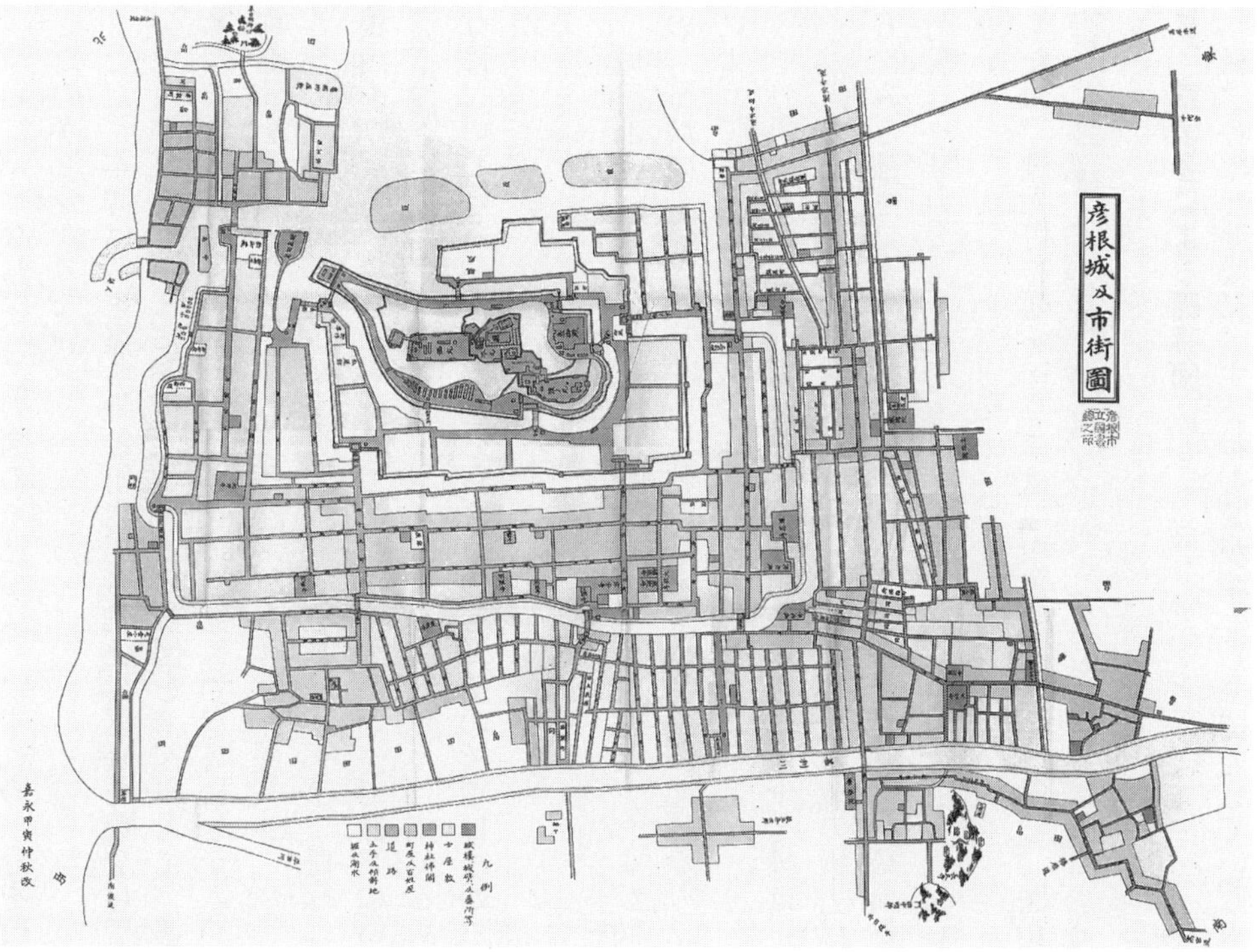

図10　「彦根城及市街図」新版『彦根山由来記』付録より転載

かも、その城内図については、史談会が透写した図を略して
i　城山南山麓の米蔵が八棟になっているのは、この図に先行して成立した図5の十七棟と、後の成立である図6の十七棟に合致しない。
ii　城山北山麓の材木蔵（図5）ならびに馬場（図6）のいずれも載せず、空白にしている。
iii　鐘の丸広間を描写して、江戸屋敷へ移設した享保十七年（一七三二）以前の状態にしている。
iv　にもかかわらず図5にある鐘の丸裾周りの帯曲輪に竹蔵二棟がない。
v　あわせて山崎曲輪の蔵もない。
vi　鐘の丸から本丸へ行く廊下橋と、その下の堀切がない。
vii　内堀裏門口に掛橋がない。
viii　表門と鐘の丸をつなぐ登り石垣らしき線はあるがほか四本がない。
以上の問題点をもつ絵図である。
それが城下の武家屋敷割の信憑性に影響するものではないが、描写方法と共に奇異の感じは免れない。

図10　嘉永甲寅仲秋改「彦根城及市街図」
本図は昭和三年（一九二八）刊『滋賀県史』第三巻の付図にも載っており、記入の「寛永甲寅仲秋改」によって、嘉永七年（一八五四、十一月二十七日に安政と改元）の改正は明らかであるが、それに先行する原図の有無と作成者ならびに所蔵者を表示していない。

さらにいうなれば、この図の一見では、いずれの部分を改正したのかも定かでない。

ただ、本図は武家屋敷地と町人屋敷地との区別を色分けで示しているので、これに先行する武家屋敷図を基図にして、居住者の氏名と「御足軽町」などの表記をすべて省略したうえ、城郭部分を合成したのであろうと思えなくもない。

そして、本図に同じ図は明治四十三年（一九一〇）刊行『彦根山由来記』の巻末にも付けてあった。したがって標題にいう「彦根城及市街図」、ならびに本丸広間を「廳」としているあたりに、いわゆる明治調が感じられるのも、その故ではなかろうか。


城郭部分についての元図は、図5の「彦根城図」および図6の「御城内御絵図」、または廃城による破却前の記憶なり伝承によって手を加えたとも考えられる。

その根拠というか理由として、城山南麓の米蔵十七棟は正しく、鐘の丸裾周りの帯曲輪に竹蔵および北麓材木蔵の撤去は図6にみる描写に合致することなどである。ただし、山崎曲輪の竹蔵はいずれとも異なるし、鐘の丸広間の描写が正確とはいえない。

なお、職人町の西を図9では「中魚屋町」と表記し、図10の「左宮町」は「左官町」の誤りであることを付記しておこう。

5　軍学者による縄張図

軍学者は近世城郭、すなわち城が城として機能していた当時

に、その城の縄張図なり、研究をして自ら作成するための資料を、どのようにして入手したのであろうか。

その回答になるのが、北垣聰一郎氏による関西城郭研究会の機関誌『城』第一五七号「兵法絵図をとりまく諸問題」の講演記録で、加賀藩の軍学者有澤永貞がまとめて藩主前田家へ提出した「諸国居城図」の成立経緯である。関係部分を抽出要約すると

> 居城之図を矢守一彦氏が「主図合結記」（補注4）の増補改訂版といわれたのは、「主図合結記」の多くが粗図といって中に見るに堪えない贋物もあり、それを正したのが居城之図であると考えられたからです。
>
> つまり合結記は多くの粗図を含みますが、居城之図ではそれを除いて、一応良質の図を入れ、さらに一般には見せない正確な藩用の絵図も載せております。
>
> 永貞は延宝年間（一六七三〜八一）に江戸へいった時、書店で合結記に巡り合ったと書いております。彼が参勤交代に随行したとき、江戸で全国の兵法研究者を集め、各自が持ってきた城の絵図を比較したと書いています。

とされている。

これによって、軍学者が城絵図を収集した方法の一端がわかるとしてよい。ところが彦根藩では重臣岡本家が軍学者の家系であったとはいえ、その父祖なり関係者が有澤永貞、または他の軍学者とも接触していたのかどうか、管見の内には判断できる材料がない。

彦根城の軍学用縄張図を右の「諸国居城図」と「主図合結記」のほかに掲載しているものの一つとして、知見の範囲では旧広島藩主家の浅野文庫蔵「諸国当城之図」がある。それに掲載してある彦根城の縄張図は「主図合結記」の所収図そのままである旨を、矢守一彦氏が指摘されている（註7）。

その項において矢守氏は

> 諸藩の兵学者によりいくつかの「合結記」に増訂版が編まれたであろうことが想像され（中略）また「当城之図」も、広島藩におけるこの種の一本というように位置づけてよいであろう。「当城之図」の場合、右の「略図」に相当する「合結記」そのまま

とされた中に「彦根城」が入っている。よってここでは管見の範囲内にある次掲収録の、軍学者による彦根城の縄張図を掲載し、本項では、それらの図全体の共通点に触れ、個々の部分については後掲の考察において触れて行くことにしたい。

図11　犬山市蔵「主図合結記」「江州犬上郡彦根」
図12　広島市中央図書館浅野文庫蔵「諸国当城之図」「近江彦根」
図13　前田育徳会・尊経閣文庫蔵「諸国居城図」「江州彦根」

右掲の図中、図12については

> 彦根古絵図や現況においても第一郭の部分は、本丸・西の丸から山崎に延びるにしたがい郭の幅がせまくなっているが、本図ではその変化は見られない。さらに、彦根山の稜線に沿って第一郭が東南から北西にかけて傾斜をもって縄

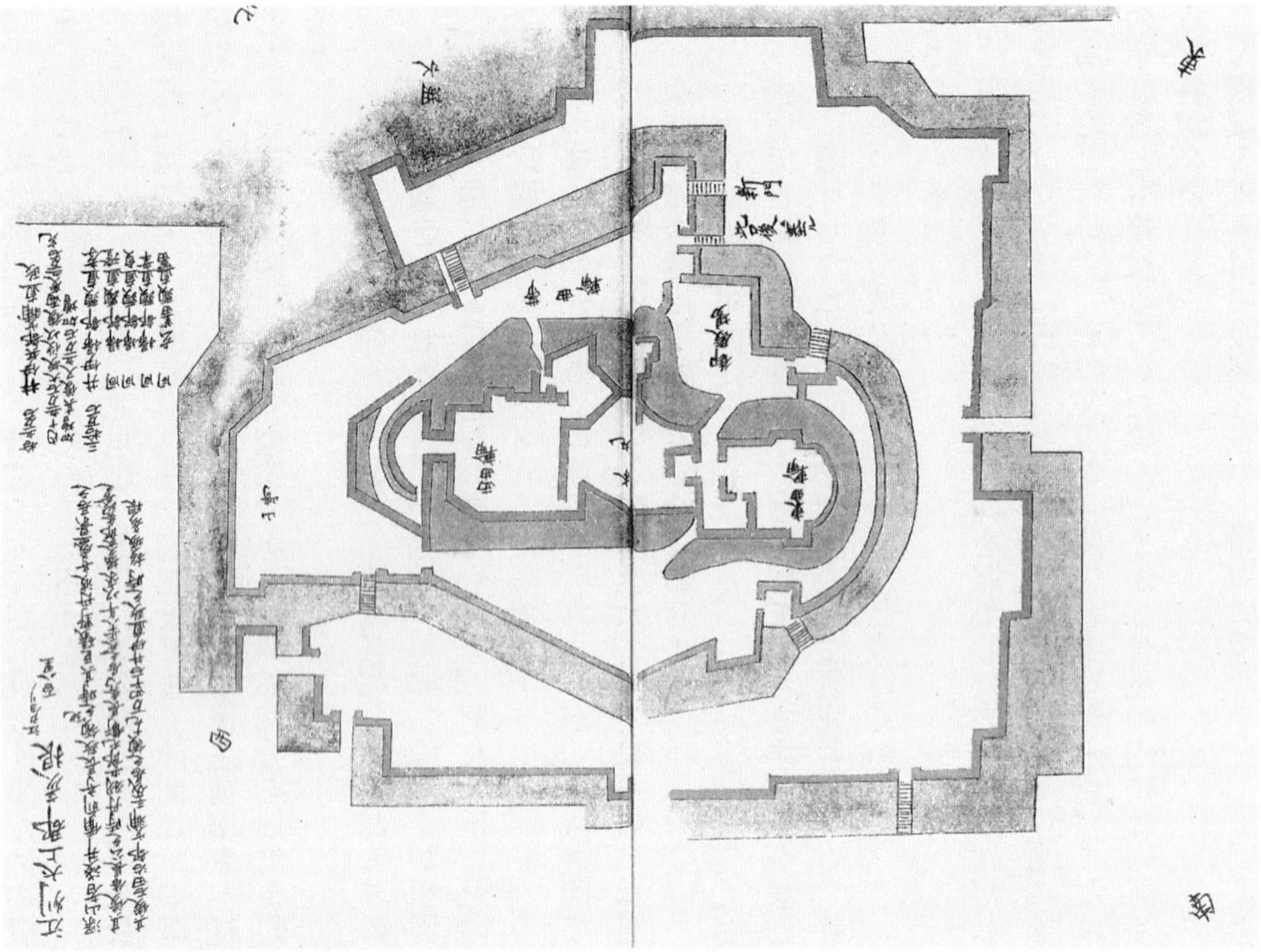

図11　江州犬上郡彦根「主図合結記」犬山市蔵

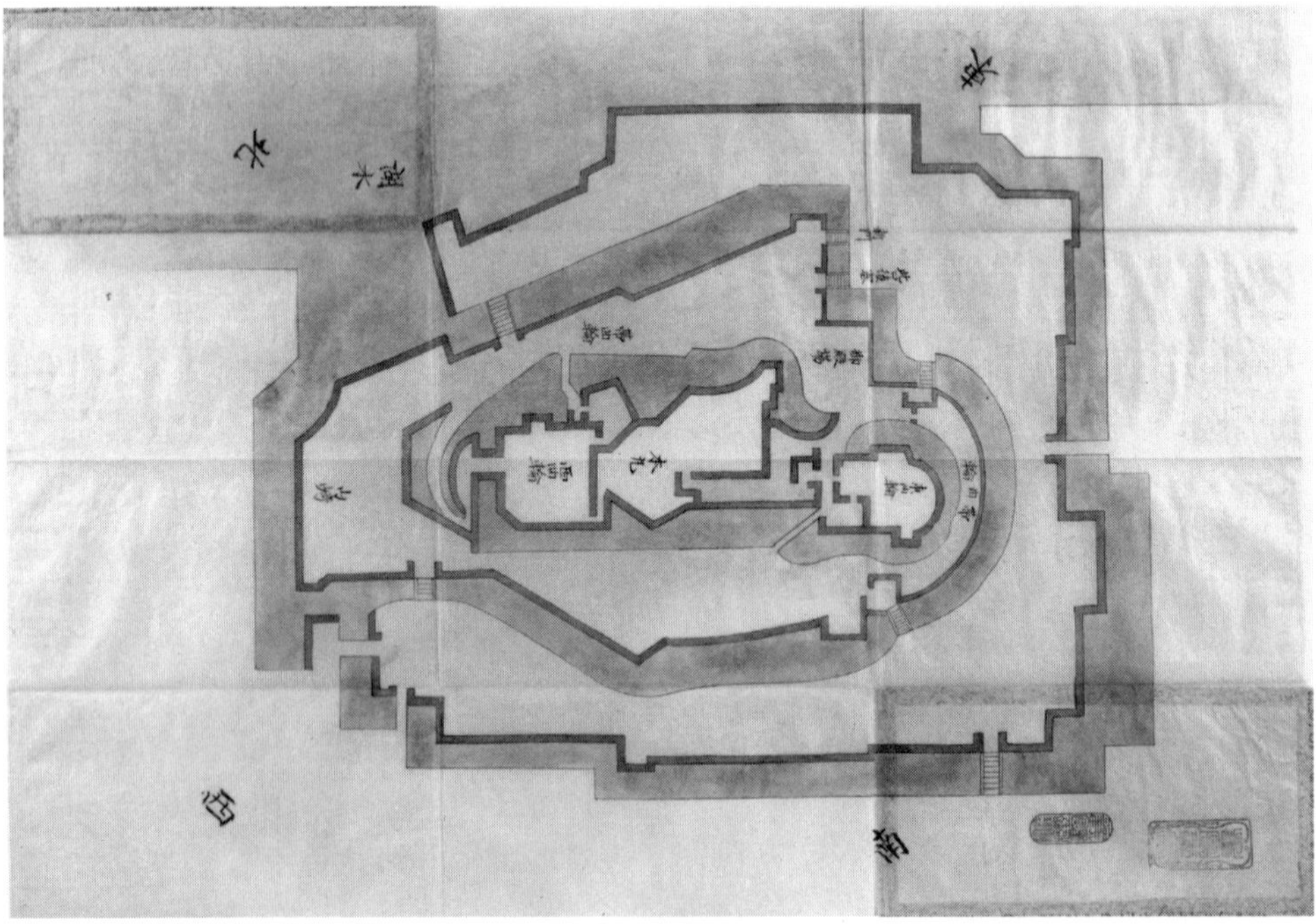

図12　近江彦根「諸国当城之図」広島市立中央図書館浅野文庫蔵

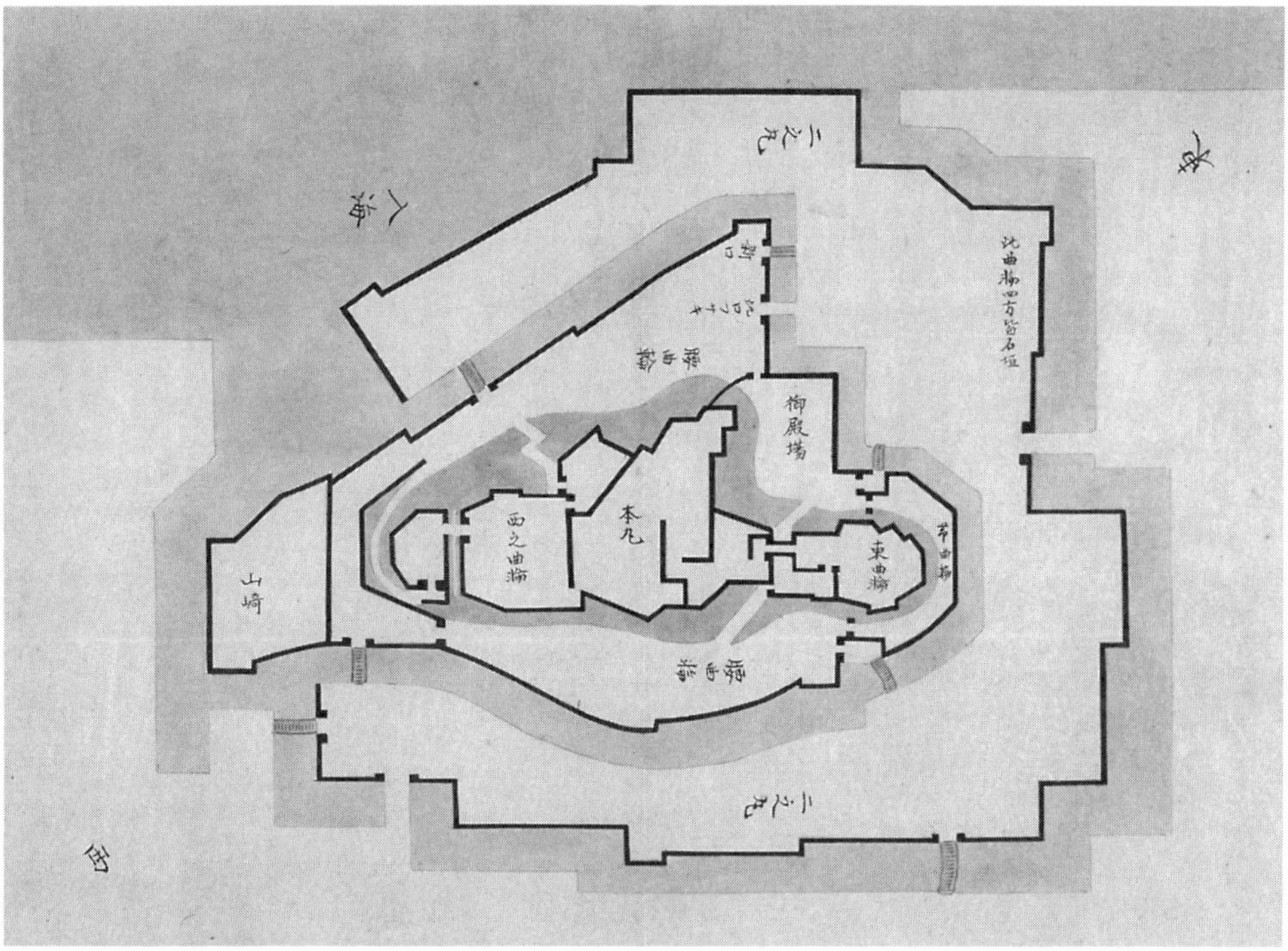

図 13　江州彦根「諸国居城図」尊経閣文庫蔵

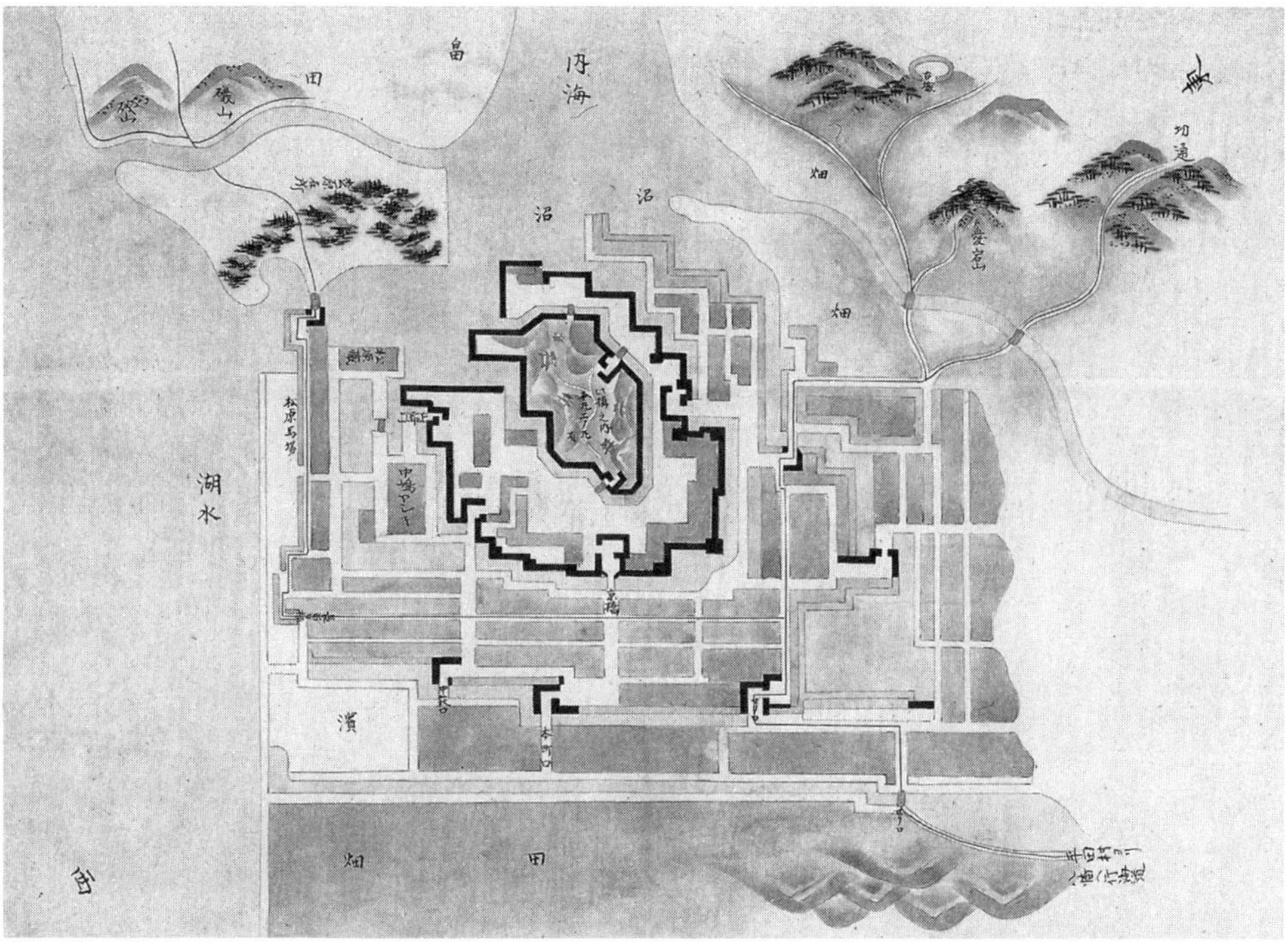

図 14　彦根城下「諸国居城図」尊経閣文庫蔵

張されているが、本図では一直線上に各施設を配置し、形態をやや異にしている。また鐘の丸を東曲輪、西の丸を西曲輪、裏門を新門など名称にもそれぞれ相違が見られる（註8）。

としており、これは浅野文庫蔵の彦根城縄張図のみではなく、他の図叢のそれにも共通することである。

なお、図13を掲載している尊経文庫蔵「諸国居城図」には、「彦根城下」として城郭部分と城下の合成図を収録しているが（図14）、内堀内主郭部の輪郭と櫓配置や、武家屋敷の配置、虎口の名称と位置、堀幅の広狭等に誤りがあるほか、土塁と石垣に誤写があり、芹川の橋を「セリ口」（第三郭の「高宮口」と重複）とし、そのため高宮で中山道へ合流する街道を「平田村ヨリ八幡へ行海道」と誤り、芹川の橋を渡って八幡へ行く「朝鮮人街道」を落としている。

その図中にいう「中嶋ヤシキ」とは、『彦根市史』に

寛永十九年（一六四二）、西中島埋立て士分邸とす

とあるから、それを作図時期の上限ともいえようが、このように杜撰な図の原本が彦根藩の軍学者から出たとは思えない。もっとも城郭縄張図と共に機密保持のため、虚偽の図を呈し内心ほくそ笑んでいたとすれば話は別であるが。

二　古写真の概要

1　中村不能斎著『彦根山由来記』の古写真

彦根城古写真の公開は、中村不能斎著『彦根山由来記』（明治四十三年〈一九一〇〉刊）と、同四十五年（一九一二）『歴史地理』臨時増刊の中村勝麻呂氏著「彦根史話」に一部を掲載したことに始まる。『彦根山由来記』では「スベテ明治九年五月ノ撮影ナリ」としているが、原板所蔵者、撮影者、撮影の目的などを記していない。その古写真を次に掲載する（表記は一部書換）。

写真1　天守正面
写真2　藩主居館・厩舎・佐和口多聞その他俯瞰
写真3　表門口　橋・桝形・藩主居館・天秤櫓・二十間櫓・着見櫓
写真4　黒門口　橋・櫓門・土塀
写真5　玄宮園から天守・着見櫓遠望
写真6　玄宮園夫婦橋
写真7　大手口（註＝橋の左端近くの白い疵は次掲2と3にない）
写真8　山崎口　橋・櫓門と山崎曲輪三重櫓
写真9　京橋口　橋・桝形の櫓・続多聞および角櫓二棟
写真10　船町口　高麗門と桝形の櫓および続多聞
写真11　佐和口桝形の櫓と続多聞および着見櫓・二十間櫓
写真12　佐和口多聞・天秤櫓・天守

写真 5　玄宮園口から天守・着見櫓遠望『彦根山由来記』所収

写真 1　天守正面『彦根山由来記』所収

写真 6　玄宮園夫婦橋『彦根山由来記』所収

写真 2　藩主居館・厩舎・佐和口多聞その他俯瞰『彦根山由来記』所収

写真 7　大手口『彦根山由来記』所収

写真 3　表門口　橋・桝形・藩主居館・天秤櫓・二十間櫓・着見櫓『彦根山由来記』所収

写真 8　山崎口　橋・櫓門と山崎曲輪三重櫓『彦根山由来記』所収

写真 4　黒門口　橋・櫓門・土塀『彦根山由来記』所収

写真 9　京橋口　橋・桝形の櫓・続多聞および角櫓二棟『彦根山由来記』所収

写真 10　船町口　高麗門と桝形の櫓および続多聞『彦根山由来記』所収

写真 11　佐和口桝形の櫓と続多聞および着見櫓・二十間櫓『彦根山由来記』所収

写真 12　佐和口多聞・天秤櫓・天守『彦根山由来記』所収

右にいう「明治九年五月」撮影時期と撮影の目的について、写真3の桝形高麗門に張った幕との関連に触れておこう。実は、明治四年（一八七一）十二月若狭小浜城で大阪鎮台の分営が焼失したので、歩兵第十八大隊が彦根城へ移駐し、翌五年二月第四軍管第九師管工兵第四方面第二圜区工兵隊も駐屯した。しかし、歩兵第十八大隊は明治六年五月に伏見へ移転し、工兵は同十一年（一八七八）に彦根城と大洞火薬庫などを実測したという記録を遺している。

ところで、『彦根市史』下冊は、歩兵第十八大隊の移駐と転営は明治六年五月の「琵琶湖新聞」記事により事実と証明される旨を記し、また工兵による城と大洞の実測も滋賀県庁に資料が遺存するとしているが、それは工兵隊の明治五年以来駐屯の根拠にならないとし、明治十一年からの城郭破却の必要で一時派遣されたものと推定している（補註5）。

いずれにせよ、彦根城が陸軍省管轄下にあったとしても、明治九年（一八七六）五月すなわち写真撮影時、陸軍として表口桝形の高麗門を幕で飾るような行事があったとは考えられない。

一方、昭和三十六年（一九六一）三月彦根市史編纂事務所の『彦根百年譜』（彦根市立図書館長西田集平氏編集）明治九年五月三日の項に

六月一日まで天守閣、各櫓、旧表御殿を会場に彦根城博覧会が開かれた。井伊家の什宝、愛知、犬上、坂田各郡下寺院旧家の什宝その他医学、工学関係の製品が出陳列された

とある。これについては昭和六十三年（一九八八）十一月の『丸

善特選古書展示即売会目録』に「於彦根城大博覧会物品録」（彦根医学会社蔵・明九）がある旨の教示を得た（註9）。

右により、博覧会のために井伊家の幕で飾って当然、そしてその機会に城の面影を写真で遺そうとして撮影した、と考えられよう。

2　彦根市立図書館北野源治館長編纂『彦根城』の古写真

収録の古写真は、編集後記に「往古の写真は各方面より収集複写したもの」としている。つまり刊行された昭和十八年（一九四三）頃の彦根市立図書館には、彦根城の古写真がなかったことになる。

ところで筆者は年月不詳ながら、旧図書館の本館二階資料室で桐箱に入れた古写真のガラス原板を見た記憶がある。よって、それは『彦根城』刊行の後、図書館へ寄贈されたものと考えていた。

一方、昭和五十一年（一九七六）十一月三日、彦根市立図書館主催、彦根史談会共催の「彦根古絵図資料展」を見学、目録の資料名欄に「彦根城の明治初期の写真帳」、年号欄に「昭和四十二年」、内容欄に「明治九年田中左門氏撮影原板」と記していた。それで再度閲覧して桐箱の蓋に

田中左門氏寄贈　明治九年撮影、彦根旧城写真種板十八枚

との墨書があり、裏面に「大正八年二月十八日調製」と書いてあるのを確認し、蓋裏の年月日は寄贈時期には関係がないと考えた。

目録の「昭和四十二年」が寄贈を受けた年次とするならば、北野館長の編纂時に、図書館には古写真がなかったことの証明になる。

田中左門氏は、渡邊世祐が明治四十一年（一九〇八）に『歴史地理』第十一巻第三～四号（明治四十一年三～四月）へ「佐和山城に就て」を寄稿するまえ佐和山城跡を案内し（補注6）、関連する写真を提供したほか、同四十年『震沢山《ふるさわやま》旧時記』と題して「古城御山往昔之咄聞集書」を刊行した旧彦根藩士である。その緒言によれば田中吉政を祖にするとあるが、大名としての田中家は『断家譜』によると、次代忠政で無嗣断絶とあるから、忠政の兄吉興の子孫相続の内であろう。彦根藩士としての田中家は彦根市立図書館蔵『彦根藩士系図』に

元祖　田中三郎左衛門　元禄九子年　被召出三百石

とあり、七代目に「左門」（初徳三郎、後三郎右衛門　義武　央）の名があって、住居は『明治四年調彦根藩士戸籍簿』により「石ケ崎町」で、図8の天保七年改正「御城下惣絵図」に「田中次郎右衛門」（六代目）、明治元年の『彦根御家中家並帳』には「田中央二百五十石」とあるのを確認できた。

ただし、藩士戸籍簿で明治四年の年齢「四十九歳」とあるから同四十年頃は八十五歳、この年齢で佐和山城跡の案内は如何か、また桐箱調製の大正八年（一九一九）には九十七歳になるが、そのあたりは余人がそんたくすべきではあるまい。それはともかく、右の展示目録によって撮影者が同氏であったことが判明したのである（補注7）。

首題の北野館長編纂による『彦根城』所収の古写真は次の通り

(1) 表門口　橋・桝形・藩主居館・天秤櫓・二十間櫓・着見櫓（写真3）
(2) 佐和口桝形の櫓と続多聞および着見櫓・二十間櫓（写真11）
(3) 大手口の橋と櫓（写真7）
(4) 京橋口　橋・桝形の櫓・続多聞および角櫓二棟（写真9）
(5) 京橋口　東からの遠望（写真13）
(6) 黒門口　橋・櫓門・土塀（写真4）
(7) 船町口　高麗門と桝形の櫓および続多聞（写真10）
(8) 山崎口　橋・櫓門と山崎曲輪三重櫓（写真8）
(9) 玄宮園から天守・着見櫓遠望（写真5）

右には『彦根山由来記』古写真の天守正面（写真1）、藩主居館等俯瞰（写真2）、玄宮園夫婦橋（写真6）、佐和口多聞・天秤櫓・天守（写真12）の写真がなく、京橋口東からの遠望（写真13）が加わる。

3　文化財保護委員会刊『史跡名勝天然記念物調査報告』第一集「彦根城跡」所収の「明治初年旧景写真」

昭和三十二年（一九五七）刊の本書に載せている写真は八枚、所蔵者を木俣守一氏としている。同家は旧彦根藩首席家老木俣家の末裔である。掲載の写真が同家の所蔵古写真の全てかどうかは分からないし、それらは木俣家に原板があって焼付印画したのか、あるいは印画の複製写真であるのかも報告書には明記していないが、列記すると次の通りである（補註7）。

(1) 表門口　橋・桝形・藩主居館・天秤櫓・二十間櫓、着見櫓（写真3）
(2) 大手口の橋と櫓（写真7）
(3) 佐和口桝形の櫓と続多聞および着見櫓・二十間櫓
(4) 京橋口　橋・桝形の櫓・続多聞および角櫓二棟
(5) 船町口　高麗門と桝形の櫓および続多聞（写真10）
(6) 藩主居館・厩舎・佐和口多聞その他俯瞰（写真2）
(7) 長橋口　橋・櫓門・山崎曲輪三重櫓（写真14）
(8) 黒門口　橋・櫓門・土塀（写真4）

このうち(3)佐和口は、『彦根山由来記』古写真（写真11）とは角度が少し違って櫓門上層の棟と山上の着見櫓が上下に重なり、さらに撮影時の写真機が水平に保たれていない。

また、(4)京橋口は『彦根山由来記』古写真の（写真9）に見る光線の状態が異なるので、複数枚撮影した内の別個の原板によるもの明らかと言えよう。

なお、『彦根山由来記』古写真のうち、天守正面（写真1）、玄宮園から天守・着見櫓遠望（写真5）、玄宮園夫婦橋（写真6）、山崎口（写真8）、佐和口多聞・天秤櫓・天守（写真12）を欠く反面、『彦根山由来記』にない長橋口（写真14）を掲載している。

4　彦根市立図書館所蔵古写真と右掲古写真との照合

以上、1～3に収録している古写真を、彦根市立図書館所蔵の古写真と照合した結果、『彦根山由来記』古写真にある写真

写真 13　京橋口東からの遠望『彦根城』所収

写真 15　京橋口西から遠望 彦根市立図書館蔵

写真 14　長橋口橋・櫓門・山崎曲輪三重櫓『史跡名勝天然記念物調査報告』第 1 集所収

写真 16　中野助太夫預り櫓および天守 彦根市立図書館蔵

1と12の二枚がない。その故にか彦根市立図書館蔵として城郭関係図書に掲載する古写真に右二点を含まない理由がわかった。なお写真4の黒門口も図書館所蔵の中に見あたらないが、通常、彦根図書館蔵とされているので、見落としかも知れないことを断っておく。

ところで、図書館のガラス原板は井伊家所蔵と考えていたが、それならば現在は当然「彦根城博物館」で保管されているはずであるのに、平成七年（一九九五）の同館発行『彦根城の修築とその歴史』に「明治九年撮影」として「彦根城佐和口付近」の古写真を「彦根市立図書館蔵」として掲載しているので、古写真は井伊家の所蔵でも博物館保管でもないことがわかった。

では、『彦根山由来記』に載せた天守等の写真原板はどこにあるのか、今のところ見当もつかないのである。

また、2で触れた京橋口東からの遠望（写真13）、3の長橋口（写真14）と、右掲1～3にない京橋口西からの遠望（写真15）、中野助大夫預り櫓の古写真（写真16）が図書館所蔵写真にあるので上に掲載する。

なお、撮影対象の場所としては、城の象徴である天守のほかは藩主居館と内堀、中堀の塁線に構えた虎口が多く、外堀塁線は皆無である。つまり藩の幹部に馴染みの深い所を選定した結果であろう。

註記

1『新修彦根市史』第五巻
2『彦根市史』下冊および『彦根水害地之図』
3 彦根市立図書館蔵『年代記』
4「花井清心彦根古絵図註」『彦根旧記集成』第1号　彦根史談会
昭和34年
5 註4に同じ
6 昭和四十三年・朝日放送刊行誌掲載「時代風俗・考証手帖」
7 昭和五十六年『日本城郭大系』別巻Ⅱ、矢守一彦・「浅野文庫蔵『諸国当城之図』について」
8 大津市史編纂室長、木村至宏氏執筆文
9 京都新聞社・橘尚彦氏による。

補記

本稿は関西城郭研究会機関誌『城』第一七八号に掲載された「彦根城考察—絵図と古写真および文献による—」（1）を改題したものである。著者は「彦根城考察」の序論として本稿を執筆したものであるが、当初は「彦根城の絵図と古写真による検証」という標題とする構想だったと記されているようにそれ自体が独立した内容となっている。

補註

1 正保元年（一六四四）江戸幕府が諸大名に提出を命じて作成させたもので、江戸城内の紅葉山文庫に架蔵され、維新後は内閣文庫を経て、現在国立公文書館に所蔵されている。六十三枚が現存して重要文化財に指定されているが、彦根城図は含まれていない。

2 御守殿の用語については著者指摘の通りであるが、彦根藩ではより広く解釈し将軍の宿所の意味に使っていたようである。表御殿の御守殿は寛永十一年（一六三四）七月七日、三代将軍徳川家光が上洛した際に彦根城に宿泊したので、その宿泊施設として臨時に建設したものと認められる（『彦根市史』上冊三九八頁）。

3 御城内御絵図については、著者の「文化十一年甲戌年六月改正御城絵圖—『彦根山由来記』附録『彦根城圖』との比較—」（前掲『近江佐和山城・彦根城』二一八頁以下）参照。なお、筆者は同論考で本図が川瀬家に伝存した理由について、同家が大工職だったので、城内修理の際または廃藩後の建物取り壊しや陸軍施設への移設に際し参考として預ったものと推定している。

4 山縣大弐（一七二五—一七六七）が城取りの軍学を講じるために収集し、その死後門人たちによって編纂されたといわれ、江戸中期に存在した城郭の縄張図を収録しており、目録と十巻から成っている。軍学の教典として利用されたので多くの写本が伝えられ、彩色で描かれた城図のほか、歴代の城主や石高等も記されている。収録した城は百四十七城であるが。江戸城については城図がない（森山英一「城郭史研究の歴史」　関西城郭研究会機関誌『城』第一四九号一〇頁）。

5 工兵第四方面第二圜区の工兵隊が彦根城に駐屯したことを裏付ける資料はない。明治十一年七月から同十月までの間に彦根城および大洞陸軍埋葬地・同火薬庫地を実測した「工兵第四方面第二圜区管地調明細表」（滋賀県庁蔵）が残っている（『彦根市史』下冊八九頁）が、これは彦根城などが工兵第四方面第二圜区の管轄に属したことを示すのみで、工兵隊の駐屯を裏付けるものではない。明治六年一月九日太政官布告第四号によって鎮台配置が改定され、従来の四鎮台が六鎮台に改められ、滋賀県は第四軍管大阪鎮台の管轄となり、大津に営所が置かれることとなった。更に同七年十一月三日陸軍省布第四百二十八号工兵方面条例の制定により従来の経営部が廃止され、各鎮台に対応して要塞、城堡、海岸砲台その他屯営等の建築修繕・保存監守を担当する工兵方面が置かれ、大阪鎮台を担当するものとして工兵第四方面が設置された（森山英一「名城と維新―維新とその後の城郭史」一七〇―一七六頁・二〇八―二〇九頁、「名城と維新（補遺）」『城郭史研究』第八号三二―三三頁）。したがって工兵第四方面の名称をもつ工兵隊が明治五年に彦根城に駐屯することはあり得ないので、工兵隊は明治十一年から実施された城郭撤去の目的で一時派遣されたとする『彦根市史』の見解は首肯しえるものであろう。

6　渡邊世祐は『歴史地理』第十一巻第四号「佐和山城に就て（承前）」の末尾で「客歳朝吹英二氏の依嘱を受け石田三成の事績を取調ぶため佐和山城の旧跡に登る事既に三回、彦根の士田中左門氏東道の主人となり案内されし所少なからず、殊に口絵の写真は同氏の寄贈に係るものなり。ここにこの稿を終るに当り、此取調の発起者たる朝吹氏と案内者たる田中氏に厚く謝意を表す」と記している。

7　明治維新後、大名の家臣の中で禄高が一万石以上の者は大名に準じて爵位を授けられて華族に列せられた。旧彦根藩主井伊家の家臣では木俣家だけが万石以上だったので、明治三十三年（一九〇〇）五月九日木俣畏三が男爵を授けられた（『新聞集成明治編年史』第十一巻五九頁所収の官報による）。古写真の所蔵者木俣守一氏は『史跡名勝天然記念物調査報告』が刊行された当時の当主であった。なお、著者は遺稿「明治維新以降の彦根城関連略年表」において木俣家所蔵の古写真は田中左門撮影の古写真原板を何時の時代にか印画したものと推定している（前掲『近江佐和山城・彦根城』二二九頁）。

第六章　彦根城余話

一　井伊系図の問題点
―井伊谷城郭群に関連して―

1　出自について

近江彦根藩主井伊氏の系図は、家老岡本半介（註1）が井伊直孝の藩主時代に編纂したものを原形として明治になってから別の資料を求め、さきに漏れた世代を挿入して作製しなおされたということである。まず最初、岡本半介によって編集されたときの経緯については、遠江国引佐郡井伊谷龍潭寺（註2）の住持釈祖仙が『井伊伝記』で次のようにしるしている。

御系図之岡本半介編被申候節は直孝公御代に而其節井伊谷え飛脚参候而有増の事書付遣し申候旨先住微叟申候御系図の中共資公以前は相知れ不申候所に井伊谷龍潭寺過去帳に保内之元祖共保法名行輝寂明当山門前の井より誕生御家本は九条殿より出ると在之を写し申候得ば早々直孝公より九条近衛両家へ御尋大職冠より共資迄拾弐代は右両家より写出也

右の説明にしたがえば、編集のさいの第一典拠は主として龍潭寺の過去帳にあったとしなければならない。ところが伝えられる過去帳とは

当時壇那各々霊位

寂明

保内初祖也当山門前之崎之従井中涌出其以来中絶只今筋ハ従九条殿相続ト申伝候

と覚書したものだったのである。

もっとも井伊氏にかぎらず、一般的な傾向として当時はまだ氏族の根拠地たるべき所領が不明確であり、またその土地の豪族としての意味も充分でなかったため、家系の由来や領邑の確保等に関し記録をもって後世につたえるというほどの考えがな

かったゆえにか、文書らしい文書もないままに経過したのでかかる次第になったのであろうと推定されている。しかし一方、克明な文書とか過去帳等が作成されてはいたが、以後たびかさなる戦禍によって、それら資料が散逸または消滅してしまったために委細を知ることができなくなったとする推定もまたなしうるであろう。

かかる点を考慮して右の文面をみると、この過去帳は「行輝寂明」とおくり名された初祖共保の没後ただちに記録されたのでなくして、かなりの年数を経たのち、その事跡に関する詳しい記憶が消えさったころになってから作られたのではないかと推定するよりほかはない。でなければ「其以来中絶」との文字があるはずはないからである。

そして次に「只今筋ハ」として九条家から続くとしていることに注意しなければならない。始祖共保の井中化現に関する伝説の検討はあとにまわすとして、右の「中絶」との文字が共保をもっておわり以後血脈が絶えたものとすれば話の筋が根底から狂ってしまい、まったく手のつけようがなくなるのであるが、これは多分共保生誕のこと以外に関する伝承は中絶していても、ただ今につづく血筋は九条家から出たものである、との意味に解すべきであろう。

かさねていうなれば、共資までの事跡ならびに共保の生存中もしくは没後ただちの時期に属する資料が欠けて伝存しないのは、右にあげた二つの理由のうちのいずれかによると考えることもできるが、系図編集にさいして一つの典拠となった過去帳の記載内容と系図に表示された事項の関係はやはり問題としなければなるまい。なぜなら、家系について「従九条殿相続」と書かれているうえ『井伊伝記』によっても岡本半介がそれにもとづき九条、近衛両家へ出向いて共資・共保以前の十二代を写しだしたということであるにもかかわらず、一般に伝写されている井伊系図をみると実は九条の系統となっていないからである。九条家ならば良房でなければならない。しかるにその弟良門（冬嗣の七男）の第三子利世から出たものとなっており、この出発点において過去帳と系図との間に大きな矛盾が感じられるのである。しかも伝承と系図の系統に関する疑問はこれだけにとどまらない。『藩翰譜』によると

按ずるに井伊介も同じ流の藤氏たる由系図に見ゆ、井伊介は武智麻呂の後遠江権守が末葉にて工藤・遠藤・伊藤・林と同じ流にて南家の藤氏なり、此系図の記せる如くなれば北家の藤氏にてこそあれ、如何にかく伝えしにや覚束なき事なり

とその不備を指摘しているが、さらに『大日本人名辞典』によると

猪井、猪伊、伊井等の諸氏と同じく遠江国引佐郡謂井郷井伊谷井伊庄の名を負うて起った。天延（九七三〜九七六）の頃に遠江守であった藤原維兼の孫周頼が井伊谷に住み、其の五氏の孫に井伊介亀英丸があった。井伊氏は遠江国引佐郡井伊谷の在庁人の子孫で平安時代からの土豪として井伊介と称した

という説をも参考として取りいれると、系統に関してはもはやその正否真偽の識別、今日ではほとんど不可能というよりほかはないであろう。

この系統に関して解きがたい問題をかかえているうえ、井伊系図にいう良房の弟良門の第三子利世という人物は他の文献に記載されておらず、しかも最も信頼すべき藤原系図にかかる人名を見出しえないという困難な事態がでてくるのである。さきにあげた九条家出身との伝承は、ことによると何かの誤りであったとすることで一応の解決としてよいかも知れない。たとえば関連系図を九条家の資料から写したということをもって出自と混同したものとすれば、この点については何とか話の辻褄があわせられるであろう。しかし共保の先代共資に関連して、利世のことを新井白石も『藩翰譜』のなかで

按ずるに系図には備中守共資は内舎人良門の第三男兵衛佐利世四代の孫たる由見ゆ、藤氏の系図を見るに良門の男は右中将利基、内大臣高藤のみにて利世といふ人見ず

としてその点を指摘している。『尊卑分脈』をはじめとする一般の藤原系図において、井伊系図の利世という人物が見当たらないにもかかわらず、共資以前の不明箇所が九条・近衛両家の資料によって直ちに判明したということはたしかに不審をいだかせずにおかないであろう。さればといって利世を全然架空の人物とし根底から否定しさるのもまた問題と言わなければならない。白石は右につづいて

藤氏系図に漏しぬるも知れず

とさえしている。そこで次のような見方はどうであろうか。

すなわち、かって地方では身分ある者が宿泊したばあい、自家の子女をしてその胤を宿さしめることを光栄にしたという風習があったところから、利世なる人物がもしこの類に属するものとすれば、仮に藤原正統の系図にその名なしとするも、その子孫が一応藤原の庶流として臨むのが当然であったのではないかということである。ことに私領化していた当時の庄園を守るためにも藤原氏を称することが有利であったと思われるから、なおさらのことと言ってよいであろう。

遠州在住時代の初期、井伊氏は果して如何ほどの範囲を掌握していたか、これについては古文献の徴するものなく、諸書ただ漠然と井伊谷を知領して治続大いに上ると伝えるのみで具体的な記述は見あたらない。龍潭寺過去帳に、共保を保内の元祖と記しているので、「保」を律令時代の行政区画にあてれば五十戸未満の聚落ということになるが、一条天皇時代には小荘園をも「保」と称したようであるから、初期のそれよりは拡大されていたのであろう。しかし、いずれにしても大した区域ではなく、極めてわずかなものであったとしなければなるまい。

また共資・共保ともに備中守あるいは遠江守と称していたところからみると国司長官であったと考えられるし、また井伊氏を井伊谷在庁人の後裔であったという説にしたがえば国司の代官であったともみられるであろう。そして、そのころ中央の威令地方に及ばず、国司または任期を過ぎてもなお京都へ還ることなく、そのうえ国司に補せられながら任地に赴かず、京都にあって遙任の端をひらいたため、土地の支配権が事実上現地に在住する者の手に帰して国土は私領化される方向にむかっていたのである。したがって井伊氏もこの例にもれず、遠州井伊谷近傍の土地人民を私有して次第に勢力を伸張しつつあったとしてまず見当ちがいにはならないであろう。

ついで「井伊」氏と名のったといわれる始祖共保に関しては寛弘七年（一〇一〇）元旦井伊谷の井戸からあらわれたとする伝説がある。これについては龍潭寺過去帳に

従㆓井㆒中涌出

と記してあり、『井伊伝記』これをそのまま踏襲し、さらに『井伊年譜』また挙用するだけにとどまらず、その著者功刀君章（註3）は、

古之人神異有事往々史伝に見へたり不可怪

とさえ強調しているのである。知見の範囲においてこの伝説を掲載しつつもなおこれをもって

大いに怪し

としたのは新井白石の『藩翰譜』のみ、それ以外で共保出生のことについて、やや吾人の注意をひくものに『井伊家聞書』の記載がある。それによると

寛弘年中藤原氏の公家罪ありて遠州へ左遷せられ後一子を儲け共資公井伊谷神社江参詣せらるるを伺ひ其児を井辺にすてたとの話で、この児が共資に養育されて長じ井伊氏の祖共保になったのであるとされている。この一説といえども絶対的信頼性があるとはいえないが、少なくとも共保が井伊氏の始祖となった前後の事情に関するかぎり、ある程度真実に近い話を伝えるものとしてよいであろう。

これについて大類伸博士はその著書『概論歴史学』（昭和十九年（一九四四）生活社発行）の歴史研究法で「史料の批判」と題して井伊谷の伝説をとりあげ

遠江国風土記伝によれば、古老の言に　一条天皇の時代に藤原共資が遠江の守となってこの地に来た時、寛弘七年一月元旦「一男生㆓于井辺㆒」れたので、井水を汲んで産湯を使はせた、その子が生長して藤原共保となり、共資の養子となった、さうして橘を家紋とし、井の形を幕の紋として用ゐたが、其の孫に至って井伊氏と称したと。是が井伊氏の由来の伝説である。

と前おきして次のような見解を示されているので、ここにその部分を掲記して参考に資することとしておきたい。

右の伝説に依れば井伊氏の祖先井伊共保は井伊谷《いいのや》の井戸の付近に生まれたのである。一説に依れば井戸の中から生れ出たとさえ云ってゐるが、之は不合理のことで信用出来ない。恐らく井戸の端に棄てられていたか、或は或る婦人が井戸の付近で生み落した子を貰ひ受けて養子としたのかも知れない。「一男井辺に生る」と云ふ記事はほゞ右の如き意味であらうと思ふ。

しかし同博士がこの文章のなかで書かれている通り、伝説の内容に関する解釈としてはこの程度にとどめておいてよいのかも知れないが、それは単なる史料の批判という域を出ないのでさらに歩を進めると種々の見解があらわれてくるから

元来王室や名族の起源については、能ふ限りそれを神秘化する傾向があるので、神聖な泉や井戸から祖先が出現したと云はれてゐる場合も少なくない。

として次の解釈をされている。

井伊氏の例もそれで、恐らく井伊谷地方ではその井戸が非常

に神聖なものと崇められていたので、井伊氏の由緒を立派にする為め、其の井戸に結びつけて考え出したものと思はれる。聊も井伊谷付近の地は古くから井伊郷と呼ばれ、倭名抄にも「謂伊」と訓じてあり、謂伊神社は延喜式にも式内六座の一に数へられている。そうして「井伊」の地名も謂伊神社から起ったと倭名抄にある。之によれば井伊の名称は、井伊氏の祖先共保の生れた寛弘年間より遙かに古い時代から行はれてゐるので、必しも共保が井戸の傍で生れた為めではない。ただこの地方には其の井戸が神聖なものとされ、今でも其の井戸は大切に保存されてゐる。そうして井伊家の菩提寺も其の井戸の付近にあり、萬松山龍潭寺と云ってゐる。その寺は古くは地蔵寺と云ったが、井伊家の祖先共保の菩提寺となって自浄院と改め、吉野朝の際冷湛寺となり、さらに後に龍潭寺と改められた。龍潭と云ひ冷湛と云ひ、いずれも水に縁のあるのは、それだけ其の井戸の重要性を語ってゐると思ふ。しかし井伊氏の出自が果して以上の井戸に関係があるか否か、以上の伝説だけでは不充分である。さらに解釈を進めてゆけば、地名研究や該地方近世の名産たる藺《ヰ》の研究、即ち言語学的研究の方面からして解明される点がありはしないかと思はれるが、伝説批判の範囲内では先づ上述の程度に止らねばならない。

傾聴すべき高見として留意すべきであろう。

ところで、さきの「井伊家聞書」の説の通り共保が藤原氏の落胤ならば養父共資が遠州土着の豪族で仮りに藤原氏ではなかったとしても井伊氏はここで藤原氏の血脈に属することになったとしてよい。あるいは『井伊年譜』でいう通り、共資が六十六代一条天皇の正暦年間（九九〇―九九五）京都から遠州へ下った藤原氏であるとすれば、共保が藤原氏以外の血脈に属するか否かに関係なく共資の女婿となったことを事実とするかぎり、井伊氏はやはり藤原氏の血脈に属することとなる。ただ共保が共資の実子ではなく、その血筋を別系統とする人物であったということだけは諸書一致する意見のようであるが、正確な記録の伝わらないこの前後の複雑な関係が後世に至って出自や系統に関する井伊系図の記載内容を混乱させる一因になったのかも知れない。

もっとも、これは共資・共保を実在としたばあいにのみいえることであって、これら人物がただ伝承の範囲にすぎないものとすれば話はおのずから別である。だいたい古今を通じ、風雲に乗じて興ったものに種々の附会説が随伴するのはむしろ普通であってあえて異とするほどのことでもあるまい。したがって井伊系図のうち右の如く出自について指摘しうる不自然さは、記録の不備とか散逸による欠如を補填しようとして生じたもので、これに優秀性を誇ろうとする心理がともなって神秘化された伝説が付加せられ、かかる次第になったと考えるべきであろう。

2　欠けた世代の事跡について

ついで井伊氏系図の問題点は世代の数にある。まず岡本編集の系図と明治新撰のそれとを比較すると、前者に脱落して後者に載せられているもの道直・道政・高顕・時直・顕直・諄直・盛直七代の多きに上る。たとえば共保井中化現と伝える寛弘七年（一〇一〇）から直政出生の永禄四年（一五六一）まで五五一年間、岡本編集の系図通り十六代とすれば一世代平均三十七年となり普通では考えられないほどの在世代期間となる。白石もこれを指摘して

思ふに家の系図に漏れたる人多かるべきにや

とその不審を述べているが、かくなった原因の追及と他書による一部世代補充可能のことには触れていない。しかるに明治新撰の系図によれば、右の七世を加えて二十三代としているので一世平均二十四年となるから、後者がほぼ事実に近いことはいうまでもない。だが諸文書によって実在を確認しうる道直・道政・高顕の三人をのぞく他の四名については系図上への復活記入にさいしいずれの出典によったか明確にされていない。

しかし一方、『井家美談』（註４）によれば、かって井伊氏の古系図が発見され、直孝の世子直滋のもとへ届けられたが惜しくも紛失してしまったと書かれている。これを実際にみたという藩士青木三郎右衛門の語ったところによれば、直平は共保から十七代目にあたっていたということである。しからば明治新撰の系図よりなお三世欠となるが岡本編集の系図よりは事実に近い資料であったと考えられる。しかして岡本編集の系図には漏れたが、この古系図に載せられていたのは時直・顕直・諄直・盛直で、それに漏れた三世が道直・道政・高顕に相違ないと推定されるのである。

理由は後に触れる通り道直が保元の乱に天皇方として従軍したこと、道政と高顕は南北朝時代南軍にしたがっていた史的事実の多いこと等にかんがみ、北朝系幕政下で時の権勢をはばかって反対陣営に参加したものを自家の記録から故意に抹殺したと推定されるからである。よって古系図とはいっても、これらの事情を勘案すれば、その作製もしくは伝写時期はやはり南北朝和議成立以後に属するものとしなければならないであろう。そこでしばらく、その点について道直と道政・高顕の事蹟を検討することとしてみたい。

井伊氏は一応藤原氏の系統に属するとはいえ、早くから首都をはなれた一地方に存在していたため、その全期間を通じて中央から影響されることは少なかったであろうが、後には鎌倉幕府の開設によって関東と京都との間の地理的関係でその結節点となり、かなりの関連を生ずることとなった。もっともそれ以前についてもある程度の交渉があったことと思われるが記録の伝わらない今日ではもはや詳かになしえない。そのなかにあって保元の乱に参加したことは『保元物語』に

十一日（保元元年七月）の寅刻に、官軍既に御所へおしよす、折節東国より軍勢上り合て、義朝に相したがふ兵おほかりけり、先づ鎌田の次郎正清を始として（中略）遠江国には横地、勝俣、井の八郎（中略）三百余騎とぞしるしたる

とあってわずかにその消息をうかがいうるのである。

井の八郎とは岡本編集の系図で抹殺され明治新撰の系図で復活された人物の一人、すなわち共保四世の孫道直と推定されるのであるが、断定できるだけの強い根拠はみあたらない。『井伊年譜』における引用書『兵家茶話』のなかにある南北朝時代の井伊遠江入道政氏（後掲参照）の註記

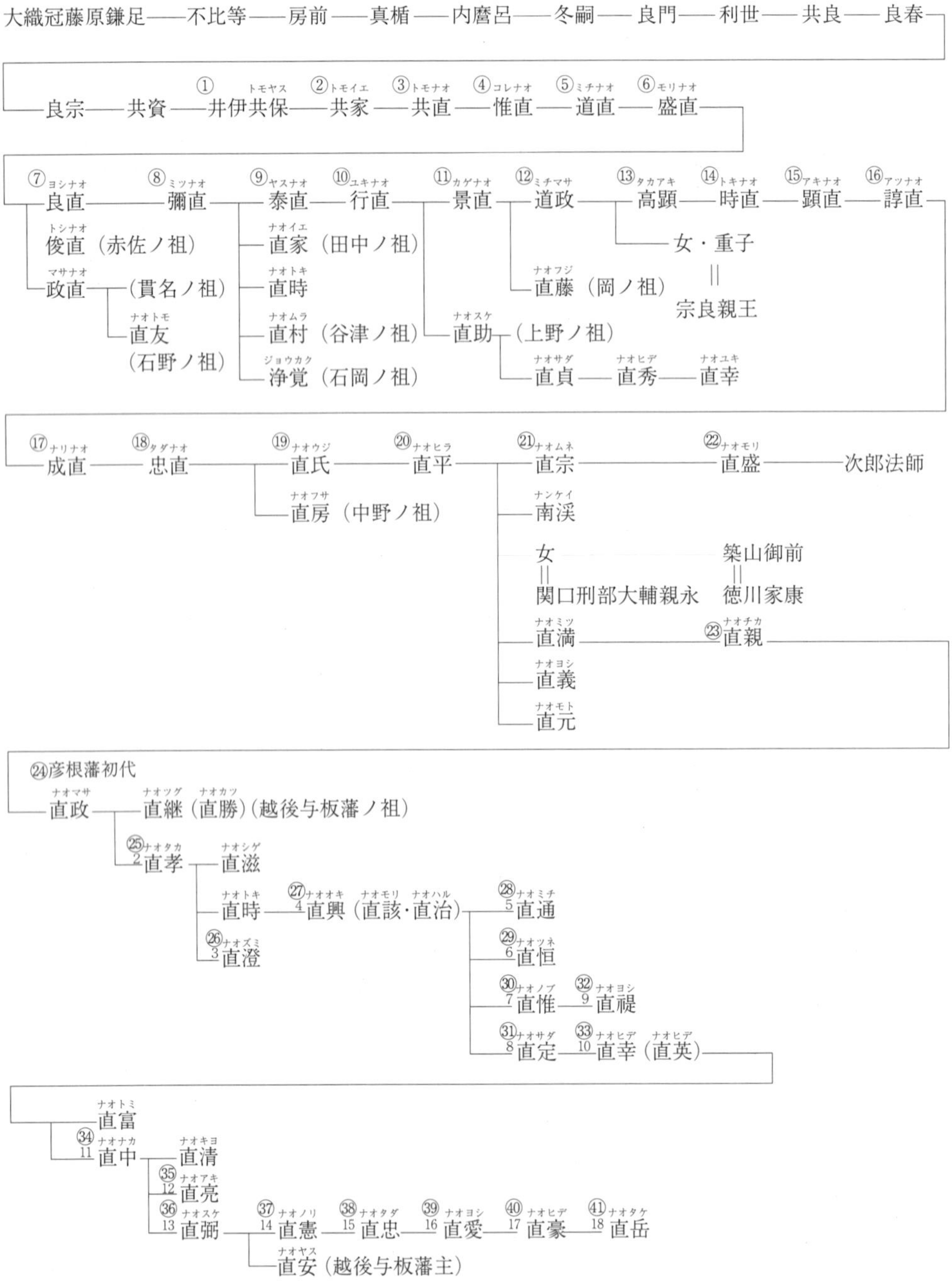

図1　井伊家系譜『井伊氏と歩む井の国千年物語』を参考に作成

井伊家始祖井伊共保からの井伊家歴代は「まる数字」で示した

彦根藩については「数字」で当主の代数を示した

　九条関白道隆ノ後井伊八郎道直裔

とある部分に見出しうるだけで、これすらも保元の乱従軍のことには触れていないのである。なお九条云々のことは前節で触れた通りほとんど信憑性のないものとしなければならず、『井伊年譜』でその著者公刀君章が

　九条関白城道隆公之裔と云も御系図に見へざる也

としている意図が奈辺にあるかわからないが、結果的には井伊系図における九条系統の否定と道直抹殺の両方を指していっていることとなるであろう。

　それはとにかく、この乱にさいし遠州から京都へ出陣した井伊氏の軍事行動と乱後におけるその動静については『保元物語』でも右掲の範囲にとどまり、さらにほどなく勃発した平治の乱に関係したかどうかを伝える記事がないため詳細に関して今日これをさぐることはできない。

　しかして、ようやく資料の散見できる南北朝時代のころすらなおその動きの輪郭は漠然として的確な判断を下しえないのである。このことは当時の井伊氏が常に襲撃と兵火の脅威にさらされ悪戦苦闘を余儀なくされていたことと、時の権勢をはばかって故意に資料を破棄したからであったと考えなければならないであろう。

　建武の中興が挫折し、皇統南北に分裂したころの井伊氏は十二代目の道政であった。彼は建武二年（一三三五）十月上洛する足利尊氏と浜名橋本に戦って敗れたのをはじめ、翌延元元年（一三三六）後醍醐天皇を比叡山に守護して以来南朝方に従ったのである。

　そのころ、井伊氏の根拠地であった遠州井伊谷付近は主要城塞たる井伊谷館を本拠として東北約一里の山上に三岳城、西北約三里に奥山城、三岳城の東一里余に太平城、浜名湖北部に千《せん》頭峰《とうがみね》城、東岸で浜松寄りに鴨江城を構築し、一族関係者を配して相互に連繋を保ちつつ防禦上の拠点としていた。（補註1）

　本拠とされた井伊谷館つまり井伊谷城は始祖共保のころ創築されたものと伝えられるが、これはもとより明確といいがたくその遺構についても今のところ定かにされていない。そのほかの城塞については現在なお土塁・堀あと等をとどめているところもあるらしいが、なかには後世の戦国時代における改修補強の工もあったと推定されるため、現存遺構のすべてそのままを南北朝時代のそれとはなしえないのであろう。

　とくに留意すべきは千頭峰城である。この城はかつて古文書の「千頭峰」が「干頭峰」と判読された結果、戦国期の「宇津山城」が南北朝時代の「干頭峰城」の後身であると誤認されていた。ところが引佐郡三ヶ日町で「千頭峰城」の遺構が確認されるとともに「干」が「千」の読みちがいであることも確かめられたのである。そのように訂正されたのが既に昭和十四年（一九三九）（註5）であったにもかかわらず、今日なお旧説のまま、南北朝時代の「千頭峰城」と戦国時代の「宇津山城」を混同して説かれているものもあるため注意しなければならない。文書においてなおしかり、現場遺構について南北朝時代の井伊谷関係城郭はさらに今後の究明を必要とすること、もとよりといわねばならないであろう。（補註2）

　ところで、井伊谷館を中心として周囲各所に配備された城塞

をあわせると、河内における千早・赤坂を主とした楠木諸城に共通する城塞群を連想させることとなるかも知れない。同時代のことではあり、また少数兵力をもって敵軍団に対抗するとすれば当然同様の計画がたてられて然るべきである。ただし、これを近代の国家的要塞に対する見解をもって過大に評価することは不可とされている。なぜなら、当時の城塞群は本邦の城郭変遷ならびにその発達過程からみて城塞構築のあまり高度でなかった鎌倉時代のあとをうけ、公武の確執に起因した戦乱に応ずるため、居館付近の山獄・河川・湖沼等自然の地形を利用して急拠構築した臨時的城塞にすぎなかったと推定されるからである。(補註3)

当時井伊氏の掌握する兵力について、具体的な数字はもとより知りうるべくもないが、極めて少数であったとして間違いないであろう。たとえば、さきの保元の乱における三百余騎というのは源義朝の指揮下に入った諸国からの動員兵力であるから、井伊氏として京都の前線へ出動した純戦闘要員としての兵力は数騎にすぎず補助兵員であった下僕所従をあわせても大した員数ではなかったとしなければなるまい。とすれば後備においた兵数をあわせてもそれは数十を出でず、さらに時代を経過して南北朝のころとなって幾分の増加はあったとしてもやはり数百を出るものでなかったとしなければならないのではないか。さりとて経済的制肘をうける兵量はにわかに増加しうるものではない。ことに農耕経済の範囲を出でなかったためなおさら　ゆえに少数兵力をもって敵の軍隊を分裂せしめ、かつ索別するには戦略上小城塞群の構築を資策とする、との見解がある。しかし、これでは自軍をも分散しなければならない不利を伴う。ここに至って千早・赤坂における楠木諸城群に対すると同様の問題を生じてくるのであるが、一族のほか志を同じうする諸氏を同一陣営に引き入れて兵力を増強することが可能であれば、右にいう不利は幾分緩和されるかも知れない。それはとにかく、もし北朝軍隊が井伊谷の諸城塞を軽視してここに兵力を蝟集しなかったならば、他の地方における南軍の作戦計画はある程度違算を来たしていたかも知れないとだけはいえるであろう。

南軍にとって幸いであったのは、その計画通り北軍をして有力な一支隊を井伊谷攻撃のためにさかざるをえなくなさしめたことで、北軍をここに牽制しえたことは南軍にすれば戦略的築城効果を充分に発揮したものといってよかったはずである。

延元二年(一三三七)後醍醐天皇皇子宗良親王の井伊谷入城はとりもなおさず南軍がこの地方の重要性に着目していたことを示すものといわなければならない。しかるにその具体的な記述になると諸書それぞれ食い違いを生じており当時における正確な動静というものがつかめないのである。もっとも筆者はまだその諸書の原典に目を通したわけではない。『井伊年譜』に引用されている『兵家茶話』をはじめ川田順氏の『吉野朝の悲歌』(補註4)中、宗良親王の事跡解説への典拠を参考とした範囲にとどまる。それらを綜合すると、まず『太平記』巻十九「諸国宮方蜂起事」には極めて簡単に

遠江の井介は妙法院宮(宗良親王)を取立まゐらせて奥の山に楯籠る

とし、また『大日本史』親王伝にも

248

帝尊氏に紹かれて京都に還る。尊澄（宗良親王）遠江井伊城
　に走る

とのみ記しているが『信濃宮伝』、ならびに『井伊年譜』によると委細は次のようになっている。すなわち親王は井伊遠江介道政（『井伊年譜』に井伊遠江入道政氏とあるがこの名については他書にも見当らない）を具せられ近江打出浜（現滋賀県大津市）から乗船、湖東の朝妻へ上陸し美濃路をすぎ尾張犬山を経て遠江に着き奥山城へ入ったとする説と、親王はただちに遠州へ走らず『李花集』（補註5）夏歌の部の詞書

　延元二年夏の頃伊勢国一瀬といふ山の奥にすみ侍りしに

を根拠としていったん伊勢北畠氏によって後、そこから遠州へ赴いたとする別の説がある。

　このようにして井伊谷へ親王を迎えたのは伊勢経由とすれば延元二年秋、遠州直行とすれば延元元年初冬のころとなる。道政は息高顕をして国中の親族に檄を飛ばさしめ、秋葉の天野一党・奥山・二俣・入野等の諸氏を集めて今川五郎国範の攻撃を支え、各所の戦闘に概ね勝利をえたのである。なおここにいう奥山城の城主は奥山朝藤と称し、第七代良直の弟赤佐俊直の裔直朝の子で、彦根入部ののち藩士に列した奥山氏の祖である。

　しかして延元三年（一三三八）一月宗良親王は義良親王を奉じて鎌倉の足利義詮を撃破した鎮守府将軍北畠顕家と合流し西上の途についたが、同年二月六日美濃青野ケ原付近において北軍高師泰・桃井直常・土岐頼遠等に破られ、さらに奈良般若坂の戦闘にもまた敗北した。両親王は辛うじて危機をのがれ、どうにか吉野行宮へ潜入するのが精一杯であったということである。次いで同年秋、南軍は義良親王を奉じた北畠顕信を鎮守府将軍に任命し北畠親房を補導役として奥州鎮撫のため五十余艘の船団を編成して下向せしめようとした。そこで宗良親王は遠州への帰任を企図してこれに加わったが途中台風に遭遇したため、遠州白羽湊へ避難したとも、あるいは疋馬へ上陸したとも伝えられている。

　しかし海上暴風による遭難事件また各書によって記述雑多を極め、いずれをとるべきかその判断正確を期しがたい。『太平記』には九月十二日解纜とあり『神皇正統記』（補註6）は

　九月初纜を解かれしに十日余の事にや　上総の地近くより空
　の景色おどろおどろしく云々

と記している。また『関城書《かんじょうしょ》裏書』（補註7）に

　延元三年九月十一日尊澄法親王尊良親王之第一宮着御遠江国
　井伊城

とあるが九月十一日は暴風に遭遇した日であるのをかく誤り伝えたのであろうと推定されている。—尊良親王は前年越前金崎城にて戦死、その第一王子守永王が遠州下向に参加したものと思われる—さらに『元弘日記裏書』（補註8）『南方紀伝』（補註9）『南朝皇胤紹運録』（補註10）にはいずれも七月二十五日吉野発、八月十七日伊勢解纜、九月十一日伊豆崎にて暴風としているということである。しかし一行中の宗良親王は元来遠州帰任が目的であったから、伊豆あるいは上総付近までも同行するはずはない。とすれば『李花集』歌序に記されている通り台風は遠州灘において突発したとみるのが妥当であろう。かくして難を脱した親王は北条時行（高時の子）を具し延元三年暮秋のころ疋

馬に今川範氏を撃破して再び井伊城へ入ったのである。

さて井伊道政は大津打出浜出発のとき既に宗良親王と行を共にしていたとあるが、一族の主力も右のように奔走した親王に終始扈従したかどうか、諸書にその間の動勢を伝える記述見当らず、したがって資料にもとづく判断はできないのであるが、井伊谷付近が東西間における戦略上の拠点であった関係上、兵力を他に移動してここを弱体化することは考えられず、同親王不在の約九ケ月間この拠点を守備していたものと解すべきであろう。

しかして南軍にとって重要な地点は、同時に北軍も看過することができなかったはずである。よって延元四年（一三三九）七月北軍支隊高師泰・同師兼・仁木義長等が下大平・浜名の方面から侵入し、太平・鴨江の二城への攻撃を開始した。同月二十六日鴨江城陥落、同年十月三十日千頭峰城、翌興国元年一月三十日三岳城と続々陥落し、二月には井伊谷本城陥落、一度びはここを奪還して頽勢を挽回するかに見えたが再び起ちえず、残兵を集結してさらに大平城を守るも二百余日ののち八月二十四日陥落、遂に井伊谷をいったん放棄するのやむなきに至ったのである。

そののち親王の行動は諸説一致をみないが道政の井伊谷奪還を期に、北越・信濃を経て三度び井伊谷へ入城、正平六年（一三五一）十二月反撃を試みるも果さず元中二年（一三八五）井伊城中にて薨去となった（補註11）。

ところが道政はそののち南北朝和議成立後も北朝方に降らず、その女生むところの尹良親王——史家の間には異説があって架空の人物とする見方もとられている——および桜子女王を奉じて旧北軍に対する反抗をはかったと伝えられている。

いささか冗慢にすぎるほどの記述をなしたのは、岡本半介によって編集された系図に載せられていない道直・道政・高顕が実際に存在していたことを了解するために右で引用した程度の記録にもとづいてその史実を確認することが必要と思ったからである。したがって修正された系図にこの三名が掲記されるようになったのは当然と言ってよいであろう。

ところが、時直・顕直・諄直・盛直の四代については如何なる理由によって抹殺され、またどのような典拠をもって明治新撰系図上に復活させられたのか、いまのところいまだその詳細を知りうるだけの資料を目にしていない。ただ考えられるのは南朝にしたがったのが道政・高顕の二人だけにとどまらず、南北朝和議成立後もなお抵抗した「後南朝」に関係があったのではないかということである。

これはもとより想像にすぎないが、南朝の遺臣は遙か後世の応仁の乱が終結するころまで長く南朝皇胤の召に応じてその回復をはかった事跡が伝えられているのでかかる見方もなしうるであろう。

したがって井伊氏では徳川幕府のもとでこのようなことは憚るべきと考え、さきの三名に準じ故意に抹消したのではなかったか、でなければ、それ以外に適当な理由が見いだせないのである。しかし復活にさいしての典拠が明らかにされないかぎり、このことについてはさらに今後の究明にまたなければなるまい。

註

1 岡本半介　氏隆流（又上泉流と云ふ）の兵法家なり。名を宜就といふ。本石上氏又初め熊井田新八正弐と称し、後岡本氏を嗣ぐ。初め上州小幡氏の臣なり。武田氏に仕ふ。上泉常陸介秀胤に従ひて小笠原氏隆の兵法を学ぶ。小笠原氏の兵法は大膳太夫頼氏より氏隆に伝へ、氏隆より上泉信綱に伝へ、之れより秀胤に伝ふる所なり。半介後、井伊直孝に仕へて軍師となり、軍に従ひて屢々功あり、後隠居して安分子・無名翁・飯袋子又喜庵と号し、嵯峨流の書を能くす。又和歌茶道を嗜み兼て画に巧みなり。墨竹或は布袋の図あり、賛詞を加ふ。其の体画工の法を雑へず唯々気韻を画くのみ。故に沢庵和尚又光広の風に近し、明暦三年（一六五七）三月十一日没す。年八十三、法名を秀歓と曰ふ（『大日本人名辞書』による）

2 龍潭寺　聖武天皇ノ御宇天平聖歴五癸酉ニ行基菩薩ノ開創ニ係リ実ニ壱千有余年ノ一大梵宮ナリ、当時ハ八幡山地蔵寺ト号ス蓋シ寺後ニ八幡社アリ本尊ハ行基自作ノ地蔵菩薩ヲ安置スルヲ以テナリ此後寛弘七年正月元旦ノ寅ノ刻ニ当リテ八幡社ノ井中ヨリ一ノ赤子化現ス寺中ニ之ヲ保護シ湯休セシメ白粥ヲ進ム此子七才ニナリシ時当国村櫛城主藤原鎌足公十二代後胤共資公之ヲ瑞トシ自ラ養テ其ノ後ヲ嗣カシム是ハ即チ井伊氏ノ高祖共保公ナリキ、共保公漸ク長シテ其ノ誕生地ナル井伊谷ニ城ヲ築キ居レリ此ニ因テ井伊ヲ氏トシ井ヲ以テ幕ノ紋章トシ又井ノ側ニ橘樹アリシ故ニ橘ヲ家ノ紋章トナセリ　寛治七年八月十七日共保公享年八十四ニシテ逝去シ自浄院殿行輝寂明大居士ト号シ地蔵寺ニ葬ル此ニ於テ井伊氏ノ菩提所トナリテ改メテ自浄院ト号シヌ、延元元年井伊道政高顕ニ公後醍醐天皇皇子宗良親王ヲ井伊城ニ迎ヘ奉リシガ武運利ナク回天ノ計遂ニナラズ、元中二年八月十日トイフニ親王ハ空シク井伊城ニ薨ジ給ヒテ此寺ニ葬リ奉リテ法号ヲ冷湛寺殿ト申シ奉リキ、此時マタ自浄院ヲ冷湛寺ト改ム、延徳元年井伊直氏公禅宗ニ帰依シ文叔大和尚ヲ屈請シテ禅法ヲ咨詢ス、永正四年直平公更ニ殿堂ヲ建立シ田園ヲ寄付シ黙宗大和尚ヲシテ之ヲ董サシム是即禅門中興ノ祖ニシテ実ニ遠州妙心派下ノ法源タリ、此時冷湛寺殿ノ尊称ヲ憚リテ萬松山龍泰寺ト改称セリ、古ヘハ三論ヨリ天台宗タリシガ此ニ至リ遂ニ禅宗ノ道場トナレリ、天文年中井伊直平直盛ニ公重テ殿堂及塔頭等ヲ建立ス、永禄三年五月十九日直盛公桶狭間ニ於テ戦死シ龍潭寺殿天運道鑑大居士ト号ス、直盛公菩提ノ為ニ寄附スル田園多ク且ツ其祠堂アルヲ以テ更ニ龍潭寺ト改称シヌ、享保十一年東山天皇御菩提ノ為トシテ　東山天皇御宸翰ニテ張方地蔵尊壱体其他御調度品御寺納相ナリシ、明治維新ニ際シ百石ノ朱印ハ大半上地トナリヌ旧境内ヲ裂キテ宮ヲ建テ宗良親王ヲ祭ルコレ官幣中社井伊谷宮ナリ、上下壱千有余年ノ青黄ヲ閲シ時ニ盛衰アリト雖モ幸ニ井伊氏ノ功徳主タルアリテ古伽藍儼存シ法灯マタ絶タズ実ニ遠州ノ一大禅苑タリ（「遠州井伊谷萬松山龍潭寺略縁起」）

3 功刀君章については主要参考文献の解説参照。

4 『井家美談』巻六　彦根藩士佐藤貞寄著
直滋世子江戸より上国の刻遠州浜松の旅館へ禅僧壱人小僧召連罷出懐中より井伊家の古系図壱包其外古き留記等指出し某祖父ニ俣五郎左衛門と申者は井伊古信濃守殿代物頭をも相勤居り筆法も存居候間旁書記等も被命親は忠右衛門と申て民間に罷在某は出家仕候へ共右の書付唯今迄所持仕候。今日家は益繁栄に付万一入用にも可有之かと推察致し年来思慮仕り居候ひしか共小庵の住僧力不及延引に相成候漸今日此所に止宿被成を見懸奉り指上申候と云青木三郎右衛門取次にて言上す世子取敢ず見給ひしに疑もなき慥成書付也ければ大に気悦ましまし時服并金子等を件の僧へ玉はり書付類は受納し玉ひし也、井伊家系図は井伊谷没落の節兵火に焼失しか共是は已前ニ股の家に残りたる趣分明也、奥山因幡守親朝、中野越後守直由、小野兵庫介正村等の書付もあり直平公直盛の判書もあり故世子奥山六左衛門　今村小兵衛が家に所持したる直平公直盛公の判物を取寄せ引競べ見給ふに少も相違なかりしかば翌年参直孝公御覧に入らるべき心積り被遊し所　此節父御の思召に不被為叶事有之　遅々する内にいかなる事にや世子逝世に付右書付共もいかが成たるや紛失したりけり　近比惜き事ならずや青木三郎右衛門其時拝見せしを後々語るに連数も多くおはしましと　直平公は共保公十七代目と見ゆ遠江守共家　遠江権守共直　左京大夫遠江守盛直　左京新大夫惟直　遠江介時直　爰において始て介号見ゆ　又遠江介顕直　遠江新介諄直　掃部頭遠江権介と号せしは盛直也　永享十三年八月八日に卒すとあり　次郎良直後に左馬権頭と号す井伊家稚名に多くは次郎太郎の内を以名付井伊太郎直氏幼少の間井伊三河守直秋其余地を政道して軍勢を摂行すとあり　三河守直秋は井伊左衛門尉二男井伊刑部少輔が嫡子也と云々是等の事傍より拝見せし也　貞寄曰白石が説に共保より五百七十年が間に十六代は漏たる人可多と有はむべ也（彦根市立図書館蔵本による）

再註

佐藤貞寄　通称を隼人と云ひ、字は子純、号を松園と云ふ、彦根藩士たり、頗る国典に通じ、且和歌を善くするをもって其名高かりき。天保九年（一八三八）没す、享年六十八。著はす所、井家美談、松園歌集等あり。（『人名辞書』による）

5 東海古城研究会機関誌『城』第六十号所収長倉智恵雄氏『宇津山城の石塁』二〇頁の記事を参照引用したものである。

補記

本稿は関西城郭研究会機関誌『城』第七四号に掲載されたものである。

補註

1 井伊谷の城郭群について研究の先鞭をつけたのは予備役陸軍士官で静岡中学校の教諭だった沼館愛三の「井伊谷を中心とせる勤皇遺蹟の研究」（『静岡県郷土研究』第三輯・昭和九年（一九三四））であるが、2で記すように沼館はこの段階では千頭峯城を宇津峯城と誤信し、湖西市入出の宇津山にあると記述している。なお、個々の城郭については『静岡県の中世城館跡』三九〇頁以下（静岡県教育委員会　一九八一年）、『静岡県古城めぐり』二三〇頁以下（静岡新聞社　一九八四）などに詳しい。

2 千頭峯城については、浜松市北区三ケ日町福長所在の大福寺の記録『瑠璃山年録残篇』（重要文化財）に「千頭峯城追落畢」と記されていたにもかかわらず宇津峯城と誤読されたため、その所在は長く湖西市入出の宇津山城であると誤り信じられていた。しかし三ケ日町保勝会会長で郷土史を研究していた菅沼善輔が同町摩訶耶所在の摩訶耶《まかや》寺の縁起覚書に同寺が五百年前に寅卯の方千燈峯から移転したと記されていること読んで千頭峯城の所在に疑問を持ち、昭和十年（一九三五）以降当時神宮皇學館の学生で大福寺文書の研究をしていた高橋佑吉の賛同を得て二人で調査した結果、摩訶耶寺の東方観音岩と呼ばれている所が同寺の旧址で、土地の人から「中千頭」とよばれていること、同寺の北方の「城山」と呼ばれる山を千頭峯といい、そこに城郭の跡が存在していることを確認したので、昭和十四年（一九三四）夏に静岡県史編纂係に連絡して調査を要請した。同係は同年八月前記の沼館愛三らを派遣して調査させた。沼館はその調査結果を「千頭峯城址の研究」（『静岡県郷土研究』第十三輯）にまとめ、千頭峯城の所在は宇津山ではなく摩訶耶寺《まかやじ》北方の城山であることが確認された（三ケ日町教育委員会『千頭峯城跡』一―二頁）。

3　大正年代以降、軍人を中心として楠木正成の築城に関する研究が行われたが、大熊権平の「河内金剛山城砦考」（『史学雑誌』第二九編第一一号）に代表されるように、楠木氏の築城を近代戦の要塞築城法に当てはめ、これに合致するとして高く評価していた。陸軍軍人でありながらこれを批判したのが林部與吉の「楠公築城論」（『偕行社記事』第七〇四号付録）であり、著者海津氏もこれに見解を同じくしていた。詳細は著者の「千早・赤坂城」（関西城郭研究会機関誌『城』第六五号）参照。

4　歌人の川田順の著。和歌史の新分野を拓いたものとして評価されている。昭和十五年（一九四〇）第一書房刊。同十九年（一九四四）に朝日文化賞を受賞した。

5　宗良親王の歌集。宗良親王御集ともいう。書名は親王の在任した式部卿の唐名吏（李）部にちなむといわれる。上下二巻からなる。

6　北畠親房が著した歴史書。延元四年（一三三九）常陸の小田城で著し、興国四年（一三四三）大宝城で修訂した。

7　『関城書』は興国三年（一三四二）に北畠親房が常陸の関城から結城親朝に送った書状で、江戸時代に『大日本史』などに収められて世に知られた。『関城書裏書』には三種のものがあるが、一（『群書類従』雑部所収）は関城書とは無関係で、正しくは『元弘日記裏書』というべきもので元弘元年（一三三一）から興国元年（一三四〇）までの記事を収める。二（彰考館本『元弘日記裏書』の末尾に附記）は延元三年（一三三八）以降の記事、三（『南方紀伝所収）は興国二年（一三四一）から同五年までの記事を収める。（佐藤進一「関城書裏書」『国史大辞典』3　八三六頁による）。著者が引用したのは内容から二と思われる。

8　前掲7参照（『群書類従』巻四五四）。

9　元弘元年から長禄二年（一四五八）に至る南北朝を中心とする漢文で書かれた編年体の歴史書（『改定史籍集覧』三所収）。

10　天明五年（一七八五）に津久井尚重が著した『南朝編年記略』の付録で史料的価値が薄い俗書とされている。

11　著者は、龍潭寺の寺伝等に従って記述しているが、宗良親王の生涯については不明な点が多く、没年および薨去の地については明確な史料がない。

二　古城遊記
―彦根城―

いま彦根城にのこされている建物遺構のうち、いわゆる櫓の部類に入れるべきもの天守以下五棟をかぞえるから、他城の現状に比してその数決して少ないというほどのことはないはずである。

ところが、他所の城郭にしばしばみられる「石落し」がここではまったく装着されていない。また現存していないが明治初年撮影の写真にみる諸建造物でもそれと思われる装置は付設されてはいなかった。

石落しは通常近世城郭の天守・櫓・塀などの側壁に手を加えてその一部を張りだす形態とし、建造物直下の監視を便にして死角の不利をなくするとともに、ここから射撃するとか名の通りに石を投下して脚下の敵に反撃を加えるなど、もっぱら戦闘力増強を目的として考案されたものである。これは姫路その他にのこる城郭で今日なお数多くみられるから一々その例証をあげる必要もないであろう。しかるに彦根城では、なぜかいま知れる範囲の建物に石落しを装着していなかった。考えてみれば一応不思議というよりほかはない。

彦根城の構築用材は着工にあたって近傍の廃城から再用されたものが多かったと伝えられている。したがってそれらの移設建造物が旧城において創築されたとき、まだ石落しが考案されていなかったためそのまま使ったからではないか、ということも理由のひとつとして考えられるであろう。

補足的にいうなれば移設建造物のうち大津城の天守であったとの伝承を有する現天守に関する前身建物の推定復元図（第四章図9・10）には、石落しならびにそれと目的を同じくしていたとみなされる出窓に至るまで類似する付属物を一切つけていない外容とされた点があげられよう。これは作図にさいしてその根拠とされた柱の桁とか梁などの切欠にかかる装置の痕跡を示すと認められるものが全くなかったことによると考えられるから、右の推定は一応成りたつとしてよいかも知れない。

しかし天守をはじめ移設とか転用の伝承をもつ諸建物の解体修理時の調査によって大部分は旧形のまま再用されたのではないと判断されていたり、ばあいによってはただ古材が部分的に利用された程度にすぎないのではないか、とさえみられるに至ったのである。そのような面から考えると、石落しのないことの理由としてそれを装着していなかった旧建造物の再用なるが故をもって移転建設にさいしても原形を踏襲したからとすること必ずしも適当な理由とはいえないし、しからば再築にさいして取りつければよかったはずともいえるであろう。

そこで観点をかえて、いわゆる石落しをつけていなくとも防禦の面でさして差支えがなかったのかという点について考えることとしてみたい。

それにはまず城域の地形からする影響をみなければならない。すなわち稜線にそい山頂部を削平して各郭を一線に配置した結果、独立高地上に本丸と西の丸がならび、その両端に空堀をおいて隣接する曲輪との間を遮断するようにしたため、一方の堀が通路をかねることとなった点からの形態である。

かかる縄張は中世の山城にとられていた必然的な地形利用の方法を人工併用の近世平山城に応用したものといってよいであろう。とくに鐘の丸との間は大手ならびに佐和口双方からの登り坂が出合うところにあたるのでそこから一旦鐘の丸へ入って反転し、廊下橋を渡って本丸へ向うという巧妙な迷路状の設計がなされた。

その通路をかねる空堀の上でこの部分の制圧を目的としておかれた櫓がすなわち天秤櫓であるが、ここで石落しを装着していない櫓の問題を考える一つの例となし、それを検討することとしてみよう。

高石垣の上にある櫓から、その下へ迫る敵に反撃を加えるためには石落しをもって適当とする考えは一応首肯されよう。でなければ石垣の脚元は死角となってしまい真下の敵に対抗することができないからである。もっとも空堀をへだてた反対がわからの射撃で死角は問題としなくてよいかもしれない。しかし、この理由だけでは空堀のない部分の建物に石落しをつけなかったことに対する説明ができないのである。

確かに櫓の石垣下へ到達した敵には石落しがないから監視も射撃もされない死角として意外な安堵感を与えることとなるであろう。

ところがこれは石垣の脚元から真上の櫓を仰いだばあいに考えられることで、一歩、天秤櫓へ入って窓から通路をかねる空堀を斜めに見下すと下から見た感じと全く異なり、石垣の麓が決して死角となっていないことに気づくのである。もちろん直下は見えない。しかし窓へ竪にはめこまれた格子がすべて菱格子とされているため、斜めに見れば普通の窓格子と異なって隙間からの視覚が左右にひろがり、斜め下の石垣傾斜面が堀底と接するところでも視線も交わるのである。

菱格子の稜角はその間隔十二糎、一辺七糎半の角材をはめこんだ隙間が当時の標準的軍用銃といわれる六匁玉火縄銃の銃床を据える適度の間隙であるため、ここからの射角は左右約一一〇度におよぶ。対壁面三五度外方に向け偏角約四〇度で斜め下を狙えば距離約二七mにして石垣麓に達するから堀底は命中精度充分な射程内に入ってくる。しかもこれはただ一方からでなく、位置によっては左右斜め上方から下に向けて発射できるので、石垣へ十字火線をあびせうることまたいうまでもない。

さらにこの櫓の窓枠のうち中央部三ケ所は塗込とならず木部を出したままであるが、それを二段にして射角をひろげた手法は他の櫓の塗込窓枠四辺に面取りを施した方法の先駆をなしたものとしてよいであろう。

しかして太鼓櫓では本丸がわ内部に面した北の窓はただの竪格子として特に射角をひろげるというほどの配慮をしていないが、外がわとなる前面と側面は天秤櫓と同じ菱格子を採用しているのである。

西の丸三重櫓もすべて菱格子であるうえ、空堀の状況がさきの天秤櫓と酷似しているからまず問題がない。

ただ佐和口多聞櫓は一見菱格子らしくしているが、内がわを平面とした五角形であることと、一部土戸で覆った点が他の櫓と異なる。これは桝形を構成する部分のほか外面を水堀とする地形が右の櫓ほどに壁面直下を気にしなくともよかったからであろう。

また天守については、こと窓格子に関するかぎり右にあげた例と異なるため、これは一応きりはなして考えなければならない。ここには他の櫓と異なるものに、建物と石垣との接する部分へつけた覆板がある。これは天守石垣の天端側面が不そろいのため、それと建物の間にできた隙間から浸みこむ雨水を防ぐもののようで、一見丸岡城天守に類似すると考えられるが、その隙間が彦根城では問題にならないほど狭いので部分によってはそれを必要としないくらいのところもある。したがってこれは雨水よけというよりも石垣をよじのぼって攻撃をかけてくる敵の手が建物にとどかぬよう配慮した「ねずみがえし」の変形応用とでも考えられるのである。つまり天守では銃撃を免れて死角内へ接近した敵を建物へたどりつけないようにするためのものであったとも考えられるであろう。

たしかに天守一階突上戸内がわの窓は天秤櫓その他にみるような菱格子となっていないから、竪格子の隙間がきわめて狭小なため、脚元の死角を如何ともし難い形となっているのである。しかしここでは菱格子として射角をひろげても、本丸内がわに面する天守の石垣が低いため天秤櫓ほどの効果は期待できない点を考慮し、また本丸外方に面する多聞櫓の石垣部分は下方反対がわの櫓と隣接する着見櫓からの援護射撃によってのみ死角内の安全を保つように計画し、本丸内がわに面する石垣の低い部分だけ覆板でもって侵入を防ぐという消極的な方法をとったとも言えるのではなかろうか。

以上、天守と佐和口多聞をのぞく他の櫓は高石垣の上にあるので窓を菱格子としてその間隙を適度とすることによって櫓下の石垣脚元を斜めに狙えば必ずしも石落しによらずして銃撃可能となるから、死角云々の問題は解消すると考えられるのである。むしろ明らかにそれとわかる装置をして敵に警戒心をおこさせるより別の工夫で同じ効果を得る方がより有利であるといってよいかもしれない。しかして堀や桝形に面するばあいは建物に特別の装置を施さなくともよいとの判断がなされたようにうかがわれるほか、石垣の低い天守では、例外として侵入防止の覆い板をもってそれにかえるとともに側面からの援護を想定したものだったのであろう。

補記

本稿は雑誌『大阪手帖』（大阪手帖社発行）第一九七号（昭和四十九年〈一九七四〉五月号）に掲載されたものである。著者は同誌の同人として第一七〇号から終刊に至るまで七八回にわたり古城遊記を連載した。本稿では彦根城をめぐる疑問のなかで石落しを設けなかった理由が解明されている。

三　彦根城
――後堅固で前に平地を持つ適地――

井伊直政が関ヶ原合戦後、徳川家康から敵将石田三成の居城だった佐和山城を与えられたのは、ここを大坂城包囲網の一環にするためであった。しかるに、それを使わなかった理由を『寛永諸家系図伝』は、家康が、「佐和山の城地よろしからざるあひだこれを彦根山にうつすべし」と命じたからとし、『寛政重修諸家譜』もほぼ同じ趣旨にしている。

しかし彦根築城の決定までには、いくらかの経緯があった。

1　磯山を変更し彦根山へ

まず『井伊年譜』は、家康が直政を佐和山城主にしたとき、

　直政公ニ御内談ニテ佐和山ヲ磯山

へ移すよう命じたとしているが、直政の重臣木俣守勝は、

（慶長六年＝一六〇一）秋、直政、江州磯山新城ヲ築カント欲ス（『木俣土佐紀年自記』）

と、磯山への移築計画は直政の意思であるとした。理由を書いていないが、佐和山攻めの経験による直政の判断に家康も同意したからであろう。

ところが、直政はその築城着工に至らず同七年二月に死去した。ときに嗣子直継は十三歳だったため、守勝が補佐し同八年、佐和山、磯山、彦根山のうち彦根山が優れている旨を家康へ具申して彦根築城の許可を得た。

『井伊年譜』は、これも家康の命令と記しているが記事は後年の編纂である。しかし『木俣土佐紀年自記』は、守勝が家康の信頼をえて直政に付けられ、築城に深くかかわって慶長十五年までに書き記したもので、信憑性が高いことはいうまでもない。

さて磯山への移築を計画したのは、大坂への外征拠点確保を重視し、防衛面は局地戦での戦術的優位性を考慮したからであろう。

しかし、大坂方に加担する勢力が北国街道から中山道へ入るか、または西国勢が江戸を狙うかもしれない状況への対応を考えると、そのいずれも捕捉するのには狭隘部を通る中山道の確保が必要になる。そのさい磯山では遠く、山裾も掩護する隊の駐留と兵站用地に乏しい。

『木俣土佐紀年自記』では個々具体的に触れていないが、

二方湖水、東南民屋平地相続テ諸事勝手

という彦根山を「後堅固」で前に平地をもつ適地と判定している。すなわち、北陸からの脅威が消えた後ではあるが、「守城考」が側背を湖水に託し、犬上川を防衛の第一線にしている作戦計画で明らかといえよう。

これらが家康の意に叶ったので、彦根築城許可と天下普請の発令になったのである。

2　異例の助役任命と工期

普請の助役を七ヵ国の十二大名とするのは『井伊年譜』によるもので、『徳川実紀』には十五大名、『木俣守貞記録』では旗本も加えて三十六名（別に三十七名とも）にしているが、ここでは『徳川実紀』の十五大名により、他城の天下普請と異なる点に触れておきたい。

それは譜代が本多忠勝以下五名、家康の子秀康と忠吉の二名、あわせて七名で百五十五万石になるが、外様は八名、五十九万七百石にすぎない。

彦根よりも後、慶長十四年の篠山築城では二十大名のうち城主になる松平康重を除く十九名が外様、続く名古屋城の二十名は全て外様大名である。

彦根に先行した膳所城は、『家忠日記追加』に助役の氏名を記していないので、外様譜代への下命対象の変遷経緯は分からない。

ではあるが、彦根城では天下普請の目的の一つとされる費用の全部を外様に負担させて財力を削ぐ、という通説にそぐわなくなる。

ただ秀康は、伝えられるところ言動に問題あり、懲罰的な意味だったのか、家康の真意は忖度すべくもないが、関ヶ原合戦後の日浅く、外様のみの使役を躊躇して、直政の女婿忠吉と譜代もあわせて動員したのではなかったか。

彦根築城着工を『井伊年譜』その他では慶長八年、『木俣土佐紀年自記』その他は同九年にしているが、筆者は関連の史料により慶長八年を地形整備など予備的工事開始の年、同九年が最終的に縄張を確定して堀・土塁と石垣などの工事を開始した年とし、戦闘に堪える城郭としての完成は『木俣土佐紀年自記』によって慶長十一年と考えている。

幸いにして、徳川家康と井伊直政ならびに木俣守勝が意を配したような事態は起こらなかった。

のち曲折はあったが、ほぼ中堀以内が特別史跡、天守と付属建物が国宝、櫓四件と厩一棟が重要文化財として遺存する。

なお、後の干拓で内湖を失い、石垣に印がないので、後堅固及び天下普請を目視で確認できないが、街道と北方湖上に対する監視哨をおく平田山・佐和山・磯山が城跡から視野の内にあって、戦略的要衝維持に万全を期した防衛計画の一端を知るよすがは遺している。

補記

本稿は雑誌『歴史と旅』第二七巻一三号〈平成十二年〈二〇〇〇〉十月号〉総力特集「城物語」に掲載されたものである。

四　岩瀬文庫の『井伊年譜』

西尾市立図書館の岩瀬文庫に『井伊年譜』があると知ったのは『国書総目録』が刊行されたことによる。井伊氏の分家が正保から万治年間にかけて西尾に在城したからであろうとも考えたが、文書成立の時期からみて、これは後年の収集ではないか、と思った。

そのことはとにかく、昭和十三年の『建築学会論文集』に載せられた土屋純一・城戸久両氏の共著「近江彦根城天守建築考」を彦根市立図書館でよみ、それに引用された『井伊年譜』を見たいと思ったが古文書整理中で閲覧できなかった。

のち、大阪府立中之島図書館にその写本があることを知って、昭和二十三年八月四日から十二月一日までの間に、十巻七百五十八頁全文を筆写した。そのころは便利なコピー機器がなかった反面、このような貴重本も館外貸出を許可してもらえたからである。

ところが驚いたことに、論文引用の『井伊年譜』にある助役諸侯の氏名と、慶長十一年天守完成のことが中之島本には記されていなかった。

ついで昭和二十六年、大阪の百貨店でチリ紙代用のようにして積んでいた古紙のなかから『井伊年譜』写本を見つけ二束三文で買った。これにも助役諸侯と天守の完成記事がないほか、論文引用と中之島本に、築城用材を取寄せた廃城が「佐和山・

大津・長浜・安土」とあるのにこれは「大津」のみ、さらに「鐘之丸廊下橋多聞櫓ハ長浜ノ大手ノ門」とは「誤也」としていた。

やがて彦根図書館所蔵本が閲覧できるようになったところ、二種の写本があり、その⑴は論文通りに助役諸侯の名を記していたが、昭和三十五年に刊行された『国宝彦根城天守・附櫓及び多聞櫓修理工事報告書』が『井伊年譜』の信憑性を高めたとする「慶長十一年天守完成」の記事は、頭註の小文字にすぎなかった。その⑵には諸侯名と天守完成の記事がなく、彦根築城用材となった廃城は「大津・長浜」の二ヶ所になっていた。

このように『井伊年譜』は写本によって記載が異なるので、手許二、三の資料だけではどうにもならないと思っているうちに、昭和三十八年から四十四年にかけて刊行されたのが『国書総目録』である。

その中で、西尾市立図書館には『井伊年譜』のほか『彦根并古城往昔聞集書』が所蔵されていることもわかった。コピー機器が普及しかけてきた頃、近くの方に聞いて貰ったが複写不可との返事であった。機械にかけると所蔵本が痛むから当然であろう。であれば、直接行って閲覧するよりほかはないと、前夜名古屋に泊まり、翌日の開館から閉館まで、時間一杯、主な部分を照合した。結果は中之島、チリ紙代用本と同じく諸侯名、天守完成年とも書いてないし、築城用材とした廃城が彦根図書館本その⑵と同じ「大津・長浜」二ヵ所になっていた。これは同館所蔵享保十二年六月十四日付の『彦根并古城往昔聞集書』に一致したが、この文書には少々疑問が感じられた。それは、文面が『古城御山往昔咄聞集書』の後ろへ享保十五年成立の『井伊年譜』から築城記事を抽出結合したように思えたことによる。

しかし、この疑問は後日氷解した。それは『彦根并古城往昔聞集書』の佐和山を除く彦根城の項と同じ文書で、「此一巻は他見他言致シ申間敷也、享保十二丁未六月十一日写之」との奥書がある。『当御城建立覚書』を所蔵される彦根の旧家の方からコピーして頂いたからである。これは『彦根并古城往昔聞集書』より三日早い。その原典成立時期は判らないが享保十五年成立の年譜に使われたことは、築城記事に同じ文面があることでしられるといってよい。

岩瀬文庫本は系図を欠くが、①助役諸侯名がない、②天守完成記事がない、③廃城名が大津と長浜、それらが彦根旧家の覚書写と、『彦根并古城往昔聞集書』の記事に一致するので、これが彦根図書館本その⑵と同じ原典に近い形の年譜写本であろうと推定できた。

ただ各本共通の問題は『当御城建立覚書』と『彦根并古城往昔聞集書』に慶長九年築城とあるのに、『井伊年譜』が慶長八年としたところにあるが、いまこれに触れることはさけておきたい。

なお、現在の『井伊年譜』写本は、一旦成立した原典に近いと思われる本と、編者が新たに史料をえて増補したと思われる本との二種類に分けられる。岩瀬文庫本及び中之島本と彦根図書館本その⑵は前者で、論文引用本と彦根図書館本その⑴は後者になろう。そして書写しを重ねて行くうち、チリ紙代用本のように識者ぶって「誤也」と書き足したり、逆に「長浜」を書き落としたりしたのかも知れない。

もちろん、書誌学的な面からの検討を必要とはするが、差し当り写本を分類して、誤写を正し、欠を補った上、それらの史実を確かめなければならない。それと共に文書引用のばあい、いずれの所蔵本を出典とするかの明示また肝要といえよう。

先般来、知人のひとかたならぬ厚意で、『国書総目録』にもない『井伊年譜』写本まで収集できたし、また各地図書館では好意的な扱いをして頂いた。西尾市立図書館へ二度目に行ったときはマイクロ複写ができるようになっていた。岩瀬文庫本は楷書に近いので、別の写本で難解な字につきあたって地団駄ふまなくてもよい手引になった。有り難いことである。

これからの作業は内容の分類整理である。ところが各種の写本をあつめえた安心感で怠けて作業が一向にはかどらない。日暮れて道遠しをかこつばかりとなってきた。それにしても思わぬ所に思わぬ史料があるのでうっかりしていられない。

東海古城研究会の記念すべき誌上に、拙稿を載せて頂けるならば、貴会の地盤に、まだたくさんの資料が残されるのではないか、それらを教えて貰えたらと思いつつ心から貴会のご発展を祈念して擱筆したい。

補記

本稿は東海古城研究会機関誌『城』第一三三・一三四号合併・創立三十周年記念号に寄稿されたもので、著者が彦根城築城の基本史料である『井伊年譜』の写本を調査した経緯とその苦心が記されている。

五　岩瀬文庫の『彦根并古城往昔聞集書』
――大津城天守の彦根移建説――

先に貴会の『城』創立三十周年記念号で、西尾市立図書館の岩瀬文庫所蔵本『井伊年譜』につき、別の写本との相違点の一部を云々するにさいして、やはり同文庫の所蔵本『彦根并古城往昔聞集書』を引き合いにした。

先稿と重複するが、その『彦根并古城往昔聞集書』は享保十二年六月十四日付『古城御山往昔咄聞集書』の後ろへ『井伊年譜』の彦根築城関連記事等を抽出して結合した形をとっている。彦根で古城といえば佐和山城をさす。それで文書の標題は『古城并当城往昔聞集書』が適当ではないかと、余計なことを考えたし、さらに不審に思ったのは享保十二年に成立した聞集書が享保十五年成立の『井伊年譜』から彦根築城関連記事を抽出できるはずはないからである。

しかし、それは後ほど、彦根の旧家所蔵本『当御城建立覚書』によって氷解した。『当御城建立覚書』は、『彦根并古城往昔聞集書』よりも三日早い同年六月十一日付の写本で、内容は佐和山城に触れず、彦根城のことのみを記したものである。その記事は『彦根并古城往昔聞集書』の彦根築城関連部分とほぼ一致した。

したがって原典は別にあり、『当御城建立覚書』は原典のままの姿で、一方、『彦根并古城往昔聞集書』は佐和山城記事の後ろへ書き足したことが判るとともに、『井伊年譜』がそれらの原典と同じ類いの文献を典拠としたほか、さらに増補したものと推定できるようになったのである。

ところで話かわって彦根城の天守は、もと大津城の天守で関ヶ原戦後、徳川家康の命令によって移築したとの伝承があり、それは『井伊年譜』による見解を主としたがその実否を確認しないままに推移していた。

ただ昭和三十二年に始まった天守解体修理で、建築部材の切欠と番付符合の検出によって、移設は間違いないと判ったが、その前身建物が大津城の天守であったとするだけの物証ではなかった。

そのため移設は事実としても、それが大津城の天守だったかどうか、疑問をのこした理由の一つが『井伊年譜』の記事にあった。すなわち

此天守ハ遂ニ落不申目出度天守之由

とあり、落城しなかった大津城の目出たい天守だから家康の上意で移設したという、史実を無視した記事になっているからである。

大津城が慶長五年の九月、東軍に加担した京極高次の籠城で、西軍側の猛烈な攻撃をうけ、関ヶ原決戦の一日前、すなわち十四日に降伏開城したのは、史上周知の事実であることは言うまでもない。それを右のように書いては『井伊年譜』の記事に疑いを生じて当然といえよう。

念のため言うならば先稿で触れた通り、『井伊年譜』は写本によって異なる記載が少なくない。しかし天守移設の項については片仮名・平仮名・漢字にごくわずかな違いがあるだけで、右の主旨と変わったものはない。

ただし筆者所有の肉筆写本、先稿にいうチリ紙代用の中から二束三文で入手した『井伊家年譜附考』のみが

此天守ハ目出度物語有之由

とし、さらに岩瀬文庫本の『彦根幷古城往昔聞集書』と、彦根旧家の覚書にある同項も同じ表現で、大津城が落ちたとか、落ちなかったとかは、全然書いていなかったのである。

いわゆる『井伊年譜』は「藩臣功刀章子舎編集」であるが、筆者所有の『井伊家年譜附考』写本は「本藩諸士編次」として個人名を書いていない。『彦根幷古城往昔聞集書』も、特定の氏名を入れずに「普請奉行」への調査下命に対する復命書である旨を書いているだけである。

その『彦根幷古城往昔聞集書』では佐和山城の項を終えた途端、一行の空間もおかず直ちに彦根城の記事へ移行しているのでこれを、藩主井伊直惟が佐和山城跡の調査を下命した復命書の写とするには疑問がのこる。

なお、彦根に伝存する『古城御山往昔咄聞集書』の写本はすべて独立した文書で、岩瀬文庫本のように彦根築城関連記事を併記したものは見当たらないが、それは今ここで云々する問題ではない。

さて、彦根の旧家所蔵『当御城建立覚書』写の原典成立時点はわからないが、岩瀬文庫所蔵『彦根幷古城往昔聞集書』の書き足し部分の原典も同じで、筆者の所有する『井伊家年譜附考』

も同じ原典の一部を順不同ながら組み込んだとまでは了解できそうである。

そこで、それら文献が大津城の陥落とか不落に関係なく、単に「目出度物語有之由」とした理由を明らかにしておかなければならない。

それは家康が高次に降伏開城の責を問わず、むしろ西軍東進兵力の一部を大津で阻み、東軍の作戦を有利に展開させたとして、大津六万石から小浜八万五千石へ栄転させ、その大津城に七日間も逗留して戦後処理をした一連の事跡が、家康には記念すべき城の天守になったからといえよう。

のち、藩士功刀君章が『井伊年譜』を編纂するとき築城関連記事を右から採るにさいして、主家の名誉のためと思ってか、迂闊にも「落不申」と付け加えたのが後世に問題をのこすことになった。

つまり彦根城天守の前身を大津城のそれとするのは『井伊年譜』が元祖ではなく、それに先行する文献が存在していたのである。それで『井伊年譜』編者が原典のまま引用したならば問題はなかったはず、したがって、『井伊年譜』の字句を原典と同じ旧家所蔵の『当御城建立覚書』や岩瀬文庫所蔵の『彦根并古城往昔聞集書』と同じ表現へ戻せば、伝承に対するいくつかの疑問のうち一つは解決できることになるのである。

補記

本稿は東海古城研究会機関誌『城』第一五〇号記念号に寄稿されたもので、『井伊年譜』成立の経緯を解明されている。

六　彦根城の植物

彦根城の内外に成育している植物に関し、これを例記して紹介した記事としては、まず旧彦根藩士中村不能斎の『彦根山由来記』をあげなければならない。それによると、城外から城内を見すかされないよう、いわゆる洞見防止を目的として樹木を繁茂させるため築城のときかなり考慮したということである。

たとえば藩士に命じて松を植えさせたが根つきが悪くて枯れるものが多かったので一計を案じ、木ごとに名札をつけさせて各自の責任を明らかにさせるよう指示したところ、それからは良く成長するようになつた、と書かれていることなどその間の事情を伝えるものというべきであろう。

樹木を生育させるための手段としてとった藩士の名札云々に関する真疑のほどはひとまず措くとするも、洞見防止のほか防禦と実用を目的とする城の植物《うえもの》が重要であったことは右の『彦根山由来記』だけにとどまらず鳥羽正雄博士の『日本城郭辞典』（東京堂出版発行）に防衛上の必要により城郭の内外へ植栽し、しとみ・かざしに用いるもので有効に利用できるよう食物・医薬・武器用材などになるものを用いた

とある旨の解説によっても知りえよう。しかるに愛媛県松山市からだされた『松山城』（昭和四十五年（一九七〇）（松山市観光協会発行）三〇頁以下）に

藩政時代の城山は現在のようにうつそうとは茂ってはいなかったはずである。むしろ林の中の低木や下草は常にかりとり、生長させないようにし、相当遠方まで見通しがきくようにし、無用の者や、隠密のようなものが逃げこんでかくれることのできないように（略）していたにちがいない

と推察している点を参考にすると右の『彦根山由来記』や『日本城郭辞典』による解説とは一間相反する考え方となるように思われるのである。そしてさらに

明治以後は、ただ茂るがままに放任されたのであろう

とする推定によって現在のように繁茂したものと解し

藩政時代城山の森林は年々城下町の人々が請負つて城山奉行の指図にしたがい、下刈りをしていた

とする郷土史家の教示をあげて右の見解に対する証としている。たしかにこれは一理あることで当然ともいわなければならないであろう。とすれば城郭主要部の遮蔽はどのようにしたかとの疑問を生ずるのであるが、さきに「低木や下草」とした後に「下刈り」と書かれている点から生長を抑えたのは灌木に限られていたということになるので矛盾はさけられるであろう。したがって

樹木が少なくて、天主閣は無論石垣も四方八方からまる見えであった。そのようなわけで定行（松山藩主久松定行）はムギやソバをまいて小鳥をあつめ、自づと樹木が生えるようにはかつたり、またマツの種子をとりよせて播種したりしたという

としているので、やはり遠方からの見透しは防止するよう喬木をもって「しとみ」や「かざし」とするべく配慮した点がうかがわれるのである。つまり遠見の遮断をほどこさなかったわけではなく彦根と同様その植樹生育にかなり意を用いたことは事実であったとしなければなるまい。そして近接する敵に遮蔽の利をあたえないよう瞰視を便にするため灌木は邪魔になるものとして取りはらったのが松山城における城内樹木に関する考え方であったということになるのであろう。

ところで喬木については右の通り彦根・松山ともにその繁茂育成に苦心したという共通点をみることもできるが、こと灌木に関するかぎり、彦根城では松山城にみるような「下刈り」に類する資料がみられず、また伝承もなかった。むしろ喬木・灌木のいずれを問わず、もろもろの草類に至るまで、その多くは軍用をはじめとする器具材に適する材質のものとか、あるいは薬用、食用もしくは他の用途に供せられるよう、どちらかといえば非常のさい城内において供給しやすいように平素から保護育成されてきたとの見解がとられているのである。

これはおそらく次のようなことが根拠となって古来語りつがれてきているのかも知れない。すなわち彦根城では直孝のころ主な植物について充分吟味のうえ各地の名産といわれるものを

移植したとして、たとえば『彦根山由来記』に

樫は土佐国より移し植ゑ、もって槍柄の用に供し、赤松（樹皮赤色に光沢ある者）は伊予国宇和島より移し植ゑ、竹は山城国八幡山より移し植ゑ、もって旗竿及び刀剣目釘の用に供し（中略）又城内に多く皀角樹《サイカチノキ》を植うる者は、籠城薪尽くる時の用に供す、蓋し此樹は、生木にて能く燃ゆるを以てなり、枳穀樹《キコクノキ》鶏冠樹《モミジノキ》等を植うるも亦然り

としるされている通り、いずれもわざわざ植えつけたものということになっているから、ばあいによっては自生の灌木さえ、古来漢方薬として利用されてきた植物については同様の見解をもって植樹された、と考えられるに至ったものもあるといえるであろう。

これは両城まったく同じ種類の植物が散見されるのにかかわらず、松山城でかかる配慮がなされていなかったのか、また彦根城ではすべて何らかの目的をもってなされたのか、この点に関して互いに相反することとなるが、ある程度までは双方それぞれ理があると考えられるからやはり見解の相違とするほかはあるまい。

ついで再び『彦根山由来記』を引用しよう。すなわち

尾末町松下と唱ふる地の松は、土佐国より移し植ゑし類なり、土佐の松は、根地上に出ずして、道路の妨害にならざるが故なりといふ　此ノ松ノ下の松を、俗にいろは松と称す、其は四十七株あるが故なり、但し今は枯るゝものありて、其数満たず、又植継ありて、土佐ならぬも交じれり

と書かれている点の問題である。もっとも、城の堀ばたに樹木をおくことは防禦上の不利を免れえないが、それは関西城郭研究会機関誌『城』第八十一号大垣城（補註）の項で、その一〇頁「関ヶ原合戦図屏風」のなかに描かれた竹藪に関する考察とまったく同様ゆえ、ここでは重複をさけその結論だけを掲記しておこう。つまり山城国淀城と同じく洪水で堀の水位が上がり道路まで冠水して道と堀の見わけがつかなくなったとき、その境目を知るのが目的のひとつであった、とする見解をとることとしておきたいのである。

明治二十九年（一八九六）九月七日から十日に至る四日間の豪雨で、芹川堤防の決壊と琵琶湖の大増水とによって城下町のうちごく一部をのぞく大部分が冠水したことは当時作成出版された地図と、『彦根市史』に挿入されている城山から撮影された俯瞰写真で知ることができる。もちろん、「いろは松」付近の道路も浸水をまぬがれなかった。通行にあたってこの松並木が堀ばたの目印となったことはいうまでもない。しかし、それならば、他の堀ばたにも何ゆえ植樹しなかったか、との疑問を生ずるであろうが、それに関してはやはり堀端の植樹が城内から城外を瞰視するのに不利となるため多くはなさず、ただ佐和口が藩主邸館から切通口へ向う重要な通路にあたっていたから、との推定にとどめるよりほか、いまのところ適当な理由が見いだせないのである。この点に関してはなお少数ながら類似する他城の例を参考として別の角度からも検討しなければならないであろう。

また堀にしげる菱と蓮については、水堀を渡渉させないためのものとする見方がある。とくに菱の実は食用となるほか乾し

固めれば堅くなるので通路に撒布して刺を利用し敵襲を防ぐ用になしうるとされ、これによって後には鉄や竹などで類似する形のものを造って武器に用いるよう準備したともいわれている。

彦根城に現在のこる堀のうち、菱と蓮が茂るのは主として内堀全面と中堀の水位が低い部分である。中堀のうち涌水を水源とする部分にそれらの植物があまりみられないのは養魚場として利用しているから駆除した結果によるためかも知れない。

ところで、内堀以内の城郭中心部にひろがる丘陵斜面や樹林中その他に現存する植物の主なものについては、これを研究して彦根史談会の『彦根郷土史研究』第八号に掲載された故清瀬徳氏の「城山の植物について」と、生前同氏からえた教示を参考として左に列記することとしておきたい。

○くまのみずき（あおき科）
天守入口、大手橋付近その他各所に大木となって現存している。幹の切口から水がしたたる蓄水木として籠城時非常用飲料水に供せられるほか、湿潤な材質が防火に利ありとして重要な建造物の近くに植えられた。

○あおき（あおき科）
黒門から入った山腹に古木があり、その他城内の陰地に自生する常緑灌木で、葉が火傷切傷などの薬となる。

○かくれみの（うこぎ科）
城内各所にかなり多く中には径三〇糎余りに及ぶものさえ現存している。葉には長い柄があって上端が三裂しているものと全辺のものもあり血止薬ならびに漆の代用にもできる常緑樹である。これは飛弾の殿様からおくられたとの伝承があるので、その贈り主は彦根城構築第一期工事のとき幕命による助役で参加した七ヶ国十二大名中の高山城主金森出雲守可重であったと推定されよう。

○はりぎり（うこぎ科）
観音台東方および西方石垣下、黒門から土佐郭へ至る道に多い。刺をもつ植物は侵入を防ぐ逆茂木の用に供せられるため山腹に植えられたと考えられている。はりぎりは落葉樹であるが枝の刺が特に鋭く、また幹は器具の用材として利用される。

○うこぎ（うこぎ科）

○たらのき（うこぎ科）
いずれも刺をもつ植物で用途ははりぎり同様であるほか、わか葉が食用となり、うこぎは腹痛の薬としても用いられる。

○やまはぜ（うるし科）
米蔵跡山手にある。実から蝋がとれる。

○かし（かしわ科）
土佐国から移植したもので槍の柄や天秤棒を作るに適しているので城内一帯に植えられている。種類は「あらがし」と「つくばねがし」が多い。

○やだけ（かほん科）
矢を作るため城内に「やだけ」を植えた例は中世以来の各地城郭にみられるところ、彦根城では観音台下に多い。

○まだけ（かほん科）
旗竿および刀剣の目釘用として、特に質の堅い山城国八幡産のものを移植したといわれている。
○ていかかずら（きようちくとう科）
大手橋、天秤櫓その他の石垣の間にある。茎葉は乾して解熱強壮剤や血止薬として用いられる。
○もつこく（つばき科）
城内鐘の丸はもつこく原といわれていたから、かなり多くの「もつこく」が生育していたと思われるが、そこには樹令三百五十年以上つまり彦根城構築以前からあったと推定される三株をのこすだけにすぎない。なお観音台の下にも巨木が一本現存する。材は「茎壇」のように堅く器具材として適している。
○とべら（とべら科）
元来海辺に自生する常緑樹であるが、牛馬用の薬として移植されたもの、大手橋以東の堀沿い石垣上、観音台東北石垣下、大手坂道などにある。
○きささげ（のうぜんかずら科）
伝承によると、かみなりよけ（避雷樹）として天守や重要建造物の周囲に植えたといわれているが、菜の若いものは食用となり、成熟したものは腎臓疾患の利尿剤に用いられるから、実用はそれを主としたのかも知れない。現在本丸に老木一本がのこっている。
○つしまななかまど（ばら科）
これは阿波の蜂須賀家から贈られたもので、燃えにくい材質ゆえ竃へ七度入れても灰にならないというところからこの名があるものとして防火用に重要建造物周囲に植えられた。ただし樹液が下痢に利くともいわれるから「きささげ」の伝承に類しその効用を主としたとも考えられよう。現在は観音台下に一本のこっている。
○あかまつ（まつ科）
伊予国宇和島から移植したもので樹皮の色が赤く外観の美しさをもって風致上好ましいものとされ、材は建築器具用として適するゆえかなり多く植えたようである。
○さいかち（まめ科）
城内外に多いこの樹は山野河原に自生する落葉喬木で利尿袪痰剤となるほか莢《さや》は洗濯用、若葉は食用となるが、生木のまま能く燃えるので非常用燃料と考えられている。
○きこく
「からたち」と呼ばれる落葉灌木で刺の多いところから、「はりぎり」「うこぎ」「たらのき」同様侵入防止用と考えられるだけでなく、これも「さいかち」のように生木のまま燃えるので非常のさいにおける燃料用とみてよいであろう。
○あけび（あけび科）　食用
○まき（いちい科）　箱、桶、水槽用材
○いちょう（いちょう科）　食用、器具用
○いものき（うこぎ科）　食用
○ぬるで（うるし科）　染料、薬用
○くり（かしわ科）　食用、器具材
○つぶらしい（かしわ科）　食用、器具材
○こなら（かしわ科）　器具材
○くすのき（くすのき科）　樟脳、器具材

○やぶにつけい（くすのき科）　蝋油
○だんこうばい（くすのき科）　髪油
○いぬぐす（くすのき）　船材
○いちじく（くわ科）　食用
○かじのき（くわ科）　紙の材料
○くさぎ（くまつづら科）　食用
○けんぽなし（くろうめもどき）　食用
○ざくろ（ざくろ科）　食用、薬用
○ゆず（さんしょう科）　食用
○からすさんしょう（さんしょう科）　防禦用、器具材
○しゃしゃんぼ（しゃくなげ科）　食用
○にんどう（すいかずら科）　薬用
○せんだん（せんだん科）　薬用、器具材
○つばき（つばき科）　油用
○ちゃ（つばき科）　飲用
○むくのき（にれ科）　食用、器具材
○えのき（にれ科）　器具材
○けやき（にれ科）　器具材
○あかめがしわ（にしきそう科）　器具材
○びわ（ばら科）　食用
○かなめもち（ばら科）　器具材
○もみ（まつ科）　器具材
○いぼたのき（もくせい科）　蝋
○さねかずら（もくれん科）　洗髪用
○もちのき（もくれん科）　とりもち、器具材
○そよご（もくれん科）　器具材
○くろがねもち（もくれん科）　とりもち

補記

本稿は、昭和四十九年（一九七四）六月二十三日に行われた関西城郭研究会による彦根城の見学の際に配布する資料として作成されたものである。

補註

昭和四十八年（一九七三）六月発行、海津榮太郎「大垣城―その天守について―」
なお「関ヶ原合戦図屏風」については第三章補注22を参照。

主要参考文献の解説

当御城建立覚書（中村家文書）

本書末尾に「此一巻を他見他言致シ申間敷者也」と付記し、「享保十二丁未年六月十一日写之」という覚書は、『井伊年譜』の成立時期とされてきた享保十五年よりも三年早い。よって、この覚書にみる記載内容は『井伊年譜』の彦根築城に関する記載の原典になったものとして間違いない。したがって、その成立は『井伊年譜』の編輯よりもかなり早い時期だったはずといえよう。

しかし、これを他の史料および天守その他諸施設にみる解体修理に伴う調査結果と照合すると、築城にまつわる聞伝えの記憶が薄れかかった頃ではないかと考えられるのである。

また本書では、彦根築城時期を「慶長九甲辰年」とし、今日通説の「慶長八年」としていないこと、天守移建に関して問題とされる大津城を「不落」と書かず、ただ「目出度物語有之」とする記載にとどめているなど、重要な史料といわなければならない。

なお、本書と標題を異にして、内容を同じくするもの知見の内に

『金亀山御城古実』（享保九甲辰年之写）富原道晴氏所蔵資料

『金亀山之記』（写本の年月日記載無し）久保田弥一郎氏（故人）所蔵資料

『彦根并古城往昔聞集書』（中の一項）西尾市立図書館・岩瀬文庫蔵

の三点がある

井伊家年譜附考

本書は井伊家の始祖が遠江井伊谷の「井戸から現れた人」とする伝説から始め、以後の家史を編纂したもので、江戸時代に入っては直政と直孝の徳川家に対する功績を多く記しているが、幕命による日光代参、皇居参上等の公務、参勤交代の発着日付、藩主と家族の生死、領内の災害、家臣に対する処罰その他多くの事項を年月日順に記載し、編輯者を個人でなく、「本藩諸士編次」としている。

なお本書は天守移設について、大津城を「不落」の城と書かず、前記『当御城建立覚書』の通り、原典の記載を忠実に踏襲している。

この項の本旨から少し逸脱するが、編輯者「本藩諸士」の「藩」について触れておきたい。その早い用例は、元禄十四年（一七〇一）新井白石の『藩翰譜』、享保年間（一七一六〜三六）の『折たく柴の記』の「藩邸」がある。しかし当時公式の文書には「藩」を使わなかった。よって藩領は「領分」、藩士は「家中」、藩札は「札」と呼んだ。白石が『藩翰譜』としたのは、「大名系譜」を学者らしく独特の修辞をしたもので、それが非公式ではあるが次第に普及して慣用例になり、慶応四年（一八六八）に至って公称とされたのである。

彦根では、比較的早くに『井伊家年譜附考』で「藩」を使用したが、序、跋、識語などを一切記していない。さらには、「諸士編次」として幾人もによる記録を、誰かが匿名で編纂したものと考えられるので、それらを併せ考察すると、本書は正式の官選ではなかったことになろう。

井伊年譜

本書は『井伊家年譜附考』の享保十五年（一七三〇）までを「藩臣」功刀君章が整理したもので、彼が最初から手掛けたものではないと考えられる。なお、これにも序、跋、識語など一切付していない。

現存する伝写本は大別して二種になる。すなわち功刀君章が年譜附考にあまり手を加えていないのが、いわば初版で、それを増補改訂したものとが相混交して伝存しているのである。

両者を見分ける一つの方法は、慶長年間の築城記事の中に、天下普請で助役を下命された大名の氏名を記載していないのが前者、記載しているのが後者である。

また、築城用材を取り寄せた古城を、大津と長浜の二城とするのが前者で、それに佐和山と安土を加えたのが後者である。それらは『井伊家年譜附考』が『当御城建立覚書』を原典にしているにもかかわらず、『井伊年譜』ではそれを無視したと思われるふしがなくもない。そして写本では頭註や行間註記が増え、それを次の段階では本文へ組み込んでいるものもあって、祖形を著しく歪ませている写本がある。

なお、功刀君章は井伊家始祖の「井中化現」を「捨子」とする説に対して「甚穿鑿之論也、古之人神異ある事往々史伝に見えたり、不可怪」と『井伊家年譜付考』を上回る荒唐無稽の評言をなし、天守移設には大津城に「不落」と加筆するなど必要以上に美化したのが、むしろ信憑性を減殺する結果となったことどどするまでもなかろう。

【功刀君章】字は子合、君山と号す。通称代之介、後助七郎・庄左衛門と改む。彦根藩士功刀千右衛門の子にして父の在勤中享保十一年十月十五日藩主井伊直惟に召出されて御騎馬徒となり四十俵四人扶持を給せらる。延享元年十月廿三日千右衛門隠居す。君章相続して二百石を領す。井伊直定に仕へ延享五年五月七日御城中御着到附役を命ぜられ宝暦八年三月廿八日御門番頭を命ぜられ翌九年六月廿二日病んで家に死す。君章和漢の学に通じ深く沢村琴所と交る。詩文を能くし絵画に巧みなり、井伊年譜十巻　井伊家故事一巻を著す（『近江人物志』による）。

彦根山由来記

旧彦根藩士中村不能斎が、著述経緯について緒言に詳しく述べているが、そのうち主な部分を要約すると

当初「彦根山由来略」と題し明治二十四年（一八九一）『風俗画報』に掲載した後、訂正増補しようとしたが明治二十九年九月大洪水で住居が浸水して整理もはかどらず、また病に悩まされ、紙を板に挟んで左手に支え、仰臥執筆して明治三十五年（一九〇二）五月十一日脱稿した。時に六十九歳。

その稿本を嫡孫（実は甥）東京帝国大学史料編纂官の勝麻呂氏が校訂し、明治四十三年十月五日、東宮（後の大正天皇）行啓記念として非売品で発行したのが『彦根山由来記』である。

本書は彦根城研究に欠かせぬ文献として以後、典拠の明示有無にかかわらず、事実上これを引用したもの少なくはない。

【中村不能斎】名は勝知。天保五年（一八三四）出生。三河出身の祖が井伊直孝に仕えて二百五十石。嘉永五年（一八五二）相州警衛、安政五年藩校弘道館の素読方、元治元年（一八六四）蛤門ノ変に従軍、慶応三年（一八六七）会計事務を命ぜられ、意にそわずとして職を辞し藩命不従を罰せられ、明治維新により処罰が消えても閉居謹慎を続けて国史国学を研究し、古典籍を筆写するもの身長の三倍に及ぶ。明治三十九年

（一九〇六）歿、享年七十三。著書に『井伊家譜』、『彦根藩学制志』、『彦根山由来記』、『東京帝国大学出版学芸志林応問集』等あり（『近江人物志』による）。

彦根旧記集成 第一号

昭和三十四年（一九五九）、彦根史談会発行。「花井清心彦根古絵図註」および「当御城下近辺絵図附札写全」及び上田道三複写の合成絵図からなり、同書の解説によると左の通りである。

まず「花井清心彦根古絵図註」は、彦根市立図書館蔵「彦根三根往古絵図」（第五章図4）と、井伊家所蔵で弘化三年九月写すとある「彦根山旧絵図」にもとづいて合成した絵図を作成し、両図の書込み註記を活字化したものである。

ただし本稿で「彦根三根往古絵図」に続いて、井伊家所蔵「彦根山旧絵図」を収録しなかったのは、公開された複写図がないからである。

合成絵図の問題点としては滋賀大学経済学部附属史料館蔵の「彦根古図」（第五章図3）と図書館蔵の「彦根三根往古絵図」のいずれにも描写していない芹川の一分流、すなわち彦根築城に際して付けかえたとの伝承がある現在の芹川流路を、「和川と云」として描いていることである。それが「彦根山旧絵図」にあるならば、「花井清心原図」とは考えられないので、その図を表示すべきではなかったか。でなければ、単純に想像してみると、「花井清心原図」に「彦根御山絵図」の右部分である「永禄絵図」（第五章図1）の芹川一分流を重ねあわせたと誤認させるおそれなしとしないからである。

次に「当御城下近辺絵図附札写全」は、各種の彦根古図（それはたぶん花井清心原図の伝写本であろう）に後世幾人もの手をもって書き入れた註記、または付箋を集めて書冊にしたもの（筆者した者の氏名、年代とも不明）で、貴重な古写本の活字化とされている。

補記

本稿は関西城郭研究会誌『城』第一七八号に掲載された「彦根城考察―絵図と古写真および文献による―」（1）三参考文献　を改題したものである。

解説

海津榮太郎氏と城郭研究
―城郭研究史と関連して―

森山英一

はじめに

海津榮太郎氏は一市民の城郭研究者である。官立彦根高等商業学校（滋賀大学経済学部の前身）を卒業して株式会社中山製鋼所に入社し、定年まで勤務された。その歴史や城郭に関する知識は殆んど独学で学んだもので、その研究活動も後に会長を務めた関西城郭研究会において行われ、研究成果も一部のものを除くと同会の機関誌『城』に発表したものであった。

城郭研究者としての海津氏の原点は彦根市の生家にあった。海津家は父上の代に彦根に移り住んだので、旧彦根藩主の井伊家とは直接の繋がりはないが、生家は現在の栄町にあった旧彦根藩の足軽屋敷で、武家屋敷の面影を良く残していた。この生家は後に地域の集会所となり、残念なことに建て替えで失われてしまったという。海津氏が城郭に興味を持ったのも生家が縁であった。海津氏の回想によると、生家の向かいに舟橋聖一の原作でＮＨＫの大河ドラマにもなった『花の生涯』にも登場する大老井伊直弼の側室秋山静江（志津の方）の実家があり、海津氏の幼少時に、その実家に住んでいた志津の方の甥に当たる老人から色々な昔話、例えば明治維新当時の彦根城の堀や門・櫓のことなどを聞いたのが、城に興味を持つ始まりであったという。また、近くには石田三成の居城だった佐和山城跡があるので、彦根城と共に佐和山城について調べているうちに、ほかの城との比較もしなければならないと思い、戦災で焼失する前の大垣城、和歌山城、名古屋城などを探訪した。中山製鋼所に就職した後、会社の用務で大坂城内にあった旧陸軍の大阪砲兵工廠経理部を訪ねた際に、戦災で失われた伏見櫓を堀越しに見たということである（註1）。そして後述するように関西城郭研究会に入会してからは同会の見学会に参加して各地の城郭を回り、また個人でも探訪を重ね、次第に研究を深めた。海津氏の城郭研究は多方面にわたるが、最も関心があったのが郷里の彦根城であり、特に後半生の研究は彦根城に注がれていた。

一　城郭研究の歴史

研究者としての海津氏の業績を回顧し、城郭研究史において位置づけるためには、前提としてまず我が国における城郭研究の歴史について触れる必要がある。

我が国の城郭研究は、江戸時代における諸藩の戦時に利用するための城跡の把握調査、兵学者による攻城・守城方法などを含む実用面の研究などに始まり、その後、幕府や諸藩、個人による地誌研究において古城跡の調査研究が行われ、次第に古城の歴史や現存する城郭に関する著述もなされるようになったが、当時は幕府や諸藩とも城郭に関する事項は軍事機密としてその秘密保持に努めていたから、城郭に関する資料の収集や研究は危険を伴うものでもあった（註2）。

明治維新以後の城郭研究は、まず博物学者による城郭の写真撮影、旧幕府や旧藩関係者による武家政権の事跡顕彰を目的とする城郭研究が行われ、次いで考古学者や歴史学者による研究が始められた。なかでも歴史学者の大類伸は史料調査と実地踏査の双方から城郭の研究を行い、初めて城郭研究で文学博士の学位を取得した。大類の業績はこれまで単に戦争に備える軍事施設とのみ見られていた我が国の城郭について、戦国時代に発達した城郭が織田信長、豊臣秀吉、徳川家康による天下統一の過程で近世城郭に発展し、城を中心とした都市が形成され、城そのものも宮殿や政庁の機能を備えて政治の中心となるとともに、土木建築、絵画・彫刻、庭園、更には茶道や芸能の場をも含む時代の文化を結集した存在として完成したことを指摘したことである。大類は、近世城郭が成立した安土桃山時代に注目し、城郭研究を出発点として安土桃山文化の研究に進み、更にこれに対比するものとしてヨーロッパのルネサンス文化を研究した。大類の指導を受けて城郭研究を発展させたのは鳥羽正雄であった。彼が昭和十一年（一九三六）に大類と共著で刊行した『日本城郭史』は当時における各界の城郭研究を総合して体系化したもので今日においても城郭研究の基本的文献の地位を保持している。一方、大正八年（一九一九）に史蹟名勝天然紀念物保存法（法律第四四号）が制定され、城跡も史跡に指定されて保護の対象となったので、国や道府県において城跡の調査が行われた。内務省次いで文部省の嘱託として主に調査を担当したのは上田三平であった。建築史学においても昭和四年（一九二九）の国宝保存法（法律第一七号）の制定によって城郭建築も国宝に指定されて保護されるようになったので城郭建築の調査や研究が行われるようになり、現存する建物にとどまらず安土城天守など、失われた過去の城郭建築も研究の対象となった。建築史学における城郭研究の先駆者として關野貞、土屋純一、城戸久、藤岡通夫、田邊泰らがいる。また昭和四年に大阪市が昭和天皇のご即位を記念して再建した「大阪城天守閣」の設計に当たった古川重春は、設計の参考として各地の城郭や現存する天守を調査し、昭和十一年に『日本城郭考』を著した（註3）。

他方、廃藩置県後の城郭は陸軍省の所管となり、江戸時代に兵学者が行っていた築城や攻城守城などの実用面の研究も旧陸軍に引き継がれ、これに関連して士官学校などの教育機関では築城史の研究が行われた。陸軍では大日本築城史の編纂を計画し、明治四十一年（一九〇八）に稿本として『築城史料』を刊行した。更に陸軍省は昭和八年（一九三三）省内に本邦築城史編纂委員会を設置して本格的な築城史の編纂に着手した。部外の有識者では前記の鳥羽正雄や城戸久も協力したが、日中戦争、更に太平洋戦争の発生によって編纂作業は停滞し、太平洋戦争末期には戦局の悪化によって編纂も中止された。集められた資料や未完成の原稿は空襲で焼失したといわれる（註4）。

太平洋戦争後の昭和二十五年（一九五〇）に文化財保護法（法律第二一四号）が制定され、これまでの史蹟名勝天然紀念物保存法や国宝保存法は廃止された。新法のもとでも城跡は史跡や特別史跡、城郭建造物は国宝や重要文化財に指定されて保護され、指定のための調査や指定文化財の保存修理も行われた（註5）。これを所管する文化財保護委員会（後に文化庁に改組）において史跡調査に当たったのは黒板昌夫、建造物の調査に当ったのは服部勝吉の両文部技官であった。

しかしながら、占領下においては、過去の戦争に対する反省に加えアメリカ軍による占領政策の影響もあって軍事や封建制度に関係する研究が排斥されたので、城郭に対しても否定的な風潮が強く城郭研究に対する関心も低かった。しかし、昭和二十七年（一九五二）に我が国が独立を達成し、日本独自の文化や伝統に対する関心が高まると、堰を切ったように城郭に対する関心と興味が回復し、戦災で失われた城の天守を初めとする城郭建造物の復元や現存する建物の修復工事が盛んに行われ、いわゆる城ブームといわれる現象が起り、城郭研究に対する関心も高まった。戦後の城郭研究の特色としては、中世城郭の研究、特に考古学的研究に加えて、実地に城跡を踏査し、縄張図を作成してその構造を研究するいわゆる縄張研究が盛んになったことと、職業と無関係に趣味として城郭研究を行う一般市民の城郭研究者と城郭研究団体による研究活動が行われるようになったことが挙げられる。

城郭研究団体して最初に発足したのは、昭和三十一年（一九五六）に写真家の井上宗和が創立した日本城郭協会であった。同協会は、前記の大類伸、鳥羽正雄など著名な碩学を顧問に迎えて見学会や展覧会などを開催するとともに『日本城郭全集』などの城郭関係図書の出版を行い、機関誌として『城郭』を刊行した。城郭に関心を持つ多くの人々が入会し、近畿、東海、東北に支部が置かれ、また下部組織として城郭研究に関心を持つ学生たちにより学生研究会が結成された。時期を同じくして、地方においても関西城郭研究会、東海古城研究会など城郭の研究を目的とする団体が相次いで発足した。

日本城郭協会は、昭和四十二年（一九六七）に文部大臣から財団法人としての設立を許可されたが、そのころから代表の井上氏の運営に対する会員の批判が強まり、財団法人設立を名目に機関誌の『城郭』が廃刊になったこともあって多くの会員が協会を去り、学生研究会も日本城郭学生研究会として独立し、更に近畿支部の会員により日本古城友の会が結成されるなどしたため、協会の会員による研究活動は事実上停止してしまった（註6）。なお、学生研究会はその後、東西に分れ、東日本の研究者による中世城郭研究会と西日本の研究者による城郭談話会にそれぞれ発展した。昭和五十九年（一九八四）から中世城郭研究会が主催し、城郭談話会などが協力する「全国城郭研究者セミナー」が、毎年夏に東京と地方で交互に開催され、城郭研究者の研究発表と情報交換の場として機能している（註7）。

二　海津氏と関西城郭研究会

海津氏が城郭研究者として本格的に活動するようになったのは、昭和三十八年（一九六三）関西城郭研究会（以下「関城研」と略す）に入会してからである。海津氏は前年の同三十七年に日本城郭協会に入会したが、多くの会員と同じように同会が機関誌の『城郭』を廃刊したのを契機として同会を退会した（註8）。

関城研は、画家の荻原信一（一九〇八―一九七五）を囲む城好きの人々によって昭和三十七年に設立されたもので、地方における城郭研究団体の草分け的存在であった。荻原氏は、雅号を一青という尼崎市出身の画家で、各地の城を訪ねて城を描き、特に城を在りし日の姿に描いて再現することに努めた。戦災による被害などで家業の書籍業が立ち行かなくなり、日雇労務者や露天商などとして働きながらも城を描き続け〝城を描くニコヨン画家〟として知られた（註9）。

関城研が飛躍的に発展したのは、翌三十八年一月に創立一周年記念として、大丸神戸店で荻原一青作品展「日本名城画展」を開催したことである。展覧会は世間の注目を集め、その入場者の中から入会する者が相次ぎ、同年五月には会員は一六四名にのぼった（註10）。当時尼崎市に居住していた海津氏もこの展覧会を見に行ったことがきっかけになって関城研に入会した（註11）。関城研では急速な会員増加に鑑み新たな会則を制定し、同年六月一日から実施したが、新会則では、会の目的として「この会は、日本の城郭及び陣屋を研究することを目的とし、埋もれたものに対しては特に顕彰をするように努めると共に、会員相互の親睦を図り、城郭に関する興味と関心が一段と深まるよう努めます」（第二条）と規定し、事業として、「毎月一回見学会（原則として第四日曜日）を開催すること、機関誌『城』を毎月一回発行すること、研究会、講演会、展覧会、座談会などを随時、開催すること、城郭に関する資料の収集と発表を行うこと」（第三条）を規定していた（註12）。

関城研は、最初は機関誌として「城研ニュース」を発行していたが、新会則に従い同年六月に機関誌『城』を創刊した。毎月の見学会も多くの参加者を集めて順調に発展した。会員の増加につれて運営メンバーも入れ替わったので、次第に当初の荻原氏を囲むファンの会から脱却し見学会を主体とする研究会に変貌していった。

海津氏は、入会後まもなく頭角を現し、昭和四十二年（一九六七）二月、初代会長岡久雄氏の退任に伴う組織変更により幹事となり、翌四十三年四月、空席であった会長に岸田卯之助氏が就任すると同氏の推薦で副会長となった（註13）。海津氏は、副会長として会務運営に当たる傍ら多くの論考を発表し、また後述するように伊賀上野城の石垣符号を発見するなどの業績を挙げて次第に関城研を代表する研究家として認められるようになった。関城研の運営の中心となったのは海津氏のほか上川利治、山崎義隆の両氏で、上川氏が機関誌の編集を、山崎氏は事務局をそれぞれ担当した。当時の関城研について、昭和四十八年（一九七三）八月発行の「全城協」第一号は「会長の岸田卯之助氏を中心に、事務局長山崎義隆氏、編集長上川利治氏に加えて石垣符号の発見、さらには各種の幅広い研究を続けられている副会長海津栄太郎氏らによる連合内閣制といった性格をも持つグループで、そこには『新しい面からの城郭』を共通の目標として活動しようとしている姿がある」と評している（註14）。

海津氏は昭和六十年（一九八五）七月に会長の岸田氏が逝去すると第三代の会長に就任し（註15）、平成十四年（二〇〇二）十二月に退任する（註16）まで実に十七年間にわたって会長として関城研の運営に尽力した。なお、上川、山崎両氏は海津氏が会長に就任した後も上川氏は副会長、山崎氏は常任幹事（事務局担当）として海津氏を助けて活動されていた。

三　初期の研究—大和の近世城郭と陣屋の考察—

海津氏が、城郭に関する論考を発表するようになったのは関城研に入会してからである。

関城研は、前述したように活動の主体を見学会においていたから、機関誌『城』も当初は見学会の参考資料として編集されていた。海津氏も見学会の当番幹事として見学の日程、コースの選定、見学の案内と解説の執筆を担当することになったので、最初は担当する城郭・陣屋の解説をいわば義務的に執筆していたのである（註17）。海津氏が最初に執筆した論考は、『城』第三七号（昭和四十二年五月発行）に載せた「大和高取城」であった。その後も海津氏と大和の城郭・陣屋の関係は続き、見学会の担当幹事として『城』第四六号に「大和柳本陣屋」、『城』第五九号に「大和・郡山城」、「環濠集落」、『城』第六九号に「大和柳生」をそれぞれ執筆した。このようにして城郭・陣屋を訪ねるうち海津氏は、強い探求心を持って緻密な観察を行い、対象となる城郭の特徴を把握し、問題点を発見するようになった。

海津氏が単なる解説にとどまらず遺構の綿密な調査を基本とする研究成果を発表する嚆矢となったのが、前記『城』第五九号（昭和四十四年九月発行）に載せた「大和・郡山城—主として転用材の検討」である。郡山城については、現存する遺構は豊臣秀長により築かれたとされ、石垣に組み込まれている多くの石仏・石塔などは、用材の不足を補うことに加えて、それまで大和を支配していた南都の大寺院に対する抑圧や権勢誇示等の目的から掠取したと解釈されていたのであるが、海津氏は、自ら作成した天守台の実測平面図に基づき、「この夥しい石仏石塔礎石の転用が築城用石材の不足を補うためのみにおわり、他に何の意味もないものとして片付けてしまうことはできない」（註18）と判断し、転用石塔の配置場所について、梵地面を表に出しているのは明石城、篠山城、彦根城などに見られるもので、魔除けとか鎮魂目的とも思われ、また大天守台東北角に置かれた俗に平城京羅城門の礎石といわれている大きな凝灰岩製の礎石三個についても鬼門の押さえではないかとも考えられると指摘している。これはいわば試行的な提言にとどまったが、海津氏は続いて郡山城と同じく豊臣秀長の持ち城であり、築城についても関連が深かったと思われる前掲の高取城について、実地調査をして本丸の詳細な実測図を作成し、鳥羽正雄博士の古希を記念して昭和四十四年（一九六九）十二月に刊行された『日本城郭史論叢』（鳥羽正雄博士古希記念論文集編纂委員会編・雄山閣刊）に「大和高取城―主として石材転用材の伝承に基づく推定―」を寄せた。そして高取城を郡山城と比較し、前者については、用材不足を補うために石舞台古墳、鬼の俎板、弘法大師の書を刻んだ益田池の碑などの飛鳥地方の古代遺跡の石造物を転用し、あるいは転用を図ったとの言い伝えが多数あるが、同城の石垣を見ても、転用材と見られる石はあるものの、伝承による転用材と認められるものは皆無にひとしい。他方、後者については、石垣に組み込まれている石仏、石塔、礎石の類が多く目に付くものの、個々の石材については、僅かに「伝羅城門礎石」のみが異論もあるがその原籍が推定されるだけで、他の多くの転用材についてはその故郷が分かるものは殆んどなく、特定の寺院で石材を掠取された証拠を残すのは多聞院と薬師寺（その他唐招提寺について可能性がある）くらいに留まる。いうならばまったく逆の状態になっていることを指摘している。

　一方、関城研でも鳥羽正雄博士の古希を記念して、『城』第六〇号（昭和四十五年（一九七〇）一月発行）「鳥羽正雄先生古希記念論集」を刊行した。海津氏は同誌に「城郭と街道―一例としての大阪・郡山両城と奈良街道―」を載せ、豊臣秀吉の構築にかかる大坂城と、その東方を防衛することが主たる任務であったと伝えられる郡山城との間を行き来する際に使われた暗越《くらがりごえ》奈良街道（生駒山系の暗峠を越えるもので、奈良・大坂を結ぶ街道の中での最も距離が短い）について、徳川家康が大坂夏の陣に際して勢力下にある郡山城を前進拠点とせず、暗越奈良街道自体も大坂侵攻の通路としなかった理由について論述している。

　海津氏の大和の城郭・陣屋の研究については、関城研内部でも高く評価され、単行本として刊行することを薦められた。海津氏は旧稿を書き改めたうえ、新たに小泉陣屋、新庄・櫛羅陣屋、田原本陣屋の項を書き加え『大和の近世城郭と陣屋』を執筆した。同書は関城研から結成十五周年記念行事として昭和五十一年（一九七八）に刊行された。更に海津氏は同書の編集に際し掲載しなかった写真を中心に大和諸藩の武鑑、城郭・陣屋の絵図等に説明を付して『大和の近世城郭と陣屋写真集』と題して同五十八年（一九八三）に関城研から刊行した。掲載した写真は昭和三十年代から五十年代まで約二十年にわたって撮影されたものであるが、写された陣屋遺構や移築建物はその後の改築や火災で失われたものもあり、現在では貴重な資料になっている。

四　研究の発展―多方面にわたる研究―

　このように研究を重ねるうち、海津氏は、次第に個々の城郭にとどまらず、多角的な視点から城郭研究を進め、機関誌『城』に「城下町と庶民」（第五〇号）、「城郭と火器」（第五一号）などの論考を載せている。

　海津氏の緻密な観察眼が成果を収めたのは昭和四十四年（一九六九）三月二十三日の伊賀上野城見学会であった。伊賀上野城ではそれまで石垣に符号や刻印はないものと信じられていたのであるが、海津氏が北面の堀に面した本丸の高石垣を双眼鏡で調べているうちに堀の水面から上部に近い所までほぼ一見間隔で五から十二までの数字が刻まれているのを発見した。その後、東北角、西、南の三カ所にも同様な数字が刻まれているのが発見された。更に日本古城友の会の藤井重夫氏らが調査したところ、字の間隔は約一・八mで旧尺の一間に相当し、旧藩主藤堂家の記録『公室年譜略』等に石垣の高さ十五間とある記載と一致することが判明した（註19）。海津氏自身は『城』第八四号（昭和四十九年四月発行）の「伊賀上野城探訪の栞」の中でこの符号を刻んだ目的は石積みの順序を示すためか、あるいは石垣の勾配を調整するためのものであろうが、「結論は急がずにおこう」としている。この発見は新聞にも大きく報道されて世間の注目を集め、多年伊賀上野城の研究に当たってきた地元の郷土史家をして「他所の人に発見してもらったのは永年の不覚であった」と言わしめた。海津氏の発見に刺激されて以後伊賀上野城では転用石材の発見が相次いだという（註20）。また、翌四十五年（一八七〇）三月一日に開催された鳥羽正雄博士古希記念出版祝賀会に出席するために上京した際に江戸城を訪れ、北の丸清水門脇の角石垣に「五目」と刻まれた石を発見している（註21）。今日では江戸城石垣の研究も進んでこの銘石のことも知られているが、当時はこのことを知る人はいなかった。

城郭研究家としての海津氏の名は次第に世間に知られるようになり、昭和四十六年（一九七一）十二月から雑誌『大阪手帖』に「古城遊記」の連載を始めた。そして、同誌の主催者内田克己氏の逝去により同五十四年（一九七九）に同誌が廃刊になるまで、七年余にわたり毎月城に関する随想を執筆した。その回数は第一回の大和郡山城から最終回の出石城まで七十八回にのぼるが、海津氏の回想では江戸城と池田城の原稿が未発表のまま、それに伊丹城の原稿が書きかけで残ったということである（註22）。対象となった古城の大半は近世城郭と陣屋であるが、醒ヶ井遺跡、神籠石、水城、西日本の古代山城や東北の城柵などの古代城郭や遺跡、元寇防塁や千早・赤坂城などの中世の城塁、西宮砲台などの最近世の築城なども見られ、海津氏の幅広い研究が偲ばれるものである。また昭和六十年（一九八五）七月には朝日カルチャーセンター神戸開設記念・特別講座として行われた公開講座「日本の城」に北垣聰一郎氏と共に講師として出講した（註23）。勤務先の中山製鋼所においても、歴史に関心を持つ社員を集めて史跡巡りを行い、『中山製鋼健保ニュース』に「史跡散歩の栞」を三十回余りにわたり連載するなど精力的に活動している。

海津氏の城郭研究は多方面にわたる。研究対象の多くは近世城郭であるが、古代や中世の城郭についても強い関心を持って考究を重ねた。

古代遺跡に関するものとしては、郷里彦根に程近い醒ヶ井《さめがい》列石遺構の研究がある。醒ヶ井列石遺構は、滋賀県米原市醒ヶ井と同市多和田にまたがる兜《かぶと》黛山の山頂に存在するほぼ楕円形の列石遺構で、この付近は古代豪族息長《おきなが》氏の根拠地といわれる。また山の下には東山道が通じ、壬申の乱のときにはここで息長横河の戦いが行われた。この列石については、明治三十年代から大正初年にかけて考古学者や歴史学者の間で展開されたいわゆる神籠石論争に関連して地元の歴史家中川泉三が注目し、明治四十三年（一九一〇）に考古学者の高橋健自の協力を得て調査し、雑誌『歴史地理』や『考古学雑誌』で紹介した。その後、歴史学者の藤井甚太郎、喜田貞吉、考古学者の谷井濟一《やつい》らが実地調査をしたが、神籠石論争で神域説を採った藤井や喜田は古代山城説を主張し、城砦説を採った谷井がこれを否定するなど、結論が出ないままに推移し、太平洋戦争後は朝鮮式山城説や高地性集落説も主張されている。海津氏は『城』第一二一号（昭和六十一年〈一九八六〉三月発行）に「醒ヶ井列石遺構」を発表して、これまでの学説を紹介するとともに実地踏査の結果に基づいて所在場所の誤認等を指摘し、これまでの諸氏による学説について疑問を提示し、これらの疑問が解明されなければ断定は不可能であると結論付けている。ほぼこれと期を一にして近江町史談会と息長氏研究会による同遺跡の実地調査が始められ、また列石遺構に対して再考を促した中井均氏の「醒井神籠石雑考」が『滋賀考古学論叢』に掲載されるなど、同遺跡に対する関心が高まった。NHKでも翌六十二年三月十八日放映のニュースワイドきんきで「謎の列石群」と題して同遺構について報道し、その際に海津氏は現地でインタビューを受けた。同番組では同遺跡をめぐる高橋誠一滋賀大学教授の古代山城説、郷土史家長谷川銀蔵氏の中世山城説、村田修三奈良女子大学助教授（当時）の江戸時代の鹿垣類説なども紹介されたので、海津氏は『城』第一二四号（同年十月発行）に「醒ヶ井列石遺構―補遺・論考と参考文献―」にこの報道内容を筆録して紹介するとともに同遺跡に関するこれまでの論考や新聞記事を併せて掲載した。

中世城郭に関する研究の例としては、『城』第六五号（昭和四十五年〈一九七〇〉五月発行）に載せた「千早・赤坂城」がある。楠木氏の築城については、大正七年（一九一八）地元の研究者大熊権平が『史学雑誌』第二九編第一一号に掲載した「河内金剛山城砦考」において、金剛山一帯の楠木氏の城砦は規模雄大で綿密に構成された大要塞であり、近代兵学の粋と一致するとして賞賛した。この説は楠木正成を崇拝する軍人たちの強い支持を得て、以後これを補強する論考が次々に現れ、いわゆる金剛山大要塞説が形成された。陸軍工兵中佐林部與吉は、昭和八年（一九三三）に『皆行社記事』第七〇四号に発表した「楠公築城論」において、千早城と周辺の古城跡を近代の要塞構築法を当てはめて構成したものとしてこれを批判し、いわゆる楠木氏の支城とされる城砦は後世のものと判別できないものが多く、またいわゆる大要塞を構成する城砦群を維持するためには数万の兵力を要する上にこれらの前進拠点で戦闘が行われた形跡もないこと、史実による限り楠木氏の城砦としては楠木本城（赤坂城）と詰の城の千早城しかなく、金剛山を防御のブロックとし、大手の河内方面では赤坂城を中堅とし、千早城を最後の拠点とし、背後の搦め手は地形の急峻なのと金剛山山頂の金剛山寺を中心とする修験道の諸寺によって守られ、また吉野と連絡して物資の補給を確保したものと指摘した。海津氏は関城研の千早・赤坂城見学の担当幹事として執筆した前記の論考において、林部説を支持して楠木氏の兵力、下赤坂城、上赤坂城、千早城について記述し、あとがきに代えて楠木氏の菩提寺である観心寺が本尊の国宝如意輪観音像と共に戦火を免れた背景に楠木正成と足利尊氏の交流関係があったと推測している。なお、海津氏は、平成八年（一九九六）六月十一日に放映されたNHK・堂々日本史「篭城一〇〇日千早城遂に落ちず―楠木正成の大戦略―」の編集にも協力している（註24）。

近代の築城に関するものとしては、没後の平成十九年（二〇〇七）に刊行された『由良要塞・大阪湾防御の近代築城遺跡1』（近代築城遺跡研究会）に載せた「紀淡海峡『由良要塞』の概要」がある。旧陸軍が大阪湾と瀬戸内海への敵国艦船の侵入を阻止する目的で淡路島を挟む紀淡海峡と鳴門海峡の沿岸と島嶼に築いた由良要塞について、関城研が平成十一年（一九九九）九月と翌十二年九月に友ヶ島と深山地区の砲台跡の見学会を開催した際、その参考資料として作成したもので、築城経緯の概要、日露戦役における戦備作業、要塞砲台の完成、要塞整理、支那事変勃発以降の状況について概説すると共に歴代の重砲兵聯隊長の名簿等の資料を添付している。

五　ライフワークとしての彦根城の研究

1　彦根城の研究史

しかし、海津氏が最も関心を寄せていたのは、幼いときから親しんだ郷里の彦根城であった。彦根城の研究こそ海津氏のライフワークであったと言ってよいであろう。彦根城は関ヶ原の戦いのあと徳川家康が西軍の首脳石田三成の旧領を家臣の井伊直政に与え、その居城の地として石田氏の佐和山城を廃して新たに彦根山を選び、大坂城に拠る豊臣秀頼に対する押さえとするべく諸大名に助役させ、いわゆる天下普請により築城させたものであったが、助役した諸大名はほかの天下普請による築城とは異なり、家門や譜代大名が主体であった。また天守をはじめ建物には大津城や長浜城など近傍の廃城から移築した伝承を持つものが多い。城主となった井伊氏は他の徳川譜代の家臣と違って三河出身ではなく、駿河国の井伊谷を本拠とする由緒ある家柄であったが戦国末に没落し、藩祖の直政が家康に仕えて甲斐の武田氏との戦いに勲功を挙げ、武田氏の滅亡後は遺臣の多くを配下に付与されたので「井伊の赤備」といわれる精強な家臣団が形成された。彦根城の縄張りをした早川幸豊も武田氏の旧臣であった。直政の子直孝も大坂の陣で戦功を挙げたので、井伊氏は譜代大名としては他に例のない三十万石の大大名になった。歴代の城主も大老として幕政に関与したものが五名にのぼり、特に幕末の城主井伊直弼は開国を決断したことで知られている。また譜代大名の城でありながら城主の移動がなく明治維新まで井伊氏の居城であった。廃藩後も極めて幸運で、存城として陸軍省の管轄下に残り、しかも建物を取り壊していたときに明治天皇の北陸東海行幸に逢い、城郭建築保存の必要性を認めていた参議大隈重信の尽力によって天皇から保存のご沙汰があり、天守はじめ主要な建物が取り壊しを免れた。

ところで、彦根城については、既に明治時代に旧彦根藩士中村不能斎による詳細な研究があった。維新後、旧彦根藩主の井伊家では、幕末の当主直弼が大老として勅許を得ずに日米修好通商条約を締結した違勅の罪で非業の最期を遂げたとの世間の批判をいつか晴らし正当な判断を得るべく文書・記録の蒐集を始めていた（註25）。藩史担当者としてその作業の中心人物であった中村不能斎は、明治十八年（一八八五）に小宮山綏介（註26）が『史学協会雑誌』第二六号に載せた「於安物語に謬ある説」で、彦根の地名は井伊氏以後のもので『於安物語』に彦根とあるのは佐和山の誤りとしているのを読んで強く反発した。彼にとって主君井伊直弼の命を奪った者たちと同じ水戸藩の旧藩士小宮山に彦根の地名を論難されたことは耐え難いことであったと思われる。中村は彦根の地名は甚だ古く、佐和山とは別個であることを論証すべく翌明治十九年に『史学協会雑誌』第二九号に反論を掲載し、これを更に削補校訂して東陽堂発行の『風俗画報』に四回にわたって掲載した「彦根山由来略」を補正して、彦根山の起源と彦根城の築城、更には明治維新以後の変遷を含む彦根城の沿革を記した『彦根山由来記』を著し（註27）、同書はその没後の明治四十三年（一九一〇）に不能斎の事業を引き継いだ嫡孫の中村勝麻呂によって校閲のうえ刊行された。『彦根山由来記』は井伊家に伝わる古文書を引用し、また沿革に留まらず築城費用、城郭の規模、建物の概要や由緒、樹木等についても記述し、付録として古写真、資料、絵図を掲載しており、彦根城研究に不可欠の文献として、その後の研究に大きな影響を与えた。海津氏も『彦根山由来記』を常に参照するとともに、著者の中村不能斎を研究の先達として著述では〝翁〟と尊称している。

その後、昭和に入ってからは、昭和十一年（一九三六）八月に名古屋高等工業学校校長兼教授土屋純一、同校助教授城戸久が天守を中心とする建造物を調査して実測図を作成し、同十三年（一九三八）に彦根城の沿革、城郭規模、実測図を含む天守現状、建設年代考にわたる詳細な「近江彦根城天守建築考」を『建築学会論文集』第九号に発表した。また、早稲田大学教授田邊泰は同十六年（一九四一）『日本建築』城郭編第一冊「彦根城」（彰国社刊）を著し、天守及び現存する建築物について解説しているほか、前記古川重春も前記『日本城郭考』の中に「彦根城」の一項目を立てて解説するなど建築史家による研究成果に加え、北野源治編『彦根城』（昭和十八年・彦根市立図書館発行）のように地元の研究者による著述もあった。戦後は、日本城郭協会が発行した『日本城郭全集』第六巻近畿篇では藤岡通夫による彦根城の解説を載せ、同協会発行の『彦根城とその周辺』にも詳細な解説があり、また城戸久著『彦根城』（中央公論美術出版・美術文化シリーズ）が刊行されるなど昭和三十年代後半から同四十年代初めにかけて、多くの出版物があった。加えて国や地方自治体によるものとしては、同城跡の史跡、更に特別史跡指定に伴って黒板昌夫文部技官による調査がなされ、その調査報告である「彦根城跡」（文化財保護委員会『史跡名勝天然記念物調査報告』第一集所収）があり、天守、天秤櫓、太鼓門、西の丸三重櫓、佐和口多聞櫓、馬屋などの現存する建造物については、天守は国宝に、その他の建物は重要文化財に指定されて保存修理が行われ、その際の調査結果については、滋賀県教育委員会によりそれぞれ修理工事報告書が編集され、彦根市刊行の『彦根市史』（中村直勝監修）の編纂の際にも史料の収集と検討がなされ、すべてが解明されていると思われていた（註28）。しかし、海津氏は、彦根城の研究をすすめるうち、緻密な観察眼もってこれまで先人が気づかなかった疑問点を次々に発見した。海津氏の後半生はこれらの疑問点の解明にあてられたと言っても過言ではない。

2　疑問点の指摘

海津氏が著した彦根城に関する最初の論考は、『城』第四四号（昭和四十三年〈一九六八〉二月発行）に掲載した「彦根城のいろは松」で、いわば随想というべきであるが、彦根城の名物で、美しい景観とされていた佐和口門外のいろは松について、古来築城家に城内からの眺望を妨げるとして忌まれていた堀端に植樹されている不思議さを指摘している。続いて、翌四十四年十二月の彦根城見学会の当番幹事として、『城』第六三号（同月発行）に「近江彦根城」（本書第一章「彦根城をめぐる疑問」と改題して掲載）を執筆した。これは海津氏の彦根城研究上の疑問点の指摘とこれに対する解明の意欲を示したもので、いわば彦根城研究の序文というべきものであった。この中で海津氏は、彦根城の疑問点として、第一は、築城開始時期について慶長八年説と同九年説があり、完成時期についても必ずしも明確ではないこと。第二は、築城の手伝いを命ぜられた七ヵ国十二大名について、工事の受け持ち区間が、徳川氏により築城された他の城のように明確ではなく、また彦根城の石垣には、ほかの城のような助役大名の刻印符号が見当たらないこと。第三は、天守をはじめ他城から移築されたとの伝承がある建造物について疑問が多く、狭間についても、外側から見えない構造の隠し狭間とそうでないものの二種があり、第一期工事と第二期工事により差異があるとも見られるが疑問があること、特に天守をはじめとする彦根城の建造物には石落しがないが、これは同時期に築かれた城郭と比較すると異例に属すること。第四は、城郭関係図書の彦根城に関する項目は、主として彦根藩士功刀《くのぎ》君《きみ》章《あき》によって編輯された『井伊年譜』を軸とし、中村不能斎の『彦根山由来記』に準拠して作成された通史的解説と城戸久らの調査報告を概ね源流として適宜組みかえながら紹介されてきたが、井伊年譜の原典は如何なるものであったか明らかにされていないことの諸点を指摘している。

続いて海津氏は、昭和四十七年（一九七二）五月三日、第一回全国城郭研究協議会総会において、研究発表として「石落しがない彦根城建造物について」を報告している。同月発行の『城郭ジャーナル』第一号に掲載された報告要旨には「何ゆえ石落しをつけなかったのか、というよりも石落しがなくとも防備上問題がなかったのか、もしくはそれにかわる装置を考案していたのか、この点を現存建造物について現状から究明してみたいのである」と記されており、このときは問題提起にとどまったようである（註29）。しかし、海津氏は『大阪手帖』第一九七号（昭和四十九年五月発行）に載せた「彦根城」（本書第六章「彦根城余話」二に掲載）において現存する天秤櫓、太鼓門、西の丸三重櫓、佐和口多聞櫓について、それぞれの建物について石落しを用いなかった理由を明らかにしている。また、同年六月の彦根城見学会の際には見学資料として「彦根城の植物」（本書第六章「彦根城余話」六に掲載）を執筆している。

3　基礎史料の調査と検討

一方、疑問点解明の前提として、史料の徹底的な調査の必要性を感じた海津氏は、まず基礎史料である『井伊年譜』の正確な内容を把握すべくその写本の蒐集に努めた。『井伊年譜』は、編輯者を「藩臣功刀君章子含編輯」とし、前記功刀君章が享保十五年（一七三〇）に編纂したものとされ、井伊家の家祖共保が寛弘七年（一〇一〇）庚戌年に遠江国引佐郡井伊谷の井戸から化現した話に始まり、七百二十年後の干支が六十回目になる享保十五年二月一日、七代藩主直惟《なおのぶ》が井戸の畔に建てた碑文を最終記事として終るもので、十巻からなるが、うち第二・第三巻が直政、第四巻から第八巻には直孝の事跡を記し、その大半をこの二人の事跡が占めている。同書は写本として伝えられたが、根拠とした資料が不明であり、成立年代が後年であることから史料として多少問題があるとして扱われていたのであるが、前述の「近江彦根城天守考」にも『彦根山由来記』と共に引用され、特に滋賀県教育委員会編『国宝彦根城天守・附櫓及び多聞櫓修理工事報告書』は天守の解体修理の際に発見された隅木にある墨書銘の記載が『井伊年譜』の慶長十一年に大工濱野喜兵衛が大津城天守を恰好仕直したとする記述を裏付けるものとしてその信憑性を評価した。しかし、同報告書も天守がいずれかの城の天守を移築したものと認めたものの移築先が大津城であることについてはなお疑問が残るとして断定を避けている。海津氏は、昭和十三年（一九三八）に前記土屋・城戸両氏の論文が掲載されている『建築学会論文集』第九号を彦根市立図書館で閲覧して『井伊年譜』の存在を知り、同図書館所蔵本二種のほか大阪府立中之島図書館所蔵本を閲覧筆写し、また大阪の百貨店で行われた古書即売会で海津氏の言ではチリ紙代用に積まれていた古紙の中から井伊年譜の異本『井伊家年譜附考』の写本を見つけて購入した。海津氏は『城』第一〇二号（昭和五十三年〈一九七八〉三月発行）に「彦根城旧記・井伊年譜（彦根築城関係記事）四種」を載せ、それまで確認ができた、海津氏所蔵、彦根市立図書館蔵（二種）、大阪府立中之島図書館蔵の四種類の『井伊年譜』について、その異同を論じている。

しかし、海津氏は、これらの写本はそれぞれ記載内容が異なることに疑問を持っていたところ、『国書総目録』により、『井伊年譜』の写本が旧藩主井伊家、京都大学図書館、西尾市立図書館岩瀬文庫に所蔵されており、岩瀬文庫には『井伊年譜』に加えて『彦根并古城往昔聞集書』が所蔵されていることを知った。更にその後、『井伊年譜』の写本は学習院大学図書館、国立国会図書館、東京大学史料編纂所にも所蔵されていることが判明したので、昭和六十二年（一九八七）までかかって、これらをすべて閲覧謄写した。その苦労の一端は、東海古城研究会の機関誌『城』創立三十周年記念号に載せた「岩瀬文庫の井伊年譜」（本書第六章「彦根城余話」四に掲載）に記されている。

このうち学習院大学図書館と東大史料編纂所所蔵本の謄写については、筆者も協力したので思い出深いものがある。

海津氏は各所にある『井伊年譜』写本の謄写に努めながら、中村家所蔵文書の中にあった『当御城建立覚書』を、また、関城研の会員であった田村紘一氏の協力により井伊直政の没後、後継者の直継（直勝）を補佐して彦根築城を指揮した木俣土佐守勝の手記『木俣土佐紀年自記』をそれぞれ謄写することができた。

このようにして収集した史料を比較検討した結果、海津氏は重大な発見をした。海津氏も当初は『井伊年譜』は功刀君章が著述したものと思っていた。ところが前記の『井伊家年譜附考』は全十三巻で、内容も起筆は年譜とほぼ同じであるが、最終記事は『井伊年譜』のそれより二十四年後の宝暦四年（一七五四）であり、しかも編輯者は「本藩諸士編次」となっていた。海津氏は初め『井伊家年譜附考』について、年譜を複数の藩士が校訂し、書き続けたものと考えたが、内容も例えば天秤櫓について、『井伊年譜』は「鐘丸廊下橋多聞櫓は長浜城大手門の由」とあるのに、『井伊家年譜附考』では「鐘丸廊下橋多聞櫓ハ長浜ノ大手ノ門也ト云ハ誤也」とまったく反対の見解が記載されているなど、筆致と格調がかなり異なっていたので探索を続けていたところ、京都大学図書館所蔵の『井伊年譜』は全十一巻で、最後の第十一巻の表紙は「井伊年譜」であるが、中身の標題は「井伊家年譜附考」で、編者は「本藩諸士編次」、起筆は『井伊年譜』の最終記事の翌日の享保十五年二月二日で、最終記事は海津氏所蔵の『井伊家年譜附考』より早い寛延二年（一七四九）となっていたので、同書が海津氏所蔵本の底本であるものと推定した。そして『井伊年譜』は功刀君章が先に成立していた『井伊家年譜附考』のいわゆる碑文日付までの部分を改編したものと判断した。また前掲以外の写本はいずれも『井伊年譜』の写本であるが、二種類あり、功刀公章が『井伊家年譜附考』にあまり手を加えていないもの、いわば初版と、それを更に増補校訂したものとが入り交じっていることが判明した。海津氏は前者を年譜一次本（年譜当初本）、後者を年譜二次本（年譜増補本）と名付けている。一方、年譜附考の彦根築城に関する記載の原典になったのが中村家文書の享保十二年六月十一日書写の日付がある『当御城建立覚書』で、岩瀬文庫所蔵の『彦根并古城往昔聞集書』は『当御城建立覚書』の後に享保十二年（一七二七）に藩主直惟の命で普請方が佐和山城に関する言い伝えを集めた復命書とされる『古城御山往昔咄聞集書』を付け合わせたものと認められた。

ところで、前記修理工事報告書が高く評価した『井伊年譜』の慶長十一年の天守完成記事について、海津氏自身が把握した『井伊年譜』および『井伊家年譜附考』併せて十一種を比較検討したところ、本文に「慶長十一年」と記したものは皆無で、ただ年譜二次本のうち四種のみが頭註または付箋に慶長十一年の条に「天守成就」と記していることが明らかになった。海津氏は、その理由を解体修理の際に天守三重の軒桁から「宝永元年甲申七月廿七日　慶長十一年より九十九年ニ」の墨書が発見されていることから、この墨書は宝永元年（一七〇四）の天守修理の際に大工が隅木の「慶長十一年」の墨書を発見して書き付けたものと推定し、功刀君章はその事を知らなかったものの、話を伝え聞いた藩士が年譜二次本を書写する際に頭注に記し、それを他の者が次々に書き継いで行ったと推定している。

また、『井伊年譜』が天守について関ヶ原戦で開城した大津城天守を移築したと記しながら「遂ニ落不申目出度殿守ノ由」

と矛盾した記述をしていることに関して、海津氏は「彦根城の諸問題」や「彦根城考察」（本書では「彦根城天守考察」と改題）で『井伊家年譜附考』やその原典である『当御城建立覚書』には「此御天守ニハ目出度物語有之由」とのみ記していることから功刀君章が『井伊家年譜附考』を改編するときに主家の名誉を思って付け加えたものと推定していたが、後に「彦根城の再検討」において、彦根城博物館編『彦根藩井伊家文書の世界』に掲載された元禄十年（一六九七）に井伊家から幕府へ提出された「御覚書」に「御天守ハ同国大津京極家の天守のよし申伝候　此天守は遂に落不申目出度天守の由　依上意被移之候由」とあることから功刀君章の『井伊家年譜附考』改編より前に井伊家の文書に「目出度天守」の語が記載されていること、功刀君章が『井伊家年譜附考』を『井伊年譜』に改編した理由について、『彦根城調査書』に五代将軍徳川綱吉のとき寵臣の柳澤吉保が彦根領を望んだが、四代藩主直興が築城伝承を記した『御覚書』を提出して家康と藩祖直政・直孝との強い絆による彦根城守護の任務を述べて拒否したことが記されており、『井伊年譜』の編輯は直興の子である七代藩主直惟が命じたとの見解があり、始祖の生誕七百二十年記念にかこつけて徳川と井伊との関係を更に中外に示す意図があったものと推定している。

他方、海津氏は、『井伊年譜』に関連して井伊系図の検討を始め、『城』第七四号（昭和四十七年一月発行）に「井伊系図の問題点―井伊谷古城群に関連して―」（本書第六章「彦根城余話」一に掲載）を執筆している。彦根藩主井伊家の系図は、井伊直孝に仕えた家老岡本半介が編纂したものを明治になってから別な資料に基づいて作成し直したといわれるが、海津氏は井伊氏の祖が藤原氏であるとする出自の不自然さを指摘し、更に岡本編纂の系図にはなく明治新選の系図に見える先祖が七代にものぼることについて、このうち道直以外の者は室町時代の当主で、特に通政、高顕が実在し南朝方として活躍したことを井伊氏の根拠地であった井伊谷の古城群に関連して実証し、以後の四代も恐らく後南朝に関係していたことから、北朝系の幕政下であることを憚って故意に抹殺したのであろうと推定している。

加えて、彦根城の前身ともいうべき佐和山城の研究を併せて進め、『城』第八〇号（昭和四十八年六月発行）に「佐和山城」を、続いて『城』第九六号（同五十一年十一月発行）には「佐和山城Ⅱ」をそれぞれ載せ、更に『城』第九八号（同年六月発行）に「佐和山城旧記」と題して佐和山城研究の基礎史料ともいうべき『古城御山往昔咄聞集書』『古城山往昔之物語聞書』「佐和山古城之図」・「彦根古絵図」を載せている。

4　研究成果の発表

海津氏が本格的に彦根城の研究成果の発表を始めたのは、昭和五十五年（一九七〇）からである。恐らく前述の『大阪手帖』が前年に廃刊となり、毎月書き続けていた「古城遊記」執筆の負担から開放されたこともあったのであろう。まず、第一の問題点である築城着手時期について、同年十二月発行の『城』第一〇八号に「彦根築城着工慶長八年説について」、「彦根築城着工慶長九年説について」の二論文を載せ、それぞれの根拠について文書や史料を検討して論じている。続いて、翌五十六年三月発行の『城』第一〇九号に「彦根築城着工慶長八年九年説について（Ⅱ）」（以上三稿は本書第二章「彦根築城着工慶長八年・九年説について」として掲載）を発表し、『徳川実紀』の記述、特に実紀が通説の助役十二大名でなく十五大名説を採っていることを検討し、更に明治以後の彦根城に関係する研究、解説、案内書の取り扱いを紹介した上で、彦根築城着手年次については「慶長八年説とするものは準備工事着手、慶長九年とするものは本格工事着手をあらわすものであったと判断しておきたい」と結論付けている。

こうして研究の第一段階について区切りをつけたこともあってか、その後しばらく彦根城に関する研究発表はなかった。ただ昭和六十年（一九八五）六月発行の『彦根郷土史研究』（彦根史談会）第二〇・二一合併号に「彦根築城記録の問題点」を載せているが、これは前掲の『城』第一〇八・一〇九号を骨子としたものである。

平成二年（一九九〇）には、東海古城研究会の機関誌『城』創立三十周年記念号（第一三三・一三四合併号・同年一月発行）に前述した「岩瀬文庫の井伊年譜」を載せている。次いで『滋賀県地方史研究紀要』第一四号（同年三月発行）に「彦根城西ノ丸三重櫓―小谷城からの移設伝承について―」（本書第四章「彦根城の建築」三に掲載）を発表し、移設伝承を持つ西の丸三重櫓について検討し、その根拠とする諸文献を検討して移設伝承の発生時期が必ずしも古くないこと、現存する櫓について解体修理の際に瓦から寛永十年（一六三三）の箆書が発見されたことから築城当時から存在したとする見解について、瓦のみで判断するのは危険であると指摘している。

海津氏が、再び彦根城の研究についてまとまった論考を発表したのは平成五年（一九九三）で、『城』第一四一号（同年一月発行）、第一四二号（同年五月発行）に載せた「彦根城の諸問題⑴」及び「彦根城の諸問題⑵」（以上二稿は本書第三章に掲載）である。これは前記「近江彦根城」で指摘した問題点を更に拡充して詳述したもので、築城の経緯、関連する記録・古文書、助役大名と幕府派遣の普請奉行、用材を入手した古城、移築伝承、構造上の問題など全部で三十項目にのぼる問題点を指摘して解説している。海津氏は、緒言で彦根城の研究に中村不能斎の『彦根山由来記』が大きな影響を与えているとして、『彦根山由来記』に佐和山城から磯山への移築計画を彦根山へ変更したという意味で「磯山を改めて彦根山とし」とある記述を古川重春が誤読して前記『日本城郭考』に「磯山を改めて彦根山と称し」と山の名を改称したと記述し、これに続いて田邊泰も前記『日本建築』城郭篇第一冊「彦根城」で同様の誤りを犯していることを指摘している。

平成六年（一九九四）には東海古城研究会機関誌『城』第一五〇号記念号（同年二月発行）に「岩瀬文庫の『彦根并古城往昔聞集書』―大津城天守の彦根移建説―」（本書第六章「彦根城余話」五に掲載）を載せている。

海津氏に不幸が襲ったのは平成七年（一九九五）一月十七日に発生した阪神淡路大震災であった。この震災で近畿地方在住の関城研の関係者も上川副会長の夫人が亡くなられるなど多くの方が被害を受けたが、海津氏も大阪府池田市のご自宅において、倒れかかる箪笥から夫人を守ろうとして無理な姿勢で箪笥を支えたために背骨を痛めた。そのため、以後は身体が不自由となって、山城の見学会の際には登山が困難なためにひとり山下で待っておられたこともあった。

しかし、海津氏の彦根城研究への熱意は衰えなかった。平成九年（一九九七）『城』第一六三号（同年十二月発行）に「彦根城の諸問題(3)—旧記と古図にみる建築物の規模について—」（本書第四章「彦根城の建築」一旧記と古図にみる建築物の規模についてとして掲載）を載せている。本稿の標題は彦根城の諸問題であるが、副題にもあるように(1)(2)とはまったく形式が異なり、内堀以内のいわゆる第一郭に現存する天守、太鼓門、西の丸三重櫓、天秤櫓と付属の建造物について前記『彦根山由来記』付録の「城中建物覚書」と「彦根城図」並びに滋賀県教育委員会による各建物の修理工事報告書等を参照しながら検討したものである。海津氏は第二郭内に現存する佐和口多聞櫓、馬屋と現存しない建築物等については「次回以降で触れることとしたい」としていたが、その続稿は発表されなかった。恐らく現存しない建築物の規模内容について納得がいくだけの資料を得られなかったためと思われる。

その後、彦根城については平成十二年（二〇〇〇）に雑誌『歴史と旅』十月号総力特集「城物語」に「彦根城—後堅固で前に平地を持つ適地—」（本書第六章「彦根城余話」三に掲載）を載せているのみで、しばらく論考の発表はなかった。

海津氏が再び彦根城に関する論考を著したのは、約四年後の平成十三年（二〇〇一）で、『城』第一七八号（同年七月発行）、『城』第一七九号（同年十二月発行）、同第一八四号（同十四年十二月発行）に『彦根城考察—絵図と古写真および文献による—』(1)ないし(3)を発表した。これは文献に加えてこれまであまり研究対象とされなかった絵図と廃藩置県後に撮影された古写真を基に解明を図ったものである。

「彦根城考察」のうち(1)は使用した古図と古写真の検討である（本書第五章「絵図と古写真にみる彦根城」と改題して掲載）。彦根城の古写真については、これまで『彦根山由来記』、北野源治編『彦根城』（写真は彦根市立図書館蔵）、『史跡名勝天然記念物調査報告』第一集（写真は木俣家蔵）に掲載された三種のものが知られていたが、撮影者は不明で、撮影時期については彦根山由来記に明治九年五月の撮影とあるのみで、他の古写真について明らかでなかった。海津氏は撮影されている表門口が井伊家の紋幕で飾られていることからいずれも明治九年（一八七六）五月に行われた彦根城大博覧会の折に撮影されたことを明らかにし、またガラス原版を納めている桐箱の記載により撮影者は旧彦根藩士の田中左門であることを立証している。次に(2)(3)（本書第四章「彦根城の建築」二彦根城天守考察と改題して掲載）は「天守」の考察である。このうち(2)は1天守移設伝承の検討、2天守修理工事に伴う復元、3天守付属建物撤去の時期の三点について検討を加えている。天守が大津城天守を移設したとの伝承については、伝承を記載した文献資料や先人の研究、解体修理の成果等を詳細に検討し、現時点の判断として「移築を証明する確実な物証がないとはいえ、状況判断をもってすれば、現存する彦根城天守の前身建物は大津城天守よりほかに求められない」としてこれを肯定している。また昭和三十二年（一九五七）から同三十五年までの天守の解体修理に伴い、太鼓門石垣や天守台石垣から金箔張り鯱瓦の断片が発見されたことから、これまでの鯱瓦を金鯱に直したことについて検討し、鯱瓦が金箔押しであることを記した記録はなく、発見された金鯱瓦の破片は大津城天守のもので、何らかの理由で石材と共に彦根城に運ばれ、天守台と太鼓門石垣用の栗石に混入したものであろうと推定している。次に(3)は天守およびこれと一群をなす附櫓、付属多聞櫓の概要と狭間の配置について検討しており、現存する天守玄関は天守と柱間が異なり、また天守北側狭間三個が玄関の屋根に邪魔されて射撃効果がないことから、玄関は天守完成時にはなく後世付設された疑いがあるとしている。更に天守の狭間配置について詳細に検討し、実戦に際して配備される銃手や発射可能な銃弾数等を明らかにいる。また、彦根城天守は移築の際に全くといってよいほど格好直しをして壁面にも礫を込めて銃弾の貫通を防ぐ手立てをしているほか、石落しを設けなかったのも理由があり、破風内に多くの隠狭間を設けていることを述べて、石落しがなく、外見的には狭間が少なく、破風が多いことをもって防備が手薄で装飾過多であるとしている建築史家の批判は皮相な見解であると指摘している。

海津氏は「彦根城考察」(3)を載せた『城』第一八四号の刊行と時期を同じくして平成十四年十二月に関西城郭研究会の会長を退任している。そのころには長年海津氏を補佐して会務に尽力した上川、山崎両氏も既に他界されるなど、よき同志であった会員の人々にも物故者が目立ち、身辺次第に寂寥を加えたうえ、高齢でもあって関城研の運営に当たることが困難になったので、「彦根城考察」の発表によって長年研究してきた彦根城の問題点の解明がほぼ終ったのを機会に会長を退任されたのであろう。

しかし、その後も、海津氏の彦根城研究は続いた。城郭談話会が『近江佐和山城・彦根城』の刊行を計画すると同書のために「彦根城の再検討―築城の経緯、移設建築物、鐘の丸の縄張等について―」、「文化十一甲戌年六月改正御城内御絵図―彦根山由来記附録〈彦根城図〉との比較―」、「明治維新以降の彦根城関連略年表」の三編を執筆している。しかし海津氏は同書の刊行を見ることなく平成十八年（二〇〇六）七月に八十三歳で逝去された。没後に刊行された『近江佐和山城・彦根城』（サンライズ出版）に掲載された遺稿のうち「彦根城の再検討」は海津氏による彦根城研究の最後を飾るものである。全体的にはこれまで発表した論考を補充する内容であるが、『井伊年譜』と『井伊家年譜附考』との関係、年譜成立の経緯やその背景等について概説し、移築伝承をもつ建造物の中でこれまで詳細な検討をしなかった天秤櫓について、滋賀県教育委員会編『重要文化財彦根城天秤櫓・太鼓門及続櫓修理工事報告書』が天秤櫓を慶長造営で長浜城大手門を移築したものと結論付けていることを批判し、長浜城が廃城になったのは元和元年（一六一五）であり、同報告書がその根拠の一として挙げている屋根の棟端の鬼板に長浜城主であった内藤家の定紋である上り藤の紋瓦が使用されていることについて、内藤家の定紋は下り藤であり、隅鬼板に明治二十五年（一八九二）の箆書きがあるものが発見されていることから、上り藤の紋瓦は明治二十五年の修理の際に瓦師が間違えて作ったものであろうと推定して、天秤櫓は『井伊家年譜附考』の記述等から慶長の第一期工事の際に大津城の遺材を移築し、元和の第二期工事で長浜城の遺材で両翼の二重櫓を増設したので、その名の由来の「上皿天秤」を連想させる形になったと判断している。

　海津氏について惜しまれるのは、半生を費やして収集し検討に努めた『井伊年譜』とその母体である『井伊家年譜附考』について、前述したようにほぼその全容を解明しながら前記『城』第一〇二号「彦根城旧記・井伊年譜（彦根城関係記事）四種」において、その一部の内容を明らかにしたのみで、そのすべての内容と検討結果の公表をしないまま他界されたことである。海津氏は前掲「彦根城の再検討」の中で『井伊年譜』には「年譜当初本」と「年譜増補本」のほかに「年譜古態本」の存在も考えられるとしているので、「年譜古態本」の有無を確認した上で論考をまとめられる意図であったかとも思われるが残念なことであった。

むすび

　海津榮太郎氏による城郭研究の特色としては、飽くなき探究心、緻密な観察と綿密な史料の分析、権威に盲従しない自尊心の三点を挙げることができる。また、軍事に関する造詣が深かった。我が国の近世城郭は、江戸時代が太平の世であったことから戊辰戦争や西南戦争に遭遇した一部の城を除くと戦火にさらされたことがない。そのため城の本質が軍事施設であることはともすれば忘れられがちである。城を訪ねる人の多くはその美しさに感嘆し、また城をめぐる数々の物語に心を馳せるが、城が実戦に臨んだときの状況に思いをいたす人は少ない。海津氏は学生時代に軍事教練を受け、ご自身も終戦直前に短期間ながら陸軍で兵役に服されたことがある由で、銃器を扱った経験があることから、城郭が戦闘に使われた場合の状況についてその適否を的確に判断することができた。彦根城になぜ石落しがなかったのか具体的に論証し、また天守内部に配置し得る銃手の数を狭間数から的確に算出して、一分間に発射可能な銃弾数とそのために生じる硝煙の処理についても言及しているのはその好例である。

　ご自身の研究に努められるのみではなく城郭研究の先輩として後進の指導にも熱心であった。関城研の会員のために「城郭用語の手引」（『城』第八三号）、「城郭用語の手引Ⅱ」（『城』第九七号）などの資料を執筆されている。また城郭談話会の会員とも親しく、同会が十周年と二十周年記念に刊行した『城郭研究の軌跡と展望』Ⅰ・Ⅱに「城跡探索余話」を寄せている。没後に城郭談話会から刊行された『海津栄太郎さん追悼文集』には多くの研究者がその人柄を偲び思い出を語っている。私事に言及して恐縮であるが、筆者は家内の友人が海津氏の知人であったことから同氏と知り合い三十七年にわたって親しく交際し、共に多くの城を探訪した。海津氏には城郭研究について多くのことを教えられ、また助力を戴いた。本書の補註でたびたび引用した大坂城のスクラップブック二冊は、昭和二十五年（一九五〇）から同六十年（一九八五）までの大坂城関係の新聞記事を画用紙や原稿用紙に丹念に貼り付けた手作りの貴重な資料であったが、昭和六十年夏に海津氏と大坂城を探訪したとき「コピーを取ったからいらない」と言われて頂戴した。特に感謝すべきことは筆者に城郭研究史の重要性を指摘されてその研究を勧められ、その資料収集に助力を惜しまれなかったことである（註30）。

晩年の海津氏の研究に彩りを添えたのは、郷里彦根市在住の歴史に関心を持つ女性たちが作った彦根地歴グループの指導を引き受けられたことである。彦根地歴グループは、昭和五十三年（一九七八）九月に郷土史家久保田弥一郎氏を指導者として発足したもので、海津氏は同五十九年三月に久保田氏が逝去されたあとを受けて顧問に就任した。海津氏自身「おばちゃん学級」と愛称して指導を楽しんでおられたが、その指導は極めて懇切詳細であり（註31）また、地歴グループとして市の文化祭に協賛し、彦根城ボランティアガイド研修会の講師を務めるなど郷里のために一方ならぬ尽力をされた。

個人としても近江人らしい強い克己心を持った努力家であった。また極めて謙抑であられ、城郭の研究は自分の趣味であるからそれで良いとして自己宣伝めいたことは一切されなかった。晩年前述した阪神淡路大震災の災害によって身体が不自由になられたが、研究への意欲はいささかも衰えず逝去される直前まで倦むことなく研究を続けられた。没後に刊行された論考が四点もあることはそれを物語っている。海津榮太郎氏の生涯とその研究に取り組む真摯な姿勢は戦後の城郭研究を特色付けている市民による城郭研究の理想像を体現したものであった。

註記

1 座談会「城を見る楽しみ」（『大阪春秋』第一五巻第一号・通巻第四六号・昭和六一年三月発行、「特集おおさかの城と城跡」一四頁以下）における海津氏の談話

2 拙稿「城郭史研究の歴史」（関西城郭研究会機関誌『城』第一四九号）一～一二頁。同「城郭史研究の歴史(2)」（関西城郭研究会機関誌『城』第一五二号）五～二〇頁

3 拙稿「城郭史研究の歴史(2)」五～一九頁

4 大類伸・鳥羽正雄『重版日本城郭史』七三四、七三六～七三七頁、前掲拙稿「城郭史研究の歴史(2)」二〇～二五頁、

5 文化財保護法制定の経緯については文化財保護委員会『文化財保護の歩み』一〇三～一〇八頁

6 拙稿「日本城郭協会の回想」（『中世城郭研究』第一五号・伊禮正雄先生追悼号一一二～一四九頁）

7 八巻孝夫「昭和四十年代の城郭研究の流れについて(3)」（『中世城郭研究』第一四号・伊禮正雄先生喜寿記念号八二～八七頁）

8 『城郭』第四巻第四号（昭和三七年八月発行）の「日本城郭協会新入会員紹介」欄（同号三二頁）に「会員番号七九六・海津栄太郎・尼崎市」と記載されている。退会の経緯については海津氏の直話による。

9 荻原信一「お城と私」（『城郭』第三巻第五号一七頁）

10 『城』創刊号（昭和三八年六月二〇日発行）の「新年交礼会」（同

号一七頁）、「現在の会員数」（同一九頁）による。

11 前掲1における発言

12 『城』創刊号の「会則の制定」（同号一六頁以下）による。

13 『城』第一〇〇号（昭和五十四年一月発行）四五頁以下「創刊のあとがき」などによる。

14 『全城協』は全国城郭研究協議会の機関誌『城郭ジャーナル』に代わる連絡誌として刊行されたものであるが、継続して刊行されずに終わった。なお、山崎氏の事務局長は通称であり、正規の名称は幹事（事務所担当）である。

15 関西城郭研究会・昭和六十年七月三十一日付岸田会長逝去の通知による。

16 関西城郭研究会・平成十五年一月例会ご案内による。

17 海津榮太郎『大和の近世城郭と陣屋』あとがき、同書三三四頁

18 海津榮太郎「大和・郡山城—主として転用材の検討—」『城』第五九号八頁

19 毎日新聞（三重版）昭和四四年三月二五日、同四六年一月三〇日記事による。

20 伊賀文化産業協会『伊賀上野城史』二三〇頁、なお同書には発見日時を五月二五日と記している。

21 拙稿「江戸城の石文」（『城郭史研究』第一一号（昭和四十六年七月発行）一頁
なお、発見の経緯については海津氏から筆者に送られた写真送付の来信による。

海津氏自身も著書『大和の近世城郭と陣屋』一二六頁でこの銘石について言及している。

22 海津榮太郎「古城遊記（むすび）」（『大阪手帖』第二五〇号終刊号一五頁）

23 朝日新聞一九八五年五月二日夕刊掲載の朝日カルチャーセンター記事による。

24 同番組末尾に資料提供者として海津氏の名が放映されている。

25 吉田常吉「井伊家史料」（『国史大辞典』第一巻四一一頁）

26 小宮山綏介（一八二九—一八九六）は漢学者、生家は水戸藩の学者の家柄で自らも藩校弘道館の助教となった。維新後は東京府に勤務して地理誌編纂の総修となり、退官後は皇典講究所の『古事類苑』の編纂や帝国大学における史料編纂にも参画した。城郭に関する著述に『東京城建置考』や「江戸城天守櫓」（『江戸会雑誌』第一号所収）がある（鈴木暎一「小宮山綏介」『国史大辞典』第六巻二二頁等による）。

27 『彦根山由来記』の緒言による。

28 関城研の会員中島至氏も『城』第三三号（昭和四十一年十月発行）に「彦根城私考」を載せているが「一見彦根城研究の余地がないような感がある。しかし、城郭研究として一歩前進するならば、何か物足りない。個々の点は別として、一本化された研究書、または従来からの研究をまとめた書物は見あたらない」として総合的な研究書がないことを指摘とするにとどまっている。

29 全国城郭研究協議会は、関西を中心とする城郭研究者が中心となって設立されたもので、「城郭ならびにそれに関連する分野における文化的遺産の研究と会員および研究会の相互の親睦をはかり、あわせ学問の向上をはかる」（同会規約第三条）ことを目的として掲げ、代表者である名義人には関城研会長岸田卯之助氏、副名義人には古城友の会会長舛田巌氏、東海古城研究会会長郷浩氏がそれぞれ就任し、事務局を北垣聰一郎氏が担当し、海津氏も委員の一人に名を連ねていた。同会は機関誌として『城郭ジャーナル』を発行するなど、発展が期待されていたが、その後活動を停止するに至った。

30 拙稿「海津栄太郎氏を偲ぶ—その業績と学恩を中心として—」（海津栄太郎さん追悼文集一六～四一頁）

31 彦根地歴グループ『十五年のあゆみ』あとがき。なお、「彦根城

佐和口多聞の階段にて」、「彦根築城着工慶長八・九年説について」、「彦根城西ノ丸三重櫓」、「彦根城再見（スライド説明）」、「彦根城の見どころ」、「城の秘密有無―彦根城の古地図を通して」、「佐和山城再見」などの詳細な説明資料が残されており、その熱心な指導振りが窺われる。

あとがき

本書は、海津榮太郎氏が生前に発表された、彦根城に関わる諸論文・報告を収録している。彦根出身の海津氏は、彦根城・佐和山城の解明をライフワークとしていた。自らの手でその集大成や『井伊年譜』の諸本の校合・研究も予定されていたはずだが、残念なことに業半ばで鬼籍に入られた。

海津氏の諸論文・報告は、その発表された時期を鑑みると、実に緻密で、堅実な内容となっており、斬新な視点も見られることに驚かされる。市井の研究者としては、トップレベルであったと言って過言なかろう。現時点でも色あせるところがない。

ただ当時は現在と違って、城郭の調査・研究の成果を公表する場は限られていた。海津氏も関西城郭研究会および関連する諸団体の中で、研究成果を披露せざるを得なかった。したがって、当時も、そして今も、海津氏とその諸研究を知る機会は極めて限られていると言えよう。

海津氏という一研究者とその業績を、少しでも多くの人に知って欲しいとの強い思いから、本書は企図された。もっとも、海津氏による個々の論文・報告は内容に重複したところがあるし、ご自身が研究を深化させるにおいて見解を修正したところもある。遺稿集として一冊にまとめる上では、読者に混乱・誤解を招く恐れがあることも予想された。

そこで極力原文を重視しつつ、重複する部分を適宜削除し、削除して文意が通じにくくなった部分は、必要最小限の接続詞等を加筆した。見出しを新たに加えたところもある。大正生まれの海津氏の文章は、副詞・接続詞等にも漢字が多用されている。また人名・地名・史料名・引用史料中にも旧字体が多く用いられていた。それも、故人の人となりを知るものとしては味わいあるのだが、今後多くの人に目を通して頂く上では、平たく言えば取っつきやすさの必要性が感じられた。

そこで一部を除いて副詞・接続詞等は原則仮名に改め、旧字体は新字体に改めた。用語も、各編によって例えば「天守閣」と「天守」、「三重櫓」と「三層櫓」、「堀」と「濠」のような違いが見られたが、極力統一することにした。頻出する『徳川実紀』、『木俣土佐紀年自記』、『寛政重修諸家譜』は、原文中での記載に統一性を欠いていたが、なるたけ統一に努めた。

つまり本書では、海津氏の原文の体裁を極力損なわないよう編集を行っているものの、全くの同内容とはなっていない。もし本書の内容を引用・参照して論文・報告等をまとめようとされる方があれば、ご面倒ながら各編の初出を参照の上、原典にあたって頂けるようお願い申し上げたい。

もっとも、発起人が協議しつつ進めた編集作業を存知したのなら、故人はたちどころに雷を落とされたことであろう（笑）。研究者としての海津氏は厳しい人でもあったが、律儀で、義理堅く、人間的にも大変魅力ある方だった。

実は、私が海津氏にお会いしたのはわずか三回に過ぎない。それ以外は電話や手紙でやりとりさせて頂いていたが、貴重な資料を惜しげもなくお貸し頂いたり、アドバイスを頂くことが多々あった。関西城郭研究会の会長を退任されてからは、ご自身の研究に専念する旨を語られていた。

ちょうどその頃、私は『大和郡山城』という研究誌の編集を計画しており、海津氏にも執筆を依頼した。確か、郡山城の現状と旧状を照らし合わせた論文を書いて頂く予定になっていたと思う。ところが、その後海津氏は体調を崩され、病院に入院された。ご容態を心配していたある日、海津氏から電話があった。「依頼された原稿が書けなくて申し訳ない。」と伝えるため、医師の目を盗んでわざわざ電話されてきたのである。短時間の会話だったが、電話を切るまで何度も「申し訳ない。」と語られていた。体調が劣悪な状況下にあっても、かかる行動を取るのは実に海津氏らしかった。

一日も早く回復され、再び城郭研究に携わって頂けることを楽しみにしていたが、結果的に先にもらった電話が私と海津氏との最後の会話になってしまった。

さて本書収録の海津氏の諸成果も、その後の関連する分野の研究の進展、新たな史・資料の発見等により、修正あるいは訂正を必要とする部分は少なからず存在する。研究の流れも踏まえて各編をお読み頂ければ良いのであるが、本書で初めて海津氏の諸研究を目にする読者のなかには現在の研究状況との摺り合わせを必要性を感じられる方もいらっしゃるだろう。あるいは誤解を招く部分の存在も考えられ、補註によって適宜説明を加えることにした。補註の記述は、森山英一氏にお願いした。本文と補註を併せてお読み頂ければ、過去と現在の研究推移が理解しやすくなるはずである。

最後に、ご遺族である海津家の皆様、特に榮太郎氏ご長男の海津憲太郎氏には本書を出版するにあたってのご了解を頂いた上、資料提供等のご高配を賜った。また海津家との連絡の労は、小田まり子氏にお願いした。併せて厚く感謝申し上げたい。

そして、サンライズ出版の岩根治美氏には近年の厳しい出版事情の中、本書の出版を快諾頂いた。当初から大変煩雑な作業が予測され、実際にその以上の展開となったのだが、煩を厭わず、根気強く編集にあたって頂いた。適切・有益なアドバイスを賜わることしばしばであった。図版等に関しては、原著にあたって頂いたり、新たに版を作って頂いた。その結果、大変みやすくなり、本文を一層理解しやすいものとなった。発起人一同、感謝しても感謝しきれない想いでいっぱいである。ありがとうございました。

発起人　髙田　徹

図版・写真一覧

章	番号	図版・写真名	所蔵者・出典名等
	見返し	彦根城跡平面図	彦根市役所昭和29年作製
1章	図1	推定佐和山落城絵物語の図（部分）	上田道三・画『彦根郷土史研究』10号
	図2	西明寺絵馬（部分）	西明寺蔵
	写真1	彦根城天守西北面・附櫓・多聞櫓	森山英一撮影
	写真2	天秤櫓門と廊下橋	森山英一撮影
	写真3	西の丸三重櫓	森山英一撮影
	写真4	太鼓櫓門見上げ	森山英一撮影
	写真5	表門から大手門に至る石垣	中井均撮影
3章	図1	彦根付近地形図	
	図2	小谷城跡絵図（部分）	小谷城址保勝会蔵
	図3	彦根付近条里復元図	『彦根市史』上冊
4章	図1	天守付近図（彦根城図部分）	
	図2	天守付近図（御城内御絵図部分）	
	図3	太鼓門付近図（彦根城図部分）	
	図4	太鼓門付近図（御城内御絵図部分）	
	図5	西の丸三重櫓付近図（彦根城図部分）	
	図6	西の丸三重櫓付近図（御城内御絵図部分）	
	図7	天秤櫓付近図（彦根城図部分）	
	図8	天秤櫓付近図（御城内御絵図部分）	
	図9	天守前身建物推定断面図	彦根市教育委員会提供
	図10	天守前身建物推定平面図	彦根市教育委員会提供
	図11	大津城戦闘経過要図	『郷土戦史』
	図12	金箔押鯱の出土断片（顎・耳および尻尾）と復元図	彦根市教育委員会提供
	図13	天守付近玄関図（彦根城図部分）	
	図14	天守付近玄関図（御城内御絵図部分）	
	図15	天守玄関の解体修理前後の図	
	図16	天守東面撮影角度	
	図17	天守一階・附櫓・多聞櫓の狭間配置図	彦根市教育委員会提供

	図18	天守一階平面図（解体修理前）	「近江彦根城天守建築考」『建築学会論文集』第9号
	図19	天守西立面図（解体修理前）	「近江彦根城天守建築考」『建築学会論文集』第9号
	図20	天守の狭間にみる位置の相違対照	
	図21	天守断面図（桁行）	彦根市教育委員会提供
	図22	矩形断面図（天守梁行、玄関桁行、多聞櫓梁行）	彦根市教育委員会提供
	図23	天守二階の狭間配置図	彦根市教育委員会提供
	図24	天守矩形図（西側）	彦根市教育委員会提供
	図25	天守三階の狭間配置図	彦根市教育委員会提供
	写真1	天守筒瓦銘	「近江彦根城天守建築考」『建築学会論文集』第9号
	写真2	天守東面写真	
5章	図1	「彦根御山絵図」右部分	彦根市立図書館蔵
	図2	「彦根御山絵図」左部分	彦根市立図書館蔵
	図3	「彦根古図」	滋賀大学経済学部附属史料館蔵
	図4	「彦根三根往古絵図」	彦根市立図書館蔵
	図5	「彦根城図」	彦根市立図書館蔵　新版『彦根山由来記』付録
	図6	「御城内御絵図」	彦根城博物館蔵
	図7	「彦根地屋敷割絵図」	彦根市立図書館蔵
	図8	「御城下惣絵図」（部分）	彦根城博物館蔵
	図9	「彦根士族屋敷図」	彦根市立図書館蔵
	図10	「彦根城及市街図」	彦根市立図書館蔵　新版『彦根山由来記』付録
	図11	江州犬上郡彦根「主図合結記」	犬山市蔵
	図12	近江彦根「諸国当城之図」	広島市立中央図書館浅野文庫蔵
	図13	江州彦根「諸国居城図」	尊経閣文庫蔵
	図14	彦根城下「諸国居城図」	尊経閣文庫蔵
	写真1	天守正面	『彦根山由来記』
	写真2	藩主居館・厩舎・佐和口多聞その他俯瞰	『彦根山由来記』
	写真3	表門口　橋・桝形・藩主居館・天秤櫓・二十間櫓・着見櫓	『彦根山由来記』
	写真4	黒門口　橋・櫓門・土塀	『彦根山由来記』
	写真5	玄宮園口から天守・着見櫓遠望	『彦根山由来記』
	写真6	玄宮園夫婦橋	『彦根山由来記』

章	番号	図版・写真名	所蔵者・出典名等
5章	写真7	大手口	『彦根山由来記』
	写真8	山崎口　橋・櫓門と山崎曲輪三重櫓	『彦根山由来記』
	写真9	京橋口　橋・桝形の櫓・続多聞および角櫓二棟	『彦根山由来記』
	写真10	船町口　高麗門と桝形の櫓および続多聞	『彦根山由来記』
	写真11	佐和口桝形の櫓と続多聞および着見櫓・二十間櫓	『彦根山由来記』
	写真12	佐和口多聞・天秤櫓・天守	『彦根山由来記』
	写真13	京橋口　東からの遠望	彦根市立図書館蔵
	写真14	長橋口　橋・櫓門・山崎曲輪三重櫓	『史跡名勝天然記念物調査報告』第1集
	写真15	京橋口西から遠望	彦根市立図書館蔵
	写真16	中野助太夫預り櫓および天守	彦根市立図書館蔵
6章	図1	井伊家系譜	

海津榮太郎主要著述目録

著書

『大和の近世城郭と陣屋』　関西城郭研究会　一九七六
『大和の近世城郭と陣屋写真集』　関西城郭研究会　一九八三

論文・随想

「大和・高取城」『城』第三七号　一九六七
「彦根城のいろは松」『城』第四四号　一九六八
「大和・柳本陣屋」『城』第四六号　一九六八
「城下町と庶民」『城』第五〇号　一九六八
「城郭と火器」『城』第五一号　一九六八
「大和・郡山城―主として転用材の検討―」『城』第五九号　一九六九
「環堀聚落（主として稗田について）」『城』第五九号　一九六九
「大和高取城―主として石材転用の伝承に基づく推定―」『日本城郭史論叢』―鳥羽正雄博士古希記念論文集―　雄山閣　一九六九
「近江彦根城」『城』第六三号　一九六九
「城郭と街道（一例として大坂・郡山両城と奈良街道）」『城』第六一号　一九七〇
「千早・赤坂城址」『城』第六五号　一九七〇
「大和柳生」『城』第六九号　一九七〇
「城の見方」『城』第七一号　一九七一
「井伊系図の問題点―井伊谷城郭群に関連して―」『城』第七四号　一九七二
「石落しのない彦根城建造物について」　全国城郭研究協議会機関誌『城郭ジャーナル』創刊号　一九七二
「佐和山城Ⅰ」『城』第八〇号　一九七三
「大垣城―その天守について―」『城』第八一号　一九七三
「城郭用語の手引」『城』第八三号　一九七四
「伊賀上野城探訪の栞」『城』第八四号　一九七四
「佐和山城Ⅱ」『城』第九六号　一九七六
「城郭用語の手引Ⅱ」『城』第九七号　一九七七
「佐和山城旧記　古城御山往昔咄聞集書　古城山往昔之物語聞書及佐和山古城図・彦根古絵図」『城』第九八号　一九七七
「彦根城旧記『井伊年譜』（彦根築城関係記事）四種」『城』第一〇二号　一九七八
「彦根築城着工慶長八年説について」『城』第一〇八号　一九八〇
「彦根築城着工慶長九年説について」『城』第一〇八号　一九八〇
「醒ヶ井列石遺構」『夢ふくらむ幻の高安城』第五号　高安城を探す会　一九八〇
「彦根築城着工慶長八年九年説について（二）」『城』第一〇九号　一九八一
「機関誌『城』百号によせて　大垣城の想い出」『城』　東海古城研究会　一〇〇号　一九八一
「彦根築城記録の問題点」『彦根郷土史研究』第二〇・二一合併号　彦根史談会　一九八五
「佐和山城本丸の切落しについて」『近江の城』第二一号　近江の城友の会　一九八六
「醒ヶ井列石遺構」『城』第一二一号　一九八六
「醒ヶ井列石遺構　補遺・論考と参考文献」『城』第一二四号　一九八七
「近世城郭の嚆矢安土城―その機能と技術を探る―」『湖国と文化』第四九号　一九八九
「彦根城西ノ丸三重櫓―小谷城からの移設伝承について―」『滋賀県地方史研究紀要』第一四号　滋賀県地方史研究家連絡会　一九九〇
「岩瀬文庫の『井伊年譜』」『城』第一三三・一三四合併号　東海古城研究会　一九九〇
「彦根城の諸問題（1）」『城』第一四一号　一九九三
「彦根城の諸問題（2）」『城』第一四二号　一九九三
「岩瀬文庫の『彦根并古城往昔聞集書』―大津城天守の彦根移建説―」『城』第一五〇号　東海古城研究会　一九九四

「彦根城の諸問題（3）」『城』第一六三号　一九九八

「彦根城―後堅固で前に平地を持つ適地」『歴史と旅』第二七巻第一三号　秋田書店　二〇〇〇

「城跡探索余話」『城郭研究の軌跡と展望』　城郭談話会　二〇〇一

「彦根城考察（1）―絵図と古写真および文献による―」『城』第一七八号　二〇〇一

「彦根城考察（2）―絵図と古写真および文献による―」『城』第一七九号　二〇〇一

「彦根城考察（3）―絵図と古写真および文献による―」『城』第一八四号　二〇〇二

「城跡探索余話（その2）」『城郭研究の軌跡と展望』Ⅱ　城郭談話会　二〇〇四

「彦根城の再検討―築城経緯・移設建造物・鐘ノ丸の縄張等について―」『近江佐和山城・彦根城』　サンライズ出版　二〇〇七

「文化十一年甲戌年六月改正御城内御繪図―『彦根山由来記』付録『彦根城図』との比較―」『近江佐和山城・彦根城』　サンライズ出版　二〇〇七

「明治維新以降の彦根城関連略年表」『近江佐和山城・彦根城』　サンライズ出版　二〇〇七

「紀淡海峡〈由良要塞〉の概要」『由良要塞・大阪湾防禦の近代築城遺跡1』近代築城遺跡研究会　二〇〇九

連載

「古城遊記」『大阪手帖』　大阪手帖社　一九七一～一九七九

（1）郡山城　第一七〇号　一九七一年掉尾号
（2）柳生陣屋と小柳生城阯　第一七一号　一九七二年新年号
（3）田原本陣屋　第一七二号　一九七二年二月号
（4）高取城　第一七三号　一九七二年三月号
（5）小泉陣屋　第一七四号　一九七二年四月号
（6）柳本陣屋　第一七五号　一九七二年五月号
（7）戒重陣屋　第一七六号　一九七二年六月号
（8）芝村陣屋　第一七七号　一九七二年七月号
（9）新庄陣屋　第一七八号　一九七二年八月号
（10）櫛羅陣屋　第一七九号　一九七二年九月号
（11）大坂城　第一八〇号　一九七二年一一月号
（12）伏見城　第一八一号　一九七二年掉尾号
（13）淀城　第一八二号　一九七三年新年号
（14）地黄館　第一八三号　一九七三年二月号
（15）和歌山城　第一八四号　一九七三年三月号
（16）上野城　第一八五号　一九七三年四月号
（17）明石城　第一八六号　一九七三年五月号
（18）姫路城　第一八七号　一九七三年六月号
（19）篠山城　第一八八号　一九七三年七月号
（20）安土城　第一八九号　一九七三年八月号
（21）観音寺城　第一九〇号　一九七三年九月号
（22）下赤坂城　第一九一号　一九七三年一〇月号
（23）上赤坂城　第一九二号　一九七三年掉尾号
（24）千早城　第一九三号　一九七四年新年号
（25）多聞城　第一九四号　一九七四年二月号
（26）筒井城　第一九五号　一九七四年三月号
（27）佐和山城　第一九六号　一九七四年四月号
（28）彦根城　第一九七号　一九七四年五月号
（29）大垣城　第一九八号　一九七四年六月号
（30）尼崎城　第一九九号　一九七四年七月号
（31）膳所城　第一九九号　一九七四年八月号
（32）大津城　第二〇一号　一九七四年九月号
（33）長浜城　第二〇二号　一九七四年一〇月号
（34）小谷城　第二〇三号　一九七四年掉尾号
（35）神籠石　第二〇四号　一九七五年新年号

(36) 水城　第二〇六号　一九七五年三月号
(37) 基肄城　第二〇七号　一九七五年四月号
(38) 高安城　第二〇八号　一九七五年五月号
(39) 醒ヶ井遺跡　第二〇九号　一九七五年六月号
(40) 多賀城　第二一〇号　一九七五年七月号
(41) 胆沢城　第二一一号　一九七五年八月号
(42) 城輪柵　第二一二号　一九七五年九月号
(43) 払田柵　第二一三号　一九七五年一〇月号
(44) 秋田城　第二一四号　一九七五年掉尾号
(45) 洲本城　第二一五号　一九七六年新年号
(46) 田丸城　第二一六号　一九七六年二月号
(47) 下津井城　第二一七号　一九七六年三月号
(48) 西宮砲台　第二一八号　一九七六年四月号
(49) 津城　第二一九号　一九七六年五月号
(50) 小野陣屋　第二二〇号　一九七六年六月号
(51) 二条陣屋　第二二一号　一九七六年七月号
(52) 福山城　第二二二号　一九七六年八月号
(53) 小浜城　第二二三号　一九七六年九月号
(54) 弘前城　第二二四号　一九七六年一〇月号
(55) 犬山城　第二二五号　一九七六年掉尾号
(56) 会津城　第二二六号　一九七七年新年号
(57) 岸和田城　第二二七号　一九七七年二月号
(58) 八幡山城　第二二八号　一九七七年三月号
(59) 竹田城　第二二九号　一九七七年四月号
(60) 恒屋城　第二三〇号　一九七七年五月号
(61) 楢原城　第二三一号　一九七七年六月号
(62) 一乗谷城　第二三二号　一九七七年七月号
(63) 備中松山城　第二三三号　一九七七年八月号
(64) 元寇防塁　第二三四号　一九七七年九月号
(65) 丸岡城　第二三五号　一九七七年一〇月号
(66) 赤穂城　第二三六号　一九七七年掉尾号
(67) 津和野城　第二三七号　一九七八年新年号
(68) 萩城　第二三八号　一九七八年二月号
(69) 熊本城　第二三九号　一九七八年三月号
(70) 鹿児島城　第二四〇号　一九七八年四月号
(71) 駿府城　第二四一号　一九七八年五月号
(72) 周山城　第二四二号　一九七八年六月号
(73) 永納山古代城柵　第二四三号　一九七八年七月号
(74) 今治城　第二四四号　一九七八年八月号
(75) 旧二条城　第二四五号　一九七八年九月号
(76) 新二条城　第二四六号　一九七八年一〇月号
(77) 利神城　第二四七号　一九七八年掉尾号
(78) 出石城　第二四九号　一九七九年二月号
むすび　第二五〇号　一九七九年終刊号

(註) 関西城郭研究会機関誌『城』については『城』とのみ表記した。

海津榮太郎略歴

大正十二年（一九二三）一月二十八日　滋賀県彦根市で生まれる
昭和十五年（一九四〇）三月　官立彦根高等商業学校を卒業
　　　　　　　　　　　四月　株式会社中山製鋼所に入社
　三十八年（一九六三）一月　関西城郭研究会に入会
　四十三年（一九六八）四月　関西城郭研究会副会長に就任
　四十四年（一九六九）三月　伊賀上野城見学会において石垣の刻銘を発見し注目される
　四十六年（一九七一）十二月　雑誌『大阪手帖』に「古城遊記」の連載を始める
　四十七年（一九七二）五月　第一回全国城郭研究協議会総会において「石落しのない彦根城建造物について」研究発表
　五十一年（一九七六）三月　関西城郭研究会発足十五周年記念として著書『大和の近世城郭と陣屋』が同会から刊行
　五十三年（一九七八）三月　中山興産株式会社に出向
　五十四年（一九七九）六月　雑誌『大阪手帖』の廃刊により「古城遊記」の連載を終了
　五十八年（一九八三）七月　著書『大和の近世城郭と陣屋写真集』が関西城郭研究会から刊行
　五十九年（一九八四）十二月　「彦根地歴グループ」で「彦根城築城着工慶長八・九年説について」の講演、以後同会に入会、顧問に就任
　六十年（一九八五）六月　中山興産株式会社を退職
　　　　　　　　　　　七月　朝日カルチャーセンター・神戸開設記念特別講座「日本の城」に講師として出講
　　　　　　　　　　　八月　関西城郭研究会会長に就任
　六十一年（一九八六）三月　座談会「城を見る楽しみ」における談話が雑誌『大阪春秋』第四六号（一五巻一号）に掲載される
平成十四年（二〇〇二）十二月　関西城郭研究会会長を退任
　十八年（二〇〇六）七月十二日　永眠　享年八十三歳
　十九年（二〇〇七）八月　遺稿「彦根城の再検討」ほか二編が城郭談話会編『近江佐和山城・彦根城』（サンライズ出版）に収録され刊行

初出一覧

第一章 彦根城をめぐる疑問……『城』第 63 号　原題「近江彦根城」

第二章 彦根築城慶長八年・九年説について

一　彦根築城着工慶長八年説について……『城』第 108 号

二　彦根築城着工慶長九年説について……同上

三　徳川実紀の記録……『城』第 109 号　原題「彦根築城着工慶長八年説九年説について」（2）

四　明治以降の刊行書に見る取扱い……同上

五　まとめ……同上

第三章 彦根城の諸問題……『城』第 141、142 号

第四章 彦根城の建築

一　旧記と古図にみる建築物の規模について……『城』第 163 号　原題「彦根城の諸問題―旧記と古図にみる建築物の規模について―」（3）

二　彦根城天守考察……『城』第 179、184 号　原題「彦根城考察―絵図と古写真および文献による―」（2）、（3）

三　彦根城西の丸三重櫓……『滋賀県地方史研究紀要』第 14 号　原題「彦根城西ノ丸三重櫓―小谷城からの移設伝承について―」

第五章　絵図と古写真にみる彦根城……『城』第 178 号　原題「彦根城考察―絵図と古写真および文献による―」（1）

第六章　彦根城余話

一　井伊系図の問題点……『城』第 74 号

二　古城遊記………………『大阪手帖』第 197 号

三　彦根城…………………『歴史と旅』第 27 巻第 13 号

四　岩瀬文庫の『井伊年譜』……東海古城研究会機関誌『城』創立三十周年記念号　第 133、134 合併号

五　岩瀬文庫の『彦根并古城往昔聞集書』……東海古城研究会機関誌『城』第 150 号記念号

六　彦根城の植物…………昭和 49 年 6 月 23 日開催の関西城郭研究会見学会資料

主要参考文献の解説……『城』第 178 号　原題「彦根城考察―絵図と古写真および文献による―」（1）参考文献

註）『城』は特に説明を付けないものは関西城郭研究会機関誌

彦根城の諸研究 ―海津《かいづ》榮《えい》太郎《たろう》著作集―

2011 年 3 月 15 日　発行

著　者／海津榮太郎

編　者／海津榮太郎著作集刊行会

発行者／岩　根　順　子

発行所／サンライズ出版
滋賀県彦根市鳥居本町 655-1
TEL 0749-22-0627　〒 522-0004

印　刷／ P-NET 信州

ISBN978-4-88325-437-8　C0021